Jochen Michels (Ed.)

A. J. de Rancé: De la Sainteté et des Devoirs de la Vie Monastique

Jochen Michels (Ed.)

A. J. de Rancé: De la Sainteté et des Devoirs de la Vie Monastique

Le texte original transcrit par les Sœurs dans Notre Dame de Clairefontaine

Éditions Croix du Salut

Impressum / Mentions légales
Bibliografische Information der Deutschen Nationalbibliothek: Die Deutsche Nationalbibliothek verzeichnet diese Publikation in der Deutschen Nationalbibliografie; detaillierte bibliografische Daten sind im Internet über http://dnb.d-nb.de abrufbar.
Alle in diesem Buch genannten Marken und Produktnamen unterliegen warenzeichen-, marken- oder patentrechtlichem Schutz bzw. sind Warenzeichen oder eingetragene Warenzeichen der jeweiligen Inhaber. Die Wiedergabe von Marken, Produktnamen, Gebrauchsnamen, Handelsnamen, Warenbezeichnungen u.s.w. in diesem Werk berechtigt auch ohne besondere Kennzeichnung nicht zu der Annahme, dass solche Namen im Sinne der Warenzeichen- und Markenschutzgesetzgebung als frei zu betrachten wären und daher von jedermann benutzt werden dürften.

Information bibliographique publiée par la Deutsche Nationalbibliothek: La Deutsche Nationalbibliothek inscrit cette publication à la Deutsche Nationalbibliografie; des données bibliographiques détaillées sont disponibles sur internet à l'adresse http://dnb.d-nb.de.
Toutes marques et noms de produits mentionnés dans ce livre demeurent sous la protection des marques, des marques déposées et des brevets, et sont des marques ou des marques déposées de leurs détenteurs respectifs.
L'utilisation des marques, noms de produits, noms communs, noms commerciaux, descriptions de produits, etc, même sans qu'ils soient mentionnés de façon particulière dans ce livre ne signifie en aucune façon que ces noms peuvent être utilisés sans restriction à l'égard de la législation pour la protection des marques et des marques déposées et pourraient donc être utilisés par quiconque.

Coverbild / Photo de couverture: www.ingimage.com

Verlag / Editeur:
Éditions Croix du Salut
ist ein Imprint der / est une marque déposée de
OmniScriptum GmbH & Co. KG
Bahnhofstraße 28, 66111 Saarbrücken, Deutschland / Allemagne
Email: info@omniscriptum.com

Herstellung: siehe letzte Seite /
Impression: voir la dernière page
ISBN: 978-3-8416-9909-1

Copyright / Droit d'auteur © Jochen Michels (Ed.)
Copyright / Droit d'auteur © 2014 OmniScriptum GmbH & Co. KG
Alle Rechte vorbehalten. / Tous droits réservés. Saarbrücken 2014

Armand Jean Le Bouthillier de Rancé, OCSO

De la Sainteté et des Devoirs

de la

Vie Monastique

Le texte original de 1683 I et II et de 1701

en Français actuel

transcrit par les Sœurs dans Notre Dame de Clairefontaine

DE LA SAINTETÉ
ET
DES DEVOIRS
DE LA VIE
MONASTIQUE.

TOME SECOND.

A PARIS,
Chez FRANÇOIS MUGUET, Imprimeur ordinaire du Roy & de
Monseigneur l'Archevesque, ruë de la Harpe.

M DC LXXXIII.
Avec Approbation & Privilege.

Contenu

Contenu

Contenu 3

Au lieu d'une Préface: 15

Préface du Cardinal Hume (OSB) 15

CHAPITRE XVI 19

De la Retraite 19

Question Première 19
  Après nous avoir parlé à fond de la pénitence de l'esprit, dites-nous quelque chose de celle du corps. 19

Question II 34
  N'est-il donc pas permis à un religieux de sortir du monastère dans lequel il a fait profession? 34

Question III 37
  Un religieux ne peut-il pas sortir de son monastère pour se délasser l'esprit, et chercher dans le monde quelque divertissement honnête et quelque récréation innocente? 37

Question IV 38
  Faut-il qu'un religieux vive dans l'abattement et dans la tristesse sans aucune consolation? 38

Question V 40
  Doit-on refuser à un religieux la liberté de sortir pour son soulagement lorsqu'il est pressé par l'inquiétude, ou qu'il est dans la tristesse? 40

Question VI 45
  La maladie n'est-elle pas un sujet légitime pour sortir du monastère? 45

Question VII 50
Si un religieux ne doit pas sortir de son monastère pour le rétablissement de sa santé, le peut-il quitter pour la sollicitation des affaires et des procès? 50

Question VIII 54
Il semble que vous n'approuviez pas que les religieux aient des procès, en disant: s'ils peuvent quelquefois en avoir pour des raisons et des nécessités importantes. 54

Question IX 69
En quelles occasions est-il donc permis à un religieux de plaider? 69

Question X 73
Ne doit-on pas craindre que les biens des monastères ne se dissipent, si l'on n'apporte pas, en plaidant, toutes les précautions possibles pour l'empêcher? 73

Question XI 77
La pauvreté et les nécessités pressantes des pères et des mères, ne sont-elles pas des motifs suffisants pour obliger des religieux à quitter leur solitude et à demeurer hors de leur monastère? 77

Question XII 81
Il semble que les rapports qui se trouvent entre ces alliances sont éloignés et qu'il est assez malaisé d'en tirer des conséquences qui soient justes. 81

Question XIII (1701) 82
Quels sont donc les moyens innocents par lesquels un religieux peut secourir son père dans son extrême nécessité ? 82

Question XIV 85
Vous levez tous nos scrupules en nous donnant les moyens de servir nos proches, sans rien faire contre l'intégrité de notre

Contenu

profession: mais ne laissez pas de nous expliquer avec plus d'étendue, ce précepte d'aimer et de honorer nos parents.............................. 85

Question XV 91
Qu'est-ce que les saints Pères de l'Église ont pensé sur le sujet ? 91

Question XVI 105
De quelles sources les saints ont-ils tiré ces maximes?............ 105

Question XVII 113
Que peut-on répondre à quantité de passages de la sainte Écriture qui semblent contraires à vos raisons?....................................... 113

Question XVIII 117
Ne pourrait-on pas opposer qu'un religieux ne peut contracter une nouvelle obligation avec Dieu, contraire à celle qu'il a déjà d'honorer et de secourir ses parents?... 117

Question XIX 119
Ne semble-t-il pas que l'obligation des vœux doit céder à l'obligation de secourir son père, puisque le vœu est une action libre, l'autre un devoir de nécessité; et que les choses nécessaires doivent l'emporter par dessus celles qui ne le sont pas?........................ 119

Question XX 121
Comme la profession religieuse ne consiste essentiellement, selon quelques-uns, que dans les vœux de pauvreté, de chasteté, et d'obéissance – qu'on peut garder également partout – il semble que rien n'empêche les religieux de quitter leur monastère, puisqu'ils peuvent en toutes sortes de lieux conserver le fonds et l'essence de la religion. 121

Question XXI 123
N'est-ce pas un précepte divin d'aimer et d'honorer son père, et par conséquent l'obligation n'en est-elle pas indispensable?............ 123

Question XXII 126

Ne doit-on pas déférer à ce grand nombre de Docteurs et de Casuistes qui soutiennent l'opinion contraire?...... 126

Question XXIII (1701 p 157) 132
N'avez-vous rien de plus à nous dire sur ce sujet ?...... 132

Question XXIV 139
Les biens et les avantages de la solitude sont donc bien grands, pour l'emporter par-dessus des considérations si pressantes?...... 139

Question XXV 144
La solitude est-elle pour les supérieurs aussi bien que pour les autres? 144

Question XXVI 148
Un supérieur ne peut-il pas sortir du monastère pour rendre des visites?...... 148

Question XXVII 150
L'instruction des peuples ne peut-elle pas être un sujet légitime à un supérieur pour quitter sa solitude? 150

Question XXVIII 153
Dites-nous avant que de finir cette instruction touchant la solitude, s'il est à propos d'assembler dans le monastère les parents et les amis d'un religieux le jour de sa profession?...... 153

CHAPITRE XVII 160

Du Silence 160

Question première 160
Faut-il que les religieux observent le silence avec beaucoup d'exactitude?...... 160

Question II 161
Faut-il que le silence soit perpétuel?...... 161

Contenu

Question III 163
Ne serait-ce pas une chose utile à un religieux d'entendre de son frère quelque parole de consolation? 163

Question IV 177
Faut-il donc croire que saint Benoît et saint Bernard aient enseigné que l'observation du silence doit être si rigoureuse? 177

CHAPITRE XVIII 189

De l'Abstinence et de l'Austerité dans la nourriture 189

Question première 189
Les saints ont-ils fait un si grand cas de l'abstinence, et de l'austérité dans la nourriture? 189

Question II 191
Ces exemples si édifiants ne paraissent-ils pas d'une conduite singulière, et peuvent-ils servir de règle pour des communautés et des Observances entières? 191

Question III 206
Pourquoi est-ce que dans l'endroit que vous nous avez cité des Constitutions de saint Basile chapitre 25, quelques uns mettent le mot de chair salée, au lieu de poisson salé? 206

Question IV 209
Ne pourrait-on pas croire que saint Benoît aurait permis l'usage des oiseaux et des volailles, n'ayant défendu par sa Règle que celui des bêtes à quatre pieds? 209

Question V 221
Par où connaît-on que nos premiers Pères aient vécu dans cette grande austérité, dont il ne reste plus aucun vestige dans l'Ordre? . 221

Question VI 224

Quelles raisons ont eu les Saints pour vivre dans une si grande pénitence?.. 224

Question VII 230
Y a-t-il donc de si grands avantages à vivre de légumes, d'herbes et de choses semblables, qu'on doive être singulier, et se séparer en cela de l'usage commun? 230

Question VIII 237
Doit-on garder les mêmes règles et user de la même nourriture dans la réception des hôtes? 237

Question IX 243
Est-il nécessaire que le supérieur du monastère mange avec les hôtes?.. 243

Question X 245
Mais peut-on se dispenser d'un point de la Règle que saint Benoît a si expressément ordonné? 245

CHAPITRE XIX 250

Du Travail des Mains 250

Question Première 250
Doit-on mettre le travail des mains au nombre des observances principales de la vie monastique? 250

Question II 270
Qu'est-ce qui a porté tous les Solitaires à recommander si fort le travail des mains et à le considérer comme un de leurs principaux exercices? 270

Question III 280
Que doit-on répondre à ceux qui prétendent que le travail pouvait être nécessaire aux moines tandis qu'ils étaient pauvres, mais qu'il est

Contenu

présentement inutile, puisque la charité des fidèles leur a donné des revenus et a pourvu à tous leurs besoins? 280

Question IV 281
Ne serait-il pas plus utile à des religieux d'employer leur temps à la lecture et dans l'étude, que de travailler? 281

Question V 284
Ne doit-on pas craindre que si les religieux ne s'appliquent à l'étude, ils ne tombent dans une ignorance grossière, et ensuite dans le dérèglement? 284

Question VI 298
Les moines qui ne s'appliquent pas à l'étude ne passeront-ils pas pour des gens tout à fait inutiles au monde? 298

Question VII 304
Les moines sont-ils donc si étroitement obligés d'édifier le monde par leurs exemples? 304

Question VIII 309
Les religieux ne sont-ils pas légitimement dispensés du travail des mains, quand ils s'appliquent à l'instruction des âmes? 309

Question IX 310
Les religieux font-ils bien de se dispenser du travail pour avoir plus de temps pour vaquer à l'oraison et pour rendre par ce moyen leur vie plus spirituelle? 310

Question X 314
Peut-on dire que le travail était autrefois propre aux religieux, pendant qu'ils étaient presque tous laïques, mais qu'il ne leur convient plus à présent qu'on les élève presque tous au sacerdoce? 314

Question XI 319
À quels ouvrages les religieux peuvent-ils s'employer? 319

CHAPITRE XX 324

Des Veilles 324

Question première 324
Quelles raisons ont eu les anciens moines pour se rendre si exacts et si rigoureux dans l'observation des veilles ? 324

Question II 328
Ces sentiments sont des marques de ce zèle et de cette ardeur inimitable, dont ces grands hommes étaient remplis. Mais, dites-nous quelque chose qui soit plus proportionné à notre faiblesse. 328

CHAPITRE XXI 334

De la Pauvreté 334

Question première 334
Vous avez déjà parlé de l'excellence et de l'étendue de la pauvreté religieuse, mais nous vous prions de nous dire en détail quelque chose de la manière dont nous devons l'exercer. 334

Question II 335
Il n'est donc pas convenable à un religieux d'avoir en sa cellule des meubles curieux et des ajustements, comme on les a dans le monde ? 335

Question III 340
Les religieux peuvent-ils avoir des ornements d'église riches et magnifiques ? 340

Question IV 345
Les religieux doivent-ils faire de grandes aumônes ? 345

Question V 352
Un religieux peut-il en conscience avoir quelque argent en réserve quand ses supérieurs lui permettent de le garder pour son usage, à condition de leur rendre quand ils voudront ? 352

Contenu

Question VI **365**
    Est-ce une raison solide pour accorder à un religieux la permission d'avoir de l'argent, de dire qu'on le permet bien à un cellérier, ou à un religieux qui est éloigné du monastère ? 365

Question VII **369**
    Les religieux peuvent-ils faire de nouvelles acquisitions pour augmenter leurs biens ? 369

Question VIII **376**
    Puisque nous sommes sur le sujet de la pauvreté religieuse, dites-nous si on peut exiger de l'argent, ou quelque autre bien temporel des personnes qui veulent s'engager dans la Religion ? 376

Question IX **378**
    Pourquoi condamnez-vous l'usage des réceptions que se font avec de l'argent ? 378

Question X **387**
    Il nous reste à savoir pour la troisième raison de quelle sorte l'Église s'est expliquée sur cette matière. 387

Question XI **399**
    Quels sont donc les monastères qu'on peut considérer comme pauvres, et les circonstances qu'ils doivent observer ? 399

Question XII **401**
    Une des premières raisons qu'on oppose à votre sentiment, c'est que dans ces conventions que vous condamnez, on n'a pas dessein d'exiger de l'argent comme le prix d'une chose spirituelle; mais qu'on le considère seulement dans le secret de l'intention, comme une simple condition, ou comme un motif. 401

Question XIII **402**
    On dit pour une seconde raison, que dans ces sortes de réceptions, ce n'est pas le spirituel de la religion que l'on accorde pour l'argent

que l'on exige, mais ce qui est purement temporel, comme la nourriture de la personne qui y est admise 402

Question XIV 403
En troisième lieu, on prétend que si les communautés pauvres peuvent exiger de l'argent pour les réceptions sans commettre de simonie, celles qui sont riches le peuvent aussi, et qu'en cela la conduite des unes n'est pas moins innocente que celle des autres. . 403

Question XV 405
Quatrièmement, les religieux qui sont nouvellement établis prétendent qu'ils peuvent exiger des personnes qu'ils reçoivent, sous le prétexte de bâtir de grands logements, et de construire des églises magnifiques. 405

Question XVI 406
Enfin, on se persuade que cet usage est présentement approuvé de l'Église, puisqu'en étant connu, elle ne le défend point. 406

Question XVII 408
Est-ce un mal d'exiger ou des présents pour l'Église, ou de l'argent pour faire des festins ? 408

Question XVIII 410
Vous appuyez votre sentiment de tant de raisons qu'il est malaisé de ne pas se laisser convaincre. 410

CHAPITRE XXII 413

De la patience dans les infirmités et les maladies 413

Question première 413
Quelles doivent être les dispositions d'un religieux malade ? 413
Est-il convenable à un religieux de chercher les médecins et de se servir de remèdes dans ses maladies ? 414

Question III 428

Contenu

N'est-il donc pas permis à des religieux quand ils sont malades de demander des remèdes et de prendre soin eux-mêmes de ce qui peut contribuer au rétablissement de leur santé ? 428

Question IV **434**
La charité n'oblige-t-elle pas un supérieur d'user de toutes sortes de moyens et de remèdes pour la guérison de ses religieux ? 434

Question V **438**
Ne doit-on relâcher de la discipline et de la pénitence des monastères lorsqu'on voit que les religieux meurent fréquemment, et diminuer l'austérité des observances, dans la crainte qu'elles ne puissent pas durer dans leur première ferveur? 438

Question VI **448**
Que faut-il répondre à ceux qui regardent comme une chose blâmable d'embrasser des austérités qui abrègent la vie ? Ont-ils pour cela quelque fondement légitime ? 448

Question VII **457**
Saint Basile ne recommande-t-il pas une grande modération dans les austérités, et dans les exercices de pénitence ? 457

CHAPITRE XXIII **472**

Mitigations 472

Question première 472
La vie religieuse étant un état d'une si grande pénitence et d'une perfection si consommée, comment peut-on demeurer en sûreté de conscience dans une observance mitigée ? 472

Question II **473**
Le supérieur d'un monastère n'est-il pas une règle vivante ? Et ne peut-il pas modifier la Règle quand il lui plaît ?....................... 473

Question III **484**

Peut-on apporter quelques raisons pour combattre les vérités dont vous venez de nous parler, qui nous paraissent si solides et si convaincantes ? 484

Question IV 495
Peut-on en sûreté de conscience suivre l'exemple et se conformer à ce grand nombre de religieux qui vivent selon des maximes si contraires aux Règles primitives ? 495

Question V 497
Est-il donc possible de se sauver dans ces sortes de mitigations ? 497

Question VI 497
Quelles sont donc ces mitigations que vous appelez légitimes ? 497

Question VII 503
Que peut-on dire d'une conduite qui se trouve dans les Observances qui font profession d'être réformées, et qui peut être regardée comme une espèce de mitigation spirituelle ? 503

INTRODUCTION A LA SPIRITUALITÉ DE RANCÉ... 515

Abréviations et citations 530

Au lieu d'une Préface:

Au lieu d'une Préface:

Diese Ausgabe der « Sainteté et des Devoirs de la Vie Monastique » entstand durch akribische Transkripition aus den Originalen von 1683, erste und zweite Ausgabe sowie der Ausgabe von 1701. Diese Arbeit vollbrachten Trappistinnen aus Clairefontaine in langährigem Engagement. Unsere Bemühungen um ein aktuelles Vorwort aus dem Orden waren zwar nicht erfolgreich, jedoch schrieb der Sekretär des Generalabtes am 3 Juni 2014:

Dear M. Michels,

Thank you for your message about your work on De Rancé. As far as I know, there is no recent version of this text, so It will be interresting to have a modern french version. With our wishes of this huge work.

P. Thomas
Dom Ramon, Abbot General Secretary

Und der Aumonier des Klosters Clairefontaine in Belgien stellte uns die folgende Würdiung durch einen bedeutenden Kenner des Autors zur Verfügung:

Préface du Cardinal Hume (OSB)

L'approche romantique du passé était capable de susciter beaucoup d'intérêt, mais en même temps elle dénaturait la réalité. De nos jours, un souci technologique et scientifique du futur pourrait bien créer une semblable distorsion, mais dans la direction opposée. Les choses du domaine de la spiritualité devraient être considérées à un niveau entièrement différent. Les vérités éternelles transcendent les limitations du temps et de la mode. Si nous voulons, malgré tout, mieux les saisir, les comprendre plus profondément, un regard critique à l'histoire apporte une aide incontestable. Il en est de même quand nous avons affaire à la réalité et à la signification intérieure des vérités qui sous-tendent la vie monastique. Au premier abord, la vie religieuse du passé peut paraître distante et archaïque. Les aspects extérieurs de l'habit et du régime alimentaire, du chant et de la discipline peuvent bien être différents aujourd'hui, mais ils tenaient leurs origines des sources même où nous nous inspirons de nos jours. Il y a un courant d'eau vive qui s'est écoulé pendant des siècles, pas toujours exempt de pollution mais toujours susceptible d'être purifié et renouvelé. Aujourd'hui, nous tirons notre vie de ce même courant.

La naissance de saint Benoît a été largement commémorée, mille cinq cents ans plus tard, en 1980. Après neuf cents ans, on a célébré la naissance de saint Bernard, en 1990. Comme on ne saurait s'en étonner, ces anniversaires sont d'une grande portée. Mais il en est un troisième, celui de la mort d'Armand-Jean de Rancé en 1700, qui pourrait bien ne pas être honoré tel qu'il le devrait. Le public pourrait avoir eu connaissance de son nom par le biais de la légende romantique créée par Chateaubriand et détruite par Brémond. Si la place justifiée de Rancé en tant que réformateur monastique doit être reconnue de manière appropriée, la légende et l'anti-légende devront être remplacées par la vérité. L'ignorance et les idées préconçues marchent main dans la main. Ceux qui condamnent Rancé avec le plus de brutalité sont ceux qui ont le moins pris la peine de se renseigner sur lui et sur l'esprit trappiste qu'il a créé dans la communauté dont il a été l'abbé pendant trente ans.

Préface du Cardinal Hume (OSB)

Il peut sembler étrange pour un bénédictin de recommander celui qui fut l'adversaire fameux de Mabillon. Pourtant, sans souscrire aux attaques de Rancé contre les études monastiques, un bénédictin anglais peut se sentir des attaches particulières avec la communauté de la Trappe. Le même raz de marée révolutionnaire qui engloutit et détruisit chaque communauté monastique de France, sauf celle de la Trappe, balaya sur leurs rochers d'origine les victimes bénédictines d'une tempête antérieure et les Trappistes avec leur odyssée vers la Russie en un aller-retour. L'expansion bénédictine en Grande-Bretagne au XIXe siècle, tout comme le renouveau trappiste et son expansion par-delà la Manche, sont les exemples impressionnants de survie à un désastre apparemment complet. Il y a là une guérison due à la fidélité face à la persécution, à l'exil et à l'errance imposée.

Fidélité est ici le mot clef. La vie monastique, au jour le jour, peut trop facilement dégénérer en une pieuse routine. Même la plus cruelle des ruptures ne pourra éteindre la flamme de cette fidélité, si la communauté et ses membres individuellement se dévouent eux-mêmes et en esprit à son appel. Ceux qui affrontent les épreuves présentes peuvent se sentir plus confiants et moins seuls si les religieux d'aujourd'hui gardent foi en ceux d'autrefois et sont affermis par leur exemple. Car la vocation cistercienne, et la vocation bénédictine d'où elle a jailli, est de servir et d'aimer Dieu par la vie en communauté. Une communauté divisée court le danger de perdre sa direction ; un abbé qui perd la confiance de ses moines peut faire beaucoup de mal. C'est pourquoi les lettres de Rancé apportent la preuve la plus sûre du genre d'homme qu'il était vraiment. Elles le montrent en lien avec une grande variété d'hommes et de femmes, dans le cloître et hors du cloître. Elles montrent son don pour l'amitié et l'affection, sa sagesse et sa compassion dans le conseil des *perplexed* et dans la consolation des malades, et elles montrent également ses faiblesses qui ne peuvent être justement évaluées que dans leur propre contexte. Bien avant la mort de Rancé, ses amis parlaient de promouvoir sa cause en canonisation. Rien n'aboutit de ces discussions. Il peut ne pas être un saint, mais il était un moine et un abbé dévoués. Sa plus grande réussite fut de transmettre l'abbaye qu'il avait construite à partir de rien à ses successeurs qui purent, à leur tour, conduire une communauté suffisamment forte en hommes et en esprit pour survivre à Cîteaux et à Clairvaux, puis pour revivifier l'ordre cistercien avec une vigueur intacte. La chaîne ininterrompue de la vie monastique est normalement constituée de maillons représentant d'innombrables hommes et femmes, humbles et anonymes. Mais, de temps à autre, un grand abbé ou une grande abbesse met en place une norme qui change de manière significative les attentes et la conduite de bien des générations successives de religieux. Rancé est sans aucun doute une de ces grandes figures monastiques. On ne peut nier ses défauts, mais on peut en tirer un enseignement, de même que de ses réussites. Par-dessus tout, il était inébranlablement fidèle à l'esprit de la Règle et aux premiers pères Cisterciens tels qu'il les voyait. Cette édition de ses lettres comble une lacune dans l'histoire monastique, comme dans l'histoire de la spiritualité. À travers un passé mis en relief, nous pourrions bien apprécier des vérités qui ne changent pas.

Chapitre XVI De la Retraite

Chapitre XVI

De la Retraite

Ce chapitre de 1701 contient 28 questions (1683: seulement 25 questions). La numerotation suit l'editon de 1701.

Question Première

Après nous avoir parlé à fond de la pénitence de l'esprit, dites-nous quelque chose de celle du corps.

Réponse

Les solitaires anciens ont fait consister la pénitence extérieure dans certaines vertus et dans quelques pratiques principales, par le moyen desquelles ils se rendaient les maîtres de leurs sens, et assujettissaient leurs corps à leur esprit.

C'est pour ce motif qu'ils se faisaient une guerre continuelle, qu'ils se dressaient incessamment des attaques et qu'ils ne perdaient une seule occasion d'exercer contre eux cette haine si charitable et si sainte que Jésus Christ a si expressément recommandée à ses disciples.

Vous savez ce que l'histoire sainte en rapporte et ce qu'elle nous apprend des mortifications auxquelles la grandeur de leur zèle les a portés. Mais pour ne point parler de ces travaux étonnants et de ces pénitences excessives, que quelques-uns de ces hommes inspirés de Dieu ont entreprises, plutôt pour donner au monde des marques de sa toute-puissance, et des sujets d'admiration, que non pas des règles et des modèles de conduite, je vous dirai, mes frères, que nous pouvons réduire ces vertus et ces pratique à six ou sept chefs principaux, savoir

- la retraite,
- le silence,
- les jeûnes,
- l'austérité de la nourriture,
- les veilles,
- la pauvreté, et
- la patience dans les maladies et les douleurs[1].

Nous les trouvons dans la relation de leurs vies; nous les trouvons dans celle de Jésus Christ comme dans leur source. Les saints, nos instituteurs, nous les ont ordonnées par les Règles qu'ils nous ont laissées, et nous sommes d'autant plus obligés de les pratiquer, et de les suivre, qu'elles ont une modération qui ne va point au-delà de nos forces.

---

[1] Ces sept thèmes (auxquels Rancé a ajouté le travail des mains) correspondent aux chapitres 16 à 23 du tome II de "*De la Sainteté et des devoirs de la vie monastique*" – ce livre.

Chapitre XVI Question Première

Ceux qui sont encore attachés à la vie, et qui conservent dans la solitude les sentiments du monde, y formeront des difficultés, et ne manqueront point de raisons pour dire qu'on leur impose un joug qui n'est pas supportable, parce qu'ils sont toujours disposés à écouter et à faire valoir les plaintes de la nature contre les mouvements de la grâce; qu'ils sont plus touchés des révélations de la chair et du sang, que non pas de celles qui leur viennent du Saint-Esprit. Ils sont incapables d'entrer dans le sentiment de l'apôtre, qui nous enseigne[2] que ces peines si légères et si courtes produiront un poids d'une souveraine et incomparable gloire : *Id enim quod in præsenti est, momentaneum et leve tribulationis nostræ, supra modum in sublimitate æternum gloriæ pondus operatur in nobis*. Pour ménager une satisfaction de rien, ils veulent bien tomber dans cet état que déplore saint-Bernard quand il dit[3] : Nous sommes les plus misérables des hommes, si pour des choses si petites, nous nous attirons de si grands dommages.

Pour ceux qui par un renoncement sincère, par une fuite véritable des biens, des douceurs, des aises, des plaisirs et des consolations qui se rencontrent dans la vie du siècle, ont choisi la vie retirée, bien loin de voir rien dans ces saintes pratiques qui aille au-delà de la perfection et de la rigueur qu'ils s'étaient proposées, ils aspirent à des choses plus grandes et les règles peuvent bien borner leur conduite, mais elles ne sauraient contenter leurs désirs.

Pour suivre notre dessein, nous commencerons par vous parler de la retraite qui est la première de ces pratiques.

---

[2] 2 Co 4, 17
[3] S. Bern. Ep. 385, 4: *Ad monachos s.Bertini*. - (SBO);. Vol VIII p.353. = Edition critique du texte latin , par J. Leclercq et H.Rochais Cistercienses 1974; dans la suite: SBO

Souvenez-vous donc, mes frères, que le désert a toujours été le ciel des véritables solitaires. C'est là que toutes les grâces qui leur viennent de la part de Dieu se rassemblent, et que Jésus Christ prend plaisir de se donner à eux. C'est dans la solitude, que ceux qui ont gardé l'innocence du baptême reçoivent le fruit et la récompense de leur fidélité. Comme le monde n'a jamais eu place dans leur cœur, ils ne conservent aucune mémoire de ce qu'ils n'ont point aimé, et comme ils en sont entièrement séparés, il ne s'en forme pas seulement en eux la moindre idée. Ils sont inaccessibles à tous ses attraits; ils n'ont des oreilles et des yeux que pour les fermer à toutes les choses mortelles; des mains que pour les élever incessamment vers le ciel; des bouches que pour chanter les louanges de Dieu; de l'esprit et de la raison que pour méditer ses perfections infinies. Et ils n'ont de coeur que pour le laisser consumer comme une victime par le feu de son amour. Ces âmes fidèles vivent comme si elles étaient seules avec Dieu dans l'univers; elles le possèdent sans interruption, elles se reposent dans son sein avec une tranquillité profonde; elles se purifient sans cesse par des infusions du Saint Esprit qui leur sont toujours nouvelles, et c'est par ce commerce si intime, et par cette jouissance si continue qu'elles se rendent dignes de ne perdre jamais ce qu'elles aiment.

Pour ceux qui ont été assez malheureux que de s'attirer sa colère par leurs offenses, leur condition néanmoins n'en est pas moins heureuse puisque la main de sa miséricorde ne les conduit dans la solitude qu'afin que par l'éloignement des lieux et des personnes qui ont été la cause de leurs chutes, ils recouvrent la justice qu'ils avaient perdue, ils la conservent après l'avoir recouvrée, et qu'étant entièrement guéris des blessures que le péché leur avait faites, ils reprennent une vigueur qui les rende

Chapitre XVI Question Première

égaux à ceux de qui la santé n'a jamais reçu d'atteintes. Comme ils sont transportés du désir de se rapprocher de Dieu, aussi bien que du regret de s'en être séparés, ils se servent de tout ce qui peut satisfaire une passion si sainte; ils ne gardent aucun souvenir des choses du monde que celui de leurs péchés; ils s'en accusent les jours et les nuits en sa présence, ils les punissent par des pénitences rigoureuses. Et dans la seule pensée du malheur qu'ils ont eu de l'offenser et de le perdre, ils gémissent continuellement, ainsi que ces tourterelles sauvages qui se voyant privées de leur compagne font entendre leurs plaintes amoureuses dans le fond des forêts.

Dieu qui opère en eux ces mouvements et ces impressions différentes, et qui prend plaisir de les voir pénétrés d'amour et de douleur, ne manque jamais de joindre à leur tristesse des joies secrètes et des consolations ineffables. Il fait que ces âmes ressuscitées trouvent autant de paix, et de douceur dans leurs retraites, que ces âmes innocentes qu'il a préservées de la mort. Ainsi les unes et les autres sont unies ensemble par la participation d'un même bonheur et jouissent, autant qu'il est possible dans une chair mortelle, d'une entière félicité.

Il n'y a rien, mes frères, que vous ayez dû remarquer davantage dans tout ce que nous avons dit jusqu'à présent que l'étroite obligation dans laquelle doit être un religieux de garder la solitude et de vivre dans le repos de son cloître. Cependant comme ce devoir, quoique très important, est si peu connu et si négligé, vous ne sauriez vous fortifier de trop de raisons contre l'exemple de ce grand nombre de moines qui, au lieu de se sanctifier dans la retraite, se dissipent dans les intrigues et dans les commerces du monde comme s'ils n'étaient pas obligés par leur profession de n'y prendre plus de part.

N'est-ce pas une chose surprenante, mes frères, qu'un moine puisse ignorer des vérités si constantes, et vivre comme s'il ne savait pas que par sa profession il s'est fermé pour jamais toutes les portes du monde; qu'il a renoncé à ses soins et à ses affaires aussi bien qu'à ses richesses et à ses plaisirs; et que l'engagement qu'il a pris au service de Jésus Christ ne lui permet plus d'en avoir de légitimes pour le service des hommes; qu'il est mort à toutes les choses sensibles; que son monastère est son sépulcre et qu'il doit y attendre en repos que le Sauveur du monde l'appelle, comme autrefois il appela Lazare quand il voulut le retirer de son tombeau.

Il est comme un vase destiné au culte de Dieu, et au ministère sacré de ses autels, que l'on ne peut plus sans profanation employer à d'autres usages. Sa règle est pleine de préceptes et d'instructions qu'il ne peut accomplir que dans une exacte retraite; que les saints ne lui ordonnent rien tant que d'y vivre et d'y mourir dans une fidélité constante; que nul de ceux qui le rencontrent hors de sa solitude, quand il est assez malheureux pour en sortir, ne manque point de lui faire ce reproche, au moins dans le fonds de son cœur: *Quid tibi cum saeculo qui saeculum spreveras*.[4] Et qu'enfin cette perfection et cette pureté que Dieu demande de lui, et sur laquelle on ne peut douter qu'il ne le juge, ne se peut ni acquérir ni conserver dans le tumulte et dans les occupations du monde.

Mais peut-on concevoir, mes frères, jusqu'où va l'aveuglement des hommes, et à quel point leurs yeux sont fermés sur leurs propres misères ? Si ce religieux, par exemple, qui vit sans scrupule dans le commerce du monde, voyait un magistrat sur le

---

[4] Bern. Epist 2, 11; SBO, Vol VII p. 21

Chapitre XVI Question Première

théâtre, un soldat dans les fonctions du Barreau, et un manœuvre dans les exercices d'une Académie de Lettres, son étonnement serait extrême. Cependant, quoique sa situation soit beaucoup plus extravagante toutes les fois qu'il se trouve hors de son monastère dans les conversations et dans les affaires des hommes, il ne remarque rien en lui-même qui lui donne la moindre peine.

Et cet habit, cette figure si extraordinaire qui le rend si différent de ceux avec lesquels il converse, et qui l'empêche malgré lui d'oublier ce qu'il est, ne lui fait point voir que rien n'est comparable au dérèglement de sa conduite.

Car peut-on rien se figurer de plus étrange que
- de voir un religieux, dont la vie ne doit être qu'un gémissement perpétuel, au milieu de ceux qui ne pensent qu'à leurs plaisirs;
- de voir un solitaire dont la profession n'est que la pratique d'une pauvreté et d'une humiliation sans bornes, parmi des gens qui n'ont point d'autre soin que celui d'acquérir des richesses et de la gloire;
- de voir un homme qui par son silence doit arrêter cet effroyable débordement de paroles qui cause de si grands maux dans le monde, se répandre en discours et en conversations vaines et superflues;
- de voir que celui qui, comme une brillante lumière doit éclairer le monde du fonds de sa solitude, paraisse dans ce même monde comme une lampe éteinte qui ne jette plus que de la fumée: Non quidem lucens sed fumigans[5].

---

[5] Bern. Epistola 42, I, 1 ad Henr. Archiep. Senon (SBO. Vol. VII, p. 101)

- De voir que cet homme établi de Dieu comme un médiateur pour s'opposer à sa colère lorsqu'il est irrité contre les pécheurs, commette ces mêmes péchés pour lesquels il faut qu'il emploie incessamment sa médiation et sa prière.
- De voir enfin que celui qui doit être tout entier dans le ciel par ses pensées, par ses paroles et par ses actions, et auquel il n'est plus permis d'en descendre, s'abaisse et se retrouve dans les œuvres et dans les affaires de ceux qui n'ont ni de vue, ni de sentiment que pour les choses de la terre.

Voilà, mes frères, ce que sont les moines hors de leurs monastères, et dans le commerce du monde. Voilà une peinture fidèle de ceux qui prétendent allier et mettre ensemble des choses si contraires et si incompatibles; et plût à Dieu qu'ils la voient dans toutes ses difformités et dans toutes ces conséquences, et qu'ils puissent se persuader que c'est par ces communications illégitimes que les moines sont venus à bout de chasser l'esprit de Jésus Christ de leurs cloîtres, et de les remplir de celui du démon; que c'est par-là qu'ils ont déshonoré leur profession et leurs personnes, et qu'ils se sont si justement attiré la haine de Dieu et le mépris des hommes.

Les saints ont fait ce qu'ils ont pu pour prévenir ces désordres; ils les ont annoncés avant qu'ils arrivent pour en donner de l'horreur; ils ont essayé de les étouffer et d'en arrêter le cours dans leur naissance, tantôt en nous en exprimant toutes les laideurs et les suites scandaleuses; tantôt en nous mettant devant les yeux toutes les beautés et les avantages des vertus opposées. Mais cela n'a pas été avec beaucoup de succès car depuis qu'un solitaire est devenu sourd à la voix de Jésus Christ qui lui parle dans le secret de son cœur, il n'a plus d'oreilles pour entendre les avis et les instructions des hommes.

Chapitre XVI Question Première

Saint Antoine[6] donne pour règle à ses disciples de ne se mêler jamais avec les gens du monde: *Saeculari nullo modo commiscearis*. Il tenait aussi pour une maxime constante que comme un poisson ne peut vivre étendu sur le sable, de même les solitaires perdent la piété et l'esprit de retraite s'ils quittent leurs cellules pour converser avec le monde.

Saint Basile[7] dit que lorsqu'on veut mener une vie exacte et exempte des pensées inutiles, il faut s'éloigner des personnes qui vivent dans la mollesse et dans le relâchement; et que c'est s'exposer à un danger évident que de se mêler avec ceux qui ne sont pas assez appliqués à garder les commandements de Dieu. Il dit qu'il est nécessaire d'entrer dans la retraite, et qu'il n'est pas possible de s'occuper dans la méditation et dans la prière si on se laisse dissiper par les pensées et les occupations différentes qui partagent les âmes, et qui les engagent dans les affaires du siècle. Il montre la nécessité qu'il y a de rompre tout commerce avec les gens du monde par ces paroles de Jésus Christ: *Si quis vult post me venire abneget semetipsum* [8]; et il conclut qu'il faut se mettre à l'écart et loin de la société des hommes, quand on se propose de s'acquitter de ce devoir.

Si vous voulez, dit saint Jérôme[9], être solitaire d'effet comme vous l'êtes de nom; que faites vous dans les villes qui sont des habitations communes et non pas des solitudes?

---

[6] In sua Reg. art. 6, cf. S. Athanase : Vita s. Antonii
[7] in Reg. fus. Grandes Règles, q. 6 Regulae fusius tractatae = Grand Asceticon. = Grandes Règles (GR): 55 + Petites Règles (PR): 313) (Il s'agit des „Petites Règles" dans PG 31, 889-1305, mais je ne peux rechercher l'endroit exact, ne les ayant pas en lecture. Note de la correction)
[8] Matt 16, 12
[9] In Epist XIV, Ad Heliodorum

Saint Jean Climaque[10] dit que celui qui s'est retiré dans la solitude ne doit plus prendre de part aux choses du monde car les passions qui ont été chassées de notre cœur n'aiment rien tant que d'y rentrer. Il dit qu'il n'y a rien de plus dangereux que l'affection[11] qui nous attache, soit à nos proches, soit aux étrangers, puisqu'elle peut nous attirer de la solitude dans le monde, et éteindre entièrement le feu de notre ferveur et de notre componction. Celui-là, dit-il ailleurs[12], est véritablement solitaire, qui ne voulant rien perdre des douceurs divines dont Dieu le console, ne fuit pas moins les hommes, quoi qu'il n'ait aucune aversion pour eux, que les autres les recherchent.

Il faut remarquer, mes frères, que les premiers moines n'étaient ni si rigoureux, ni si exacts à garder la solitude. Ils se rendaient des visites pour la consolation les uns des autres et pour leur édification.

Il y en avait qui, poussés du désir de s'avancer dans la perfection, cherchaient ceux qu'ils croyaient capables de les encourager et de les instruire. D'autres, étant attaqués par les démons et se sentant pressés par des tentations violentes, allaient trouver ceux qui pouvaient les soulager dans leurs peines. Mais comme il n'y a que Dieu seul qui soit invariable[13]: *Ego Deus et non mutor*, et que les choses les plus saintes tombent enfin dans l'affaiblissement et dans la décadence, cette pratique si charitable et si utile ne fut pas exempte de ces malheurs. L'on vit en peu de temps les moines, qui au commencement ne sortaient de leurs

---

[10] L'Échelle Sainte, Troisème Degré, n°8, p. 48 Coll. Spiritualité Orientale, n° 24. Ed. Abbaye de Bellefontaine 1978.
[11] Id. n°31
[12] Ibid. n° 18...
[13] Malach 3. 6.

Chapitre XVI Question Première

cellules que pour des motifs et des considérations saintes, aller de tous côtés par le désert dans les monastères, et même dans les villes pour contenter leur inquiétude, et par la seule curiosité de voir et d'entendre des choses nouvelles. Cette contagion ne mit guère de temps à se répandre; la fréquence la porta dans les lieux les plus reculés; le désert changea de face, et l'état monastique se vit dans une désolation presqu'entière: *Luxit et elanguit terra confusus est libanus et obsorduit*[14]. La terre est toute dans les larmes et dans la langueur, le Liban est dans la confusion et dans un état affreux.

Saint Benoît, que Dieu suscita dans l'Occident pour en être le réformateur et pour en réparer les ruines, voyant que cette liberté de se voir et de communiquer ensemble était la source principale de tous ces maux, crût que pour arrêter l'inquiétude et l'inconstance des solitaires, il fallait les obliger à garder la stabilité dans le lieu de leur profession. Afin de les y lier davantage et de donner plus de force à cet engagement, il voulut qu'ils l'expriment distinctement dans la prononciation de leurs vœux. *Promitto stabilitatem meam.*[15] Et pour s'expliquer plus clairement, il ajoute que les religieux doivent savoir que par leur profession, il ne leur est plus permis de sortir de leur monastère. Enfin il ordonne, pour leur en ôter toutes les occasions, que l'on ait soin que les choses nécessaires se trouvent dans l'enceinte du monastère; en sorte qu'ils n'aient aucun sujet de quitter leur solitude; parce qu'il n'y a rien, ajoute-t-il, de plus préjudiciable au salut de leurs âmes: *Omnino non expedit animabus eorum.*[16]

---

[14] Isai c. 33 v. 9
[15] Ben. in Reg c.58
[16] Ibid c. 66

C'est ce qui fut ordonné tout de nouveau dans le Concile de Trosly[17], en ces termes: „Que les moines et les religieux aient soin de vivre comme ils y sont obligés par leur profession, avec simplicité, piété et tempérance. Que leur occupation soit de prier pour la prospérité des rois, pour la paix des Royaumes, pour la tranquillité de l'Église. Qu'ils ne s'engagent point dans les affaires séculières. Qu'ils ne recherchent point le faste et la pompe du monde. Qu'ils ne troublent point les ecclésiastiques dans leurs droits mais que selon la signification de leur nom, ils vivent dans la retraite et dans le repos...et de crainte qu'ils n'aient occasion de sortir hors de leur monastère, et de courir par le monde, les abbés et les supérieurs des monastères auront soin de les pourvoir, autant que la disposition des lieux et des temps le pourra permettre, de toutes les choses nécessaires pour leurs vêtements et pour leur nourriture, comme il est prescrit par les Règles. *Ne ulla monachis evagandi, vel de talibus præsumendi quippiam detur occasio, provideant abbates, vel præpositi monasteriorum, ut secundum quod temporis vel loci fert possibilitas, omnia illis in victualibus et vestibus necessaria, sicut Regula præcipit, opportune ministrentur.*

Les Instituteurs de l'Ordre de Cîteaux[18] qui étaient remplis de l'esprit de saint Benoît, et qui entreprirent d'en observer la règle d'une manière littérale, voulant s'interdire pour jamais toute communication avec le monde; choisirent par l'inspiration que Dieu leur en donna, des déserts inaccessibles pour leur demeure. Ils firent un Statut principal par lequel ils défendirent de bâtir

---

[17] Concile de Trosly (Diocèse de Reims) année 909; Canon 3 cf. Rohrbacher 1844; Tome 12, p. 513...
[18] In ex Cist c 15 pag 14 (Exordium parvum cap. 15, n°13)

Chapitre XVI Question Première

aucun monastère dans tout l'Ordre que dans les lieux séparés de tout commerce et de toute fréquentation des hommes.

Le Pape Eugène[19] écrivant dans ce même sentiment aux Abbés du même Ordre: „Considérez, leur dit-il, que nos Pères qui ont institué notre saint Ordre, ont quitté le monde et méprisé tout ce qu'il contient; qu'ils ont laissé aux morts le soin d'ensevelir les morts, et qu'ils se sont envolés dans la solitude pour s'attacher comme Marie aux pieds de Jésus Christ, et recevoir la manne céleste avec d'autant plus d'abondance qu'ils s'étaient plus éloignés de l'Égypte. Il faut donc, continue-t-il, que vous preniez garde à ne point dégénérer de la vertu de vos pères afin que vous soyez dans les branches, ce que vous avez été dans la tige".

Il n'y a rien que Saint Bernard[20] ait recommandé davantage aux moines que la retraite, et la séparation du monde. Il dit que les marques par lesquelles on reconnaît un véritable religieux sont la retraite, le travail des mains, la pauvreté volontaire, et qu'il n'y a rien de plus honteux que de voir un moine dans les bourgs et dans les villes[21], si ce n'est lorsque la charité le contraint d'y aller…Il ne parle de rien tant que des dangers auxquels on est exposé dans le commerce du siècle; il le représente comme tout plein d'écueils, de précipices et de naufrages. Il enseigne[22] que la profession d'un religieux consiste principalement dans l'obéissance au supérieur, et dans la stabilité. dans son monastère[23]… Il s'écrie dans un de ses Sermons, que l'on ne peut voir sans douleur que des solitaires,

---

[19] Ad cap. Cist. congreg. Inter Epist S. Bernardi 384 dans l'édition que possédait Rancé. Dans les éditions postérieures (Ravelet, Paris 1866; ou Charpentier Paris 1865), elle se situe avant la lettre 273, et n'a pas de numéro. Elle n'est pas reprise dans SBO.
[20] Epistola 42, 37 ad Henr. Archiep. Senon (SBO. Vol.VII, p. 130, linea 21)
[21] Serm. de diver. 93, 2; SBO Vol. VI,1 p. 350
[22] Ep. 7, 15; SBO. Vol VII p. 42; Serm. de diver. 93, 2; SBO Vol. VI,1 p. 350
[23] Serm. 4, 10: "Super missus"; SBO. Vol IV p. 56

après avoir embrassé le service de Jésus Christ, s'embarrassent dans les affaires du siècle et s'engagent dans les passions et dans les intérêts des hommes; que sous des raisons spécieuses, ils flattent les riches du monde, et rendent des civilités aux dames. Est-ce ainsi, ajoute ce grand Saint, qu'ils s'imaginent que le monde est mort pour eux, et qu'ils sont morts au monde? Avant qu'ils fussent entrés dans la Religion, à peine étaient-ils connus dans un bourg ou dans un village, et on les voit se produire dans les provinces et s'empresser dans les cours auprès des rois et des princes de la terre.

Ce fut cet amour de la retraite qui porta[24] les premiers Chartreux à faire un Statut qui leur défend de posséder aucuns biens au-delà de l'enceinte de leur désert, afin sans doute, de s'ôter toute occasion de quitter le lieu de leur retraite: *Cupiditatis occasiones nobis et nostris posteris quantum Deo juvante possumus praecidentes, praesentis scripti sanctione statuimus;quatenus loci huius habitatores, extra suos terminos Eremi nihil omnino possideant, id est non agros, non vineas, non burtos, non Ecclesias, non cimeteria, non oblationes, non decimas, et qaecumque hujus modi.*

Ce fut par le même esprit que les premiers Chartreux, étant[25] inspirés de Dieu pour détourner les maux à venir et empêcher que la multiplication des religieux et l'impuissance de les faire subsister ne les retirât de la solitude et ne les jettent dans la dissipation, se réduisirent à un petit nombre de religieux, ordonnant qu'il n'excéderait pas celui de treize ou quatorze. Et il n'y a rien de plus saint, ni de plus remarquable que l'instruction

---

[24] Guig. stat. c. 41 (Ed. Basil. Anno 1510)
[25] Idem, stat.c. 48

Chapitre XVI Question Première

que le bienheureux Guigues donne à tous ceux de son Ordre[26] qui devaient venir après lui: „Nous nous sommes réduits à ce petit nombre, dit ce grand homme, nous n'avons point voulu nous charger du soin des équipages de ceux qui nous viennent voir, ni même avoir des logements destinés pour recevoir les pauvres de crainte de nous engager en des dépenses que notre maison ne serait pas capable de porter, et qu'ainsi nous soyons contraints de chercher et de courir hors de notre désert; ce que nous avons en horreur: *Hanc autem numero paucitatem, eadem consîderatione delegimus qua nec hospitum equitaturas procuramus, nec domum Eleemosinariam habemus, videlicet ne ad majores quam locus iste patitur exppensas exacti, quaerere, et vagari, quod horremus, incipiamus.*

Que s'il arrivait, ajoute-t-il, pour des raisons qui nous sont inconnues, que nos successeurs ne puissent pas même avoir et entretenir ce petit nombre sans se mettre dans cette odieuse et détestable nécessité de sortir et de chercher, ils se restreindront, s'ils veulent suivre notre avis, à un petit nombre, à l'entretien desquels la maison puisse suffire sans s'exposer à de si grands dangers: car quoique présentement, nous soyons assez peu de personnes, nous aimerions mieux toutefois qu'il y en ait encore moins, que de tomber en de semblables inconvénients pour vouloir ou les conserver ou en accroître le nombre: *Quod si posteri nostri hunt ipsum tam parvum numerum, aliquibus occasionibus quod ignoramus, hoc in loco, sine quaerendi, et vagandi, odibilibus officiis procurare nequiverint: si nostris voluerint acqiescere consiliis, ad eam redibunt quantitatem, quam sine praedictis possint portare periculis. Nos enim qui in*

---

[26] Ibidem: c. 79

praesentiarum hic degimus quamvis pauci simus; multo pauciores esse mallemus, quam ad illa mala servata vel multiplicato numero perveniere ".

Nous lisons dans Gratien qu'un religieux doit[27] être content de demeurer dans son cloître parce que, dit-il, un moine ne peut vivre hors de sa clôture, non plus que le poisson hors de l'eau. Qu'un solitaire, ajoute-t-il, se conserve dans le repos et dans le silence puisqu'il est mort au monde, et qu'il ne vit plus que pour Dieu. *Sed eat solitarius, et taceat, quia mortuus est mundi, Deo autem vivit.*

Le Pape Alexandre II commande aux moines selon la règle de saint Benoît, et conformément au Décret du Concile de Chalcédoine, de demeurer dans leur cloître, et leur défend d'aller dans les villes, dans les châteaux ou les villages: *Monachis quamvis Religiosis ad normam sancti Benedicti, intra Claustra morari praecipimus: vivos urbes, castella peragrare prohibemus: Et a populorum praedicatione omnino cessare censuimus: nisi forte quia, de sua anima salute sollicitus, ut eorum habitum assumat, eos intra Claustrum consulere voluerit.*

Question II

N'est-il donc pas permis à un religieux de sortir du monastère dans lequel il a fait profession?

Réponse

Quoiqu'il n'y ait guère de précepte plus positif, ni plus important dans la règle de saint Benoît que celui de la stabilité, il

---

[27] Gratian. Decreti 2. Part. Causa 16. c. 8; placuit q.t.

Chapitre XVI Question II

faut néanmoins demeurer d'accord qu'il a ses exceptions. Saint Benoît envoya saint Maur en France, et saint Placide en Sicile pour y jeter les fondements de son Ordre. Saint Bernard qui avait fait sa profession dans le monastère de Cîteaux, alla dans celui de Clairvaux pour en faire la fondation et en être l'Abbé. On voit dans la règle de S. Benoît, et dans les règles monastiques que les religieux étaient occupés hors clôture à cultiver les terres, à faire la moisson, à couper des arbres dans les forêts, et à d'autres travaux semblables. On y remarque aussi qu'on les envoyait hors du monastère pour les besoins des Frères et pour des nécessités de la communauté. Un Concile de Mayence[28] défend aux religieux de sortir de leur cloître, si ce n'est que la nécessité et le commandement du supérieur les y oblige. Et on peut dire qu'un religieux sort de son monastère sans blesser la promesse qu'il a faite à Jésus Christ d'y vivre et d'y mourir, lorsque la volonté de Dieu, qui est la maîtresse de toutes choses et de toutes les règles, l'appelle ailleurs. Mais cette volonté lui doit être déclarée par un ordre et par un commandement juste et légitime de ses supérieurs, qui ne peuvent l'obliger de sortir de son cloître que pour des nécessités véritables, et des considérations conformes à sa profession et selon sa règle. Car le vœu de stabilité n'est point dans leurs mains; il ne dépend ni de leur caprice ni de leur fantaisie. Et c'est ce que saint Bernard[29] a voulu nous apprendre quand il a dit qu'il ne fallait pas que le vœu de stabilité préjudicie à l'obéissance, ni l'obeissance à la stabilité. C'est à dire que le vœu de stabilité n'exempte point un religieux d'obéir, quand le commandement est juste, qu'il est dans l'ordre, et qu'il n'a rien de

---

[28] Mogunt. c. 12.sub. Léon. 3 anno 813
[29] Epist. 7; cf. note 21

contraire; ni aux règles, ni aux devoirs de sa profession, mais que lorsqu'il n'a pas toutes ces conditions; il ne faut pas que la stabilité lui cède.

Le même Saint explique plus nettement sa pensée[30], quand il dit que le vœu de la stabilité doit empêcher qu'un religieux ne quitte son monastère pour mener une vie plus douce et plus aisée, ou pour sa satisfaction, ou par chagrin, par humeur, par curiosité, ou par tout autre motif de légèreté, d'inquiétude et d'inconstance; mais non pas lorsqu'une autorité légitime veut disposer de lui, et l'appliquer à des emplois conformes à ses devoirs, et à sa profession: *Praescribat proinde stabilitatis pactum, omni deinceps remisso descensui contentioso discessui, vago et curioso discursui, totius denique inconstantiae levitati: non tâmen bis que in professionis serie sequuntur, morum videlicet conversioni et obedientiae quae secundum regulam fit.*

On voit un Statut dans un Chapitre Général de l'Ordre de Cîteaux[31] qui revient parfaitement à cette pensée de saint Bernard, voici ses termes: „Que personne sur sa propre instance ne soit envoyé dans une autre maison; mais qu'il se tienne dans la sienne, qu'il y meure, ou qu'il y vive". *Nemo ad propriam instantiam ad aliam domum emittatur sed in domo sua, aut moriatu, aut vivat.*

C'est si bien le sentiment de l'Antiquité, que nous voyons dans S. Basile[32], qu'il n'est permis à personne de sortir du monastère que par un commandement exprès, et par l'obligation d'une nécessité pressante. Il dit ailleurs que si un religieux n'est porté à se séparer de ses frères que par la seule légèreté de son esprit, il

---

[30] De praec et; cap.16, n°44; SBO, Vol III p. 284 linea 7
[31] Cap. Gen. an. 1224
[32] S. Basil. GR (Regulae fusius) tractatae q. 36 cf. note 6

Chapitre XVI Question III

faut qu'il travaille à guérir la maladie de son âme; et que s'il n'en vient point à bout, il faut l'exclure pour jamais de toutes les communautés monastiques.

Il faut ajouter à cela qu'un religieux peut changer de monastère lorsque le dérèglement et le mauvais exemple des frères s'opposent à son salut; ou bien que l'esprit de Dieu l'appelle à une vie plus exacte et plus parfaite que celle qui se pratique dans le lieu de son premier engagement. Ce qui est une liberté sainte des enfants de Dieu que l'Église, comme nous l'avons déjà dit, leur a toujours conservée.

Question III

Un religieux ne peut-il pas sortir de son monastère pour se délasser l'esprit, et chercher dans le monde quelque divertissement honnête et quelque récréation innocente?

Réponse

Un religieux doit savoir qu'il ne doit plus rechercher les satisfactions du monde; qu'étant mort, comme il est par sa profession, à toutes les choses de la terre, il a renoncé aux joies et aux plaisirs, comme aux biens et aux richesses. Que ces sortes de jouissances lui sont également interdites. Qu'il n'y a plus de consolations pour lui, que celles qu'il peut trouver dans son état, c'est à dire dans la paix et dans le témoignage de sa conscience; ce qui est l'effet de la pureté de son coeur, de sa soumission aux volontés de Jésus Christ, et de la fidélité qu'il lui garde dans l'observation de sa loi.

Quelle compatibilité, mes frères, pourriez-vous vous imaginer entre les divertissements du monde, et cette obligation qu'ont tous les religieux, de vivre dans les gémissements et dans les larmes, comme nous l'avons montré tant de fois ?

Question IV

Faut-il qu'un religieux vive dans l'abattement et dans la tristesse sans aucune consolation?

Réponse

Vous devez savoir, mes frères, qu'il y a deux sortes de tristesse. L'une qui est toute humaine, est méchante, inutile, et donne la mort. C'est de celle-là dont parle le livre de l'Ecclésiastique quand il[33] dit: Chassez loin de vous la tristesse, car elle a donné la mort à beaucoup de personnes, et jamais elle n'a produit aucune utilité.*Tristitiam longe repelle a te, multos enim occidît tristitia, et non est utilitas in ea.* Elle est méchante[34] parce qu'elle n'est rien qu'un dérèglement du cœur; une passion qui s'irrite par la privation d'un bien que l'on désire, ou par la présence d'un mal qu'on voudrait éviter. Elle est inutile parce qu'elle ne peut par toute la violence de ses mouvements, ni nous délivrer du mal - qui nous afflige, ni nous procurer le bien - qui nous plairait. Elle donne la mort car toutes les passions ne manquent point de nous faire des blessures mortelles lorsqu'elles ne sont ni modérées, ni réglées par la grâce.

Il y a une autre tristesse qui est selon Dieu. Celle-là est sainte, elle est utile, et elle soutient les âmes au lieu de les abattre. Le Prophète a voulu nous la marquer quand il a dit: „Vos consolations ont rempli mon âme de joie à proportion des

---

[33] Si 30 v. 24-25
[34] „méchante": ancien français = mauvaise.

Chapitre XVI Question IV

douleurs qui ont accablé mon cœur; *Secundum multitudinem[35] dolorum meorum, in corde meo consolationes tuae laetificaverunt animam meam.* Elle est sainte parce que Jésus Christ la produit en nous par son regard et par l'opération de son saint-Esprit. Elle est utile, puisque c'est elle qui nous fait répandre des larmes qui lavent nos âmes, et qui effacent les taches des péchés qu'elles ont contractées. On ne saurait douter qu'elle ne console et qu'elle ne donne de la joie, puisqu'un pénitent ne peut regarder ses gémissements que comme des effets sensibles de la miséricorde que Dieu lui a déjà faite, et des assurances de celle qu'il lui prépare.

Ainsi lon de là qu'un solitaire qui passe toute sa vie sans avoir part aux réjouissances de la terre, soit abattu sous le poids de la douleur, et privé de toute consolation, comme on se le figure; bien au contraire, il trouve que la douleur de la pénitence, selon saint Jean Climaque[36], enferme avec soi une allégresse et une joie spirituelle, de même que la cire enferme le miel. Elle est toujours jointe dans l'âme avec un plaisir doux et agréable, et Dieu ne manque point de consoler d'une manière secrète et invisible, ceux qui ont le cœur comme brisé par une affliction si sainte.

C'est ce qui a fait dire à ce même Saint[37], qui était parfaitement instruit des conduites de la grâce, que la douleur vive et profonde de la pénitence reçoit la consolation de Dieu, comme la pureté du cœur reçoit l'illumination du ciel… Cette consolation est un rafraîchissement de l'âme affligée qui, comme un enfant, pleure et crie en elle-même avec tendresse et avec amour. Et ce

---

[35] Psal 93 v.19
[36] L'Échelle Sainte, Septième Degré, n° 54 p. 121. cf. supra note 9
[37] Id., n° 60 cf. supra note 9

rafraîchissement est un renouvellement de l'âme accablée de douleur, lequel, par un merveilleux effet, change des larmes amères et cuisantes en d'autres larmes douces et agréables.

Question V

Doit-on refuser à un religieux la liberté de sortir pour son soulagement lorsqu'il est pressé par l'inquiétude, ou qu'il est dans la tristesse?

Réponse

Nous vous dirons, mes frères, sur cet article, qu'il arrive que des religieux se trouvent privés de consolation dans leur état, que toutes choses leur paraissent dures, et qu'ils y vivent dans l'inquiétude et dans l'amertume par des causes et des raisons différentes. Il y en a pour qui Dieu se cache, et auxquels il lui plaît quelquefois de retirer cette joie intérieure, qu'il accorde d'ordinaire à ceux qui le servent, afin d'éprouver leur fidélité, en leur donnant occasion de se soutenir par la vigueur de leur foi, et par la fermeté de leur constance; lesquels se voyant dans la sécheresse et dans la privation de toutes grâces sensibles, au lieu de suivre l'ordre de Dieu, et se contenter de l'état auquel sa providence les met, se tourmentent et s'inquiètent, sans faire autre chose par tous ces mouvements irréguliers que de rendre leur joug plus pesant et d'augmenter leurs peines.

Il y en a d'autres qui par un tempérament et une disposition mélancolique, n'ont que du dégoût pour la retraite; sont accablés du poids de la solitude, et passent leurs jours dans une tristesse et dans un obscurcissement continuel.

Il s'en trouve, et plût à Dieu que le nombre n'en fut pas si grand qui, par le dérèglement de leur esprit et de leur cœur, et par

Chapitre XVI Question V

l'opposition qu'ils ont à toutes les choses saintes, regardent le monastère comme une prison, et l'assujettissement à la discipline comme une servitude cruelle.ou bien qui par le défaut de l'exactitude et de la fidélité que Dieu demande des personnes qui lui sont consacrées, se dérobent à eux-mêmes tout le bonheur de leur condition et le fruit de leurs travaux; ne moissonnant dans un champ de repos et de paix que du trouble et de la confusion.

Il faut avertir les premiers, qu'ils se conforment aux desseins de Dieu; qu'ils adorent toutes ses conduites; qu'ils profitent de ce refroidissement et de cette disgrâce qui n'est qu'est apparente et passagère. Il faut leur dire que ce nuage ne durera que peu de moments; que le Soleil se montrera plus clair et plus éclatant qu'il n'était; et que cette aridité qui les afflige leur sera salutaire, pourvu qu'ils la supportent avec patience, et qu'ils entrent dans cette sainte disposition où était le Prophète, lorsqu'il disait à Dieu: „Seigneur, j'ai rejeté toutes les satisfactions humaines, je n'ai fait que penser à vous, et je me suis vu rempli de consolation".*Renuit consolari anima mea, memor sui Dei, et delectatus sùm*[38].

Il faut compatir à l'infirmité des seconds; soulager leur faiblesse, et s'appliquer autant qu'il est possible à l'adoucissement de leurs misères. Il faut les consoler en les élevant à Dieu, et leur donner l'avis que l'Apôtre saint Jacques donne à tous les chrétiens lorsqu'ils sont surpris de tristesse[39]. *Tristatur aliquis vestrum, oret,* et se souvenir qu'il n'est jamais permis d'aller à des fins, quelques bonnes et nécessaires qu'elles nous paraissent, par des voies qui ne sont pas légitimes.

---

[38] Ps 76 v. 3
[39] Jacob c. 5 v. 13 = (Jc 5, 13)

Pour les derniers, il faut leur faire comprendre qu'ils ne sont misérables que parce qu'ils sont infidèles, que leur inquiétude et leur chagrin est l'effet de la peine de leur péché; que leur conscience n'a garde de n'être point troublée, puisqu'elle n'est pas pure; et que s'ils avaient observé fidèlement la loi de Dieu, ils jouiraient, selon l'expression du Prophète, d'une paix aussi profonde que les gouffres et les abîmes de la mer: *Utinam attendisses mandata mea, facta fuisset sicut flumen pax tua; et justitia tua sicut gurgites maris.*[40] Il faut les exciter et les mettre en état de dire du fond de leurs âmes: Malheur à nous, parce que nous avons péché, c'est pour cela que nos cœurs ont été remplis de tristesse, et nos yeux cuverts de ténèbres épaisses: *Vae nobis quia peccavimus; propterea maestumfactum est cor nostrum, ideo contenebrati sunt oculi nostri*[41], afin que, reconnaissant qu'ils sont eux-mêmes auteurs de leurs maux et que cette inquiétude et cette tristesse qui, comme une nuée ténébreuse se répand et couvre tout l'homme intérieur, ne s'est formée que de leur iniquité, ils retournent à Jésus Christ par une conversion sincère pour lui demander qu'il la dissipe, qu'il chasse ces nuages et ces obscurités qui les environnent, et qu'il ne permette pas qu'ils s'assoupissent dans les ombres d'une mort éternelle: *Illumina oculos meos ne unquam obdormitam in morte.*[42]

Ce sont là les remèdes que l'on doit employer pour soulager un solitaire, lorsque la tristesse s'empare de son cœur; ce sont les moyens dont il faut se servir pour sa guérison, au lieu de lui présenter des plaisirs et des amusements qui trompent tous ceux

---

[40] Isai c.48 v.18
[41] Jr 5, 16-17
[42] Psal 12 v. 4.

Chapitre XVI Question V

qui s'y arrêtent, qui ne peuvent procurer de joie qui soit véritable et solide; et par-dessus tout, qui sont contraires à la sainteté de sa profession. Jésus Christ est le seul principe de la paix qui convient à ceux qui ont la gloire de lui appartenir. Cette paix est de lui et est à lui. Il nous l'a méritée par le sang qu'il a versé pour la réconciliation des hommes; et c'est s'abuser que de l'espérer du monde puisqu'il nous a déclaré lui-même que le monde ne la connaissait point et qu'il n'était pas capable de la donner: *Pacem meam do vobis, non quomodo mundus dat, ego do vobis*[43]. S'il vous arrive quelque peine et quelque douleur, dit saint Chrysostome[44], n'allez pas chercher votre consolation chez les hommes, mais ayez recours au souverain médecin des âmes. Car celui-là seul qui a formé chacun de nos cœurs et qui en observe tous les mouvements est capable de les guérir.

Tenez pour une maxime constante, mes frères, que les plaisirs et les divertissements du monde ne sont jamais plus dangereux ni plus préjudiciables à un religieux que dans les temps et dans les cas où l'on s'imagine qu'il y a plus de raison de les souhaiter et de les permettre. Je veux dire dans les tentations et dans les maladies. Car, comme notre impénitence et notre immortification naturelle nous porte à désirer de nous voir délivrés des maux et des peines qui nous arrivent, soit qu'elles attaquent nos corps, soit qu'elles affligent nos âmes, elle fait aussi que nous nous attachons et que nous recherchons avec ardeur ce qui peut nous donner ce soulagement et nous procurer cet avantage. De sorte que si nous le trouvons dans les joies et dans les divertissements du monde, il ne faut point douter qu'il ne flatte notre amour-propre, qu'il ne

---

[43] Joan. 14, 27
[44] Homil. 54 ad pop. Antioc.

sollicite notre cupidité, et qu'il ne nous attire à lui; qu'il ne ruine en nous toute la vertu de notre état et qu'il ne nous sépare de Dieu, en nous séparant de nos obligations principales.

Enfin, soit que nous perdions le souvenir de nos devoirs ou le désir de nous en acquitter, nous faisons un nouveau pacte avec la mort. Nous renouons nos liens, nous faisons revivre nos premiers engagements avec le monde et par une infidélité sacrilège, nous lui remettons entre les mains les places que nous lui avions ôtées, et que Jésus Christ avait occupées dans nos cœurs depuis que nous nous étions consacrés à son service.

Ainsi, mes frères, bien loin qu'on puisse avec conscience accorder aux religieux des soulagements et des divertissements du monde dans les circonstances que nous vous avons marquées, c'est pour lors que les supérieurs doivent se rendre plus exacts et travailler avec plus de soin pour leur en donner de l'éloignement et empêcher qu'ils ne les souhaitent et qu'ils ne s'y portent.

Donnez à un homme qui n'a ni appétit ni altération, des liqueurs ou des viandes délicieuses, sa tentation ne sera pas fort grande. Il ne faut qu'une vertu très commune pour n'être pas intempérant. Mais si on le surprend lorsque la faim le presse et que sa soif est ardente, il a bien de la peine à empêcher que sa vertu ne succombe. De même quand les divertissements du monde se présentent tout seuls, et que nous n'avons ni de raison ni d'inclination à les désirer, le danger n'est pas grand. Si, au contraire, ils se rencontrent avec nos infirmités, nos besoins, nos nécessités, et que nos passions s'y joignent, tout nous parle en leur faveur; le venin en devient plus vif, leur malignité beaucoup plus pernicieuse, et il est presque impossible qu'elle ne fasse sur nos âmes de mortelles impressions.

Chapitre XVI Question VI

Question VI

La maladie n'est-elle pas un sujet légitime pour sortir du monastère?

Réponse

Le motif des maladies et de la conservation de la santé ne peut être considéré que de ceux qui n'ont aucune connaissance de l'état et de la vie monastique. Premièrement, si dans l'ordre de Dieu tous les chrétiens ne vivent que pour mourir, si toute leur vie ne doit être qu'une préparation à la mort, et si, selon saint Augustin, celui-là n'est pas digne d'une mort heureuse qui n'a pas une volonté sincère de mourir: quelle ne doit point être en cela la disposition d'un solitaire; avec quelle ardeur ne doit-il pas attendre ce bienheureux passage, lui qui doit s'acquitter d'une manière parfaite des obligations qui lui sont communes avec le reste des chrétiens; et qui n'étant plus de ce monde, n'a ni affaires, ni plaisirs, ni affections qui l'y attachent ?

Sa vie n'est qu'un désir et qu'une méditation continuelle de la mort; et son occupation principale est de l'attendre incessamment, aussi bien que d'y penser. Cependant peut-on croire qu'il soit dans cette disposition, ou plutôt, peut-on douter qu'il n'en ait pas de toutes contraires, quand on le voit quitter son monastère pour aller chercher la santé parmi le monde? N'est-ce pas une extravagance pitoyable qu'un homme qui s'est enfermé dans un cloître pour se préparer à une sainte mort et pour se mettre à couvert[45] de tant d'accidents différents capables de lui en causer une mauvaise,

---

[45] „se mettre à couvert" = se protéger

quitte sa retraite lorsqu'il est menacé de perdre la vie et s'expose de nouveau à des occasions pareilles, et même pires, que celles qu'il avait évitées en quittant le monde ?

Il fuit les hommes, à ce qu'il dit, pour bien mourir, et il va retrouver les hommes quand il croit qu'il est près de mourir, semblable à celui qui, après s'être éloigné toute sa vie des ennemis de sa créance[46] et de sa foi de crainte de mourir malheureusement parmi eux, se voyant sur la fin de sa course et n'ayant que peu de moments à vivre, s'aviserait de les aller rechercher, et rendrait ainsi toutes ses précautions inutiles.

Secondement, un solitaire quitte le monde et s'enferme dans un monastère comme dans une prison, afin de satisfaire à la justice de Dieu pour ses péchés. Il livre son corps à une mort volontaire pour racheter la vie de son âme: tous les exercices de la religion, les veilles, les jeûnes, les travaux, la solitude et toutes les mortifications corporelles sont comme les instruments de son supplice qui affaiblissent sa santé par des impressions insensibles. Il renonce à une vie de peu de moments pour obtenir de la bonté de Dieu une vie qui soit éternelle, selon cette parole de Jésus Christ: *Qui odit animam suam in hoc mundo, in vitam aeternam custodit eam*[47].

Il ne désire rien davantage, sinon que Dieu détruise en lui tout ce qu'il y a de mortel et de périssable; qu'il exerce et qu'il épuise ses vengeances dans le temps, afin que dans l'éternité il n'ait pour lui que de la miséricorde et de la clémence: *Hic ure, Hic seca, modo in eternum parcas*[48].

---

[46] créance (vieux français) = foi ou croyance
[47] Joann c. 12 v. 25
[48] Texte souvent attribué à St Augustin durant le Moyen-Âge

Chapitre XVI Question VI

Que peut-on après cela s'imaginer quand un religieux, dans les maladies (qui sont les véritables effets et les suites nécessaires de son engagement) sort de son monastère pour chercher parmi les hommes les moyens de ne pas mourir, sinon qu'il rétracte la résolution qu'il avait prise, ou au moins qu'il en a perdu la mémoire; puisque se laissant aller à la crainte de la mort, et au désir de prolonger ses jours, il témoigne que sa santé lui est plus précieuse que son salut, qu'il est plus touché de la conservation de son corps que de celle de son âme, et qu'il ne fait nulle difficulté d'abandonner une vie immortelle pour une vie qui dans sa fragilité, dans son incertitude, aussi bien que dans sa durée, ne peut être regardée que comme une vapeur.

Troisièmement, si vous voyiez un martyr, lequel étant prés de la mort qui doit être tout son désir comme elle doit faire toute sa gloire, au lieu de l'attendre constamment, romprait ses fers et ses chaînes, s'enfuirait et se déroberait au supplice qui lui aurait été préparé; vous diriez sans doute qu'il n'aurait guère moins déshonoré la Majesté de Jésus Christ, par cette fuite scandaleuse, que s'il avait abandonné la foi.

C'est la pensée que l'on doit avoir d'un religieux dont la profession, dans le sentiment des saints, est un véritable martyre, lorsqu'au lieu d'apprendre au monde le cas qu'il doit faire de la vie future par le mépris qu'il a de la vie présente, et de rendre témoignage des vérités que Jésus Christ nous enseigne en persévérant dans la pénitence et dans les travaux qui sont attachés à son état, et en achevant le sacrifice qu'il a commencé de lui offrir, par une acceptation de la mort qui soit volontaire et tranquille, il donne des marques publiques de l'envie qu'il a de l'éviter, en quittant son monastère pour chercher des remèdes et des secours dans la main des hommes, et en faisant céder toutes ses résolutions et les engagements à cette passion déréglée qu'il a de vivre.

Quatrièmement, les maladies sont les avant-coureurs de notre mort, puisqu'elles sont comme les chemins, ou les voies naturelles par lesquelles nous arrivons à la fin de notre vie. C'est par les infirmités, comme dit saint Grégoire, que Dieu frappe à nos portes. *Pulsat, cum iam per agritudinis molestias, mortem vicinam designat*[49]. Et qu'il nous avertit de nous tenir prêts, et de nous mettre dans l'état où nous devons être pour paraître à ses yeux, afin qu'il vienne sans nous surprendre, et qu'il ne rencontre rien en nous qui l'oblige de nous juger dans sa colère. Cela étant, mes frères, n'est-ce pas une conduite insupportable dans un moine qui, se voyant malade, bien loin de profiter de l'avertissement que Dieu lui donne, et de se servir pour cela de tous les moyens qu'il a reçus de sa main, abandonne son monastère, ce refuge sacré dans lequel la providence l'a renfermé comme dans un fort, quitte la société de ses frères; se prive du secours qu'il peut tirer de leur exemple, de la régularité du cloître, de son assujettissement à la conduite de son supérieur; du silence, de la solitude, et de tant d'autres avantages qui se trouvent dans l'exacte observation de sa règle ? Est-ce ainsi qu'il se tient sur ses gardes? Est-ce ainsi qu'il se prépare au jugement de Jesus-Christ en se tirant de l'état auquel il lui a plu de le mettre? Croit-il que ce Juge: qui ne se trompe jamais puisse regarder ce déplacement comme un effet de sa vigilance et de son soin?

Ou plutôt doute-t-il qu'il ne punisse sévèrement une licence si contraire aux dispositions qu'il demande de lui? qu'il ne le traite

---

[49] Grég. Hom. 13 n°3 in Evang. p. 302 Coll. Sources Chrétiennes n° 485; Éd. du Cerf, Paris, 2005

Chapitre XVI Question VI

comme un déserteur qui a lâchement abandonné son poste par l'appréhension qu'il a eue de la mort, et qu'il ne le livre à toutes les passions et à tous les maux dont un religieux peut être digne quand il préfère le soulagement de son corps à son devoir, à la voix de Dieu et à la sanctification de son âme ?

Voulez-vous savoir, mes frères, ce que deviennent ces sortes de religieux au sortir de leurs cloîtres ? Les uns courent les pays et les provinces éloignées, cherchant les eaux et les bains pour la guérison de leurs maux. Vous les voyez dans les lieux et dans les assemblées publiques parmi des personnes de toutes conditions, de tous âges, de toutes mœurs, et de tout sexe.

Ils y passent les journées en des conversations de nouvelles et d'affaires du monde, ou en des entretiens de leurs infirmités particulières, des maladies des uns et des autres; des opérations, des remèdes; ce qui seul peut rappeler les idées des choses qui doivent être oubliées pour jamais. Ils vivent dans une mollesse, dans une impénitence toute publique, vides et inoccupés des choses de Dieu autant qu'ils sont pleins d'eux-mêmes. Et leur aveuglement est si grand, qu'ils ne s'aperçoivent pas que, quand même ils éviteraient les accidents les plus grossiers auxquels ils s'exposent, leur conduite déshonore la sainteté de leur habit; et que la sainteté de leur habit condamne leur conduite.

Vous en voyez d'autres aller de monastère en en monastère sous prétexte que le changement d'air rétablira leur santé. On les y reçoit et on les y traite en qualité d'étrangers et de malades. Et comme ils vivent sans sujétion et sans régularité, ils ne manquent pas de répandre le venin de leur libertinage et de leur inquiétude, laissant dans tous les lieux où ils passent des marques et des exemples pernicieux de leur dérèglement, pour récompense de la charité que l'on a eue pour eux.

Il y en a d'autres qui vont chez leurs parents et dans la maison de leurs pères, pour prendre, à ce qu'ils disent, l'air natal; mais en fait, c'est pour y reprendre les dépouilles du vieil homme qu'ils y avaient laissées. Car c'est là qu'ils trouvent leurs anciennes habitudes, et leurs premières affections. La tendresse du père, les caresses de la mère, la douceur et le goût qu'ils reçoivent dans le commerce de leurs proches, achève d'éteindre ce qui leur restait de piété.

Leurs cœurs amollis comme de la cire, reçoivent indifféremment les impressions de tout ce qui se présente à eux; Enfin ils redeviennent ce qu'ils étaient avant leur retraite et retournent dans leurs monastère comme dans un exil insupportable. Ils y remportent le monde avec eux. Et au lieu d'y vivre et de s'y conduire par l'Esprit de Jésus Christ, ils ne connaissent plus ni de règles ni de maximes que celles que la chair et le sang leur a révélées.

Voilà les inconvénients inévitables à des religieux qui quittent leur monastère par le motif de leur santé. Il faut qu'ils sachent qu'ils se creusent des abîmes toutes les fois qu'ils le désirent; et que les supérieurs les y précipitent quand ils y consentent.

Question VII

Si un religieux ne doit pas sortir de son monastère pour le rétablissement de sa santé, le peut-il quitter pour la sollicitation des affaires et des procès?

Réponse

Si dans quelques cas, pour des raisons et des nécessités importantes, il peut être permis à des moines d'avoir et de soutenir des procès, il ne leur est presque jamais permis d'abandonner leur

Chapitre XVI Question VII

monastère pour en faire par eux-mêmes les sollicitations et les poursuites. Cet emploi est tellement contraire à tous les devoirs de leur profession qu'on ne peut douter qu'il ne doive être mis au nombre des choses qui leur sont défendues.

L'on n'aurait sur cette vérité qu'un même sentiment, si on voulait se donner la peine de considérer ce que c'est que la vie d'un solitaire et ce que c'est que l'occupation d'un homme qui sollicite des procès. Celui qui saura qu'un religieux est destiné de Dieu à une piété toute intérieure, qu'il est obligé de vivre dans l'innocence, dans la simplicité, dans le repos, dans un recueillement continuel, dans la séparation des hommes et dans une présence de Dieu qui ne soit point interrompue, autant que l'humaine fragilité le peut permettre, ne croira jamais que l'on puisse avec conscience l'exposer à cette effroyable dissipation qui se rencontre dans la poursuite des affaires; qu'on puisse l'engager dans les déguisements et les finesses sans lesquelles souvent les prétentions les plus justes ne peuvent avoir que de mauvais succès; ni vouloir qu'il paraisse dans la foule, devant les Tribunaux et dans les Justices séculières où il n'y a que clameur, que tumulte, que confusion; qu'il s'occupe de choses qui, bien loin d'être compatibles avec la présence de Dieu qu'il doit conserver dans tous les temps, lui en ravissent la vue, et remplissent tellement toutes ses heures qu'il ne lui reste pas un moment pour donner à celui qui doit être toute sa vie l'unique objet de sa pensée.

C'est l'extrémité dans laquelle un religieux se trouve réduit lorsqu'on le charge de semblables emplois. Il n'a plus de retraite, de régularité, de silence. Les affaires dont il a le soin le demandent et le veulent tout entier, il leur donne tout son temps, son industrie, sa vigilance. C'est un torrent qui l'emporte avec d'autant plus de rapidité qu'il n'a pas le loisir de faire sur lui-même une réflexion qui lui soit utile. Il vit parmi des hommes qui suivent en toutes choses les mouvements que la haine ou l'avarice leur inspire, et il en prend l'air[50], les mœurs, et les maximes.

Il est sec dans ses discours, dissipé dans sa conduite, attaché à son propre sens, ardent dans ses intérêts, prompt à entreprendre des affaires, ennemi des accommodements; en un mot, c'est un religieux sans religion qui fait voir dans toutes ses actions et dans ses paroles le désordre et la confusion de son âme. C'est un vase brisé qui ne peut plus contenir les liqueurs de la grâce[51]. C'est cette vigne de l'Écriture qui de belle et d'abondante qu'elle était, est devenue sauvage; et dont le fruit n'a plus que de l'amertume et de l'aigreur[52].

Jugez, mes frères, si un supérieur qui n'a de charge et d'autorité que pour sauver les âmes peut, sans trahir son ministère, appliquer un religieux à des emplois purement temporels qui le tirent de son cloître, qui l'empêchent de s'acquitter de ses obligations, et qui ruinent en lui par des suites inévitables, les qualités saintes et les vertus principales de son état. Jugez si cette conduite se peut accommoder avec l'instruction que Jésus Christ donne à tous les Pasteurs monastiques par la bouche de saint Benoît[53]: „Surtout, dit ce Saint, que le supérieur prenne garde de ne pas négliger les âmes qui lui ont été commises, et d'en faire moins de cas que des choses temporelles, terrestres, et périssables. Mais qu'il ait toujours dans la pensée qu'il s'est chargé de la conduite des âmes et qu'il doit un jour en rendre compte. Qu'il n'allègue point pour

---

[50] l'aspect
[51] Jr 25, 34 „dissipationes vestræ, et cadetis quasi vasa pretiosa".(Vulgate)
[52] Is 5, 4
[53] RB cap 2

Chapitre XVI Question VII

excuse la pauvreté du monastère, mais qu'il se souvienne qu'il est écrit: „Cherchez premièrement le royaume et la justice de Dieu, et tout le reste vous sera donné comme par surcroît". *Ante omnia ne dissimulans aut parvipendens salutem animarum sibi commissarum ne plus gerat sollicitudinem de rebus transitoriis et terrenis atque caducis; sed semper cogitet quia animas suscepit regendas de quibus et rationem redditurus est. Et ne causetur de minore forte substantia; meminerit scriptum: "quaerite primum regnum Dei et justitiam ejus, et haec omnia adicientur vobis*[54].

Un Concile de Mayence[55] défend aux religieux de se trouver devant les tribunaux séculiers et déclare qu'au cas où l'Abbé soit obligé d'y comparaître par quelque nécessité, il ne le fera point que du consentement et par le commandement de son Évêque. Mais qu'il prenne garde de n'y former ni contestation ni procès, et que s'il a quelque demande ou quelque réponse à faire, il se serve pour cela du ministère des avocats. *Hoc tâmen omnino volumus ut monachi nulla tenus ad secularia placita veniant, nec ipse Abbas sine consenso Episcopi sui cum necessitas exigit, tunc per jussionem et consilium Episcopi illuc vadat nequaquam tâmen contentiones aut lites aliquas movere præsumat, sèd quid quid querendum est aut respondendum, per advocatos suos hoc agat.*

Que s'il y a quelques Canons qui permettent a un religieux avec la permission de son supérieur, *advocati partem gerere*, dans les affaires de sa communauté, cela ne doit s'entendre que dans les occasions légitimes et pressantes, pour informer simplement les Juges de son droit, de la justice de sa cause, de ses intérêts, et non pas pour s'engager dans la poursuite d'un procès, d'en faire les

---
[54] Mt c. 6. v.33
[55] sub Leone 3, anno 813 can. 12

sollicitations, et de passer pour cela des temps considérables hors de son cloître.

Il faut, mes frères, que tout cède au salut des âmes depuis que Jésus Christ a bien voulu mourir pour elles et donner sa vie pour les tirer de la servitude du péché. Leur valeur est infinie; il n'y a plus rien dans les choses périssables qu'on puisse leur égaler, et c'est manquer de foi que de ne pas croire qu'il faille abandonner des mondes entiers pour la conservation d'une seule âme.

Question VIII

Il semble que vous n'approuviez pas que les religieux aient des procès, en disant: s'ils peuvent quelquefois en avoir pour des raisons et des nécessités importantes.

Réponse

L'Instruction que Jésus Christ nous donne lorsqu'il nous dit: Si quelqu'un vous ôte ce qui vous appartient, ne le redemandez pas: *Qui auffert quæ tua sunt, ne repetas*[56] n'est ignorée de personne. Et s'il a pris le soin de nous la recommander en plusieurs endroits de l'Écriture, et par tant de manières différentes; ce n'a été qu'afin de nous l'imprimer davantage, et de nous mieux apprendre le cas que nous en devons faire.

On dit assez que de ne point plaider, de quitter son bien plutôt que de le défendre par des procès et par des voies contentieuses, c'est un conseil évangélique que tous les chrétiens sont obligés d'observer comme un précepte, dans la préparation intérieure et dans la disposition du cœur. Mais c'est une chose étrange que

---

[56] Lc 6. v. 30.

Chapitre XVI Question VIII

personne ne s'aperçoive du cas et de la circonstance dans laquelle ce conseil doit avoir un effet extérieur et tenir lieu de commandement; et que ceux mêmes qui ont des maximes plus sévères et qui font profession d'une piété plus exacte, sont les premiers à trouver des raisons qui les en dispensent. Véritablement si on jugeait en cela de l'intention de Jésus Christ par ce que nous voyons faire tous les jours aux hommes, on en croirait autre chose, sinon, qu'il aurait voulu seulement nous proposer une vérité, et une perfection purement spéculative, sans avoir aucun dessein qu'elle passe dans nos actions et dans nos œuvres.

Cependant saint Paul après avoir repris les Corinthiens de ce qu'ils avaient entre eux des différends et des disputes, et qu'ils les portaient devant les tribunaux des païens, leur dit, „c'est déjà un péché parmi vous de ce que vous avez des procès les uns contre les autres. Pourquoi ne souffrez-vous pas plutôt qu'on vous fasse tort? Pourquoi n'endurez-vous pas plutôt qu'on vous prenne ce qui vous appartient ? „: *Iam quidem omnino delictum esti in vobis quod jndicia habêtis inter vos, quare non magis injuriam accipitis? quare non magis fraudem patimini?*[57]

Si nous ne pouvons pas dire que saint Paul ait estimé que tout procès et toute contestation fut par elle-même un péché et une violation de la loi de Dieu, nous pouvons au moins assurer qu'il a cru que c'était un défaut et une imperfection et qu'il était si difficile de garder les mesures d'une juste défense dans les contestations qui se forment parmi les hommes; de demeurer dans les règles de douceur et de modération que Jésus Christ nous a prescrites, et d'être tellement maîtres des mouvements de son

---

[57] 1 Co 6, 7

cœur que jamais la charité ne se trouve blessée, qu'il n'a point fait de difficulté de dire à ceux qui ont des différends et des procès: „vous offensez Dieu sitôt que vous plaidez"; *Et quidem omnino delictum est*. Non pas que plaider absolument soit offenser Dieu mais parce qu'il est presque impossible de plaider que vous ne l'offensiez. C'est par ces motifs et ces considérations que Jésus Christ qui a toujours été appliqué à la sanctification de ses disciples, qui a pris soin d'aplanir toutes leurs voies, d'ôter de leur chemin tout ce qui pourrait être une occasion de chute et de scandale et de les élever à une perfection et à une sainteté qui fût digne de celle de son Père: *Estote perfecti sicut Pater vester cœlestis perfectus est*[58], nous a donné pour règle et pour maxime de notre conduite, d'éviter toutes contestations, d'offrir notre manteau à ceux qui veulent nous ôter notre robe; de ne point résister au mal qu'on nous veut faire, et de ne point intenter de procès pour ravoir ces choses que l'on nous a prises: *Ego autem dico vobis non resistere malo sed si quis te percuisseritt in dexteram maxillam tuam paebe illi et alteram, et qui vult tecum judicio contendere et tunicam tuam tollere, dimitte ei et pallium et qui aufert quœ tua sunt ne repetas*[59].

Ces instructions, mes frères, sont générales. Jésus Christ les a proposées à tous les fidèles, et il n'y en a pas un qu'elles ne regardent et qui n'y ait part. Et afin que vous ayez en cela tout l'éclaircissement que vous demandez, je vous dirai que tout chrétien étant disciple de Jésus Christ, est obligé de recevoir ces paroles: "*Qui aufert quae tua sunt ne repetas*", dans la préparation de son coeur comme un commandement; que non seulement il

---

[58] Math. c 5 v 48
[59] Lc 6. v. 30.

Chapitre XVI Question VIII

doit être dans une volonté sincère d'abandonner ses biens, son honneur, et tout ce qui lui peut être ravi par l'injustice et la violence des hommes aussitôt qu'il connaît que Dieu le demande de lui, et qu'il s'y voit engagé par l'intérêt de son service et de sa gloire; mais qu'il faut encore lorsqu'il est obligé de résister au mal, et qu'il est contraint de s'opposer aux desseins de ceux qui veulent lui ôter ce qui lui appartient, qu'il soit aussi détaché de ses intérêts par les dispositions intérieures, que si réellement il en avait abandonné la conservation et la défense. Dieu qui permet aux chrétiens l'usage des biens de ce monde ne veut pas qu'ils s'y attachent; de sorte que du côté du cœur et des dispositions secrètes, il ne doit point y avoir de différence entre un chrétien qui repousse une injure, ou une injustice, et un chrétien qui la souffre.

Pour ce qui est de l'exécution et de l'effet extérieur, Dieu ne le veut pas également de tout le monde: Il propose, comme nous avons dit, la perfection à. tous les hommes; mais il n'appelle pas tous les hommes à la perfection. Ainsi cet enseignement, *Qui aufert quæ tua sunt ne repetas*, est un conseil pour les uns, et un commandement pour les autres. Il est un conseil, pour le commun des chrétiens, bien qu'en quelques occasions ils soient obligés de le prendre à la lettre, et de l'exécuter comme un précepte. Mais pour ceux que Dieu destine à une vie parfaite, qu'il élève à une vertu supérieure, et qu'il place dans des états qui demandent d'eux une piété éminente, il leur tient lieu d'une obligation. La volonté de Dieu est qu'ils l'accomplissent par leurs oeuvres; et il y a très peu de cas dans lesquels il leur soit permis de le regarder simplement comme un conseil.

Il est aisé de juger de là, mes frères, quel peut être le devoir des religieux en ce point, et de quelle manière il faut qu'ils s'y conduisent. Nous n'avancerons rien qui ne soit véritable, quand nous dirons que Dieu les ayant appelés à ce que la religion chrétienne a de plus grand et de plus saint, et leur profession les engageant à travailler sans cesse à se rendre parfaits, ils sont obligés de suivre en toutes rencontres les avis de Jésus Christ, et de pratiquer les conseils évangélique. Par conséquence, les contestations leur sont interdites. Il ne leur est plus licite, ni d'entreprendre, ni de soutenir des affaires et des procès, soit qu'on les attaque dans leur personne, dans leur réputation, ou dans leurs biens. Il ne leur reste de moyens innocents ou légitimes pour résister à la malignité des hommes, que leur patience, leurs prières et leur foi, si ce n'est que dans quelques rencontres extraordinaires et dans quelques occasions importantes comme l'intérêt de Jésus Christ, l'édification de l'Église, et la défense de la vérité les contraigne de sortir de cette règle générale, et de s'opposer à l'injustice des méchants. Car alors leur résistance sera sainte, et on ne peut la regarder que comme une exception du précepte, et une dispense de la loi.

Il faut demeurer d'accord mes frères, que si les religieux ne considèrent la perte des choses passagères avec un désintéressement, et une sainte indifférence; et s'ils ne sont toujours prêts de céder leurs droits, leurs biens, leurs prétention, plutôt que de perdre le sacré repos de leur retraite, il n'est pas possible qu'ils répondent aux desseins de Dieu et aux grâces qu'il leur a faites; ni qu'ils arrivent jamais à la sainteté de leur profession autant qu'ils y sont obligés. Dieu demande des religieux deux choses principales. L'une est leur propre sanctification dans un degré, et dans une mesure parfaite. L'autre est l'édification de l'Église. Mais comment pourraient-ils accomplir ces divines volontés, et acquérir une perfection si éminente et si pure parmi toutes les agitations, les mouvements

Chapitre XVI Question VIII

déréglés, et les passions différentes ou de colère, ou d'avarice, d'envie, et de vengeance qui s'excitent, s'échauffent presque toujours entre des personnes qui contestent? Y a-t-il moyen qu'ils puissent contribuer à l'édification publique, puisque, au contraire, il n'y a rien qui fasse de plus méchants effets sur l'esprit des gens du monde, ni qui leur donne de plus mauvais sentiments de la vie et de la profession des moines, que cet attachement qu'ils ont aux biens temporels, cette ardeur avec laquelle ils les défendent, et cette application à mettre en œuvre toutes les choses qui peuvent servir à leurs desseins. Ce qui n'est pas moins éloigné de la pureté de leur état, des exemples des saints moines, et de la fin pour laquelle Dieu les a formés dans son Église, que le ciel l'est de la terre.

Ne pensez pas, mes frères, que je sois seul de mon avis. Saint Basile[60] déclare que les moines ne doivent point contester, touchant les choses temporelles, devant les tribunaux des séculiers. Il dit ailleurs et saint Grégoire de Nazianze[61] avec lui, qu'un homme du monde fait ce qu'il peut pour conserver son droit, et qu'il conteste avec opiniâtreté pour les biens de cette vie, mais qu'au contraire, un moine quitte son droit de bon cœur à ceux qui veulent plaider contre lui et obéit sans peine au précepte: *qui aufert quae tua sunt ne repetas*. Que le premier se défend si on le frappe et repousse l'injure par une autre injure, se persuadant qu'il garde en cela une justice exacte. Mais pour le religieux, qu'il porte sa patience jusqu'à ce point de souffrir que celui qui le maltraite et qui le frappe, se lasse, et se rassasie lui-même de l'outrage qu'il lui fait.

---

[60] In Reg Fus GR q. 9 p. 74, cf. note 6
[61] Const. Mon. c. 6

Saint Chrysostome[62] expliquant ces paroles de l'Apôtre: *Omnino delictum esti...* dit que c'est une double faute de plaider devant des infidèles. Que c'en est une d'avoir des différends; et que de les attirer au jugement des païens c'en est une seconde; que deux personnes qui plaident donnent mauvaise édification, et que l'une n'est pas meillleure que l'autre. Il ne veut pas même qu'on examine celui qui a tort ou qui ne l'a pas.

Saint Augustin[63] dit que l'on pourrait s'imaginer que ce n'est pas un péché que d'avoir des contestations les uns contre les autres, mais seulement de les soumettre au jugement des païens, si saint Paul ne s'était servi de ces termes: *et quidem delictum est.* Et que ce saint apôtre pour ôter aux hommes tout sujet de s'excuser en disant: „je soutiens une affaire qui est juste, je souffre une vexation, et je ne demande rien aux Juges, sinon qu'ils la fassent cesser", n'avait ajouté: „pourquoi ne souffrez-vous pas plutôt que l'on vous fasse injustice, et qu'on vous prenne de votre bien: *Quare non magis injuriam accipitis? Quare non magis fraudem patimini*[64] qu'afin de venir à cet enseignement de Jésus Christ: plutôt que de plaider, abandonnez votre manteau à celui qui vous fera un procès devant les Juges pour avoir votre robe, *et qui vult tecum judicio contendere, et tunicam tuam tollere, dimitte ei et pallium*[65], et dans un autre endroit: „ne redemandez point ce qui vous appartient à celui qui vous l'emporte par force: *qui aufert quae tua sunt ne repetas*[66].

---

[62] Homil. 16. in 1 Epist ad Corint - JCOC : Tome 9, p. 397
[63] Enchiridion : cf. "Manuel ou Traité de la Foi, de l'Espérance et de la Charité" OCSA, Chapitre LXXVIII n° 21 Tome 12, p. 29 – AOO : "De Fide, Spe et Charitate", Tome VI-1, LXXVIII, 21 p. 386
[64] 1 Co 6. v. 7
[65] Mt, c. 5, v. 40
[66] Luc 6 v. 30

Chapitre XVI Question VIII

Saint Grégoire le Grand[67] était dans ce même sentiment, quand il demande comment un parfait chrétien peut défendre par des contestations et des procès les choses terrestres que Dieu lui ordonne de mépriser, quand il dit que „lorsque nous perdons des biens périssables, si nous suivons parfaitement Jésus Christ, nous devons nous considérer dans le chemin de cette vie comme des voyageurs déchargés d'un pesant fardeau.. Et si le besoin des choses qui sont nécessaires, nous oblige quelquefois à prendre soin de notre bien, il y a néanmoins des personnes dont il faut supporter l'injustice lorsqu'elles nous le prennent.

Saint Bernard[68], écrivant aux religieux de Marmoutiers, leur dit: Je suis étonné de ce que quelques-uns d'entre vous (Dieu me garde de vous soupçonner tous de la même chose,) soit par simplicité soit par cupidité, se mettent si peu en peine de cette réputation si célèbre dont vous êtes en possession, qu'ils préfèrent un revenu de peu de valeur à l'estime de tout un monde. Il ne faut pas, mes frères, que vous fassiez plus d'état d'un avantage temporel, quel qu'il puisse être, que de cette reputation que vous vous êtes acquise de tout temps, et même auprès des personnes étrangères, par le mérite de votre vie. Vous direz peut-être, que vous ne faites tort à personne, que vous conservez seulement ce qui vous appartient et que vous êtes tout prêts d'en croire les Juges, si on vous le conteste. Cela est fort bien. Mais si quelqu'un vous répond: „cela même est un péché d'avoir des procès, pourquoi ne souffrez-vous pas plutôt qu'on vous fasse injustice "? *Hoc ipsum delictum est.* Si un autre vous dit qu'il est écrit: „Si on

---

[67] Commentaire de Job 39 dans „Morales sur Job": Lib 31 ch. 6
[68] Epist ex 387 ed Mabillon: P.L. 182, 606-609... = Ep. 397 1-2: SBO Vol VIII p. 373-374

vous ôte vos biens ne les redemandez pas; si on vous frappe sur la joue droite[69], présentez encore l'autre; donnez votre manteau à celui qui vous emporte votre tunique". Nous ajouterions à cela quantité de choses semblables; mais nous aimons mieux vous donner lieu de vous corriger, que de vous confondre. Donc nous vous disons que c'est une conduite plus assurée pour tout chrétien, principalement pour un moine, d'avoir moins de bien et de conserver la paix, que de plaider et d'en avoir davantage: car vous chantez tous les jours, *Melius est modicum justo, super divitias peccatorum multas*[70].

Le même saint Bernard reprenant l'Évêque d'Angers[71] de ce qu'il plaide, lui dit que sa conduite serait et plus glorieuse et plus sainte, qu'il ferait beaucoup plus pour la gloire de Dieu, et pour la sienne propre, s'il souffrait l'injure en patience; qu'il ne comprend pas qu'il puisse s'imaginer que sa conscience soit en sûreté en causant un si grand scandale, et lui rapporte le passage de saint Paul, *jam quidem delictum est*.

Nous lisons que saint Jean l'Aumônier[72] étant pressé par les économes de l'Église d'Alexandrie, d'entreprendre un procès contre une personne qui lui retenait injustement de l'argent qu'il lui avait prêté (afin, à ce qu'ils disaient, de le distribuer aux pauvres) leur répondit qu'à la vérité il accomplirait un précepte de Jésus Christ en faisant l'aumône; mais qu'il en violerait deux en plaidant: le premier en causant un scandale par la croyance qu'on aurait qu'il agirait par intérêt; et l'autre en négligeant ce commandement de l'Évangile:" ne redemandez point ce qu'on

---

[69] Luc 6 v. 30, Mt 5. 39, 40
[70] Psal. 36, v. 16
[71] Epist 200 SBO Vol. VIII , p. 58
[72] In vitis Patrum

Chapitre XVI Question VIII

vous aura ôté". Assurez-vous, mes enfants, continue ce grand Évêque, que c'est une conduite plus sainte de donner des marques de notre patience selon cet enseignement de l'apôtre: *Melius est modicum justo, super divitias peccatorum multas*[73].

Saint Étienne de Grandmont[74] défend à ses frères d'avoir jamais aucun procès pour conserver leurs propres biens, ou pour en acquérir de nouveaux; parce que l'apôtre[75] nous enseigne que „celui qui est enrôlé au service de Dieu, ne s'embarrasse point dans les affaires qui regardent cette vie, afin de plaire à celui à qui il s'est donné". Il ne veut pas qu'ils se mêlent, ni qu'ils paraissent jamais dans aucune affaire. Vous êtes morts, leur dit-il, et votre vie doit être cachée en Dieu avec Jésus Christ: *Mortui enim estis, et vita vestra abscondita est cum Christo in Deo.*[76]

Voilà des preuves constantes des vérités que nous vous avons avancées. Vous voyez, mes frères, que ce ne sont pas des imaginations que nous vous débitons mais les sentiments des saints, quand nous disons que ces paroles de Jésus Christ: „ne demandez point ce qui vous appartient à ceux qui vous le ravissent", *qui aufert quae tua sunt ne repetas...* sont un précepte pour ceux qu'il appelle à une vie parfaite; que les procès et les contestations leur sont défendus, soit à cause qu'ils les remplissent de soins et d'inquiétudes; qu'ils les empêchent de suivre et de se tenir dans les voies de la modération qu'il leur a marquées; soit parce qu'ils sont au public un sujet de scandale; et que les gens du monde, comme dit saint Basile[77], voyant ceux qui font profession

---

[73] Ps. 36, v. 16, cf Note 67
[74] In sua Reg. c. 31.
[75] 2 ad Tim. 2. 4.
[76] Ad Collos c.3. v. 3
[77] Const Mor c. 6 (= Moralia) p. 62

d'une vertu exacte, s'écarter pour peu que ce puisse être du chemin de la piété, les accablent d'injures, et de calomnies, ou enfin parce que c'est une conduite plus parfaite, plus sainte et plus digne d'un véritable disciple de Jésus Christ, de souffrir en paix et sans résistance, les violences et les injustices, que non pas de les repousser et de se défendre.

Mais afin que vous ne puissiez pas dire que ces maximes si étroites étaient bonnes pour les siècles passés et que le vôtre n'en est plus capable, je vous rapporterai le témoignage d'un grand saint de notre temps, lequel doit trouver auprès de vous d'autant plus de créance, que tout le monde convient qu'il n'a jamais donné de conseils extrêmes, et qu'il n'avait pas moins de sagesse et de modération, que de lumière dans sa conduite. C'est de saint François de Sales[78] dont je parle, lequel écrivant à une dame pour l'exhorter à ne point plaider, sa lettre m'a paru si édifiante que j'ai cru devoir la mettre ici presque dans toute son étendue. „Jusqu'à quand, dit-il, sera-ce, ma très chère fille, que vous prétendrez d'autres victoires sur le monde, et sur l'affection à ce que vous y pouvez avoir, que celles que Notre Seigneur en a remportées, et à l'exemple desquelles il vous exhorte en tant de façons? Comment fit-il, ce Seigneur de tout le monde? Il est vrai ma fille, il était le Seigneur légitime de tout le monde, et plaida-t-il jamais pour avoir seulement où reposer sa tête? On lui fit mille torts, quels procès en eut-il jamais? Devant quel Tribunal fit-il jamais citer personne? Jamais en vérité: il ne voulut pas même citer les traîtres qui le crucifièrent devant le Tribunal de la justice de Dieu.

---

[78] Lettre *66 éditions anciennes, dont disposait Rancé (17ᵉs.)* =Lettre *804e de l'édition de Blaise, reprise dans les OEUVRES"ŒUVRES COMPLETES" de Saint François de Sales, Paris, Vivès 1871 (= lettre 1787 des „Editions d'Annecy" ?)*

Chapitre XVI Question VIII

Au contraire, il invoqua sur eux l'autorité de la miséricorde. Et c'est ce qu'il nous a tant inculqué: „À qui te veut ôter en jugement ta tunique, donne-lui encore ton manteau „. Je ne suis nullement superstitieux, et je ne blâme point ceux qui plaident, pourvu que ce soit en vérité, jugement et justice. Mais je dis, je m'écrie, j'écris, et s'il était besoin j'écrirais de mon propre sang, que quiconque veut être parfait et tout à fait enfant de Jésus Christ crucifié, il doit pratiquer cette doctrine de Notre Seigneur. Que le monde frémisse, que la prudence de la chair se tire les cheveux de dépit, si elle veut, et que tous les Sages du siècle inventent tant de diversions, de prétextes, d'excuses qu'ils voudront; mais cette parole doit être préférée à toute prudence: „Qui te veut ôter ta tunique en jugement, donne-lui encore ton manteau". Mais, me direz vous, cela s'entend en certains cas. Il est vrai, ma très chère fille, mais grâces à Dieu, nous sommes en ce cas-là; car nous aspirons à la perfection, et voulons suivre au plus près que nous pourrons celui qui, d'une affection véritablement apostolique, disait: „Ayant de quoi boire et manger, et de quoi nous vêtir, soyons contents de cela[79]„. Et criait après les Corinthiens[80]: „Certes déjà totalement, et sans doute il y a faute et coulpe[81] en vous de quoi vous avez des procès ensemble". Mais écoutez, ma fille, écoutez le sentiment et le soin de cet homme qui ne vivait plus en lui même, mais Jésus Christ vivait en lui: „Pourquoi, ajoute-t-il, pourquoi n'endurez-vous pas plutôt qu'on vous dépouille?" Et notez, ma fille, qu'il parle non à une fille qui aspire d'un air particulier et, après tant de mouvements, à la vie parfaite,

---

[79] 1 ad Tim 6. 8.
[80] 1 Co 6, 7
[81] péché

mais à tous les Corinthiens. Notez qu'il veut qu'on souffre le tort; notez qu'il leur dit qu'il y a de la coulpe pour eux, de plaider contre ceux qui les trompent ou dépouillent. Mais quel péché? Péché: parce que par ce moyen, ils scandalisaient les mondains infidèles, qui disaient: „Voyez comme ces chrétiens sont chrétiens ! Leur maître dit: „À qui te veut ôter ta tunique, donne-lui encore ton manteau". Voyez comme pour les biens temporels, ils mettent en hasard les éternels et l'amour tendre et fraternel qu'ils doivent avoir les uns pour les autres". „Notez derechef, dit saint Augustin, la leçon de Notre Seigneur: Il ne dit pas à qui te veut ôter une bague, donne-lui ton carquan[82], qui sont l'une et l'autre choses superflues: mais il parle de la tunique et du manteau qui sont choses nécessaires". O ma très chère fille, voilà la sagesse de Dieu, voilà sa prudence, et qui consiste en la très sainte et très adorable simplicité, enfance; et pour parler apostoliquement, en la très sacrée folie de la Croix.

Mais, me dira la prudence humaine, à quoi nous voulez-vous réduire? Quoi, qu'on nous foule aux pieds, qu'on nous torde le nez, qu'on se joue de nous comme d'une marotte, qu'on nous habille et déshabille sans que nous disions mot? Oui, il est vrai, je veux cela; je ne le veux pas moi, mais Jésus Christ qui le veut en moi. Et l'apôtre de la Croix et du Crucifix s'écrie: „Jusqu'à présent nous avons faim, nous avons soif, nous sommes nus, nous sommes bafoués, et enfin nous sommes faits comme une pelure de pomme, la raclure du monde, ou une pelure de châtaigne, ou une coque de noix[83]. Les habitants de Babylone n'entendent point

---

[82] du latin *carcanum*, aujourd'hui _carcan_. Signifie ici (17ᵉ siècle): collier ou chaîne d'orfèvrerie. Actuellement: tout ce qui serre; sujétion ou contrainte.
[83] 1 ad Cor. 4. 11 etc.

Chapitre XVI Question VIII

cette doctrine, mais les habitants du Mont Calvaire la pratiquent. O, me direz-vous, ma fille: „mon Père, vous êtes bien sévère, tout à coup". Ce n'est pas tout à coup certes, car dès que j'eus la grâce de savoir un peu le fruit de la Croix, ce sentiment entra dans mon âme et n'en est jamais sorti. Que si je n'ai pas vécu conformément à cela, ç'a été par faiblesse de cœur, et non par sentiment: les clabauderies[84] du monde m'ont fait faire extérieurement le mal que je haïssais intérieurement. Et j'oserai dire cette parole, à ma confusion, à l'oreille du cœur de ma fille, je ne fis jamais revanche, ni presque mal qu'à contrecœur. Je ne fais pas l'examen de conscience, mais selon que je vois en gros, je crois que je dis vrai, et tant plus inexcusable suis-je, au reste. Je le veux bien, ma fille, soyez prudente comme le serpent qui se dépouille tout à fait, non de ses habits, mais de sa peau même pour rajeunir, qui cache sa tête, dit saint Grégoire, c'est-à-dire pour nous la fidélité aux paroles évangéliques; et expose tout le reste à la merci de ses ennemis, pour sauver l'intégrité de celle là. Mais que veux-je dire? Vous avez là tant de gens d'honneur, de sagesse, d'esprit, de cordialité, ne leur sera-t-il pas aisé de réduire M.... sont-elles des tigres pour ne pas se laisser ramener à la raison... que de duplicité, que d'artifices, que de paroles séculières, et peut-être que de mensonges, que de petites injustices et douces et bien couvertes, et imperceptibles calomnies, ou du moins que de demi-calomnies emploie-t-on en ce tracas de procès et de procédures? Direz-vous point que vous voulez vous marier, pour scandaliser tout un monde par un mensonge évident, si vous n'avez un précepteur continuel, qui vous souffle à l'oreille la pureté de la sincérité. Ne direz vous point que vous voulez vivre au monde, et

---

[84] ou clabaudage

être entretenue selon votre naissance? Que vous avez besoin de ceci, de cela?

Et que sera-ce toute cette fourmilière de pensées et d'imaginations, que ces poursuites produiront en votre esprit? Laissez, laissez aux mondains leurs mondes: qu'avez vous besoin de ce qui est requis pour y passer? Deux mille écus, et moins encore, suffiront très abondamment pour une fille qui aime Notre Seigneur crucifié; cent et cinquante écus de pension, ou deux cents, sont des richesses pour une fille qui croit en l'article de la pauvreté évangélique. Mais si je n'étais pas religieuse de clôture, mais seulement associée à quelque monastère, je n'aurais pas de quoi me faire appeler „Madame", sinon, par une ou deux servantes. Et comment?

Avez-vous jamais vu que Notre-Dame en eût tant? Que vous importe-t-il qu'on sache que vous êtes de bonne maison selon le monde, pourvu que vous soyez de la maison de Dieu? O mais je voudrais fonder quelque maison de piété; ou du moins faire de grandes assistances à une maison; car étant infirme de corps, cela me ferait plus gaiement supporter. Déjà, il est vrai, ma chère fille, je le savais bien, que votre piété faisait planche à l'amour-propre, tant elle est piteusement humaine. Certes, en somme, nous n'aimons pas les croix si elles ne sont d'or emperlées et émaillées.

C'est une riche, quoique très dévote et admirablement spirituelle abjection, que d'être regardée dans une Congrégation, comme fondatrice, ou du moins grande bienfaitrice. Lucifer se fût contenté de demeurer au ciel à cette condition-là. Mais de vivre d'aumône comme Notre-Seigneur, de prendre la charité d'autrui en nos maladies, nous qui d'extraction et de courage sommes ceci, et cela: cela certes est bien fâcheux et difficile. Il est vrai: il est

Chapitre XVI Question IX

difficile à l'homme, mais non pas au Fils de Dieu qui le fera en vous.

Mais n'est-ce pas une bonne chose d'avoir le sien, et de l'employer à son gré au service de Dieu? Le mot, „à son gré", fait l'éclaircissement de notre différend. Mais je dis: „à votre gré, mon Père, car je suis toujours votre fille, Dieu l'ayant ainsi voulu". Or sus; mon gré est donc que vous vous contentiez de ce que M. M. N. aviseront, et que le reste vous le laissiez pour l'amour de Dieu et l'édification du prochain, et la paix des âmes de mesdames vos Sœurs; et que vous le consacriez ainsi à la dilection du prochain, et à la gloire de l'esprit chrétien.

O mon Dieu ! que de bénédictions, que de grâces, que de richesses spirituelles pour votre âme, ma très chère fille, si vous faites ainsi, vous abonderez et surabonderez. Dieu bénira votre peu, et il vous contentera. Non, non, il n'est pas difficile à Dieu de faire autant avec cinq pains d'orge, comme Salomon avec tant de cuisiniers et de pourvoyeurs. Demeurez en paix. Je suis...''

Cette instruction est si claire par elle-même, que je n'ai pas besoin d'en faire l'application. Et il faut que des religieux aient perdu toute mémoire et tout sentiment de ce qu'ils sont, s'ils ne s'aperçoivent pas qu'elle est particulièrement pour eux, qu'elle les touche, et qu'elle les regarde plus que personne.

Question IX

En quelles occasions est-il donc permis à un religieux de plaider?

Réponse

C'est la prudence et la charité chrétienne qui doivent déterminer les cas dans lesquels les religieux peuvent ou doivent se défendre et soutenir leurs droits et leurs intérêts devant les juges. Car bien que l'obligation de ne point plaider regarde particulièrement les parfaits, et par conséquent, les religieux et les solitaires, nous n'oserions pas dire qu'elle n'ait point d'exceptions, et qu'il n'y ait quelques rencontres extraordinaires, dans lesquelles la volonté de Dieu n'est pas qu'elle soit suivie.

Saint Basile[85] dit qu'il y a des occasions dans lesquelles étant appelés devant les tribunaux séculiers par des personnes injustes, nous devons pour éclaircir la vérité, y répondre et soumettre notre innocence à cette épreuve; qu'il ne faut pas que nous commencions les premiers, mais que nous suivions seulement ceux qui nous attaquent... Il ajoute que l'on connaîtra par cette conduite que ce n'est point par aucun motif d'animosité que nous contestons, mais pour éclaircir la vérité; que nous délivrons de beaucoup de maux et de péchés celui qui suscite des affaires injustes, et que nous ne violerons point les commandements de Dieu si, en qualité de ses ministres, éloignés de tout esprit d'avarice et de contestation, nous soutenons fortement la vérité sans passer les bornes d'une juste modération.

Saint Grégoire le Grand après avoir témoigné son étonnement sur ce qu'un chrétien ose défendre par des procès et des contestations, des choses terrestres; et après avoir dit que quand nous perdons les biens d'ici bas, si nous suivons parfaitement Jésus Christ, nous devons nous considérer dans le chemin de cette vie comme des voyageurs déchargés d'un pesant fardeau, il ajoute qu'on peut quelquefois résister à ceux qui nous veulent ravir les choses qui nous appartiennent, pourvu que cela se fasse sans blesser la charité, et que ce ne soit pas simplement dans le dessein

---

[85] GR, Regul fus q. 9 cf. note 6, p. 74

Chapitre XVI Question IX

d'empêcher qu'on ne nous prenne nos biens, mais de crainte qu'en les prenant ils ne se perdent eux-mêmes[86].

C'est ainsi qu'il peut-être permis à des religieux d'avoir quelquefois des procès pour des raisons importantes: pour éviter des dommages et des pertes considérables, pour se tirer d'une oppression violente, et empêcher l'effet d'une entreprise capable de ruiner le bien d'une communauté, et d'en troubler le repos ou pour arrêter le cours de quelque injustice. Et comme dit le même saint Grégoire[87], pour obliger par là celui qui la commet de rentrer en lui-même, en sorte que, conservant la douceur et la charité, on ait beaucoup plus devant les yeux le salut de son prochain que non pas une utilité temporelle.

Mais il faut que des religieux avant que de faire un seul pas dans les voies de la rigueur, emploient tous les moyens possibles pour terminer leurs différends par les voies de la paix. Il faut qu'ils représentent, ou par eux-mêmes, ou par des amis communs à celui qui les maltraite, l'injustice de son procédé. Qu'ils essayent de lui faire connaître le mal qu'il y a d'usurper les biens de l'Église, ou de persécuter les serviteurs de Jésus Christ Qu'ils lui déclarent qu'elle frappe d'anathème[88] et de malédiction ceux qui osent les retenir; qu'elle les nomme des meurtriers des pauvres, „Necatores pauperum". Que Dieu qui prend toujours leurs intérêts en main et qui est le vengeur de leur cause, renverse souvent des familles et des races entières, pour punir ces sortes d'usurpations, d'injustices, de profanations et de sacrilèges. Et, au cas qu'ils ne puissent pas fléchir leur dureté, qu'ils offrent d'en croire des

---

[86] cf. supra note 63 Commentaire de Job 39, dans „Morales sur Job" : Lib 31 ch. 6.
[87] Idem.
[88] Concile de Tours (1163), 2

arbitres, et de se soumettre à leur jugement; qu'ils relâchent même de leurs biens et de leurs intérêts pour rendre l'accommodement plus facile. Qu'ils joignent à tout cela des prières instantes pour demander à Dieu, qu'étant contraints de se dispenser de la lettre de sa Loi, ils ne soient pas assez malheureux pour en perdre l'esprit, et pour s'écarter de ses volontés et de ses ordres. Et qu'ils se souviennent par-dessus tout, de n'avoir jamais de procès douteux, et dont la décision ne soit pas certaine, n'y ayant rien qui expose davantage leur réputation aux traits perçants de la malignité des hommes, que le méchant succès des affaires mal entreprises.

Si les religieux se gouvernent par ces maximes, et s'ils sont exacts à observer toutes ces règles, ce sera rarement que l'on entendra nommer leurs noms devant les tribunaux et les justices séculières. Ils éviteront une infinité d'embarras, de dissipations et d'assujettissements; ils jouiront d'un grand repos dans le dehors et le dedans de leur monastère; leur patience édifiera l'Église; ils auront la paix avec tout le monde; et pourront dire avec le Prophète: „Je vivais paisible avec ceux qui haïssaient la paix": *Cum his qui oderunt pacem, eram pacificus*[89]. S'il arrive que, par des rencontres extraordinaires et des engagements indispensables, ils soient obligés de soutenir quelques affaires; le soin qu'ils auront eu de les éviter, fera qu'on n'aura pas sujet, ni de les blâmer, ni d'accuser leur conduite de cupidité et d'avarice. Leur modération donnera du respect à leurs ennemis mêmes, et peut-être touchera leur cœur. Et ils auront cet avantage de conserver en des contestations qui n'auront rien de volontaire, le mérite de la

---

[89] Ps 119 (120), 7

Chapitre XVI Question X

douceur, de la patience et de la charité, au jugement de Dieu, comme dans l'estime des hommes.

Question X

Ne doit-on pas craindre que les biens des monastères ne se dissipent, si l'on n'apporte pas, en plaidant, toutes les précautions possibles pour l'empêcher?

Réponse

Pourriez-vous croire, mes frères, que Dieu, de la main et de la libéralité duquel vous avez reçu des biens sans y avoir travaillé et fait aucun pas pour les avoir, manque de vous les conserver s'ils vous sont utiles, ou qu'il ne vous en rende pas d'autres à la place, par des voies qui ne vous sont pas connues? Et que celui qui a excité la piété de ses serviteurs pour vous les donner, n'arrête pas la violence des méchants pour empêcher qu'ils ne vous les ravissent? Assurez-vous que comme ce n'a point été par vos soins que vous les avez acquis, ce ne sera point aussi par votre vigilance que vous les conserverez.

Saint Jean Chrysostome expliquant cette instruction, par laquelle Notre Seigneur nous apprend à donner à ceux qui nous veulent ôter; dit excellemment à celui qui répondrait: "Nous irions donc tout nus si nous voulions observer ce commandement à la lettre". Au contraire, dit-il[90], ce serait pour lors que nous serions

---

[90] Homil. 18,2 in Mt– JCOC : Tome 7, p. 151

plus revêtus, parce qu'il n'y a personne qui voulût attaquer ceux qui seraient dans une disposition si sainte. S'il s'en rencontrait pour cela d'assez barbares et d'assez inhumains, il s'en trouverait beaucoup davantage qui nous couvriraient, non pas seulement de leurs vêtements, mais de leur propre corps, s'il était possible.

D'ailleurs, quelle apparence y a-t-il que des religieux fassent plus de cas des biens et des intérêts temporels, pour lesquels tant de saints solitaires n'ont pas donné un moment de leur application, que de l'exemple que Dieu leur commande de donner à toute son Église ; qu'ils perdent cette estime et cette réputation qui doit être pour l'édification du monde, pour conserver un morceau de terre, une portion d'héritage, un droit seigneurial, une mesure de grain ; et que par cette exactitude et cet attachement à ne rien relâcher de ce qu'ils croient qui peut leur appartenir, ils veuillent bien se relâcher de leurs exercices, ils avilissent leur personne et leur profession, et passent aux yeux de Dieu pour des serviteurs lâches et de peu de foi ; et dans l'esprit des hommes pour des intéressés, des avares et des injustes ?

Enfin, mes frères, peut-on ne pas approuver la conduite de ceux qui, suivant l'ordre que Dieu a établi dans les choses, préfèrent celles qui sont les meilleures et les plus estimables à celles qui le sont moins, et qui par un discernement et un commerce très religieux et très saint, abandonnent des biens de peu de conséquence pour en acquérir d'autres qui sont d'une valeur incomparable ? C'est ce que font des religieux qui aiment mieux abandonner quelque partie de leur bien que d'avoir des procès, et de perdre pour y vaquer, le temps qui est si précieux et dont l'emploi, quand il est juste et raisonnable, est le prix véritable de l'éternité. Ils souffrent avec plaisir de se voir privés d'une petite utilité temporelle pour conserver le repos duquel ils tirent de si

Chapitre XVI Question X

grands avantages; et ne font aucune comparaison entre ce qui peut leur revenir du gain d'un procès, quel qu'il soit, et les bénédictions qui accompagnent la tranquillité de ceux qui n'ont point d'autre affaire que celle de s'occuper de Dieu et de chercher les moyens de lui plaire.

C'est ce que nous apprend saint. Augustin quand il dit, en expliquant ces paroles de saint Paul: *Redimentes tempus quoniam dies mali sunt*[91], que lorsqu'on nous suscite un procès, et que nous perdons quelque chose afin d'avoir le temps de penser à Dieu, et de ne le pas perdre à plaider, c'est racheter le temps: *Quando aliquis tibi inscrit litem perde aliquid ut Deo vaces non litibus. Hoc est redimere tempus*[92]... Vous donnez tous les jours votre argent, ajoute ce grand saint, pour avoir les choses qui vous sont nécessaires, comme le vin, le pain, l'huile, le bois; vous donnez quelque chose pour acquérir quelque chose, c'est proprement acheter. Faites de même et donnez de votre bien pour acheter votre repos, c'est ainsi que vous rachèterez le temps: *Quomodo ergo perdis nummos ut emas tibi aliquid, sic perde nummos ut emas tibi quietem, ecce hoc est tempus redimere*[93], Hé quoi! ne croyez-vous pas que l'acquisition de votre paix, que le pouvoir de vous occuper à servir Dieu, et la délivrance de mille embarras, de mille soins et de mille occasions de pécher, vaut bien mieux que l'argent que vous pouvez gagner en plaidant?

Si l'on vous allègue comme une grande raison l'obligation dans laquelle vous êtes de conserver le bien du monastère, dites, mes

---

[91] Ad Eph c. 5, v. 16.
[92] *August. Homil. 10, int 50*: Référence donnée par Rancé. Olim : 10 inter Homilias Quinquaginta ; en post in Appendice 16. OCSA : Tome VII Sermo CLXVII : "*Racheter le temps*" p. 81 AOO : Tome V[2,] Sermo CXI 5 ; col. 2631
[93] ibid.

frères, comme saint Jean l'Aumônier que: Dieu ne vous commande[94] pas de le conserver par toutes sortes de moyens; que les procès ne sont pas ceux dont Il veut que vous vous serviez; et qu'encore qu'il puisse être permis d'en avoir et de les soutenir en quelques rencontres, ce sont néanmoins des voies extraordinaires, et presque toujours contraires aux instructions, aux préceptes, et aux maximes de Jésus Christ; comme au repos, au dégagement, et à la sainteté dans laquelle vous devez vivre.

On vous dira peut-être que vous faites une action de charité, lorsque vous empêchez votre prochain de se perdre en l'empêchant de retenir injustement un bien qui n'est point à lui. Il vous est aisé de répondre que cela peut être vrai en quelques cas, mais qu'il ne faut pas s'en faire une règle générale puisque bien loin qu'en lui ôtant le bien de la main, vous lui ôtiez l'avarice du cœur, il arrive qu'il s'irrite par votre résistance, que l'opposition qu'il trouve, rend sa cupidité plus ardente, soit qu'il réussisse dans ses desseins, soit qu'il y succombe. Et que comme rien n'est plus propre pour calmer l'esprit et arrêter l'emportement d'un homme violent que de souffrir patiemment l'injure qu'il veut faire: aussi rien n'est plus capable de convertir un avare que de lui faire connaître, en tenant à son égard une conduite désintéressée, le mépris qu'il doit avoir pour tout ce qui excite en lui une passion si honteuse et si injuste.

„Rien n'est plus capable", dit saint Jean Chrysostome[95], „de faire rentrer dans lui-même celui qui fait une injure, que la „patience de celui qui la souffre. Et non seulement sa douceur en arrête les suites, mais elle fait qu'il se repent de son excès et,

---

[94] in vitis Patrum
[95] Homil. in Mt: 18, 2. cf supra note 85

Chapitre XVI Question XI

qu'admirant la vertu de celui qu'il a maltraité, il ne se contente pas de devenir son ami, d'ennemi qu'il était, mais il s'attache à lui, et se fait un plaisir de le servir. La résistance, au contraire, jette l'un et l'autre dans la confusion, elle les rend plus ennemis qu'ils n'étaient auparavant, et ne fait qu'enflammer leur colère.

En un mot, mes frères, que les religieux n'aient aucun scrupule d'assoupir des procès, et d'éviter des affaires en abandonnant de leurs biens. Dieu les conservera par des voies plus innocentes s'il est avantageux à leur salut. En tout cas, qu'ils soient persuadés que de s'appauvrir pour Jésus Christ c'est devenir riches, et que c'est se conduire par son ordre et par son esprit que d'acheter avec des biens périssables et de peu de durée des félicités éternelles. *Mercari propriam de re pereunte salutem, perpetuis mutare caduc, Et vendere terram, cœlum emere.*[96]

Question XI

La pauvreté et les nécessités pressantes des pères et des mères, ne sont-elles pas des motifs suffisants pour obliger des religieux à quitter leur solitude et à demeurer hors de leur monastère?

Réponse

Si les saints Pères ont cru qu'une disposition première et principale dans tous ceux qui voulaient embrasser la vie monastique, était de quitter le lieu de leur naissance et de se séparer pour jamais de leurs parents, il n'y a rien de plus opposé à leurs sentiments et à leurs maximes, que de vouloir qu'un

---

[96] Saint. Paulinus in natal. sancti Felicis (9 mars)

religieux quitte son cloître et abandonne le service de Jésus Christ, auquel il doit être uniquement attaché, pour subvenir aux nécessités de ses proches.

Mais il ne faut pas s'étonner si ce sentiment est si général, et s'il y a tant de personnes dans toutes les conditions et dans tous les états qui le soutiennent, puisqu'il n'y a rien qui ait plus de fondement dans les inclinations de la nature; rien qu'elle enseigne et qu'elle inspire davantage; que les enfants pour la plupart ne désirent pas avec moins d'ardeur de rendre cette assistance à leurs pères, que les pères la désirent eux-mêmes. Enfin ce sentiment étant conforme selon les apparences aux lois divines et humaines tout ensemble, il n'a rien par lui-même qui ait pu jeter la moindre défiance dans les esprits, ni faire soupçonner qu'il ne fût pas véritable.

Cependant, ceux qui considéreront les choses avec application selon les règles de la vérité, et sans se laisser aller au torrent des opinions et des coutumes, remarqueront sans peine que celle-ci pour être commune, n'en est pas plus équitable; qu'elle combat la raison éclairée de la foi; qu'elle attaque les maximes des saints, la conduite de tous les anciens moines, l'exemple et la parole de Jésus Christ qui nous apprend partout où il y a eu occasion de le faire, qu'il est venu avec l'épée pour mettre des divisions saintes entre les proches, et séparer les personnes unies par les liens du sang et de la nature.

Ce qui fait que la plus grande partie du monde s'est persuadée que les religieux ne peuvent en conscience demeurer dans les cloîtres lorsque l'extrême nécessité de leurs parents semble exiger leur présence et les appeler auprès d'eux, est qu'on les croit dans l'obligation de les secourir, comme le reste des hommes; qu'on se figure que le précepte d'honorer son père et sa mère oblige en la

Chapitre XVI Question XI

même manière toutes sortes de personnes, dans toutes les conditions, et dans tous les temps, sans qu'il soit permis de prendre aucun engagement contraire.

Ce principe parait juste, mais il ne l'est pas en effet; car cette obligation n'est pas si étendue qu'elle ne reçoive des exceptions en quantité de rencontres.

Entre celles que nous pourrions rapporter, il y en a une dont il faut que tout le monde convienne, puisqu'elle est toute évidente dans la parole de Jésus Christ: *Dimittet homo patrem et matrem, et adherebit uxori suae*.[97] Et personne n'oserait contester que ce ne soit un droit légitime du mariage de soustraire les enfants de la dépendance des pères, et de les en séparer pour toujours; et que ceux qui se trouvent dans cet engagement ne soient unis par des liens indissolubles qui leur défendent toute séparation, et par conséquence les dispensent à l'égard de leurs pères des marques extérieures de charité, des devoirs et des services qu'ils ne peuvent leur rendre sans se quitter, et rompre cette société sainte dans laquelle Dieu les oblige de vivre. D'où l'on peut inférer que les enfants qui sont dans l'engagement du mariage, ou sont dispensés du précepte d'honorer leurs pères, ou que le précepte subsistant toujours, ils sont dans l'impuissance de l'accomplir ou bien qu'il y a d'autres moyens d'y satisfaire que ceux qui sont attachés à la présence des personnes.

On ne peut pas soutenir le premier, puisque ce commandement est indispensable et général pour tout le monde. Le second n'a pas plus de fondement, car Dieu ne nous commande jamais des choses impossibles. Il faut donc par nécessité qu'il y ait des voies pour le mettre en pratique, convenables et proportionnées aux

---

[97] Mt. 19, 5.

états et aux conditions différentes des enfants; et qu'elles ne se réduisent pas seulement à des secours personnels, lorsque les pères en ont besoin, et que l'extrémité dans laquelle ils se rencontrent fait qu'ils leur sont nécessaires.

C'est ce que l'on doit penser avec beaucoup plus de raison des personnes qui sont dans les liens des vœux. Cette alliance sainte les unit à Jésus Christ d'une manière plus étroite et plus relevée que celle dont nous venons de parler. Comme plus étroite elle attache, comme plus relevée elle sépare bien davantage; et toutes les différences qui les distinguent marquent évidemment que si les obligations du mariage empêchent légitimement les enfants d'aller trouver leurs pères dans leurs extrêmes besoins, il y a biens moins d'apparence de vouloir que ceux qui sont une fois consacrés à Jésus Christ et renfermés tout vivants dans les cloîtres comme en des tombeaux pour ne plus vivre qu'en lui et pour lui, s'en séparent, les quittent, et se retrouvent dans les embarras du monde pour subvenir aux nécessités de leurs parents, quelques grandes qu'elles puissent être. Cette alliance est plus étroite, puisque les engagements que les hommes contractent avec le Créateur obligent incomparablement plus que ceux que les hommes contractent avec les créatures. Elle est plus relevée, puisqu'elle exclut tout ce qui n'est point Dieu, qu'elle n'a que lui dans son principe, dans son exercice, comme dans sa fin; et qu'elle tend à nous unir uniquement à lui par une charité consommée; et pour parler selon le langage des saints: à nous rendre dès cette vie mortelle participants à l'immortalité des Anges.

Tout cela, mes frères, prouve que cette consécration ne souffre rien d'impur; qu'elle ne peut compatir avec les occupations du monde; que ceux qui l'ont quitté par les vœux de la religion s'en sont fermé les portes pour jamais; que le retour n'en est plus

Chapitre XVI Question XII

légitime; et que c'est une erreur de refuser aux engagements des vœux de religion ce que l'on est contraint d'accorder à ceux du mariage. Que c'est faire injure à Jésus Christ que de lui arracher ses épouses d'entre les bras, et d'exposer de saintes vierges qui lui sont consacrées aux impuretés du siècle dont elles s'étaient garanties, en se cachant dans les monastères comme dans le secret de sa face.

Question XII

Il semble que les rapports qui se trouvent entre ces alliances sont éloignés et qu'il est assez malaisé d'en tirer des conséquences qui soient justes.

Réponse

J'avoue que les différences et les disparités qui sont entre elles sont grandes; que l'une a sur l'autre des avantages presque infinis; mais plus celle que l'on contracte avec Jésus Christ surpasse en excellence et en dignité celle que l'on prend avec les hommes, plus aussi lui doit-elle être préférée. Et il n'est pas moins contre la raison que contre la piété de laisser les épouses de Jésus Christ dans un assujettissement duquel les épouses des hommes sont affranchies; de vouloir que nonobstant la profession religieuse le monde retienne sur elles un droit de servitude, que les liens du mariage lui font perdre à l'égard des autres.

Il ne servirait de rien de nous opposer que le mariage consistant dans un don réciproque, et dans un mutuel abandon des corps, suppose nécessairement la séparation des parents, puisque, encore que la consécration des vœux soit toute spirituelle et toute sainte, elle ne laisse pas d'être une oblation entière qui comprend l'engagement des corps comme celui des âmes qui établit par une conséquence certaine une nouvelle dépendance envers Dieu qui ne peut subsister avec celle dans laquelle on était à l'égard des proches.

Question XIII (1701)

Quels sont donc les moyens innocents par lesquels un religieux peut secourir son père dans son extrême nécessité ?

Réponse

Il est aisé de vous répondre, mes frères, dans l'opinion des saints, et principalement de saint Basile[98], que ce ne sera pas en lui faisant part des biens du monastère par lui-même, puisqu'ils n'appartiennent point à ce religieux en particulier. Ce ne sera pas en le faisant subsister du travail de ses mains, puisque son temps, ni ses actions, ni sa personne même ne sont plus dans sa disposition. Ce ne sera pas non plus en le consolant par ses discours et par ses lettres, puisqu'il n'a plus de commerce avec le monde, et que toute communication extérieure lui est interdite. Mais ce sera par ses exercices de mortification, par ses pratiques de pénitence, par la ferveur et l'assiduité de ses prières.

C'est ce qu'il doit offrir incessamment à Dieu, non seulement pour lui demander qu'il délivre son père de la pauvreté qu'il endure, mais afin qu'il lui donne la grâce d'en faire un saint usage, qu'il le rende patient après l'avoir rendu pauvre; et qu'il imprime dans son cœur ce que le monde ne comprendra jamais: que l'on est heureux d'être pauvre; et que la pauvreté selon l'Écriture est

---

[98] GR q. 32 cf. note 6 supra

Chapitre XVI Question XIII (1701)

l'abondance même, lorsqu'elle se trouve jointe à la grâce de Dieu, et à une soumission parfaite aux ordres de sa providence.

Voilà la manière avec laquelle un véritable solitaire s'acquittera par lui-même de ses devoirs à l'égard de ses parents et du précepte qui l'oblige de les honorer; et non pas en prenant des conduites plus humaines et plus conformes à la nature, qui ne sont propres qu'aux personnes du monde et qui, violant l'intégrité de son engagement, blesseraient sa conscience, et le retireraient de l'ordre de Dieu et de la pureté de son état.

Cependant si les religieux sont dispensés de rendre à leurs parents des secours personnels qu'ils ne pourraient pas leur refuser sans la plus grande de toutes les ingratitudes, s'ils étaient libres, la providence qui s'étend sur tout, n'a pas laissé de pourvoir à leurs besoins dans les cas et dans l'extrémité qui fait la difficulté présente. Car si les enfants, en se retirant et renonçant au monde, ont perdu les parents qu'ils y avaient selon la chair, la religion leur en a rendu d'autres selon l'esprit, auxquels ils se trouvent liés par une affinité toute nouvelle et toute sainte.

Et non seulement tous ceux qui portent avec eux le sacré joug qu'ils ont embrassé, et qui servent Jésus Christ dans une même société et dans un même engagement, leur tiennent lieu de parents et de proches, mais encore tous ceux que Jésus Christ avoue pour ses membres, lesquels étant destitués de tous les avantages de la fortune et de tous les biens de ce monde, n'y ont point d'autre partage que celui-là même que le Père Éternel a fait à son Fils, en le faisant naître parmi les hommes dans cette extrême pauvreté qu'il a voulu nous exprimer par ces paroles. *Vulpes foveas habent, et volucres caeli nidos, filius autem hominis non habet ubi caput reclinet*[99].

Et comme les biens que les monastères ont reçus de la largesse et de la bonté de Dieu sont communs aux religieux et aux pauvres; qu'ils sont également le patrimoine des uns et des autres; et que c'est un héritage qui leur ayant été donné par un même Père, doit être divisé entre eux comme entre des frères, il est certain que les parents, en qualité de pauvres, y ont part; que c'est une succession à laquelle ils ont droit; et qu'ils doivent y trouver leur subsistance préférablement aux autres pauvres et tout ce qui peut être nécessaire pour la conservation de leur vie. Et parce que ce religieux ne doit plus avoir d'occupation que celle de méditer jour et nuit la loi de Dieu, d'écouter sa parole et de se sanctifier dans le fond de son cloître par les exercices de sa profession, l'application de cette charité ne le concerne point. C'est un soin, selon saint Basile[100], qui regarde le supérieur de la congrégation. L'obligation qui a cessé dans la personne de ce religieux au moment qu'il s'est consacré à Jésus Christ a passé sous un autre titre dans la personne de celui qui gouverne le monastère. C'est lui seul qui doit faire en son nom et à sa décharge la dispensation du bien qui est destiné pour ceux qui sont véritablement pauvres, sans la participation, sans l'entremise, et même sans la connaissance du religieux.

Saint Basile[101] y ajoute une condition essentielle, savoir qu'il faut que les proches soient du nombre de ceux dont Jésus Christ a parlé lorsqu'étant averti que ses parents l'attendaient, il répondit

---

[99] Mt 8 v. 20
[100] GR q. 32
[101] ibid.

Chapitre XVI Question XIV

que sa mère, son frère et sa sœur étaient ceux qui faisaient la volonté de son Père[102] : *Quicumque fecerit voluntatem patris mei qui in caelis est, ipse meus frater et soror et mater est.* C'est à dire que saint Basile veut que si les parents ne mènent une vie chrétienne et sainte, ce secours ne leur soit point donné par le monastère; n'étant pas juste que les choses saintes soient employées à des usages et distribuées à des personnes qui ne le sont pas, et que le patrimoine de Jésus Christ qui est uniquement destiné pour les nécessités et les besoins de ceux qui sont à lui, et qui lui appartiennent en qualité de ses frères, serve à ceux qui par le dérèglement de leur vie ne peuvent être regardés que comme ses ennemis.

Question XIV

Vous levez tous nos scrupules en nous donnant les moyens de servir nos proches, sans rien faire contre l'intégrité de notre profession: mais ne laissez pas de nous expliquer avec plus d'étendue, ce précepte d'aimer et de honorer nos parents.

Réponse

Il est certain, mes frères, que l'obligation d'aimer et d'honorer nos parents, est indispensable; non seulement à cause du commandement positif que nous en avons reçu de Dieu, mais parce qu'elle est conforme à la vérité éternelle, qui est toujours la même, et qui ne souffre ni changement ni vicissitude. Le titre de père fonde dans le fils un rapport nécessaire de reconnaissance; il

---

[102] Mt 12 v.50

lui en communique le principe en lui communiquant celui de la vie. Et la gratitude qu'il lui doit ne lui est pas moins essentielle que la dépendance dans laquelle il est à son égard en qualité d'effet et de production naturelle. Ce devoir est donc commun à tous les âges et à toutes les conditions; et personne ne peut prétendre d'en être exempt.

Mais quoique dans ce point les obligations soient égales pour tous les hommes, les manières d'y satisfaire et de s'en acquitter sont différentes. On peut dire que ce sont les emplois et les divers états des personnes, ou plutôt la destination de Dieu (car je suppose des états qui sont dans son ordre) qui règlent en cela les actions et les conduites. Un fils qui est libre doit son temps, son application et son étude aux besoins de son père. Il est obligé de le consoler dans ses afflictions, de le secourir dans ses affaires, et de le soutenir dans sa vieillesse. Et il lui doit autant de marques de son amour et de sa tendresse, qu'il a de moyens et d'occasions de lui en rendre. Mais s'il se trouve dans les engagements de la religion, ou du mariage, ou de la charge des âmes en qualité de Pasteur, il faut qu'il suive la vocation de Dieu qui le détermine; qu'il cède à une obligation supérieure; et quoiqu'il conserve pour son père le même fonds de respect et de reconnaissance, il ne lui est plus permis de lui en donner les mêmes témoignages extérieurs qu'il lui donnerait s'il n'était pas empêché par des oppositions légitimes.

C'est ce que Jésus Christ nous a appris par tant de circonstances de sa vie, et d'une manière si précise et si claire, qu'il n'y a pas lieu de douter en cela de ses intentions. Il déclare qu'il ne connaît ni sa mère, ni ses frères[103], quand il est question du service de

---

[103] St. Mt. c. 12 v.50

Chapitre XVI Question XIV

Dieu. Mais ce qui se passa lorsque sa sainte Mère, l'ayant retrouvé dans le Temple, lui témoigna l'inquiétude que son absence lui avait causée, est tout à fait remarquable. Il lui répondit: *Quid est quod me quaerebatis, nesciebatis quia in his quae Patris mei sunt, oportet me esse.*[104], comme s'il eût voulu dire, vous devez savoir que mes obligations cessent à votre égard, lorsqu'elles se trouvent contraires à ce que je dois à mon Père.

C'est sur ce principe qu'on doit régler la difficulté présente. Le précepte d'honorer les pères oblige les religieux comme les autres hommes; mais les moyens de l'accomplir leur sont particuliers. Ceux qui n'ont pas de proportion à leur état, et qui lui sont contraires, leur sont interdits, et il ne leur est pas permis d'en user. Or, comme les religieux sont consacrés à Dieu, et dans l'obligation de demeurer dans leur cloître; d'y vivre et d'y mourir, et qu'ils ont renoncé par leur profession à tout commerce, aux affaires du monde, et généralement à tout ce qui pourrait les y rengager, non seulement ils ne peuvent être obligés de quitter leur monastère pour aller secourir leurs proches dans quelque extrémité qu'ils se rencontrent, mais ils ne sauraient en avoir la pensée sans s'éloigner, pour peu qu'ils l'écoutent, de ce qu'ils ont promis à Dieu, et de ce que leur profession demande d'eux.

Il faut que tout le monde convienne, mes frères, que Dieu a établi un ordre constant et immuable dans ce qui regarde la charité. Et quoi qu'il soit l'objet unique de notre amour, et qu'il doive en être la fin comme il en est le principe; cela n'empêche pas qu'il n'y en ait de plus proches et de moins éloignés qu'il nous est permis d'aimer, et par lesquels il faut que nos affections et nos désirs passent comme par un milieu, pour remonter jusqu'à lui en

---

[104] St. Luc c. 2 v. 49

qualité de fin dernière. Car si nous aimions quelque chose hors de lui, que nous n'aimions point pour lui, nous l'aimerions avec dérèglement, comme dit saint Augustin. Ainsi c'est par rapport à ces divers objets, qu'il y a un ordre certain qui ne change point, selon lequel ils occupent dans nos cœurs des places différentes et que les uns sont préférables aux autres, ce qui fait la distinction et l'inégalité dans nos devoirs. Dieu est donc ce principal objet, et tient le premier rang dans la charité. On ne parle point de ce que nous nous devons à nous-mêmes. Nos pères viennent ensuite, puis nos frères, nos proches, et le reste. Ces obligations sont universelles, rien ne les change et ne les détruit, et jamais l'une ne préjudicie à l'autre. Mais quoiqu'il ne puisse arriver que l'amour que nous portons à Dieu détruise ce que nous devons à nos pères; ni que ce que nous devons à nos pères, ruine nos obligations à l'égard de nos frères, cependant il arrive souvent que les exercices de ces devoirs et les manières de les accomplir sont contraires et incompatibles; en sorte que l'assistance que nous voudrions rendre à nos frères est empêchée par celle que nos pères exigent de nous; et que le service de Dieu nous attachant à lui, nous retire de toutes les autres obligations extérieures.

On aurait tort d'inférer de là, que le droit naturel serait détruit, et que ces obligations qui doivent être invariables souffriraient quelque atteinte. Car dans la vérité, elles sont toujours les mêmes; l'exercice en est suspendu. Les moyens ordinaires desquels nous pourrions nous servir pour y satisfaire sont arrêtés mais l'obligation subsiste dans son entier. Le droit naturel n'est donc pas violé; et dans le temps que les soins que nous devons à nos pères nous empêchent et nous dispensent de rendre à nos frères des marques sensibles de l'amour que nous leur portons, notre cœur ne laisse pas d'être tout plein de désirs de les secourir. Nous

Chapitre XVI Question XIV

pouvons dire la même chose à l'égard de Dieu; et quand son ordre, ses intérêts, les services qu'il demande de nous, et les engagements que nous avons avec lui, nous retirent et ne nous permettent pas de leur rendre nos assistances, il faut comme dit saint Ambroise[105], que le culte de Dieu l'emporte sur la piété que nous leur devons: *Magnum pietatis officium, sed religionis uberius antefertur.*

C'est en ce cas que nous accomplissons le précepte de les haïr, c'est-à-dire, de les traiter avec une dureté extérieure, et de la manière qu'on traiterait des personnes pour lesquelles on aurait ou du mépris ou de la haine: en les quittant et en nous séparant d'eux, dans la crainte d'encourir cette terrible déclaration que le Fils de Dieu prononce contre tous ceux qui préfèrent l'attachement qu'ils ont à leurs parents aux respects et à l'obéissance qu'ils lui doivent: *Qui amàt patrem aut matrem plusquam me non est me dignus*[106].

C'est une malédiction de laquelle se garantissent tous ceux qui sans consulter la résistance, ni les besoins de leurs pères, suivent dans un détachement parfait la volonté de Jésus Christ; soit qu'il les ôte d'entre leurs bras pour les cacher dans la solitude d'un cloître; soit qu'y étant engagés ils y vivent et y persévèrent conformément à l'ordre de Dieu et au devoir de leur profession; sans que ni les prières, ni les nécessités de leurs parents, quelques pressantes qu'elles puissent être, les touchent d'une compassion fausse, et les obligent d'en sortir pour leur donner les secours qu'il ne convient plus à l'état d'un moine de leur donner. Et bien loin que cette disposition blesse en rien cette obligation naturelle des enfants envers leurs pères, au contraire, c'est pour lors qu'ils

---

[105] S. Ambr. lib de viduis
[106] S. Mat. c. 10. 37

conservent pour eux de plus vifs sentiments d'amour et de tendresse, et que souvent ils les servent d'une manière plus utile, en se rendant dignes par la fidélité qu'ils gardent à Dieu, et par les sacrifices qu'ils lui font de toutes les inclinations de la nature, d'obtenir de lui en leur faveur des biens solides et véritables qui sont infiniment au-dessus de ceux qu'on pourrait leur procurer par des assistances personnelles.

Enfin il n'y a rien, de moins raisonnable et de moins digne des chrétiens, qui doivent vivre uniquement dans la foi et dans l'attente des choses éternelles, que de vouloir qu'une âme qui, après avoir fait naufrage dans la mer de ce monde, s'est retirée dans la solitude comme dans un port, et qui s'y est liée par les vœux de la Religion comme par autant de chaînes, afin de n'en sortir jamais, se retrouve encore dans le même monde dans lequel elle s'est tant de fois perdue. Elle sait que son vaisseau est trop faible pour résister à la tempête, que le moindre coup de vent est capable de le submerger. Cet homme, par exemple qui a eu le malheur de déplaire à Dieu, et qui connaît par l'expérience qu'il en a faite, qu'il ne lui faut pas de moindres secours que ceux qu'il trouve dans la régularité des cloîtres pour se pouvoir conserver pur à ses yeux, se rengagera dans le monde; cet homme, dis-je, qui selon les paroles de saint Bernard, est comme un oiseau sans plumes[107], sans force, et sans défense, sortira de son nid, et s'exposera aux injures de l'air dont il ne peut supporter les rigueurs et les violences ?

Quel rapport y a-t-il entre ce qu'il va perdre et ce qu'il prétend conserver? Il hasarde l'éternité pour le temps; il donne la vie de son âme pour la vie du corps d'un de ses proches qu'il ne peut au

---

[107] Epist. 12 SBO Vol VII p. 62

Chapitre XVI Question XV

plus prolonger que pour quelques moments et avec incertitude: c'est un étrange mécompte. La maison est tout en feu, l'embrasement presse de toutes parts, on se met au devant de celui qui le fuit, on l'empêche de sortir et on veut même le faire rentrer dans les flammes après les avoir déjà évitées[108]: *Mira abusio, domus ardet, ignis instat a tergo, et fugienti prohibetur egredi, evadenti suadetur regredi.*

Question XV

Qu'est-ce que les saints Pères de l'Église ont pensé sur le sujet ?

Réponse

Quoique les saints Pères n'aient pas traité cette question avec dessein, cependant l'on voit évidemment ce qu'ils en ont pensé dans les maximes et les instructions qu'ils nous en ont laissées.

Le premier que l'autorité aussi bien que l'antiquité nous présente est saint Basile. Il nous apprend en quantité d'endroits qu'un solitaire doit avoir renoncé à toutes les affections de la chair et du sang, et qu'il n'y a point de consanguinité qui puisse obliger à retourner dans le monde celui qui s'en est une fois séparé pour s'attacher au service de Jésus Christ.

Mais ce grand Docteur que Dieu a suscité dans son Église plus particulièrement qu'aucun autre pour nous donner des règles certaines de notre conduite dans l'exercice de nos devoirs, nous enseigne et saint Grégoire de Nazianze avec lui, dans les Constitutions monastiques[109], qu'un religieux ne peut pas, sans

---

[108] Bern. Epist 111, 2 SBO Vol VII, p.284
[109] Const Mon. Grandes Règles q. 32 (cf. note 6 supra)

blesser la conscience et manquer à sa Profession, prendre aucun soin des affaires, des besoins et des nécessités de ses parents. Il ne pouvait nous marquer avec plus de netteté son sentiment; et nous donner moins de lieu d'en douter, qu'en nous disant, que les véritables religieux doivent être plus éloignés[110] de leurs proches, de leurs amis, de leurs pères et de leurs mères, que les morts ne sont séparés des vivants. Que tout homme qui s'est dépouillé de ses habits pour s'exercer dans les combats de la vertu, qui a renoncé au monde, et à toutes les affaires du monde, et qui pour dire davantage est crucifié au monde et à tous ceux qui sont dans le monde, doit se regarder comme entièrement mort au monde et même à l'égard de son père, de sa mère et de ses frères.

Ces deux grands docteurs passent plus avant, et afin d'ôter tout sujet d'expliquer leur pensée contre leur pensée même; ils disent que les pères des religieux ont renoncé au monde comme leurs enfants, ou qu'ils sont demeurés dans leur premier genre de vie. S'ils l'ont quitté, ajoutent-ils, c'est pour lors qu'ils sont véritablement nos parents, non plus en qualité de pères et de mères; mais de frères seulement. Et que s'ils sont encore engagés dans le siècle, ils font partie de ce monde dont nous nous sommes séparés: et n'ont plus de rapport avec nous depuis que nous avons abandonné l'homme charnel et que nous nous sommes dépouillés de l'alliance que nous avions avec eux. Ils enseignent qu'un moine n'a plus que deux pères, l'un dans le ciel qui est le père commun de tous les hommes; l'autre dans le monastère, qui est le père spirituel de la communauté. Ils appuient ce sentiment sur le commandement de Jésus Christ qui défend à ceux qu'il appelle et qu'il sépare des hommes, de s'appliquer aux affaires de leurs

---

[110] Const. Mon c. 20

Chapitre XVI Question XV

proches, ni d'exercer à leur égard des devoirs de charité, auxquels les personnes libres sont indispensablement obligées; et qui ne voulut pas permettre à ses disciples de le quitter un seul moment de crainte qu'ils ne commettent quelque action indigne de cette élévation toute divine que doivent avoir des âmes destinées au royaume du ciel; ou qu'en se portant aux choses terrestres et charnelles, ils ne forment quelques pensées qui n'auraient pas de rapport avec la grandeur de leur état.

Et il fait voir par cette conduite, continuent ces grands saints, qu'il n'est pas permis à ceux dont l'étude et l'application ont pour objet les choses du ciel, d'avoir aucun égard à tout ce qui se passe ici bas, parce qu'ils doivent en être déjà sortis en esprit, et être élevés au-dessus du monde.

Enfin ils objectent les endroits de l'Ecriture qui paraissent combattre leur opinion, comme celui d'Isaïe[111]: *Carnem tuam ne despexeris;* celui de saint Paul à Timothée: *Si quis autem suorum et maxime domesticorum curam non habet, fidem negavit, et est, infideli deterior*[112]. Et ils en donnent en même temps la résolution par cette réponse: que ces paroles s'adressent aux personnes qui sont dans le siècle, et non à celles qui l'ont quitté; aux vivants et non aux morts; parce que les morts ne sont obligés à rien de cette nature. Qu'un homme consacré à Jésus Christ en qualité de mort, n'est plus dans l'obligation de contribuer à la subsistance de ses parents. Comme pauvre, il n'a rien à leur donner, non pas même son propre corps puisqu'il n'est pas à lui, et que l'ayant offert à Dieu il ne peut plus s'en servir pour le ministère des hommes, si ce n'est pour ceux de sa profession.

---

[111] Isai. 58. 7
[112] 1 Tim. 5

Ce serait sans fondement que l'on dirait que saint Basile ne parle point d'une extrémité pressante. On demeure d'accord qu'il ne l'a pas exprimée précisément; mais il faudrait qu'il en eût fait une exception particulière, pour qu'elle ne fût pas comprise dans cette instruction: car comme il la rend générale, il est évident qu'elle ne souffre nulle réserve. Et peut-on donner un autre sens à ces paroles: "Qu'un solitaire doit être plus séparé de ses proches, de ses amis, de son père, de sa mère... que les morts ne le sont des vivants; sinon, que comme les morts ne se mêlent plus des affaires des vivants; ainsi les enfants, depuis qu'ils se sont consacrés à Dieu, sont dans l'impuissance d'entrer dans les besoins de leurs pères. Cette mort mystique et spirituelle ayant fait sur eux, à l'égard de leurs pères, un effet semblable à celui que la mort naturelle fait sur les morts à l'égard des vivants.

À moins que de vouloir se fermer les yeux, on ne peut pas ne point voir que ce saint interdit aux moines toutes sortes de secours, de commerces, et d'assistances temporelles en disant qu'il n'a plus que deux pères, l'un qui est Dieu, l'autre son supérieur; ne comptant plus le troisième, et le mettant au nombre des choses dont il est séparé pour jamais. Le cas auquel il lui permet d'avoir un père étant fondé, non sur l'affinité de la chair et du sang, mais sur l'alliance de l'esprit.

C'est si bien le sentiment de saint Basile[113] que dans la réponse à la question: „Savoir en quelle disposition il faut être à l'égard de ses proches et de ses parents selon la chair", il dit positivement que le supérieur doit empêcher de tout son pouvoir que ceux qui sont une fois entrés dans la société des Frères, ne sortent jamais de la maison, sous quelque considération que ce puisse être

---

[113] Basil. GR. quest. 32. p. 110 cf. supra, note 6

Chapitre XVI Question XV

d'assister leurs parents. Que si leurs pères, leurs mères, et leurs frères vivent selon Dieu; il est juste que tous ceux qui composent la société des Frères, les assistent par une conspiration sainte et comme leurs pères communs; et que c'est au supérieur à prendre ce soin. Mais que si ces personnes sont encore engagées dans une vie mondaine, ils n'ont rien de commun avec elles; et ils doivent s'attacher à Dieu invariablement sans se détourner de son service par nulle distraction.

C'est dans cette même pensée que saint Jérôme exhorte son ami Héliodore[114] d'une manière si puissante, de se mettre au dessus de toutes les considérations de la chair et du sang, de fouler aux pieds son père et sa mère, et de passer dans la solitude sans que les résistances de l'un, ni les prières et les larmes de l'autre l'en puissent empêcher. Et il enseigne que c'est avoir de la piété que d'être cruel dans ces rencontres: *Percalcatum perge patrem, siccis oculis ad vexillum crucis evola, totum pietatis genus est, in hac re esse crudelem.*

... S'il a parlé de la sorte à un homme libre, que ne lui aurait-il pas dit s'il avait été dans l'engagement des vœux?[115]

Saint Arsène[116] était animé de ce même esprit, quand il répondit à celui qui lui apportait le testament d'un de ses proches „qu'il était mort avant son parent, et qu'il ne comprenait pas qu'il eût voulu choisir un mort pour son héritier". Et lorsqu'un solitaire lui demandant un jour pourquoi il fuyait tant les hommes, il lui fît cette admirable réponse: „que Dieu savait qu'il aimait les hommes, mais qu'il ne pouvait tout ensemble converser avec Dieu

---

[114] Ep. XIV, 2
[115] Ces deux ligne ne se trouvent pas dans l'édition 1701 !
[116] Vita Patr.

et avec les hommes; que tous les esprits célestes n'avaient qu'une seule et unique volonté; et que les hommes en avaient plusieurs, et différentes les unes des autres. Ainsi il ne pouvait se résoudre à quitter Dieu pour les entretenir", donnant ainsi une double instruction: l'une que la charité que Dieu nous commande d'avoir pour notre prochain subsiste avec le refus qu'il faisait de lui en donner des marques extérieures; l'autre qu'il est plus malaisé que l'on ne pense, qu'un religieux vive dans la fidélité qu'il doit à Dieu, qu'il réponde à la sainteté de son état, et qu'il demeure dans des commerces et des engagements avec les hommes.

Ce fut par un mouvement semblable que saint Siméon[117] Stylite souffrit sa mère pendant trois jours aux pieds de sa colonne où elle était venue pour le voir, sans que ni les plaintes ni les menaces, ni les reproches qu'elle lui fit, en lui disant qu'il voulait lui donner la mort par sa dureté, comme il l'avait donnée à son père par sa retraite, puissent émouvoir sa constance, ni l'obliger à lui accorder ce qu'elle lui demandait. Il la laissa mourir ainsi d'accablement et de tristesse: mais il priait Dieu pour elle. Et pendant que cet Ange incarné lui refusait une consolation d'un instant, l'attachement inviolable qu'il avait à Dieu lui en obtenait d'éternelles.

En effet elle mourut; et son corps lui ayant été apporté; il vit morte celle qu'il n'avait point voulu voir vivante, et témoigna par ses larmes, par les prières si pleines de tendresse qu'il fit publiquement à Dieu pour le repos de son âme; et par toutes les circonstances de sa conduite, que les personnes consacrées à Dieu ont d'autres voies que celles des assistances sensibles, pour

---

[117] Vita. Patr.

Chapitre XVI Question XV

s'acquitter des obligations qu'elles peuvent avoir d'honorer leurs pères et leurs mères.

Saint Fulgence[118] fit une action qui n'est guère inférieure à celle de ce grand saint, lorsque avec une constance inébranlable, il fut sourd aux cris perçants que sa mère jetait contre le ciel à la porte du monastère dans lequel il s'était retiré; et que résistant aux plaintes qu'elle lui faisait de ce que par sa retraite il laissait sa maison dont il était l'unique appui, dans une ruine certaine, et à tout ce que la douleur et la tendresse pouvaient mettre de plus touchant dans la bouche d'une mère désolée; il persista dans sa résolution, et surmonta, comme dit l'auteur de sa vie par une cruauté sainte, la piété naturelle.

Dieu inspira quelque chose[119] de plus extraordinaire, (mais qui ne doit pas aussi être tiré à conséquence) à saint Théonas lorsqu'il lui inspira de quitter sa femme malgré elle, et d'embrasser la vie solitaire. Pour justifier cette action Dieu rendit la suite de sa vie éclatante par quantité de miracles.

Ce grand solitaire Théodore[120] pensait quelque chose de pareil lorsque sa mère l'étant venu trouver dans Tabenne où il s'était retiré, il ne la voulut point voir. Saint Pacôme l'en ayant pressé, sur l'instance que quelques Évêques lui en avaient faite, il lui demanda s'il voulait lui répondre qu'il ne rendrait point compte de cette visite au jugement de Dieu. Il lui dit que selon le précepte de Jésus Christ ayant abandonné sa mère, et tout le reste du monde, il ne pouvait se résoudre en la voyant, de déplaire à tous ceux avec lesquels il avait le bonheur de vivre dans le monastère. Que si

---

[118] Vit.S. Fulgent
[119] Cassien Coll. 21. SC 64, p.82
[120] Vit.Pat. in vit. S. Pachom.

avant la grâce de la nouvelle alliance, les fils de Lévi renonçaient à leurs parents, pour accomplir les commandements de la Loi, à plus forte raison participant à une si grande faveur, il devait préférer l'amour de Dieu à celui de ses proches, suivant cette parole de notre Seigneur: *Qui amat patrem aut matrem plusquam me, non est me dignus*[121]. Ce qui obligea saint Pacôme d'acquiescer à ses sentiments en lui disant que ce refus n'appartenait qu'à ceux qui avaient parfaitement renoncé au monde, et à eux-mêmes. Et que si quelqu'un, par l'affection qu'il avait pour les personnes qu'il avait laissées, prétendait encore qu'il devait aimer ses parents parce que c'était sa propre chair; il se souvint de cette parole de saint Pierre[122]: „On devient esclave de celui par lequel on est vaincu; ainsi celui qui est vaincu par la chair, est esclave de la chair".

Cassien dans ses Conférences[123] rapporte qu'un frère du saint Abbé Apollon, l'étant venu conjurer dans le milieu de la nuit de sortir pour un moment de sa cellule afin de l'aider à retirer un de ses bœufs d'un bourbier dans lequel il était tombé. Le saint Abbé lui dit qu'il s'adresse à un autre de ses frères qui n'était pas éloigné du lieu où cet accident était arrivé. Et sur ce qu'il lui répondit qu'il l'envoyait à un homme qui était mort il y avait quinze ans; il lui repartit: "et moi je suis mort aussi au monde il y a plus de vingt ans et étant, comme je suis, enseveli dans le tombeau de ma cellule je ne puis plus rien faire de tout ce qui ne regarde que cette vie. Pensez-vous que Jésus Christ souffre que je me relâche le moins du monde de cette mortification où je me suis une fois

---

[121] Mt 10, 17.
[122] 2. P 1, 19.
[123] Coll. 24, 9 - SC 64 p. 179

Chapitre XVI Question XV

engagé pour aller retirer avec vous votre bœuf du bourbier; lorsque dans l'Évangile, il n'a pas voulu accorder un moment à celui qui lui demandait permission d'ensevelir son père, quoique cette demande qu'il lui faisait parût avoir plus de justice et de piété?

Tout le monde peut conclure de ces exemples ce qu'auraient dit ou pensé ces hommes remplis de Dieu, si on leur avait proposé de quitter leurs monastères pour des temps considérables; s'étant montrés inflexibles lorsqu'il ne s'agissait que d'accorder quelques instants, quelques paroles, ou même quelques regards pour la consolation de leurs proches.

Le même Cassien[124] nous apprend dans ses Institutions que l'on demandait, de son temps, comme une disposition principale dans ceux que l'on recevait dans les monastères de la Palestine, un entier oubli de leurs parents. „Ne laissez point, disait le saint Abbé Pynuphe, entrer en vous le souvenir de vos parents ni de vos anciennes affections, de peur que vous engageant de nouveau dans les soins et dans les embarras du monde vous ne mettiez la main à la charrue[125], et que regardant derrière vous, vous ne puissiez plus être propre au royaume de Jésus Christ.

Saint Jean Climaque qui avait pénétré plus que personne le fond des devoirs de la vie monastique, a cru cette séparation si nécessaire qu'il n'y a rien qu'il ait si fortement établi. Il dit qu'il faut imiter Loth, et non pas sa femme; qu'il vaut mieux déplaire à ses parents que de déplaire à Dieu; que le même Dieu qui est notre Créateur, est aussi notre Sauveur[126], au lieu que les parents

---

[124] Instit. lib. IV. 36 ;– SC n° 109 p. 175...
[125] Luc. 9. 62.
[126] Ech Ste Degre 3. art. (10 -13... p.49).

ont souvent fait périr ceux qu'ils ont aimés, et les ont livrés aux supplices éternels. Que nous ne nous retirons pas dans la solitude par une aversion que nous aurions pour nos proches et pour les lieux que nous quittons. Mais pour éviter les pertes que nous pourrait causer leur présence et leur compagnie[127]. Que Jésus Christ[128] nous a servi d'exemple et de maître en cela puisqu'on l'a vu souvent quitter ses parents selon la chair et qu'ayant entendu quelques-uns qui lui disaient[129] que sa mère et ses frères le cherchaient, il enseigna aussitôt par sa réponse l'aversion innocente et sans passion que nous devions avoir pour nos proches; que l'amour de Dieu éteint l'amour des parents. Celui qui prétend posséder en même temps ces deux amours se trompe soi-même, selon la parole du Sauveur: „Nul ne peut servir deux maîtres"; que Jésus Christ n'est pas venu apporter la paix dans la terre[130], c'est à dire l'amour des pères et des mères envers leurs enfants et envers leurs frères qui veulent se consacrer à son service; mais la guerre et l'épée, afin de séparer ceux qui aiment Dieu d'avec ceux qui aiment le monde; les charnels d'avec les spirituels, les superbes d'avec les humbles; car le Seigneur, ajoute-t-il, prend plaisir à cette division d'esprit et à cette séparation de corps qui se fait par son amour[131]. N'ayez point de pitié, dit ce Saint, des pleurs de vos parents et de vos amis, si vous ne voulez vous pleurer vous même éternellement. Comme il est impossible de tourner l'un de ses yeux vers le ciel et l'autre en même temps vers la terre, de même il est impossible qu'en ne se

---

[127] Degré 3, 18
[128] Ibid.
[129] Mt 12. 50.
[130] Mt. 6. 24, idem 10, 34
[131] Ech Ste Degré 3, 22, p.50.

Chapitre XVI Question XV

retirant pas tout à fait par une séparation du corps et par un éloignement de l'esprit, du commerce de ses proches et des autres personnes du monde, l'on n'expose le salut de son âme à un grand danger. Lorsque après notre retraite, les démons nous attendrissent et nous échauffent le cœur par le souvenir qu'ils nous renouvellent de nos pères, de nos mères et de nos frères, recourons aux armes de la prière pour nous défendre contre eux, et embrasons-nous nous-mêmes par la pensée du feu éternel; afin que par l'idée de ces flammes nous éteignions l'ardeur indiscrète de ce feu qui s'allume dans notre cœur.

Tout cela prouve clairement combien ce grand directeur était éloigné de croire que les besoins des parents sont des raisons légitimes à un solitaire pour quitter sa retraite puisque il l'estimait obligé d'en combattre la pensée, et d'en regarder le souvenir comme une des plus dangereuses tentations qui le pouvaient attaquer.

Saint Bernard enseigne partout la même vérité[132]. Il veut que les âmes qui se sont données uniquement à Jésus Christ par l'engagement des vœux, demeurent constamment dans la solitude pour se conserver dans un état digne de la pureté de celui auquel elles se sont consacrées. Il dit, aussi bien que saint Jérôme, que ceux que Dieu appelle dans les cloîtres doivent obéir à sa voix sans se laisser toucher de celle de leurs parents, et que c'est une piété parfaite de leur témoigner de la dureté pour l'amour de Jésus Christ: *Summum pietatis genus est, in hac parte propter Christum esse crudelem*[133]. Il exhorte partout les enfants de quitter leurs pères et leurs mères sans s'arrêter à leurs résistances, pour

---

[132] Serm super Ct. 40, 5; SBO Vol II p. 27
[133] Epist 315 ? Jérôme: lettre IV à Héliodore

embrasser la retraite des monastères. Il déclare que c'est un juste sujet ne leur pas obéir[134]; que le service de Jésus Christ leur doit être préféré, et que c'est pour lors que nous les devons considérer comme nos ennemis, et non pas comme nos parents. *Inimici hominis domestici ejus*[135]. Que le salut des enfants dans l'ordre de la charité doit aller, devant leurs consolations; qu'en cas qu'il y ait de l'impiété de mépriser sa mère, c'est la marque d'une piété singulière quand on ne le fait que pour plaire à Jésus Christ: *Et si impium est contemnere matrem, contemnere tâmen propter Christum piissimum est*[136]. Et que celui qui a dit: *Honora patrem, matrem*[137], a dit aussi: *Qui amat patrem aut matrem plusquam me, non est me dignus.*[138]

(de l'édition 1701) Enfin il n'a pu s'expliquer plus positivement qu'en disant que pendant que les religieux sont encore dans le monde, on ne saurait douter qu'ils ne soient dans l'obligation de secourir leurs parents. Mais que depuis qu'ils n'en sont plus, qu'ils se sont quittés et qu'ils ont abandonné le soin d'eux-mêmes, à plus forte raison ont-ils renoncé à celui qu'ils étaient obligés d'avoir de leurs proches. *Quamdiu enim de mundo sumus, debitores nos constat esse parentibus. At postquam reliquimus nosmetipsos, multo magis ab eorum sollicitudine liberi sumus*[139].

S'il venait dans la pensée de quelqu'un que saint Bernard parle à des personnes qui devaient trouver des délices dans la maison de leurs parents, on peut répondre qu'ayant parlé dans la vue des dangers qu'on court dans le monde, il a adressé la parole à toutes

---

[134] Epist 111, 1 SBO Vol. VII p. 283
[135] Mt 10. 36
[136] Epist 104,3 SBO Vol VII p. 263
[137] Mt. 15. 4.
[138] Mt. 10. 17.
[139] Sermo 2, 5 „post octavam Epiphaniæ" – OSB, Tome IV, p 323

Chapitre XVI Question XV

sortes de personnes; que l'abondance n'est pas la seule cause de la perte des âmes; qu'on n'est pas moins exposé dans la pauvreté que dans les richesses, dans les masures que dans les palais, sur le fumier que sous les lambris; que les pauvres sont incomparablement plus déréglés que les riches; que parmi eux les crimes sont plus énormes et plus fréquents; quand la piété ne retient pas les riches, l'honnêteté les arrête; mais comme elle n'est point connue parmi les pauvres, et que la religion y est très rare, les vices y règnent dans toute leur malignité, et dans toute leur étendue.

Saint Thomas parle sur ce sujet d'une manière tout à fait décisive. Traitant la question, savoir si la nécessité des pères peut empêcher les enfants d'embrasser la vie religieuse, il soutient l'affirmative; et sur l'objection qu'il se fait que comme les nécessités des parents ne peuvent obliger un religieux de sortir de son cloître après sa profession, elles ne peuvent aussi l'empêcher qu'il ne s'y engage. Il répond que les uns sont libres, et par conséquent dans l'obligation de les secourir, et que les autres étant morts au monde et comme ensevelis avec Jésus Christ dans le cloître, on ne peut plus désirer qu'ils s'engagent dans les soins et dans les inquiétudes du siècle. *Non debet occasione sustentationis parentum, exire Claustrum, in quo Christo consepelitur, et se iterum saecularibus negotiis implicare*[140]. Enfin, il n'a pu s'expliquer plus positivement qu'en disant que les religieux ne sont pas moins dispensés de tous devoirs à l'égard de leurs pères par la mort spirituelle, que par la mort naturelle: *Per spiritualem*

---

[140] Thom. 22 q 101 att 4 ad; & ad 4

mortem deobligatur et cura impendenda parentibus, sicut deobligatur per mortem naturalem.[141]

Voilà ce que les saints ont pensé de l'obligation qu'ont les religieux de renoncer à leurs proches. Il se trouvera peu d'opinions dans l'Église, soutenues d'une approbation si générale, j'entends celles des saints, et l'on pourrait rapporter sur ce sujet des exemples presque sans nombre. C'est ce dont il ne faut pas s'étonner, puisque les saints sont les véritables disciples d'un maître qui n'a rien enseigné davantage que la science des renoncements; et comme ils ont fait toute leur étude de connaître et de pénétrer toutes ses maximes, ils ont aussi mis toute leur gloire à les embrasser, et à les suivre, sans consulter ni les inclinations de la nature, ni les lumières de la raison.

Ce qui est cause qu'ils ont eu en cela plus d'ouverture et plus de facilité que les autres, c'est qu'étant parfaitement dégagés des choses sensibles, la nature qui était comme morte en eux ne formait nulles affections contraires à ces vérités; ce qui ne se rencontre pas dans ceux qui n'ont ni leur mortification ni leur vertu. Dieu a proposé les saintes Écritures, et a parlé également aux hommes; mais sa voix n'a pas été également écoutée, parce que la préparation des cœurs était différente, et qu'il en est des vérités comme des liqueurs: elles perdent toujours de leur force et de leur pureté, quand les âmes qui les reçoivent ne sont pas tout à fait pures ainsi que les liqueurs perdent de leur bonté et de leur douceur lorsque les vases dans lesquels on les met ne sont pas assez purifiés

---

[141] Id. Quodlib. 3. qu. 6.art. 2 *(q.6, art. 2 in Quaestiones de quodlibet I-XII* (ou questions universitaires disputées dont le sujet est proposé par les assistants). Quodlibet VII-XI (Paris, 1256); Quodlibet I-VI et XII (Paris, 1268-1272). (Note de la correction: semble ne jamais avoir été traduit en français)

Chapitre XVI Question XVI

Question XVI

De quelles sources les saints ont-ils tiré ces maximes ?

Réponse

Les saints nous ont enseigné ces vérités, non pas comme les ayant tirées de leur fonds, mais après les avoir apprises de la vérité même. Et il se peut dire qu'elles sont répandues en tant de lieux dans les divines Écritures, qu'il n'y a rien qu'on y remarquerait davantage si les esprits n'étaient pas prévenus par le long usage des opinions contraires. Jésus Christ a voulu prendre un soin tout particulier de nous en instruire parce que la fin de sa mission était de sanctifier le monde, et de l'élever à une perfection qui jusqu'alors avait été ignorée ou, au moins, que très peu de personnes avaient connue; ce qui ne se pouvait faire que par la voie du renoncement et des séparations. C'est ce qui lui a fait dire dans saint Matthieu[142] qu'il n'était pas venu apporter la paix sur la terre. *Non veni pacem mittere sed gladium*, qu'il était venu séparer le fils d'avec le père, la fille d'avec la mère; que celui qui aimait son père ou sa mère plus que lui n'était pas digne de lui. Au chapitre 12[143]: "Qui est ma mère et qui sont mes frères ? et étendant la main vers ses disciples: „Voilà ma mère et voici mes frères; car quiconque fait la volonté de mon Père qui est dans le ciel, celui-là est mon frère, ma sœur et ma mère". Au chapitre 19[144] que „quiconque abandonnerait pour lui sa maison, ou ses frères, ou ses sœurs, ou son père ou sa mère, ou sa femme, ou ses enfants, ou ses terres recevrait le centuple, et aurait pour héritage

---

[142] Mt 10, 34
[143] Mt 12 48, 49 & 50
[144] Mt 19, 29

la vie éternelle. *Et omnis qui reliquent domum, vel fratres, vel sorores, aut patrem, aut matrem, aut uxorem, aut filios aut agros, propter nomen meum, centuplum accipiet, et vitam aeternam possidebit.*
Au ch. 8.[145] il répondit à un de ses disciples qui le priait de lui permettre d'aller ensevelir son père avant que de le suivre: „Suivez-moi, et laissez aux morts le soin d'ensevelir les morts. *Sequere me et dimitte mortuos sepelire mortuos suos"*.

Il répliqua aussi à un autre de ses disciples, qui lui disait[146] "Seigneur, je vous suivrai; mais permettez-moi de dire auparavant adieu à ceux qui sont dans ma maison": Quiconque ayant mis la main à la charrue regarde derrière soi n'est point propre au royaume de Dieu. Et il déclare dans le chapitre 14[147] que si quelqu'un venait à lui, et ne haïssait pas son père et sa mère, sa femme et ses enfants, ses frères et ses sœurs et même sa propre vie il ne pouvait être son disciple. *Si quis venit ad me et non odit patrem suum et matrem, et uxorem et filios, et fratres et sorores, adhuc autem et animam suam, non potest meus esse discipulus.*

Peut-on donner, mes frères, une explication plus naturelle et plus sainte à ces paroles de Jésus Christ, que celle de dire que les chrétiens doivent être toujours prêts de quitter toutes choses, et de rompre toutes sortes d'engagements pour le suivre; que ses intérêts doivent tenir la première place dans nos cœurs; que les devoirs les plus indispensables doivent cesser lorsqu'il est question d'aller où nous appelle sa voix et de persévérer où son ordre nous retient. Qu'il faut même abandonner les exercices de la

---

[145] Mt. 8. 21-22
[146] Lc 9, 61-62
[147] v. 26

Chapitre XVI Question XVI

piété qui nous attachent à ceux dont nous avons reçu la naissance, quand il arrive qu'elle est opposée à celle que nous lui devons non seulement quand nos proches nous portent à violer sa loi; ou qu'ils nous veulent engager dans des voies contraires à notre salut; mais encore lorsqu'ils s'opposent à cet état de perfection auquel sa volonté nous élève; c'est-à-dire qu'on doit non seulement s'abstenir pour l'amour de Jésus Christ des choses qui sont mauvaises et défendues, mais encore des licites, ou même de celles qui sont bonnes et commandées dans un autre temps, lorsqu'il en exige de nous de plus parfaites et qui par conséquent leur sont préférables.

Cela posé, il faut demeurer d'accord qu'il n'y a personne à qui ces instructions conviennent davantage qu'à ceux qui, ayant renoncé au monde, se sont donnés uniquement à Jésus Christ, par la consécration des vœux; et qui par un discernement de sa grâce tout particulier, l'ont tellement pris pour leur partage, qu'ils n'ont plus d'autre occupation sur la terre que celle de s'avancer dans la sainteté; et en méditant sa Loi jour et nuit, chercher les moyens de le servir. De sorte que s'il arrivait que le monde voulût reprendre sur eux le droit qu'il y avait autrefois et que les pères prétendent pour quelque raison que ce puisse être, ou en vertu des obligations dans lesquelles les enfants étaient à leur égard avant leur engagement, exiger d'eux des services et des assujettissements incompatibles avec la pureté de leur état et la sainteté de leur profession – comme serait de les retirer de leur solitude et de les engager dans les soins du siècle – c'est pour lors qu'ils seraient obligés de se souvenir que ceux qui préfèrent leurs parents à Jésus Christ sont rejetés de son royaume. Et que la première condition, qu'il impose aux personnes qui veulent le suivre, est de se séparer de ceux auxquels ils sont le plus étroitement unis par les liens du sang et de la nature.

Ce serait inutilement que l'on nous dirait qu'on n'a pu prendre cet engagement au préjudice (détriment) de celui dans lequel on était de secourir son père puisque, comme nous l'avons déjà montré, il y a une obligation supérieure et originaire qui forme et qui règle toutes les autres, qui met toutes les créatures dans la main de Dieu et qui fait qu'il peut, selon sa volonté et sa sagesse, les appliquer à toutes sortes d'usages dans l'ordre de la grâce comme dans celui de la nature. C'est un droit inviolable attaché à sa toute-puissance et à cette domination souveraine qu'il exerce sur toutes choses en qualité de Créateur; qui subsiste en lui de toute éternité, auquel il ne saurait déroger lui-même. Et comme il pourrait, s'il le voulait, plier, pour ainsi dire, les essieux qui soutiennent le monde, arrêter le soleil dans le milieu de sa course pour des siècles entiers, comme il fit autrefois[148] pour quelques moments; et afin de dire quelque chose qui convienne davantage à notre sujet: de même que par son ordre les Lévites[149] trempèrent innocemment leurs mains dans le sang de leurs pères. Ainsi quand il le jugera à propos pour la gloire de son nom, il peut appeler devant son trône, tout ce qu'il y a d'hommes dans le monde, pour lui rendre leurs assistances et leurs hommages faisant cesser toutes les fonctions, et tous les usages des différentes obligations qu'ils peuvent avoir les uns à l'égard des autres. Et pour lors, les pères seraient obligés de lui rendre leurs enfants, les maris leurs femmes, les maîtres leurs serviteurs, les princes leurs sujets, sans avoir aucune cause légitime de se plaindre de sa justice.

---

[148] cf. Josué 10, 13
[149] cf. Ex 32, 25-28

Chapitre XVI Question XVI

Tout cela prouve évidemment que c'est ignorer quelle est la souveraineté de Dieu sur les hommes, que de lui refuser des choses beaucoup moindres, et de ne vouloir pas qu'il puisse suspendre les règles, et changer l'exercice et l'usage de la piété des enfants à l'égard des pères en la manière que nous l'avons déjà expliqué.

D'ailleurs, il est certain que le religieux s'engage dans une perte inévitable, en prenant une vie toute opposée à celle à laquelle Dieu avait attaché sa sanctification. Or, il est sans doute que le dessein de Dieu a été de le retirer du monde pour le sanctifier dans le repos de la solitude, en l'éloignant de tout ce qui était capable de s'opposer à son salut, et en lui donnant les moyens et les secours qui pouvaient y contribuer davantage. Les obstacles et les oppositions qu'il pouvait trouver sont:

- le commerce du monde,
- l'attachement à ses parents,
- l'application aux affaires de sa famille,
- le soin de sa propre subsistance,
- les dissipations qui en sont des suites nécessaires;
- enfin toutes les occasions de se séparer de Dieu, et de tomber dans le péché, qui se rencontrent presqu'à tous les pas et à tous les instants dans la fréquentation des hommes.
- Et les secours qu'il a reçus de la miséricorde de Dieu sont
- la régularité du cloître,
- la vigueur de la discipline,
- la vigilance d'un supérieur,
- la prière et l'exemple de ses frères,
- l'assujettissement de sa volonté,
- la succession des exercices,

- l'austérité des jeûnes,
- la pratique des humiliations, et
- l'exactitude du silence.

Cependant il arrive que ce religieux, qui dans la vérité quitte et sa profession et son cloître pour aller secourir son père, se trouve en un moment, destitué de tous ces avantages, et au milieu de ce grand nombre d'obstacles dont la main de Dieu l'avait tiré; c'est-à-dire, environné d'ennemis et sans aucune défense. Son état est d'autant plus dangereux que celui dans lequel il voit son père fait sur son cœur de plus profondes impressions. Il est dévoré d'ennuis et d'inquiétudes; il ne connaît plus ce sacré repos qui fait toute la richesse des solitaires, son âme abattue par la continuelle application qu'il est obligé d'avoir pour sa subsistance et pour celle de son propre père, et par la crainte de l'avenir, n'a plus la liberté de s'élever, ni de goûter les choses supérieures. Le sommeil s'est retiré de ses yeux; c'est-à-dire: cette paix si sainte dont il jouissait et dans laquelle ses passions étaient comme ensevelies, s'est dissipée. Ses cupidités sont plus vives et plus animées qu'auparavant. Enfin il vit, ou plutôt il languit misérablement dans une terre étrangère, exposé à toutes les différentes tentations qui sont inséparables de l'extrême nécessité, aussi bien dans l'un comme dans l'autre sexe.

Et comme cet état est entièrement opposé a celui dans lequel Dieu l'avait mis, qu'il en ruine tous les moyens et tous les avantages, il faut aussi qu'il ait des fins et des issues contraires, et que l'un étant le chemin de la vie, l'autre soit nécessairement la voie de la mort. Ainsi il n'y a point de cas et de circonstances dans lesquels l'Écriture nous ait plus commandé d'abandonner nos pères que dans celles-ci, puisque le service que nous leur rendons nous cause de si grands dommages, et qu'il n'est pas possible de

Chapitre XVI Question XVI

les secourir et de s'attacher à eux, sans se perdre et sans se séparer pour jamais de Jésus Christ.

Il faut donc inférer, mes frères, qu'un religieux que Dieu affranchit de ces devoirs extérieurs de justice et de charité à l'égard du monde, qui est exempt des engagements que les hommes conservent envers les autres hommes, qui remplit dans l'Église, comme nous l'avons déjà remarqué, la place que les martyrs y tenaient autrefois, qui doit succéder à leur sainteté, et qui est obligé par son état de retracer le parfait renoncement des anachorètes et des anciens solitaires, ne peut plus quitter le repos de son cloître, retourner dans le siècle, ni en reprendre les occupations et les soins sous prétexte de soulager son père, quelque extrême que soit son indigence. Que s'il sort de son monastère par cette considération, il sort en même temps de l'ordre de Dieu et ruine les desseins qu'il avait sur sa personne. Il s'oppose à la disposition qu'il en avait faite, et se tire du nombre de ceux dont il veut être adoré en esprit et en vérité. Il blesse sa profession dans ce qu'elle a de plus essentiel, il expose la pureté de son corps aussi bien que celle de son âme; il préfère une vie commune à une vie toute céleste; il descend de ce toit mystérieux de l'Évangile[150] pour rentrer dans le champ et y reprendre ses vêtements; il tourne la tête en arrière après avoir mis la main à la charrue; il préfère l'alliance de la chair à celle de la grâce, au lieu de dire avec saint Bernard: Pourquoi m'inquiétez-vous dans l'engagement où je suis de plaire uniquement au Père de toutes choses? Pourquoi me retirez-vous du service de celui duquel les vrais serviteurs sont autant de Rois[151]? *Quid me patri omnium Deo*

---

[150] cf. Mt 24, 17
[151] Epist. 111, 1 SBO Vol. VII p. 283

satagentem placere inquietatis? et ab ejus servitis, cui servire regnare estî, retrahere attentatis?

D'où il s'ensuit que les religieux en quittant leurs monastères, méprisent toutes les instructions que nous avons rapportées; qu'ils font une action condamnée par la parole de Jésus Christ; et qu'ils sont précisément dans le cas auquel il leur est commandé de renoncer à leurs pères, à leurs mères, et généralement à toutes choses pour l'amour de lui.

Toutes ces preuves font voir que nous n'avons rien avancé que de juste et de véritable en disant que le sentiment de ceux qui veulent que l'extrémité pressante d'un père soit une raison légitime qui oblige un religieux de sortir de son monastère, et de se rendre auprès de lui pour le secourir, n'a rien moins que la vérité et la solidité qu'on s'imagine; qu'elle est entièrement opposée à la raison éclairée et conduite par la foi, et aux maximes des saints; qu'elle déroge à la majesté de Dieu; et qu'elle est contraire à la parole de Jésus Christ.

Question XVII

Que peut-on répondre à quantité de passages de la sainte Écriture qui semblent contraires à vos raisons?

Réponse

Il est vrai, mes frères, qu'on lit dans Isaïe[152]: Ne méprisez point vos proches. Dans saint Paul à Timothée[153]: *Si quis autem suorum et maxime domesticorum curam non habet, fidem negavit, et est infideli deterior.* Notre Seigneur dit aussi en parlant aux Pharisiens[154]: *Quare et vos transgredimini mandatum Dei propter traditionem vestram.*

Mais saint Basile répond aux deux premiers passages en disant[155] que ces paroles sont adressées à des gens qui vivent dans le siècle, et non pas à ceux qui y ont renoncé.

Et pour répondre plus succinctement, dit ce Saint, l'apôtre parle à des vivants, et non pas aux morts; parce que les morts ne sont obligés à rien de cette nature. Vous êtes morts et crucifiés au monde; vous avez embrassé une entière pauvreté en renonçant à toutes les richesses périssables: en vous consacrant à Dieu vous êtes devenus ses richesses et son trésor. Comme morts vous êtes affranchis de contribuer à la subsistance de vos proches. Et comme pauvres, vous n'avez rien à donner

Il faut ajouter à cela dans le sentiment du même saint, et selon que nous l'avons déjà remarqué, que le religieux qui ne peut plus,

---

[152] 58. 7.
[153] 1 Tim 5. v.8.
[154] Mt 15, 3. "Pourquoi transgressez-vous le commandement de Dieu au nom de votre tradition ?"
[155] Const. Monast. c.20; (trad. Rufin)

ni par lui même, ni par ses biens, être utile au soulagement de son père, ne laisse pas de l'assister par les soins de son supérieur et des revenus de son monastère; et qu'ainsi il n'est point de ceux sur qui doit tomber ce reproche de l'Écriture.

Pour le troisième passage, il ne faut point craindre de dire que c'est faire violence à la pensée de notre Seigneur, que de vouloir en inférer, qu'un religieux est obligé d'abandonner son cloître pour aller secourir son père. Et dans la vérité les différences et les disparités qui se rencontrent entre le fait contre lequel Notre Seigneur s'explique, et celui dont il s'agit, sont si grandes, que quiconque les regardera avec attention, n'aura pas peine à se persuader qu'il n'y a nul parallèle à tirer entre des choses si dissemblables et si éloignées, si l'on considère bien les dispositions des personnes, la qualité des choses offertes, la consécration en elle-même, les effets, et les inconvénients qui peuvent naître au cas qu'elles soient employées à d'autres usages qu'à ceux auxquels elles ont été destinées,

Premièrement, Jésus Christ condamne l'inhumanité des Pharisiens envers leurs pères; leur avarice, leur hypocrisie, leur dissimulation; parce que, comme dit saint Chrysostome[156], il n'était pas vrai qu'ils eussent consacré tous leurs biens à Dieu, comme ils le supposaient. Et non seulement il n'y a rien de tout cela dans les véritables religieux, mais au contraire, leur piété est sincère, leur dépouillement est parfait, leur sacrifice est réel, leur amour pour leur père est tendre, quoi qu'il soit tempéré par les devoirs de leur profession. Et s'ils leur refusent l'assistance dont ils ont besoin, c'est par le respect qu'ils portent aux ordres de Dieu, et par la crainte qu'ils ont de lui déplaire.

---

[156] Homil in Mt : 51, 2 JCOC Tome VII, p. 409

Chapitre XVI Question XVII

Secondement, les dons que les Pharisiens refusaient à leurs pères, et qu'ils disaient avoir destinés au service de Dieu, n'étaient que quelques animaux; mais ici ce sont des âmes rachetées du sang de Jésus Christ, auxquelles il doit communiquer un jour sa divinité.

Troisièmement, cette offrande prétendue des Pharisiens n'était qu'une sanctification extérieure mais celle qui se fait par les vœux, est une alliance toute intérieure et toute divine, par laquelle les âmes deviennent les épouses de Jésus Christ. Son Esprit Saint en est comme le nœud et le lien sacré; et quoi qu'il ne soit pas donné précisément par la vertu de cette consécration, parce que cette efficacité ne se trouve que dans les sacrements, néanmoins, il est inséparable de la piété qui la doit accompagner. Et les saints Pères ont estimé que ceux qui s'acquittaient avec la dignité nécessaire, d'une action si sainte, le recevaient avec tant d'abondance et de plénitude, qu'ils ont appelé la profession religieuse, un second baptême et un véritable martyre.

Quatrièmement, l'effet de l'une de ces oblations n'est que de séparer la chose offerte des usages ordinaires et communs; et de la destiner à être consumée ou par le feu ou par la bouche des prêtres. L'effet de l'autre, est de séparer la créature de toutes les choses passagères; d'éteindre dans son cœur tout amour de ce qui n'est point éternel, et de l'unir à Jésus Christ d'une manière intime. en sorte que remplissant ce grand vide qu'il y rencontre, par une communication ineffable et réciproque, il soit en elle, et elle en lui; qu'il la fasse jouir dans le temps et par anticipation de cet état bienheureux, exprimé par ces paroles du Prophète[157]. *In aeternum exultabunt, et habitabis in eis.* Ce qui ne s'accomplira tout à fait

---

[157] Ps 5, 12

que lorsque Dieu s'étant assujetti toutes les créatures, et étant tout en tous comme dit l'Apôtre[158], il reposera en elles pour jamais, et les comblera par sa présence de gloire et de consolation.

Pour ce qui est des inconvénients, on ne voit pas qu'il y en puisse avoir aucun, quand ce bœuf ou cet agneau, qui était destiné pour les choses saintes, sera employé à d'autres usages. On ne peut pas dire la même chose d'un religieux, qui après s'être lié à Jésus Christ par l'engagement de ses vœux retourne dans le siècle, et rentre dans ses soins et ses dissipations; puisque comme nous l'avons déjà montré, outre l'infidélité, qu'il commet, il s'expose à mille accidents, dont le moindre est capable de le priver pour jamais de l'effet et du fruit de sa retraite.

Ceux qui auront toutes ces vues et toutes ces réflexions présentes, comprendront aisément que cet endroit de l'Écriture n'attaque en aucune manière notre sentiment; et qu'il n'y a rien de moins juste, et de moins raisonnable, que de vouloir conclure du reproche que Notre Seigneur fait aux Pharisiens de ce que, contre le précepte divin, par la dureté de leur cœur, et par l'attachement qu'ils avaient aux biens de la terre, sous des prétextes d'une piété fausse, et d'une offrande imaginaire, ils déniaient à leurs pères une assistance que leur était due, de vouloir, dis-je, conclure qu'un religieux qui a renoncé au monde, et qui s'est donné à Dieu par un engagement aussi réel, aussi légitime, et aussi saint qu'est celui des vœux, soit obligé de retourner dans le siècle pour subvenir aux besoins et à l'indigence de son père.

---

[158] 1Co 15, 18

Chapitre XVI Question XVIII

Question XVIII

Ne pourrait-on pas opposer qu'un religieux ne peut contracter une nouvelle obligation avec Dieu, contraire à celle qu'il a déjà d'honorer et de secourir ses parents?

Réponse

Cette objection, mes frères, n'a rien de solide; et quoi qu'elle soit suffisamment détruite, il est néanmoins nécessaire, pour ne laisser aucun doute en une matière aussi importante, de remarquer que nous sommes à Dieu d'une manière et avec une dépendance incomparablement plus intime et plus engageante que n'est pas celle que nous avons à l'égard de nos pères. Nous lui appartenons par tant de titres et de qualités différentes, ou de nature, ou de grâce, qu'il est vrai de dire que l'homme est un composé de rapports et de relations à sa miséricorde et à sa toute-puissance. C'est lui qui est le véritable père, puisqu'il donne la vie au corps et à l'âme; qu'il conserve l'un et l'autre par un regard et une influence continuels et qu'il est, comme nous l'apprenons de saint Paul, la source de toute paternité dans la terre aussi bien que dans le ciel[159]: *Ex quo omnis paternitas in caelis et in terra nominatur.* C'est ce qui fait que nous lui devons nos biens, notre temps, notre travail, notre industrie, notre liberté, notre santé, notre vie; enfin toute notre personne, et tout ce qui concerne la chair et l'esprit, le sens et la raison. De sorte qu'à le bien prendre[160], quand nous nous consacrons à lui par les vœux de la Religion nous ne contractons à son égard aucune obligation nouvelle. Nous ne faisons que lui rendre ce qui lui appartient, et dont il nous avait seulement permis l'usage, lequel il nous redemande par la vocation, c'est à dire, par le mouvement de son esprit qui nous fait connaître que sa volonté est que nous renoncions aux soins que nous avions des créatures pour nous donner entièrement à lui.

Ainsi il reprend seulement le temps, l'assiduité, et toutes les assistances que nous aurions données à nos pères, et que nous lui devons préférablement à eux. Il ne détruit pas pour cela l'obligation que nous avions de les honorer; mais il en règle l'exercice, et ne nous permet plus de leur en donner de certaines marques parce qu'elles se trouvent contraires au service qu'il veut que nous lui rendions. Et au lieu d'anéantir ce droit et naturel et divin, il ne fait simplement qu'en changer l'usage et les fonctions.

En un mot, ce devoir subsiste dans le cœur des enfants après leur profession comme auparavant. Ils aiment et honorent leurs pères comme ils étaient obligés, puisqu'ils les aiment dans l'ordre de Dieu; et que c'est lui seul qui les empêche de leur en donner des témoignages sensibles, suivant cette parole de saint Augustin: *Amandus genitor, sed praeponendus creator.* Et de même qu'un pasteur chargé du soin des peuples, n'en quittera pas la conduite

---

[159] Ep 3, 15
[160] à le bien considérer

Chapitre XVI Question XIX

pour subvenir aux nécessités de son père parce que le devoir qui l'attache à son troupeau est le premier dans l'ordre de la charité; et cependant ne blessera pas celle qu'il doit à son père: ainsi le religieux demeurera dans son cloître, sans qu'on ait aucun sujet de blâmer sa conduite, et de la regarder comme le violation d'un droit et d'une obligation naturelle et divine.

Enfin, celui qui a dispensé Abraham du soin qu'il devait prendre de la conservation de son fils; qui lui a même commandé de le priver de la vie et de lui en faire un sacrifice, et qui d'un parricide énorme en a pu faire une action d'une vertu héroïque, peut bien appeler les enfants à un état, dans lequel ils seront dispensés de subvenir aux nécessités de leurs pères. Et de même que par son ordre le père sans manquer à la piété naturelle a pu lever l'épée sur la tête de son fils, ainsi le fils, quand il voudra lui ordonner, sans offenser les mêmes lois, s'élèvera contre son père. Dieu ne ruinera jamais dans les pères ni dans les enfants, les sentiments de la nature qu'il y a mis. Il ne leur inspirera point de la haine et de l'aversion les uns contre les autres, parce que ce serait détruire des devoirs essentiels, dont sa justice et sa vérité sont le fondement et le principe.

Mais il peut commander des actions que la nature défend, en empêcher d'autres qu'elle inspire, suspendre ses mouvements, arrêter ses inclinations, sans causer aucun dérèglement dans l'ordre et dans la disposition des choses qu'il a établies. Dieu a sur toutes les créatures une domination absolue, sa sagesse et sa volonté toutes seules en déterminent l'usage; et ce n'est point à l'homme à donner des bornes à sa toute-puissance.

Question XIX

Ne semble-t-il pas que l'obligation des vœux doit céder

à l'obligation de secourir son père, puisque le vœu est une action libre, l'autre un devoir de nécessité; et que les choses nécessaires doivent l'emporter par dessus celles qui ne le sont pas?

Réponse

Il est aisé de répondre à cela, que véritablement cet homme duquel l'Écriture sainte nous parle dans saint Matthieu[161], était obligé d'ensevelir son père, et qu'il lui était libre de suivre Jésus Christ, et de s'attacher à sa personne, avant qu'il lui en ait fait un commandement exprès. Mais depuis qu'il lui avait déclaré que sa volonté était qu'il le suive, ce qui lui avait été indifférent, lui devint nécessaire.

Son obligation changea; ce lui en fut une beaucoup plus considérable d'abandonner le corps de son père pour suivre Jésus Christ, que de lui donner la sépulture, et ce qui aurait été en lui une impiété punissable devint une action de piété digne de récompense. Il était libre à Abraham de demeurer ou d'abandonner son pays, ses proches, et la maison de son père, avant que la volonté de Dieu lui fût connue; mais depuis qu'elle lui avait été signifiée par ces paroles[162]: *Egredere de terra tua, et de cognatione tua, et de domo patris tui...* Ce lui fût un commandement auquel il n'aurait pu désobéir sans crime.

Il faut penser la même chose de ceux que le choix de Dieu retire de la corruption du monde. Ils sont libres avant qu'il leur ait parlé; mais depuis que sa voix s'est fait entendre et a frappé l'oreille de leur cœur, il faut qu'ils suivent et qu'ils regardent comme un état

---

[161] Mt. 8, 21-22
[162] Gn 12, 1: "Quitte ton pays, ta parenté, et la maison de ton père".

Chapitre XVI Question XX

de nécessité, ce qui leur était une condition indifférente. Et pour expliquer la chose positivement, la religion est un conseil pour tous les hommes en général; mais ce conseil devient en particulier un précepte, lorsqu'il y a vocation, et l'on est dans l'obligation de l'embrasser. À plus forte raison, doit-on dire de ceux qui ont été, non seulement appelés et prévenus de la vocation à l'état religieux, mais qui l'ont accepté par la profession qu'ils en ont faite, qu'ils sont liés par leurs promesses; et qu'ils ne sauraient sans prévarication se dispenser des devoirs auxquels elles les engagent.

Ce qui était volontaire, dit saint Bernard[163], une fois qu'on s'est obligé de le garder, a changé de nature et est devenu nécessaire; et c'est désormais une nécessité de demeurer invariablement dans l'engagement que notre liberté nous a fait prendre. *Hoc ipsum quod dico voluntarium, si quis ex propria voluntate semel admiserit et promiserit, deinceps tenendum; profecto in necessarium sibi ipse convertit; nec tam liberum habet dimittere, quod ante tâmen non suscipere liberum habuit; ideoque quod ex voluntate suscepit, ex necessitate jam tenebit: quia omnino necesse est eum reddere vota sua, quae distinxerunt labia sua, et ex ore suo, aut condemnari jam, aut justificari.*

Question XX

Comme la profession religieuse ne consiste essentiellement, selon quelques-uns, que dans les vœux de pauvreté, de chasteté, et d'obéissance – qu'on peut garder également partout – il semble que rien n'empêche les

---

[163] Bern. De praecept. et dispen. nr I, 2; SBO Vol III p. 255

religieux de quitter leur monastère, puisqu'ils peuvent en toutes sortes de lieux conserver le fonds et l'essence de la religion.

Réponse

La première chose qu'on peut répondre à cela, mes frères, est que ces trois vœux ne se gardent pas si facilement que l'on pense et que, selon le sentiment des saints, les religieux ne sortent jamais de leurs cloîtres, et surtout pour des affaires qui ne sont pas de leur profession, qu'ils ne se trouvent en d'extrêmes dangers par le commerce et les habitudes qu'ils sont obligés de reprendre avec les hommes, et par une privation générale de tout ce qui leur servait de défense dans leur monastère. Et l'on pourrait assurer que la plus grande partie de ceux qui vivent saintement dans les retraites seraient incapables de se soutenir dans l'observation de ces trois vœux, si on les tirait de la régularité et de la discipline des cloîtres.

La seconde et la principale, c'est que la vie religieuse ne consiste pas dans la pratique des trois vœux de pauvreté, chasteté, et obéissance, si on les entend d'une manière grossière, commune et littérale; mais bien si on leur donne l'intégrité, la perfection et l'étendue qu'ils doivent avoir, comme nous l'avons déjà expliqué. Et qu'en ce cas, ils enferment une occupation de Dieu si continuelle, une pureté de cœur si consommée, un détachement de toutes les choses du monde si entier et si parfait, qu'il n'est pas possible qu'ils se rencontrent, ni qu'ils subsistent avec ses affaires, ses dispositions, ses assujettissements et ses devoirs.

Si quelqu'un vous disait qu'on voit des religieux dans le monde pour les affaires des communautés, qu'on les envoie même dans des lieux éloignés pour des temps considérables, il est aisé de

Chapitre XVI Question XXI

répondre avec saint Basile[164], que comme ils sortent en ces cas de leurs cloîtres pour les besoins et les nécessités de leurs frères, ils se rencontrent dans le monde en qualité de membres et de partie du corps qu'ils composent, et auquel ils appartiennent, en exerçant des fonctions qui sont naturelles à leur profession. Ainsi ils sont dans leur état, et reçoivent de Dieu la protection qu'il a accoutumé de donner à ceux qui se tiennent dans son ordre. Mais le même Saint[165] dit, que si le religieux sortant pour les affaires de la communauté, se trouve trop faible pour résister aux tentations, qui ne sont que trop vives et trop fréquentes dans les occupations extérieures, le supérieur doit le retenir dans le monastère, et qu'il n'y a point de nécessités qu'on ne soit obligé de souffrir, quand même elles conduiraient les frères à la mort, plutôt que d'exposer le salut d'aucun d'entre eux.

Ce grand Docteur qui regardait les choses des yeux de la foi, et les voyait dans leur vérité, n'avait garde de se laisser surprendre comme ceux qui les envisagent avec des vues moins justes, et moins pures. Il savait que la vie du temps doit être comptée pour rien, que le premier pas qu'a dû faire celui qui s'est engagé dans la vie solitaire, a été d'étouffer le désir de la conserver, aussi bien que la crainte de la perdre, et que celle de l'éternité doit être l'objet unique de tous les mouvements de son coeur, comme celui de toutes ses pensées.

Question XXI

N'est-ce pas un précepte divin d'aimer et d'honorer son père, et par conséquent l'obligation n'en est-elle pas

---

[164] Basil..reg. fus. GR q. 36 p.120
[165] Id. q. 44

indispensable?

Réponse

Encore que nous ayons répondu par avance à cette objection, mes frères, nous ne laisserons pas de dire précisément et en peu de paroles, que s'il y a un précepte divin qui nous commande d'aimer nos pères, il y en a aussi un qui nous commande de les haïr, et celui-ci ne doit pas être observé avec moins de religion que l'autre. Dieu qui a dit[166]: *Honora patrem tuum matrem tuam*, a dit aussi: *Si quis venit ad me, et non odit patrem suum, et matrem suam, et uxorem, et filios, et fratres, sorores, adhuc autem et animam suam non potest meus esse discipulus.*

Saint Augustin dit[167], qu'il est commandé aux chrétiens de haïr pour l'amour de Jésus Christ, les richesses, leurs parents, et leur propre vie: *De his omnibus mandatum acceperunt quod aliter discipuli Christi esse non possint.*

Cela parait une contradiction. Cependant il est aisé de concilier ces deux volontés de Dieu, qui dans la vérité ne sont point contraires, en distinguant ce qui est immuable dans le précepte, de ce qui ne l'est pas. Il est constant que le commandement d'aimer, d'honorer et de secourir son père, ne peut changer dans le fond ni dans ce qu'il a d'essentiel; et Dieu ne détruira jamais cette disposition dans les enfants, ni ce regard de tendresse et de reconnaissance envers leurs pères. Mais pour l'exercice de cette obligation, il le peut changer; il dépend des rencontres et des circonstances; et Dieu peut, quand il le jugera important pour sa

---

[166] Lc 14 , 26
[167] Aug.: Epist. 89 AOO Tome II$_2$: Ep. 157, 35;col. 833. "Ils ont appris qu'avec une autre conduite, ils ne pourraient pas être disciples du Christ". OCSA Tome II ; Ep id. p. 410.

Chapitre XVI Question XXI

gloire, ou le suspendre pour quelque temps ou l'arrêter pour toujours.

Quoique les préceptes d'éternelle vérité ne se combattent jamais et que l'amour que nous devons à Dieu ne puisse être contraire à celui que nous devons à nos pères, il se trouve néanmoins souvent de l'incompatibilité entre les exercices de ces devoirs, et il arrive que la charité de Dieu oblige les enfants à des actions qui semblent opposées à ce qu'exige d'eux la charité qu'ils ont pour leurs pères. Pour lors on préfère et on exécute la volonté de Dieu sans donner la moindre atteinte à la loi qui nous commande de les aimer.

Je dis qu'elles semblent opposées, parce qu'elles ne le sont pas en effet; n'y ayant point de charité véritable qui ne soit soumise aux ordres de Dieu et qui ne suive les pentes de ses dispositions divines. Ainsi, nous sommes estimés haïr nos pères – selon le langage de l'Écriture – quand nous les quittons pour suivre Jésus Christ, ou que nous leur refusons des secours et des assistances auxquelles les lois et les inclinations de la nature nous portent. Et cette dureté extérieure, quoi qu'elle soit pleine de charité, est regardée comme une espèce de haine, parce qu'elle en a les apparences.

Les vertus ne sauraient se détruire les unes les autres; la vérité et la miséricorde, selon l'expression du Prophète, sont toujours d'accord, et marchent toujours ensemble; la justice et la douceur se donnent la main[168]: *Misericordia et veritas obviaverunt sibi, justitia et pax osculatae sunt*. Et néanmoins elles nous obligent à des actes et à des conduites apparemment contraires. Moïse ne perdit point le mérite de la mansuétude lors même qu'il fit passer

---

[168] Ps 84, 11

tant de milliers d'hommes par le fil de l'épée[169]. Les Lévites qui exécutèrent ses ordres, ou plutôt ceux de Dieu qu'ils reçurent par sa bouche, trempèrent leurs mains dans le sang de leurs pères sans violer cette loi éternelle qui ordonne de les honorer; et il se peut dire qu'ils avaient dans le fonds de leur cœur à leur égard, ce qui ne leur était pas permis d'exprimer dans leurs actions. Dieu prit aussi soin de justifier leur conduite par ce témoignage qu'il voulut rendre en leur faveur[170] *Qui dixit patri suo et matri suæ nescio vos, et fratribus suis ignoro vos, et nescierunt filios suos; hi custodierunt eloquium tuum et pactum tuum servaverunt.*

À plus forte raison, les enfants pourront-ils demeurer dans les cloîtres lorsqu'ils y seront retenus par l'ordre de Dieu, et par la fidélité de leurs promesses, et refuser à leurs pères, leur personne et leur présence dans les besoins même les plus pressants, sans crainte de contrevenir en ce point à l'intégrité du précepte. Et particulièrement les monastère étant obligés, comme nous l'avons déjà dit, de s'acquitter à l'égard des parents de ces soins et de ces services, que les enfants ne sont plus en état de leur rendre.

Question XXII

Ne doit-on pas déférer à ce grand nombre de Docteurs et de Casuistes qui soutiennent l'opinion contraire?

Réponse

Il n'y a point d'apparence que l'autorité de ces Docteurs modernes ait plus de poids que celle de saint Basile, de saint Grégoire de Nazianze; de saint Jérôme, de saint Jean Climaque,

---

[169] Ex 32, 27-29
[170] Dt 33, 9.

Chapitre XVI Question XXII

de saint Bernard, de saint Thomas, et de tant d'autres saints dont nous avons rapporté les témoignages. Ils avaient reçu de Dieu l'esprit, le caractère et la mission. Le charbon ardent[171] du Prophète avait purifié leurs lèvres aussi bien que leurs cœurs; et on peut les considérer sans rien craindre, comme les guides, les maîtres et les docteurs du monde.

Il n'y a rien de tout cela qui convienne à ces docteurs nouveaux, lesquels pour la plus grande partie, n'ayant point eu de vocation pour traiter les choses saintes, que celle qu'ils se sont faites eux-mêmes, en ont parlé d'une manière toute humaine, nous ont débité leurs pensées pour des vérités constantes et ont pris autant de soin de fortifier les inclinations de la nature, que les saints ont eu d'application à les détruire.

On ne finirait point si on voulait s'étendre et rapporter toutes les raisons qui combattent l'opinion de ceux qui veulent ouvrir les portes des cloîtres aux religieux sur qui la divine Providence les a fermées pour toujours; et qui prétendent contre ses dispositions et ses ordres, tirer de sa main., ou plutôt arracher violemment de son sein, des âmes choisies selon son cœur, et qu'il a voulu préserver de l'impureté du monde pour en recevoir des hommages et des services dignes de lui.

Mais quand ces raisons ne seraient pas ni si considérables, ni si nombreuses qu'elles le sont en effet, les inconvénients seuls qui naissent de ce sentiment seraient suffisants pour prouver, ou au moins pour donner de justes défiances, qu'il est bien difficile qu'une opinion ait la vérité de son côté, lorsqu'elle a des effets et des conséquences si dangereux.

---

[171] Is 6.6.

Premièrement, elle jette le trouble et la confusion dans les cloîtres: elle renverse toute la fin de la vie Religieuse, elle lui ôte ce qu'elle a de principal, qui est le repos et la tranquillité: elle fait d'un port et d'un asile un lieu de tempête en imposant des nécessités d'en sortir à ceux qui s'y sont mis à couvert, et ainsi de se retrouver dans cette mer du siècle de laquelle ils avaient prétendu se retirer pour jamais. Enfin, elle tue des âmes qui sont trop faibles pour respirer l'air du monde, sans être frappées de sa contagion, et qui ne peuvent trouver et conserver la vie que dans le silence et la paix de la retraite.

Secondement, le religieux qui retourne dans le monde ne hasarde pas seulement sa personne et son salut, mais aussi celui de tous ses frères. Car y a-t-il rien de plus naturel et qui puisse arriver plus facilement que de voir revenir ce religieux rempli de toutes les mauvaises maximes du monde qu'il avait oubliées, ou peut-être qu'il n'avait jamais sues; et qui pour avoir discontinué de vivre sous la discipline, ne conservera plus ni esprit ni régularité de religion, reprendra ses mauvais sentiments, et communiquera au reste de ses frères les dérèglements dans lesquels il sera tombé lui-même, et ainsi changera une communauté très sainte et très réglée en une maison de désordre et de scandale.

Troisièmement, si l'extrême indigence d'un père contraint un religieux de sortir de son monastère, il y a quantité d'autres raisons qui le mettront dans la même obligation. Car pourquoi son extrême vieillesse, la perte de sa femme et de ses enfants, lorsqu'il se trouve en état de manquer de secours et de consolation dans un âge fort avancé, un procès important duquel peut dépendre son honneur, sa liberté, la conservation ou le renversement de sa fortune; pourquoi dis-je, tout cela ne sera-t-il pas d'une égale considération, et ne donnera-t-il pas un juste sujet

Chapitre XVI Question XXII

à un religieux de venir rendre ses assistances à son père? Quelle raison a-t-on de vouloir que ce précepte ne l'oblige qu'au seul cas de son extrême indigence, et qu'il en soit dispensé pour des occasions moins pressantes?

Qui a décidé que ce commandement qui est d'une si grande étendue doive se réduire à cette unique nécessité, et que l'instruction que le Fils de Dieu donne aux Pharisiens, posé qu'elle regarde les personnes consacrées par les vœux, ne les engage que quand il est question de la vie de leurs pères? Qui nous a dit que ces paroles: *Honora patrem et matrem* signifie, qu'un religieux en est quitte, pourvu qu'il assiste son père dans cette dernière extrémité, et non pas toutes les fois qu'il peut par ses soins lui procurer de grands biens, ou le préserver de grands maux ?

Quatrièmement, si les religieux doivent quitter leur monastère, parce qu'il y a un précepte qui nous commande d'honorer nos pères, ne doivent-ils pas aussi le quitter parce qu'il y en a un autre qui porte expressément qu'il faut aimer notre prochain comme nous-mêmes ? Et quoiqu'il lui soit inférieur dans l'ordre de la charité, qui jusqu'ici a déterminé que cette différence les oblige de se conduire avec tant d'inégalité envers leurs pères et le reste des hommes; et qu'étant indispensablement obligés d'assister les premiers, ils puissent justement exclure les autres de tout secours et de toute assistance? Car, si l'on fonde ce devoir des religieux à l'égard de leurs pères uniquement sur le précepte divin; cette même raison se trouve à l'égard du prochain, et doit par conséquent produire en sa faveur de pareilles obligations.

Que si on l'établit sur ce que les pères nous ont donné la vie, il peut y avoir des hommes qui nous l'ont conservée avec des circonstances de volonté, de connaissance, et d'affection, et même de quelques périls auxquels ils se seront exposés pour l'amour de nous, qui ne se sont jamais rencontrés dans les pères lorsque nous avons reçu d'eux le bienfait de la naissance. Ainsi les différentes nécessités des amis, comme celles des pères, servant aux religieux de motifs et de considérations légitimes pour pouvoir sortir de leurs monastères, le monde se remplira de religieuses et de religieux vagabonds, et l'on ne verra plus dans les cloîtres que mouvements, que troubles, qu'agitations. Enfin cette opinion empêchant tout l'effet et le fruit de la vie retirée, s'oppose manifestement aux desseins de Jésus Christ, et ruine par des conséquences certaines un des plus puisants moyens qu'il ait établi dans son Église pour la sanctification de ses élus, depuis qu'il y a fait cesser le martyre et les persécutions.

Cinquièmement, ceux qui soutiennent ce sentiment offensent, quoi qu'ils puissent dire, la Majesté de Dieu; retirent l'homme de son service et l'attachent à celui des créatures. Ils les placent dans son cœur et dans un lieu qui ne leur est point dû; ils ôtent à Dieu un droit, que sa toute-puissance lui donne d'en disposer d'une manière indépendante, et de les employer à toutes sortes d'usages. Ils ruinent la piété sous prétexte de la conserver; ils établissent un faux culte en la place du véritable en se servant pour cela de l'autorité des Écritures par une illusion ordinaire à la plupart de ceux qui veulent donner des couleurs aux opinions qui n'ont point de vérité. Celle-ci produit un nombre presque infini d'accidents et de difficultés dangereuses, dont les moindres peuvent être des raisons et des motifs capables de convaincre un esprit qui regardera les choses sans prévention et de le porter à suivre en cette matière le sentiment des saints et à dire avec eux que le religieux n'a rien de commun avec le monde et qu'il en est autant séparé par sa profession que par la mort naturelle; à répondre à ceux qui voudraient le contraindre d'en reprendre les embarras et

Chapitre XVI Question XXII

les inquiétudes[172]: *Quid quaeritis viventem cum mortuis;* que c'est se tromper que de chercher des vivants dans les sépulcres, et d'exiger des actions de vie de ceux qui n'en ont plus le principe. Enfin à s'écrier avec l'apôtre: "que l'on ne trouble point le repos de ma solitude; le monde n'a plus sur moi le droit qu'il y avait autrefois; je suis mort, et je porte dans ma personne les marques et les caractères du crucifiement de Jésus Christ"[173]: *Nemo mihi molestus sit; ego enim stigmata Domini Jesu in corpore meo porto.*

Si on vous opposait l'autorité du Concile de Gangres[174] qui a prononcé anathème contre ceux qui soutiennent que les enfants peuvent quitter le siècle, et se séparer de leurs pères et de leurs mères, quoiqu'ils se trouvent dans des nécessités pressantes, vous pouvez répondre que le fait contre lequel le Concile s'explique est bien différent de celui dont il s'agit. Il condamne un hérétique qui, entre beaucoup d'erreurs pernicieuses qu'il répandait dans l'Église, voulait que les personnes libres, sous le prétexte d'une piété fausse et simulée, abandonnent leurs pères, et les laissent destitués de tout secours dans quelque nécessité qu'ils se trouvent.

Pour nous, mes frères, nous n'avons garde de rien dire de semblable: nous parlons seulement de ceux qui selon l'ordre de Dieu et par la conduite de son Esprit ont déjà contracté des engagements saints et légitimes, qui les empêchent de retourner dans le monde. Et outre cela nous estimons que les monastères sont obligés d'assister les parents et de faire en leur faveur dans un besoin extrême ce que leurs enfants ne doivent et ne sauraient

---

[172] Lc 24,5.
[173] Ga 6, 17
[174] Concil Gangrense Can 16

plus faire par eux-mêmes. Vous pouvez ajouter, que si cette opinion avait été condamnée par ce Concile, saint Grégoire de Nazianze, et saint Basile ne l'auraient pas enseignée, puisque ne pouvant ignorer la décision d'un Concile qui s'était tenu dans leur pays et de leur temps, ils n'auraient pas manqué de le suivre et de s'y soumettre.

Question XXIII (1701 p 157)

N'avez-vous rien de plus à nous dire sur ce sujet ?

Réponse

Quoique la difficulté soit parfaitement éclaircie, néanmoins afin qu'il ne vous reste aucun scrupule sur une matière si importante, nous y ajouterons encore les réflexions suivantes.

Premièrement, comment est-ce qu'un religieux, s'il vit dans une observance et sous une discipline exacte, saura la nécessité dans laquelle son père se rencontre, lui qui n'a plus de relations[175] avec le monde, qui a rompu tout commerce avec les hommes, et beaucoup plus avec ses proches qu'avec les autres, parce que la communication lui en est plus dangereuse ? En apprendra-t-il la nouvelle par une divination ou par une révélation particulière, lui qui ne reçoit plus de lettres de personne, s'il est autant régulier dans sa profession qu'il le doit être ? On dira qu'on peut l'écrire à son supérieur et lui en donner l'avis. Cela est vrai et cela doit être ainsi. Mais en ce cas-là, n'est-il pas plus juste, plus expédient, et plus avantageux pour le fils et pour le père, que le supérieur qui connaît l'état et le besoin dans lequel il se trouve, l'assiste du bien de la communauté, et lui rende les secours qui peuvent lui être

---

[175] Rancé emploie le terme dans le sens qu'il avait au 17ᵉ siècle : „ relations ".

Chapitre XVI Question XXIII (1701 p 157)

nécessaires ? Le père sera secouru avec plus de sûreté, de promptitude et d'abondance, et le fils y trouvera mieux son compte, demeurant par ce moyen uni à Dieu, et persévérant dans son cloître, sans divertissement, sans distraction et dans tous les exercices corporels et spirituels que sa profession demande de lui.

Secondement, entre quatre cents religieux, il n'y en a peut-être pas un qui sache un métier, ni qui puisse par conséquent donner à son père l'assistance qu'on prétend qu'il lui donne. Car ce n'est pas en le regardant de ses yeux qu'il peut lui être utile, mais en travaillant de ses mains. Ainsi depuis qu'il sera établi et qu'il passera pour constant que c'est au religieux à le secourir, il demeurera sans secours; le religieux qui ne saura point de métier sera dans l'impuissance de l'assister, et le supérieur du monastère auquel il ne viendra pas dans la pensée que cette obligation le regarde, laissera mourir le père de faim, de nécessité, de misère, sans aucun scrupule. Et l'unique moyen qu'on puisse prendre pour prévenir cet inconvénient, c'est d'entrer dans le sentiment de saint Basile et de soutenir que la Congrégation se trouve substituée en la place du religieux dès le moment qu'il a fait sa profession, et que l'obligation qu'il avait de secourir son père est transférée à la communauté dans laquelle il s'engage.

Troisièmement, si on dit que ce religieux qui ne sait point de métier, peut se louer et travailler comme un homme de journée, il est aisé de répondre que cela même est une illusion, et qu'un homme qui n'est point accoutumé à la peine et à la fatigue, comme sont la plupart des moines qui mènent une vie douce, commode, aisée, et qui par conséquent n'est point capable de gagner ce qui serait nécessaire pour sa propre subsistance, l'est beaucoup moins de s'acquitter d'un travail qui puisse suffire à la subsistance de son père et tout ensemble à la sienne.

Quatrièmement, si on prétend qu'un religieux peut demander l'aumône, on ne fait pas de réflexion qu'un événement si extraordinaire surprendrait tout le monde; on ne pourrait s'accoutumer à voir qu'un religieux d'un Ordre réformé aille par les rues et par les maisons de porte en porte, demander ou du pain ou de l'argent, en alléguant l'extrémité de son père. Et si cela était, y aurait-il personne qui ne soit blessé d'un tel spectacle, qui ne soit scandalisé d'une conduite si extraordinaire, et qui ne considère le religieux comme un extravagant, ou qui n'accuse de dureté et d'inhumanité le monastère qui laisserait le père et le fils dans un embarras si extrême et dans une situation si pitoyable ?

Cinquièmement, si on suppose qu'un religieux sait un métier, ce qui est bien rare, et qu'on veuille que par cette raison qu'il sorte du monastère pour l'aller exercer dans le monde, ne peut on pas dire qu'on ne sera pas moins surpris, ni moins scandalisé de le voir avec son habit, ou sans son habit, dans des emplois et dans des occupations si peu convenables à l'édification que son état demande, comme sur le haut d'un toit, une truelle à la main, une hotte sur les épaules ? Si ce religieux, par exemple, a été avocat de profession, retournera-t-il dans le Barreau ? s'il a été chirurgien, reprendra-t-il son exercice ? S'il a été marchand, se remettra-t-il en boutique et rentrera-t-il dans le trafic ?

Si on oppose à cela qu'il y a des métiers auxquels on peut s'appliquer dans le secret des maisons sans être vu de personne, il s'ensuivra un autre inconvénient, savoir que cette obligation si indispensable, si importante et si étendue ne regarde plus que les seuls religieux qui peuvent travailler en chambre et que les autres en seront dispensés; et qui est l'anéantir et la réduire à une simple imagination.

Chapitre XVI Question XXIII (1701 p 157)

Sixièmement, ne se peut-il pas faire que le père sera à l'extrémité et le religieux infirme ? Je voudrais bien qu'on me dise en ce cas-là ce que deviendra le père si le monastère n'est point chargé de sa subsistance, puisque le fils est hors d'état d'y contribuer ?

Septièmement, aurait-on raison de dire qu'un sujet qui est obligé de se rendre à la guerre au commandement de son prince, et que étant empêché par ses affaires, ou par sa maladie de s'y trouver, y envoie des gens qui tiennent sa place, ne fit pas son devoir; et aurait-on le moindre fondement de se plaindre de lui ? Si un homme devait de l'argent à un autre et qu'il se défît de son bien qui lui serait hypothéqué en lui laissant une autre hypothèque beaucoup plus avantageuse, plus certaine et plus assurée, aurait-on lieu de l'accuser de mauvaise foi ou d'injustice ? C'est un cas presque semblable, car le religieux qui doit, selon le droit naturel, secourir son père, en est empêché par l'engagement qu'il a pris au service de Jésus Christ, et le supérieur du monastère demeure dans cette même obligation, avec cette différence que la condition du père en devient beaucoup meilleure, parce que la moindre maladie ou la mort pourrait empêcher le fils de lui rendre ce secours, et que le supérieur, c'est-à-dire la communauté qui n'est jamais malade et qui ne meurt point, est toujours en état de s'en acquitter.

Huitièmement, quel secours le père peut-il désirer de son fils, que le monastère ne lui rende beaucoup mieux qu'il ne le peut faire lui-même ? Si c'est pour le gouverner pendant les jours, ou pour le veiller pendant les nuits, n'y a-t-il bien plus d'apparence que le monastère donne de l'argent à un homme ou à une garde accoutumée à ces sortes d'emplois, que d'y appliquer un religieux qui n'a pour cela ni adresse ni intelligence, ni dextérité, et qui sera par conséquent plus capable de l'incommoder dans son mal que de le secourir ? Si c'est du pain ou du blé dont il a besoin, ne vaut-il pas mieux que le monastère le tire de ses greniers, que de s'en remettre au travail du religieux qui par tous ses soins ne pourra pas se nourrir lui-même, ou qui, dès là qu'il faudra qu'il s'applique à son ouvrage, ne pourra pas tout ensemble et travailler et rendre à son père les assistances nécessaires ? Et n'est-il pas évident qu'il n'y a point de cas dans lequel le père ne trouve plus de secours dans la communauté, que dans la seule personne de son fils ?

Enfin, à quelque travail et quelque emploi qu'on destine le religieux qu'on veut tirer de son cloître, on ne saurait s'empêcher d'y remarquer des incompatibilités, des suites, des conséquences si opposées à la fin et au bien qu'on se figure, que si on y fait attention, on tombera d'accord que cet avis qui paraît soutenable dans la spéculation, est insoutenable dans la pratique; que l'application du supérieur aux nécessités du père, retranche tous ces embarras et toutes ces difficultés; que, bien loin que le droit et la piété naturelle soient blessés, comme on le prétend, au contraire, toutes ses obligations seront parfaitement remplies. On rendra à César ce qui appartient à César, et à Dieu ce qui appartient à Dieu[176]; car on ne retirera point de dessus ses autels la victime qui lui a été offerte et consacrée, et le père trouvera dans la charité de celui qui lui tient la place de son fils, les assistances que sa profession ne lui permet plus de lui rendre.

En un mot, au lieu de déroger au droit naturel par cette conduite, on s'acquitte avec plénitude et avec usure de toute ce qui lui appartient, et on lui rend à mesure comble ce qui lui peut être

---

[176] cf. Mt 22, 21

Chapitre XVI Question XXIII (1701 p 157)

dû, selon ces paroles de l'Écriture: *Mensuram bonam, confertam, coagitatam et superefffluentem*[177].

Encore que ces vérités soient très constantes et qu'il ne leur manque rien de ce qui peut leur donner de la croyance, soit du côté de la raison, soit de la part de l'Écriture ou des exemples et des enseignements des saints, néanmoins elles persuaderont peu de personnes. Les pères auront peine de renoncer à un droit qui est comme la seule marque qui leur reste de cette autorité qu'ils prétendent encore conserver sur leurs enfants lorsqu'ils sont religieux. Les enfants n'en auront pas moins de consentir à une séparation si rigoureuse. Entre les gens qui vivent dans le siècle, les mondains n'entreront jamais dans une disposition si contraire à toutes les inspirations de la chair et du sang. Et parmi ceux qui auront de l'esprit, de la piété et de la lumière, il y en a moins qu'on ne pense qui soient capables du dénuement dans lequel il faut être pour goûter des maximes si dégagées et si pures. Le monde, quoi que l'on dise, est une région inférieure qui n'est jamais sans vapeurs, l'air n'y saurait être tout à fait pur; et le ciel n'y est jamais si clair ni si serein, qu'il ne s'y forme toujours, quelques ombres et quelques nuages.

Mais pour ce qui est des moines de notre temps, ce sont eux-mêmes pour la plupart en qui ces vérités trouvent plus d'oppositions. Car comme il n'y a rien qui puisse donner de plus grandes et de plus véritables idées de la sainteté de leur état, ni qui en découvre mieux la profondeur et l'étendue, il n'y a rien aussi qui porte contre eux une condamnation plus sévère et plus évidente, en leur faisant toucher au doigt l'extrême disproportion

---

[177] (Ici, reprise de la concordance du texte entre les deux éditions : 1701 p 164 = 1683 question 23)

qui se rencontre entre leurs obligations et leurs oeuvres. Car si Dieu les détache de tous les soins du monde, ce n'est qu'afin qu'ils soient uniquement occupés de lui; il les charge de devoirs à son égard autant qu'il les en dispense à l'égard des hommes. Et il est vrai que si les occupations les plus saintes leur sont interdites, parce qu'elles ont du rapport au monde qu'ils ont quitté, si les actions et les œuvres qui sanctifient les gens du siècle, sont pour eux des iniquités, on ne peut regarder dans leurs personnes les amusements, les entretiens inutiles avec le monde, les visites agréables, les commerces et les affaires, que comme des profanations et des conduites criminelles.

Ainsi, il ne faut pas trouver étrange si ce renoncement des enfants à l'égard de leurs pères, est considéré comme un excès dans la morale chrétienne; si tant de personnes étant engagées à le combattre par des intérêts et des considérations différentes, la multitude s'élève et condamne d'inhumanité ceux qui le soutiennent. Mais ce n'est pas en matière de maximes évangéliques que la voix du peuple est la voix de Dieu. Les plus grandes vérités sont celles qui ont moins de cours et qui trouvent moins d'approbation parmi les hommes. Et l'un des plus avantageux préjugés qu'elles puissent avoir, est qu'elles sont ou peu connues ou beaucoup contredites. Mais malgré les oppositions des hommes sensuels et des Docteurs qui les flattent, elles conservent toujours leur autorité dans l'Église.

Celle-ci a été dans tous les temps profondément gravée dans le cœur de tous les saints moines: et comme ils se sont offerts à Dieu en holocauste, et que le feu de leur charité n'a rien rencontré dans la victime qu'il n'ait entièrement détruit, ces âmes purifiées de toutes les affections naturelles, venant à goûter le bonheur qu'il y a d'avoir un Père dans le ciel, ont oublié sans peine celui qu'elles

Chapitre XVI Question XXIV

avaient sur la terre. Et c'est ce qu'éprouveront ceux qui se donneront à Dieu avec les dispositions que demande la consécration des vœux, et qui suivront Jésus Christ dans une nudité parfaite. Ils trouveront tant d'avantage, de consolation, et de gloire dans cette nouvelle alliance, qu'ils perdront pour jamais la mémoire et le sentiment de tout ce qui pourrait les engager encore dans les intérêts des hommes. Et comme Dieu sera l'unique objet de leurs désirs et de leurs pensées, qu'il remplira seul toute la capacité de leur cœur et de leur esprit, ils verront et aimeront en lui, par une béatitude anticipée, sans inquiétudes et sans empressement, tous ceux que la loi sainte ne leur défendra point de voir et d'aimer. Et ne leur étant plus permis de se trouver dans le tumulte du monde pour leur procurer des biens et des avantages périssables, ils s'emploieront incessamment dans le repos de la solitude pour leur obtenir de sa bonté des richesses véritables et des prospérités éternelles. Les pères, s'ils sont véritablement Chrétiens, s'estimeront heureux d'avoir en la personne de leurs enfants des protecteurs auprès de Dieu; et préféreront les assistances qu'ils leur rendront dans le ciel, à tout ce qu'ils en auraient pu recevoir, de services et d'utilités sur la terre.

Question XXIV

Les biens et les avantages de la solitude sont donc bien grands, pour l'emporter par-dessus des considérations si pressantes?

Réponse

Si les religieux connaissaient les avantages qu'il y a de passer leurs jours dans une entière séparation des hommes, soit à cause des périls qu'ils évitent en se tenant dans une vie cachée, soit à cause de cette abondance de bénédictions et de grâces que Dieu verse sur ceux qui le servent dans la retraite, ils préféreraient le bonheur d'y vivre et d'y mourir à toutes les occupations du monde; et à moins d'un ordre de Dieu tout évident, rien ne serait capable de leur faire quitter leur solitude.

Saint Grégoire de Nazianze était transporté de ce sentiment, lorsqu'il s'écrie[178]: Plût à Dieu que je sois semblable à une colombe légère ou à une hirondelle, pour fuir la société du monde, et me cacher dans le fond des déserts avec les bêtes sauvages. On y trouve plus de fidélité que parmi les hommes, et achever ainsi ma carrière dans une tranquillité exempte de douleurs, de soins et d'ennuis. Et que je sois en cela seulement différent d'elles, que conservant l'usage de la raison, je puisse élever mon esprit dans le ciel et jouir dans une sérénité invariable de cette clarté immortelle en sorte que comme du sommet d'une haute montagne, je donne d'une voix éclatante comme le tonnerre, cette grande instruction à tous les hommes: "O mortels ! qui n'êtes rien, qui ne vivez que pour mourir, jusqu'à quand vous amuserez-vous comme des enfants à des songes et à des imaginations trompeuses ? Jusqu'à quand vous laisserez-vous emporter vainement sur les choses d'ici-bas, par le mouvement et par l'agitation de vos pensées ?"

C'est ce que pensait saint Basile[179], lorsque après avoir déploré les misères du monde, et les périls auxquels sont exposés ceux qui vivent parmi les hommes, il dit: „C'est pour les éviter que je me suis retiré dans les montagnes comme un petit oiseau qui s'est

---

[178] ? Corresp. 6 ?
[179] Epist ad Chil

Chapitre XVI Question XXIV

échappé des filets des chasseurs[180], et que je vis dans le désert comme Jésus Christ y a vécu. C'est là que l'on trouve ce chêne de Mambré[181]; c'est là que Jacob vit cette échelle[182] mystérieuse qui allait jusqu'au ciel, et que les armées des Anges apparurent à ce saint Patriarche. C'est dans la solitude que le peuple d'Israël fut purifié et reçût la Loi de Dieu; c'est par le désert qu'il fut conduit dans la terre qui lui avait été promise. C'est là que se trouve ce Carmel, où le Prophète Élie[183] eut le bonheur de plaire à Dieu. C'est là qu'Esdras se retira par l'ordre de Dieu, et nous donna les divines Écritures qui lui furent dictées par le saint Esprit. C'est dans le désert que le bienheureux Précurseur se nourrissait de sauterelles, et prêchait la pénitence aux hommes[184]; c'est là que l'on voit la montagne des Oliviers qui servait de retraite à Jésus Christ quand il y allait pour faire ses prières et pour nous apprendre à prier[185]: c'est là qu'il nous a fait connaître l'amour qu'il avait pour la solitude. C'est là qu'on trouve cette voie étroite et resserrée qui mène à la vie. Enfin, ce sont là les saintes demeures que les maîtres de la vie évangélique et les Prophètes ont habitées lorsque la gloire et le service du Seigneur les ont obligés d'errer par les montagnes et par les déserts, et de se retirer dans les antres et dans les cavernes.

Si vous joignez tout cela, mes frères, avec ce que nous avons déjà dit des sentiments des saints touchant la vie monastique, vous ne pouvez en conclure autre chose, sinon que Jésus Christ a toujours regardé le désert avec préférence; que c'est le lieu où il a

---

[180] Ps 124 (123), 7
[181] Gn 18, 1
[182] Gn 28, 12
[183] 1 Rois 19
[184] Mt 3, 4
[185] Jn 8, 1

rassemblé toutes ses grâces; que les solitaires ont été les délices de son cœur; qu'il a voulu régner sur eux dès ce monde même, comme il règne sur ses Anges, et que le désert a été comme un nouveau ciel, dans lequel il a pris plaisir à s'établir un royaume.

Véritablement, mes frères, ne pouvons-nous pas dire que ce qui se passe dans le ciel, se passe dans les monastère, lorsque c'est l'Esprit de Jésus Christ qui les gouverne ? En effet, si les saints n'ont qu'une occupation dans le ciel, qui est de contempler, d'aimer, et de louer Dieu par des actions qui ne soient point interrompues: *Videbimus, amabimus laudabimus*[186]; ne peut-on pas dire de même que toute l'application des solitaires tend à n'en perdre jamais la présence, et que dans la diversité de leurs exercices, ils n'ont qu'un but et un désir qui est celui de lui plaire, et de lui donner des marques de leur amour ?

Le Prophète dit que les saints ne connaissent plus de nécessités, et qu'ils ne sont plus sujets ni à la faim, ni à la soif, ni aux injures du temps; *Non esuerent neque sitient et non percutiet eos aestus et sol*[187]. Et ne croirait-on pas que les solitaires seraient d'une nature impassible quand on les voit sans crainte s'exposer aux bêtes farouches, à la fureur des barbares, à la rigueur des saisons; et surtout, quand on les considère dans la privation de toutes les choses qui paraissent si nécessaires pour la conservation de la vie.

Le même Prophète dit, que les saints habiteront un pays où il n'y aura ni contestation, ni clameur, ni tristesse, et où les joies seront d'une éternelle durée: *Gaudebitis et exultabitis usque in sempiternum... et non audietur in populo meo ultra vox fletus, et*

---

[186] Augustin. Serm de Temp 153
[187] Is 49,10

Chapitre XVI Question XXIV

vox clamoris[188]. N'est-ce pas ce qu'on peut penser d'une communauté sainte? Comme les frères y sont liés par la charité de Jésus Christ; qu'ils n'ont aucun intérêt propre qui les sépare, et qu'ils sont unis en toutes choses; ils sont aussi dans une profonde paix. La pureté de leur conscience rend leur tranquillité inaltérable, et les consolations dont ils jouissent se rafraîchissent et se renouvellent sans cesse par les larmes qu'ils répandent dans le sentiment qu'ils ont des miséricordes de Dieu, aussi bien que dans le souvenir de leurs péchés.

Enfin, mes frères, il n'y a rien sur la terre qui approche davantage de ce jour du Sabbat éternel, ni qui nous retrace d'une manière plus vive cette félicité consommée des bienheureux, que la vie qu'on mène dans une congrégation monastique, quand on y observe les véritables règles. Et on peut dire que c'est là qu'on voit l'accomplissement de ces paroles d'Isaïe: le Seigneur changera le désert en un lieu de délices, et fera de la solitude un Paradis et un jardin digne de lui. On n'y verra que joie et qu'allégresse; tout y retentira d'actions de grâces et de louanges ;*Ponet desertum Sion quasi delicias, et solitudinem ejus quasi hortum Domini, gaudium et laetitia invenietur in ea, gratiarum actio, et vox laudis*[189].

C'est ce qui a fait dire à saint Grégoire de Nazianze[190] qu'il ne croit pas qu'il y ait rien de comparable à l'état d'un homme qui, ayant fermé la porte de ses sens et s'étant séparé de la chair et du monde, pour se retirer en lui-même et n'avoir avec les choses d'ici-bas aucun commerce que celui auquel une véritable nécessité l'engage, s'entretient seul avec Dieu, mène une vie élevée au-

---

[188] Is 65, v. 18, 19
[189] Ibid. 51, 3
[190] Orat. 1

dessus de tout ce qui est sensible, et porte dans son cœur les vives images des communications divines, exemptes de tout mélange des choses inférieures qui sont toujours pleines d'illusions, en sorte qu'il devienne de plus en plus un miroir très pur et très éclatant de la majesté de Dieu, et de ses perfections infinies; qu'il reçoive sa lumière dans sa propre lumière, c'est-à-dire celle de Dieu qui est si parfaite et si brillante, dans celle de son esprit si obscur et si ténébreux; qu'il moissonne par avance dans cette condition mortelle, les biens et les félicités futures. Enfin, que par l'opération du Saint-Esprit, il quitte la terre, étant encore sur la terre, pour n'avoir plus de conversation qu'avec les Anges.

Il faut avouer que ceux-là méritent bien qu'on les plaigne, qui au lieu de goûter ces vérités si constantes, de les aimer, et d'en ménager tous les avantages, ne pensent à rien qui ait rapport à une grâce si relevée mais qui témoignent par toute leur conduite que c'est l'amour du monde qui les possède et qui occupe dans leur cœur le rang et la place que l'amour de la retraite y devrait tenir.

Question XXV

La solitude est-elle pour les supérieurs aussi bien que pour les autres?

Réponse

Ce que nous avons dit, mes frères, en vous parlant de la vigilance des supérieurs, et de l'application avec laquelle ils doivent procurer le salut de leurs frères, éclaircit assez la question que vous nous faites. C'est pourquoi nous ne vous montrerons en peu de mots, que les supérieurs doivent vivre dans la solitude et demeurer dans le silence de leurs cloîtres, à moins que des nécessités très pressantes et légitimes ne les obligent d'en sortir.

Chapitre XVI Question XXV

Premièrement, parce qu'en faisant profession ils ont promis la stabilité dans leurs monastères.

Secondement, qu'ils ont les mêmes obligations que leurs frères; qu'ils doivent leur ressembler en tout, et n'avoir rien qui les distingue si ce n'est ce qui est attaché à leur charge et à leur autorité.

Troisièmement, ils leur doivent l'exemple, particulièrement dans les choses qui, étant les plus pénibles et les plus laborieuses, sont sujettes à de plus grandes tentations.

Quatrièmement, comme ils sont plus exposés à la dissipation que leurs frères, ils ont encore plus besoin qu'eux de réparer dans le repos de la solitude, les pertes qui leur arrivent dans l'exercice de leur emploi.

Cinquièmement, ils doivent communiquer à leurs frères l'esprit de Jésus Christ, ses sentiments et ses maximes et c'est dans la retraite qu'il faut qu'ils l'invoquent, qu'ils l'écoutent, et qu'ils s'en remplissent.

Sixièmement, comme il n'y a rien en quoi la nature sente de plus grands et de plus rudes combats, qu'à supporter le poids de la solitude, comme le remarque le bienheureux Guigues, Général des Chartreux.- *Nihil laboriosius in exercitiis, disciplina regularis arbitramus, quam silentium solitudinis et quietem*[191] - il n'y a. point aussi d'occasion dans laquelle un solitaire ait plus besoin que la main de son supérieur le soutienne. Cependant il lui est entièrement inutile lorsqu'il ne vit pas lui-même dans la retraite; car son exemple le tente et l'affaiblit: et pour sa parole elle ne lui sert de rien: au lieu de lui être de quelque secours, elle perd toute sa force par sa conduite. Ainsi, mes frères, après avoir tout

---

[191] In Const. 114

considéré, la solitude est encore plus pour ceux qui gouvernent, que pour ceux qui leur sont soumis. Les supérieurs se flattent faussement d'une exemption que Dieu ne leur a point donnée, et ils ont une double obligation de vivre dans leur monastère puisqu'ils y doivent leur stabilité comme religieux, et leur résidence en qualité de Pasteurs.

Nous lisons que saint Benoît[192] avait promis de se trouver en un lieu pour y désigner la place et la disposition d'un monastère, mais que l'amour de la résidence l'ayant empêché de tenir sa parole, Dieu justifia son action par un miracle. Ce Saint apparut dans le sommeil au supérieur qui l'avait attendu, et lui marqua toutes choses comme s'il eût été présent.

Le même Saint après avoir établi le Mont Cassin, choisit ce lieu pour sa demeure, et y garda une retraite si exacte, que bien qu'il eût fondé plusieurs monastères dans l'Italie, nous ne voyons pas qu'il soit jamais sorti du sien pour les aller visiter.

Qui ne trouvera dans l'exemple de saint Bernard de quoi se confirmer dans le même esprit, et dans le désir d'une vie retirée? Quoiqu'il fut rempli de lumières, qu'il ne sortit jamais de sa solitude que par l'ordre de Dieu, que comme un soleil pour éclairer le monde; et que les docteurs et les prélats les plus célèbres en doctrine l'écoutaient dans un profond silence – comme un Apôtre et comme un Prophète – il ne laissait pas de dire qu'il s'éloignait presque autant de Dieu qu'il s'éloignait de son monastère lorsqu'il en sortait. Écrivant à un Cardinal[193] qui l'avait prié de l'aller voir; il lui mande que s'il ne va pas le trouver, ce

---

[192] Greg. lib 2 dialog in *Vita S Benedic* cap 22, 2-3 – SC 260, Éditions du Cerf, Paris 1979;p. 203
[193] Epist. 17 Ad Petrum, Diaconum Cardinalem SBO Vol. VII p. 65 l.5-10

Chapitre XVI Question XXV

n'est point sa paresse qui l'en empêche, mais qu'il avait résolu de ne sortir jamais de son monastère que par de certaines raisons pressantes et nécessaires.

Et l'on voit par une autre de ses lettres que ces raisons étaient les affaires de son ordre[194], un commandement du Légat du saint Siège[195], ou de son Évêque.

Il n'y a rien de plus instructif que ce que nous lisons de ce grand Saint quand il déplore son état, et qu'il se plaint de ces nécessités inévitables et pressantes, qui l'obligeaient malgré lui de sortir du repos de sa solitude, et de s'engager dans les affaires du monde.

Ma vie monstrueuse, dit cet homme de Dieu[196], et ma conscience inquiète, crient et demandent votre secours; je suis comme un prodige[197] de notre temps, je ne fais ni le personnage d'un ecclésiastique, ni celui d'un laïque; car pour celui de moine il y a longtemps que je l'ai quitté, quoique j'en conserve encore l'habit: *Clamat ad vos monstruosa mea vita, mea aerumnoasa conscientia; Ego quædam chimera mei saeculi, nec Clericum gero, nec Laicum; nam Monachum jam dudum exui conversationem, non habitum.*

Ce saint, inspiré de Dieu, ôte par un reproche si étonnant, tout prétexte à ceux de sa profession qui voudraient abuser de son exemple, de prendre pour une règle ce qu'il a fait contre la règle; et suivre comme une loi ce qui, à proprement parler, était une dispense de la loi.

Car le monde est plein de gens qui font, par le mouvement de leurs inquiétudes et de leurs passions, ce que les saints ont fait par

---

[194] Epist. 228 Ad Petrum Cluniacensem Abbatem; SBO. Tom VIII, p.99 n° 2, 13-15
[195] Epift. 48 n° 2 , 21-24 Ad Haimericum; SBO. Tom. VII p. 138
[196] Ep 250 Ad Bernardum, priorem Portarum SBO Tome VIII p.147 n°4, 1-7
[197] Le mot latin employé par Bernard est "*chimère*" ; Rancé le traduit par "prodige".

un mouvement de la grâce; et qui essaient de justifier les dérèglements de leur cœur, par les actions des serviteurs de Dieu, qui ne sont que des conduites d'une providence extraordinaire, et des effets de leur obéissance: n'arrivant que trop souvent que les enfants de ténèbres imitent pour leur perte, ce que les enfants de lumière ont fait pour leur sanctification.

Question XXVI

Un supérieur ne peut-il pas sortir du monastère pour rendre des visites?

Réponse

Il ne le peut. C'est un assujettissement duquel sa profession le délivre, c'est un devoir que le monde ne doit plus lui demander, et qu'il ne doit plus lui rendre. Il a embrassé la règle d'une sainte liberté qui le dégage des créatures pour l'assujettir uniquement à Jésus Christ. Il faut qu'il mette désormais les visites au nombre des inutilités qui ne lui sont point permises; que s'il croit qu'elles

Chapitre XVI Question XXVI

lui sont nécessaires pour acquérir ou pour conserver des amis, il se trompe.

Il doit savoir qu'il ne sera jamais plus considéré des hommes que lorsqu'il aura moins de commerce avec eux; et que si sa vie est uniforme en tout, et qu'il soit aussi exact pour les autres points de la règle qu'il le sera dans celui-ci, les hommes en seront édifiés et n'auront que du respect pour sa personne et pour sa conduite.

On voit sur ce sujet un exemple d'une grande édification dans l'histoire des Carmes Déchaussés d'Espagne[198], et qui mérite d'être remarqué. Le bienheureux Jean de la Croix étant prieur du couvent de Grenade fut obligé par les instances de ses religieux, contre ses propres inclinations, d'aller rendre visite au Président de la Ville, et lui ayant dit dans son compliment qu'il lui demandait pardon de ce qu'il avait été si longtemps à lui rendre ce devoir, le Président lui répondit avec une sagesse et une lumière plus digne d'un Père et d'un Docteur de l'Église que d'un Magistrat: Père Prieur, nous vous voyons plus volontiers vous et vos religieux, dans vos maisons que dans les nôtres, parce que vos révérences nous édifient toujours quand nous les voyons dans leurs retraites, et elles nous entretiennent seulement quand elles nous viennent visiter chez nous. Un religieux qui est retiré nous charme et nous ravit le cœur, au lieu que celui qui nous veut gagner le cœur par les civilités du monde et des cérémonies de la Cour, ne saurait jamais nous édifier. Et l'historien rapporte que ce saint religieux fut tellement pénétré d'une réponse si judicieuse, qu'il s'en retourna aussitôt à son monastère; sans même aller jusqu'au Palais Archiépiscopal, quoi qu'il fût sorti de sa maison dans le dessein d'aller voir l'Archevêque.

---

[198] Hist. des Car. Livre 1, c. 7

Question XXVII

L'instruction des peuples ne peut-elle pas être un sujet légitime à un supérieur pour quitter sa solitude?

Réponse.

Nullement, car premièrement les moines ne sont pas institués pour enseigner les hommes mais pour pleurer leurs péchés; et à moins que Dieu ne les y appelle par une vocation extraordinaire et évidente, ils ne doivent pas s'y engager. C'est ce que nous voyons dans un traité attribué à saint Augustin, où l'auteur parle de la sorte[199]: Considérez, mes frères, pourquoi vous vous êtes retirés dans le désert, et sachez que vous n'y êtes venu que pour macérer vos corps par les jeûnes, pour mépriser le monde, pour pleure vos péchés, et non pas pour rechercher l'honneur, et vous arsseoir dans des chaires destinées aux docteurs; et que vous êtes indispensablement obligés d'y persévérer jusqu'à la mort dans le cilice et dans la cendre, et y vivre ensemble dans une sainteté et une piété parfaite. *Considerate ad quid huc in eremum venistis, et*

---

[199] Serm 24 Ad fratres in eremo

Chapitre XVI Question XXVII

attendite quod vestrum officium est, non solum carnem jejuniis affligere, sed etiam mundum contemnere, peccata deflere, et non doctoris cathedram appetere, sed in cinere et cilicio perseverare in eremo usque ad mortem, et in eo sancte et juste convivere.

Secondement, Jésus Christ a donné aux supérieurs monastiques la garde d'une partie de son troupeau; elle est petite véritablement, mais elle leur doit être d'autant plus précieuse qu'ils peuvent la considérer comme la portion la plus chérie, la plus noble et la plus favorisée: *Illustrior portio gregis Christi*[200]. Ils doivent donc veiller sur elle avec une application plus fidèle, et des soins plus tendres et plus exacts. C'est là que la Providence a destiné leurs personnes, leur temps et leurs sollicitudes. Et s'ils s'engagent en d'autres emplois, si ce n'est que Dieu les y applique d'une manière toute claire et toute certaine, il faut qu'ils croient qu'ils abandonnent celui qui leur avait été commis; qu'ils quittent leur propre mission pour en prendre une étrangère, qui ne les regarde point; et qu'ils deviennent à leurs frères un sujet de chute et de scandale.

En un mot, s'ils s'ingèrent d'eux-mêmes de vouloir instruire les peuples, c'est une présomption insupportable; et si on les y convie, ils doivent répondre avec saint Bernard[201]: J'ai dépouillé ma robe, comment la reprendrai-je? j'ai lavé mes pieds, comment irai-je les gâter dans la poussière[202]?... Ce que vous désirez de moi est contraire à ma profession et surpasse mes forces[203].

C'était là le véritable esprit de ce grand Saint, qui parlant à un Évêque qui lui avait adressé une personne pour lui imposer une

---

[200] Cyp. de discip. et habitu virg.
[201] Ep. 21, 1 - SBO Tome VII p 71
[202] Ct 5. 3
[203] Epist.ad Oger 89, 2; SBO Id. p. 236

pénitence lui écrit[204], qu'il ne se connaît point aux fonctions qui regardent les Évêques; que ce serait une grande témérité à lui, si étant pécheur comme il l'était, il se mêlait des affaires, qui appartiennent à leur ministère.

Ce sentiment a été celui de tout son Ordre avant que le relâchement s'y fut introduit. On lit[205] dans les anciennes définitions des Chapitres Généraux, que les moines dont la propre habitation est le cloître ne doivent point desservir les chapelles qui appartiennent à l'Ordre. Il est défendu dans un autre endroit aux moines[206] de servir les églises ou les chapelles qui ne sont point de l'Ordre, et de s'engager, dans la conduite des âmes. Et les Abbés qui l'avaient permis devaient être mis en pénitence. On voit un autre Statut[207] d'un Chapitre Général, qui porte qu'à l'avenir aucun religieux n'acceptera les églises paroissiales: que si cela arrive à un Abbé, il sera déposé sans aucune rémission. Si c'est un simple religieux, il sera chassé de son monastère sans aucune espérance de retour.

C'est dans cette pensée que le Pape Eugène III dans l'endroit que nous avons déjà cité, dit aux Abbés de l'Ordre de Cîteaux[208] en les exhortant à demeurer dans leur solitude, que leurs Pères et leurs Instituteurs ont embrassé la retraite pendant que les autres s'appliquaient aux fonctions ecclésiastiques. Et que lorsque les enfants du siècle s'efforceront de les tirer de leurs maisons pour les engager dans la conduite de leurs âmes, et voudront les faire passer du repos de la contemplation et du silence aux occupations

---

[204] Ep. 61 ad Episc. Tull SBO VII p. 154
[205] Instit. cap. gen. distin 9 ch 11
[206] Lib ant. def. dist 4. c. 3.
[207] Capit Gener. anno 1215
[208] Inter Epist S. Bernardi 384 cf. note 17;

Chapitre XVI Question XXVIII

et aux affaires, ils se remettent devant les yeux les Institutions de leurs Pères et choisissent, à l'exemple du Prophète d'être plutôt méprisés dans la maison de Dieu, qu'à demeurer dans les tentes des pécheurs (Ps. 83, 11).

Enfin presque tous les supérieurs monastiques, qui ont eu l'esprit de leur profession, se sont enfermés dans leurs cloîtres, et se sont abstenus de toutes fonctions ecclésiastiques, non seulement parce qu'elles étaient contraires à leur état, et que la tristesse religieuse selon saint Bernard[209], pleure les péchés d'autrui ou les siens propres, mais encore parce qu'elles étaient très capables de jeter leurs frères dans la dissipation, de leur donner du dégoût pour la retraite et sous prétexte spécieux de pratiquer une charité, exercer un ministère qui ne leur convient point; enfin de détruire en eux l'esprit et la piété de leur profession; n'y ayant rien, comme nous l'avons déjà dit, à quoi de simples religieux puissent se laisser aller plus aisément qu'aux choses qu'ils voient pratiquer à leurs supérieurs, et qui sont autorisées de leur exemple.

Question XXVIII

Dites-nous avant que de finir cette instruction touchant la solitude, s'il est à propos d'assembler dans le monastère les parents et les amis d'un religieux le jour de sa profession?

Réponse

---

[209] Bernard in Serm de S. Magdalena n° 3. N'est pas repris dans SBO. L'auteur est Nicolas de Clairvaux. On le trouve dans les éditions de Charpentier Tome VII p. 576 et Ravelet Tome V p. 819

Non seulement, mes frères, on ne peut pas approuver cette conduite; mais on ne saurait assez s'étonner de ce que l'on a osé l'introduire dans les cloîtres, et de ce qu'il y a des personnes qui la suivent et qui l'autorisent. Car nous ne voyons aucune raison légitime pour exposer et faire voir au monde, un religieux qui est prêt à cacher pour jamais sa vie, selon les paroles de l'apôtre, dans la vie de Jésus Christ. Mais nous en voyons beaucoup pour l'en retirer dans tous les temps, et particulièrement dans celui de sa profession.

Quoi! cette âme qui a quitté par l'ordre de Dieu, la maison de son père, se trouvera parmi ceux, dont elle s'était éloignée comme la colombe qui a fui devant l'oiseau donc elle craignait de devenir la proie? Elle est encore toute de cire, et susceptible de toutes sortes de formes et d'impressions; ne doit-on pas appréhender qu'elle n'en reçoive de contraires à ce dégagement parfait dans lequel elle doit vivre?

La vue de ses proches, et des personnes de sa connaissance ne peut-elle pas faire renaître en elle les choses dont elle devrait avoir perdu la mémoire? Comment sait-on si elle se défendra des tendresses de son père, des caresses de sa mère; si elle sera à l'épreuve des marques qu'elle recevra de l'amitié de ses parents, de ses parentes, de ses amis et de ses amies? Il ne faut qu'un regard pour causer un embrasement que nul soin et nulle application ne pourra plus éteindre. Il est aisé qu'on se ressouvienne des douceurs, des amusements, des commerces et des plaisirs de la vie passée; et qu'on regrette ce qu'on est sur le point d'abandonner pour jamais; et il n'est que trop certain qu'un moment d'une consolation fausse et passagère, peut causer une vie toute entière de tribulation et d'amertume. Ce qui est le plus fâcheux, est qu'on a fait des pas et des démarches qui empêchent qu'on ne retourne

Chapitre XVI Question XXVIII

en arrière; ainsi on porte souvent dans son sein, et sans le savoir, la cause de son malheur et de sa perte, dans le lieu et dans l'état on l'on espérait de trouver son repos et son salut.

Mettons à part, mes frères, cet inconvénient, parce qu'on peut le regarder comme quelque chose d'extraordinaire. Je vous demande si c'est une conduite supportable que dans l'action la plus importante de la vie, dans le temps auquel un religieux a besoin de la piété la plus intérieure et la plus animée, dans une occasion où il devrait rassembler et appeler à soi toutes les forces et les puissances de son esprit, de son corps, de son cœur, de sa raison, on l'expose à des visites, des entretiens, des conversations; à des repas irréguliers, et quelquefois licencieux, et propres à le jeter dans la dissipation, à le distraire de Dieu, à le tirer de sa main, à ruiner, ou au moins à affaiblir les bonnes dispositions qu'il a pu contracter pendant une année de retraite, et à faire qu'il entre avec indignité dans un engagement qui ne demande pas une pureté moindre que celle des Anges?

C'est assurément une chose étrange, que ce jour qui devrait être pour lui d'un profond recueillement, auquel il devrait dans la paix, dans le silence et dans le sentiment d'une componction vive, répandre son cœur en la présence de Dieu, écouter sa parole, et traiter avec lui seul à seul de son éternité, soit précisément celui qu'il passe avec plus de mouvement de confusion, et de trouble.

Si ce que les anciens Pères et les saints solitaires des premiers temps nous ont appris, est véritable, comme vous n'en devez point douter et si un moine qui se prive de la présence de Dieu pour un moment, commet dans leur sentiment, une fornication spirituelle; en quel état se trouvera cette âme, lorsqu'au sortir de ces entretiens et de ces conversations familières, elle entrera dans la chambre nuptiale, et paraîtra aux yeux de l'Époux toute remplie de pensées et d'imaginations différentes, peut-être même partagée par des affections et des désirs, et défigurée par des infidélités secrètes qui lui sont échappées? Est-ce ainsi qu'on la prépare, et qu'on travaille à la rendre digne de cette couche sacrée, digne de cet Époux d'une chasteté, d'une pureté, et d'une beauté infinie? Ignore-t-on que cet Époux est plein de jalousie: *Ad invidiam concupiscit spiritus qui habitat in vobis*[210]. Que la liberté qu'il voit dans ses épouses l'offense et l'irrite; qu'il considère toutes les créatures comme ses rivales; qu'on ne s'arrête point un instant avec elles qu'il n'en ait de la peine; et qu'on ne leur accorde rien à son préjudice, qu'on ne lui fasse un outrage.

Cependant comme si tout cela n'était point, on passe sans scrupule de la familiarité des hommes dans celle de Dieu; on ménage des choses du monde tout ce qu'on en peut ménager, et on prétend s'élever du fond des vallées sur le sommet des montagnes, et de monter tout d'un coup du plus bas de la terre au plus haut du ciel. On a pu se purifier pendant le temps du noviciat; mais ç'a été inutilement, puisqu'on se salit de nouveau par des communications inutiles et profanes qu'on aurait dû s'interdire pour toujours. Celui, dit le saint Esprit, qui se lave après avoir touché un mort, et qui le retouche ensuite, ne fait rien que perdre sa peine[211]: *Qui baptisatur a mortuo, et iterum tangit eum quid proficit lavatio illius?*

Ce qui arrive aussi d'une conduite si pitoyable, est que comme le manque de préparation fait qu'on embrasse d'une manière imparfaite, défectueuse et impure, pour ne pas dire profane, un état angélique, toutes les suites en sont malheureuses, ou elles

---

[210] Jc. 4, 5
[211] Sie 34, 30.

Chapitre XVI Question XXVIII

n'ont rien moins que le succès et la bénédiction qu'on en avait espérés. On se plaint toute sa vie, parce qu'on est entré sans sainteté dans une profession toute sainte; on sent bien qu'on est malade, mais on ne pense point à guérir son mal, et d'ordinaire c'est parce qu'on n'en connaît pas le principe, et que le vice et le défaut qui s'est trouvé dans l'engagement, se répand sur l'état tout entier, et remplit toutes ses voies d'obscurités et de ténèbres. Les âmes les plus pures sont comme des glaces très claires; la moindre haleine et la moindre vapeur les ternit, et leur ôte tout leur éclat. Il y a néanmoins cette différence que les taches des glaces s'effacent, et que dans un instant leur première pureté leur est rendue. Mais pour les taches des âmes, comme elles sont spirituelles, elles sont opiniâtres, les impressions en demeurent, elles résistent, et souvent, quelque peine que l'on prenne et quelque soin qu'on y apporte, on ne vient point à bout de leur donner la pureté quelles ont perdues.

Il en est de la mort mystique qui arrive par la consécration des vœux, comme de la mort naturelle qui arrive par l'extinction des principes de la vie. On se sépare des hommes et sans retour, dans l'une comme dans l'autre; on renonce à tous les biens du monde; on se dépouille volontairement des richesses de la terre, et on tourne toutes ses pensées du coté de celles du ciel en s'attachant à Jésus Christ duquel elles dépendent, et qui en a reçu la souveraine dispensation de la main de son Père.

Les paroles que l'Esprit de Dieu met dans la bouche de ceux qui meurent par les vœux, et de ceux qui meurent par la privation de la lumière sont tellement les mêmes dans leur sens, quoique les expressions soient différentes, qu'on ne peut douter que les uns et les autres ne doivent avoir les mêmes sentiments, et les mêmes dispositions. L'homme mourant dans le monde de la mort de la nature, dit à Jésus Christ dans le mouvement de sa confiance, en s'abandonnant entre ses mains: *In manus tuas commendo spiritum meum*[212], et témoigne dans cette profonde séparation où il entre, qu'il lui tient lieu de tout, et qu'il met en lui toutes ses espérances. Et l'homme mourant au monde de la mort de la grâce, s'adresse de même à Jésus Christ, il se jette entre ses bras en lui protestant par une déclaration solennelle que tout est passé à son égard, et que c'est de lui seul qu'il attend son bonheur, son salut et sa vie. *Suscipe me secundum eloqium tuum et vivam, et non confundas me ab expectatione mea*[213].

Enfin un homme qui veut mourir en véritable chrétien, ne s'avise pas de convoquer ses amis et ses proches pour être les spectateurs de sa mort, puisqu'au contraire il ferme la porte de sa maison. Il y demeure seul; il congédie ses enfants et fait retirer sa femme, de crainte que ces objets ne l'affaiblissent, et ne fassent sur lui des effets qui ne conviennent pas à ce détachement dans lequel il doit finir sa vie. Il ne garde auprès de sa personne que ceux qui peuvent le secourir dans ce grand passage, afin de s'unir d'une manière plus immédiate et plus intime à Jésus Christ, duquel il espère qu'il ne se séparera jamais. Il faut aussi qu'un religieux tienne une conduite semblable s'il est autant touché de Dieu qu'il le doit être. Il doit rejeter tout ce qui pourrait l'en détacher ou l'en distraire dans le moment de sa mort, c'est à dire de ses vœux, qu'il se refuse à tout pour se donner uniquement à lui. Qu'a-t-il à faire de ses parents, de ses amis, des gens du dehors ou des personnes étrangères, puisqu'il trouve dans le fond de sa solitude tout ce qui lui est nécessaire pour la consommation

---

[212] Ps 30(31), 6
[213] Ps 118(119), 116

Chapitre XVI Question XXVIII

de son œuvre ? Il est la victime et le sacrificateur tout ensemble; son supérieur autorise son sacrifice par sa présence devant tous ses Frères; les saints et les Anges du Seigneur en sont les témoins.

En un mot, mes frères, de quelque côté qu'on tourne cette convocation de parents et d'amis, on ne trouvera rien par où l'on puisse la défendre; soit qu'on la considère dans les supérieurs qui la permettent, soit dans les parents qui la désirent, soit dans les enfants qui la souffrent. Car l'intérêt des supérieurs est de veiller avec tant de soin sur les âmes que Jésus Christ leur a confiées, que leur pureté ne reçoive pas la moindre atteinte.

L'intérêt des pères est de prendre garde à ne point troubler le repos de leurs enfants par les témoignages d'une amitié indiscrète et à contretemps et l'intérêt des enfants est de s'offrir à Jésus Christ et d'entrer dans cette alliance, avec tant d'agrément et de préparation, qu'il n'y ait rien en eux qui soit capable de lui déplaire. Cependant comme si ces considérations n'étaient que des chimères, les supérieurs comptent pour rien dans cette rencontre le dépôt dont ils sont chargés. Les pères oublient l'obligation qu'ils ont de procurer le bonheur de leurs enfants; et les enfants ne pensent point qu'ils portent dans un vase de terre le plus grand et le plus précieux de tous les trésors, qui est la vocation à l'état monastique; et qu'il n'y a rien à quoi ils doivent s'étudier davantage qu'à éviter tout ce qui peut en causer ou la diminution ou la perte.

Chapitre XVII

Du Silence

Question première

Faut-il que les religieux observent le silence avec beaucoup d'exactitude ?

Réponse

Les mêmes motifs, mes frères, qui ont porté saint Benoît à ordonner une stabilité si inviolable, l'ont obligé de nous prescrire les règles d'un silence rigoureux. Il n'y avait rien de plus raisonnable que de vouloir rendre aux moines par une séparation exacte, la piété qu'ils avaient perdue par des communications indiscrètes; et il est certain qu'on nourrira ses passions et qu'on vivra selon ses cupidités dans les solitudes aussi bien que dans le monde, à moins que les entretiens et les conversations en soient entièrement bannies.

- Un **homme vain**, qui par le dérèglement de son cœur, voudra se faire valoir et paraître habile, trouvera de quoi se contenter dans son cloître, s'il a la liberté d'y parler, et douze de ses frères lui tiendront lieu d'une assistance nombreuse.
- Un **ambitieux** regardera les charges du monastère, quelque viles qu'elles puissent être, comme des emplois considérables :
- un **brouillon** y ménagera des cabales et des partis avec autant d'application que s'il s'agissait du renversement d'un État.
- Un **homme colère** aura de perpétuelles occasions d'échauffer sa bile.
- Un **impudique** d'enflammer ses mauvais désirs.

Chapitre XVII Question II

- Un **médisant** de répandre la malignité de son venin.
- Un **inquiet** d'exciter des divisions et des murmures.
- Un **causeur** de débiter ses contes.
- Un **complaisant** de lier des amitiés particulières.

Enfin, chacun y suivra ses mouvements et ses humeurs. Les passions auront changé de théâtre et seront resserrées en des bornes plus étroites; mais bien loin d'en être détruites, elles en deviendront plus vives et plus ardentes. Et l'unique expédient qu'on puisse prendre pour remédier à tous ces désordres, est de rompre les communications et d'empêcher les commerces par l'observation d'un silence exact, car pour lors, la nature n'ayant plus ni moyens, ni espérance de se satisfaire, s'arrêtera et ses habitudes aussi bien que ses inclinations s'amortiront, quand elle ne trouvera rien qui les fortifie ni qui les soutienne.

Question II

Faut-il que le silence soit perpétuel?

Réponse

On ne tirera aucun avantage du silence dans une congrégation monastique, si on ne le garde que par intervalle, et qu'il soit permis aux frères d'avoir quelquefois des communications particulières. Les conversations pour être courtes et rares n'en seront pas moins malignes, ni moins dangereuses. Les frères en ménageront les moments; ils trouveront bientôt le secret de dire en peu de temps beaucoup de choses. Quand ils seront contraints de quitter et de laisser leurs conversations imparfaites, ils ne manqueront pas de les achever lorsqu'ils auront la liberté de se rejoindre. Et comme il est presque impossible qu'en se voyant, l'envie de se voir et de se communiquer n'augmente, ils conviendront enfin et des lieux et des temps pour en trouver les moyens, sans se mettre en peine ni de la volonté du Supérieur, ni de la règle du monastère; ce qui est précisément la ruine de la discipline et de l'extinction de la piété.

Mais si le silence est perpétuel, si les frères en considèrent l'obligation comme indispensable, on en recevra des biens et des utilités extrêmes, et l'on connaîtra qu'il n'y a rien d'où dépende davantage le bon ordre et la sanctification des cloîtres.

Premièrement, les frères n'ayant aucune habitude les uns avec les autres, et ne contractant point ces familiarités qui produisent presque toujours l'éloignement ou le mépris, se considéreront avec estime, et leur charité ne sera jamais altérée.

Secondement, s'il s'en trouve quelqu'un dont les inclinations se portent au mal, son dérèglement ne sera que pour lui seul et les barrières du silence empêcheront qu'il ne se communique à ses frères.

Troisièmement, il ne se formera jamais entre eux ni faction, ni murmure, n'étant pas possible qu'il en arrive où il n'y a point de communication.

Quatrièmement, les correspondances et les relations qui doivent être entre les frères et le supérieur, en seront plus étroites lorsqu'elles ne seront point distraites par des entretiens et des confidences particulières.

Cinquièmement, les supérieurs ne trouveront jamais d'opposition à ce qu'ils voudront établir pour la conservation du bien et pour la perfection des frères. Et quand même il y en aurait quelqu'un qui ne serait pas de son avis, il n'osera pas faire paraître son sentiment, de crainte qu'il ne soit seul, et qu'il n'y ait aucun de ses frères qui l'appuie.

Chapitre XVII Question III

Sixièmement, comme le cœur n'aura pas lieu de se répandre et de s'affaiblir par de vains discours et des entretiens inutiles, le recueillement en sera plus grand, les pensées plus pures, la contemplation plus vive, la prière plus ardente et plus continuelle. Et l'âme s'approchera de Dieu par une familiarité d'autant plus sainte et plus intime, qu'elle se sera privée pour l'amour de lui de tout commerce avec les hommes.

Question III

Ne serait-ce pas une chose utile à un religieux d'entendre de son frère quelque parole de consolation?

Réponse

Il ne serait pas impossible qu'un religieux trouve quelquefois de l'édification dans l'entretien de quelqu'un de ses frères, mais cela produirait de si grands inconvénients et aurait tant de méchantes suites, que quand on mettra les biens auprès des maux, il faut que l'utilité de la conversation soit comptée pour rien et qu'on se déclare sans balancer pour la nécessité du silence.

Il est incomparablement plus aisé de se taire, que de garder des mesures si justes lorsqu'on parle, que l'on ne commette aucun excès dans ses paroles.

On retient les eaux, quelques grandes qu'elles soient, par le moyen des digues qu'on leur oppose; mais pour peu qu'elles trouvent d'ouverture, elles se font un passage, elles débordent avec impétuosité, et il 'n'y a plus rien qui soit capable d'en arrêter le cours. Ainsi l'on domine sur la parole par le silence en se faisant une loi et une nécessité de se taire. Mais depuis qu'on a commencé de parler, il est très difficile de régler son discours et d'en être entièrement le maître. Et il échappe souvent aux personnes les plus exactes et les plus considérées, des choses qu'elles ne devraient et ne voudraient pas dire.

Les gens de piété même traitent souvent les affaires de Dieu d'une manière toute humaine: on les commence assez par le mouvement de son Saint-Esprit, mais on les continue et on les finit par les mouvements de la nature. On s'y recherche et on veut être écouté; on veut être applaudi, on veut que ces sentiments prévalent; et il n'y a rien de plus ordinaire que de voir des entretiens de piété devenir des contestations ou dégénérer en conversations inutiles, vaines et curieuses. C'est la raison pour laquelle le prophète s'est observé de si près et qu'il s'est abstenu de parler même de choses saintes: *Obmutui et silui a bonis*[214].

C'est pourquoi, mes frères, on ne saurait se rendre trop inflexible dans l'observation du silence, ni mettre de trop grandes distances entre les religieux parce que si, ayant la liberté de parler, ils se donnent une fois celle de s'entretenir de propos qui ne leur sont pas permis; s'ils sortent des bornes qui leur sont prescrites; s'ils reconnaissent en cela leur faiblesse; s'ils s'aperçoivent qu'ils sont capables de se parler et de s'entendre sur les choses qui ne touchent point leur salut, ils lieront des conversations sur toutes sortes de matières. Ils se communiqueront leurs pensées, leurs tentations, leurs imaginations, leurs peines, leurs mécontentements. Ils se mettront dans le cœur des uns des autres, comme des pierres d'attente pour les besoins et les affaires à venir; ils s'uniront par les liens d'une charité fausse et particulière; ce qui ne peut être sans la destruction de la charité commune. Les

---

[214] Ps 38, 3 / Ps 39,3 So blieb ich stumm und still; / ich schwieg, vom Glück verlassen,....

Chapitre XVII Question III

paroles de saint Ambroise sur ce sujet sont bien dignes d'être remarquées:

Quelle nécessité, dit-il, pouvez-vous avoir de vous exposer, en parlant, au danger d'une condamnation, puisqu'en vous taisant vous pouvez être en assurance? J'ai vu une infinité de personnes tomber dans la parole, et à peine en ai-je vu une seule tomber par le silence[215]. *Quid opus est ut properes periculum suscipere loquendo, cum tacendo possis esse tutior? complures vidi loquendo in peccatum incidisse, vix quemquam tacendo.*

Il suffit, mes frères, qu'on risque beaucoup toutes les fois qu'on parle; qu'il y ait tant de peines à régler les mouvements de la langue; que les âmes les plus parfaites s'y laissent surprendre et que la voie du silence soit la plus assurée pour ne point douter que des religieux ne soient dans l'obligation de la suivre, puisqu'ils se sont retirés dans les monastères comme en des ports de salut, pour se garantir des tempêtes, des écueils et de tout ce qui pourrait rendre leur navigation incertaine. Et soyez persuadés que cette petite consolation qu'on croit trouver dans une conversation particulière, n'a rien de comparable aux grands biens qui se rencontrent dans un grand silence.

Cependant, comme il ne serait pas possible d'imposer un joug si pesant à des gens qui ne voudraient pas le recevoir, et qu'il n'y aurait point d'apparence de les assujettir malgré eux à une observance si pénible et si rigoureuse, il faut que les supérieurs emploient toute leur étude et toute leur adresse, pour faire que leurs frères en connaissent l'utilité et la nécessité tout ensemble, afin qu'ils l'estiment, qu'ils l'aiment et qu'ils la désirent. Autrement ils ne viendront jamais à bout de l'établir, quoi qu'ils

---

[215] St Ambroise : De Officiis ministroruml c.2 /

puissent faire pour cela, et les frères trouveraient toujours une infinité de moyens pour rendre leur zèle et leur vigilance inutiles.

C'est ce qu'un supérieur emportera sans doute par ses soins et par ses instructions, s'il représente à ses frères, comme un père ferait à ses enfants, les inconvénients de la parole, les utilités du silence et par dessus tout, l'autorité des saintes Écritures, les sentiments et les exemples des saints. Car le moyen que des religieux puissent ne pas concevoir du respect pour le silence et n'être pas touchés du désir ardent de le garder, lorsqu'on leur dira que le Saint-Esprit condamne la parole d'une manière si terrible, qu'il nous enseigne dans l'Ecclésiastique, qu'un coup de fouet fait une meurtrissure, mais qu'un coup de langue brise les os[216]: *Flagelli plaga livorem facit, plaga autem linguae comminuet ossa.* Que plusieurs ont péri par l'épée, mais que le nombre est bien plus grand de ceux qui se sont perdus par la langue: *Multi ceciderunt in ore gladii sed non sic quasi qui interierunt per linguam suam.* Qu'il faut mettre comme une haie d'épines à ses oreilles, pour ne pas entendre les méchants discours, mettre des portes et des serrures à sa bouche: *Sepi aures tuas spinis et noli audire linguam nequam et ori tuo facito ostia et seras.* Que le même Esprit nous apprend par la bouche de son apôtre, que la langue est un feu, qu'elle est un monde d'iniquité, qu'elle est pleine d'un venin mortel; qu'elle souille tout le cours de notre vie, et que nul homme ne peut la dompter[217]: *Lingua ignis est, universitas iniquitatis, maculat totus corpus, et inflammat rotam nativitatis nostra, linguam nullus hominum domare potest, inquietum malum, plena veneno mortifero.*

---

[216] Si 28, 21.22.28
[217] Jc 3, 6.8

Chapitre XVII Question III

Le moyen qu'ils n'aiment pas à se taire, quand on leur fera considérer que le Prophète nous dit que le silence et la tranquillité, qui en l'effet principal, entretient et cultive la piété[218]: *Erit opus justitiæ pax, et cultus justitiæ silentium;* que c'est à eux que s'adressent ces paroles[219]: *Sedebit solitarius et tacebit.* Qu'un solitaire doit demeurer dans le repos et dans le silence et que c'est dans le silence qu'il trouvera sa force[220]: *In silencio et in spe erit fortitudo vestra.* Et par dessus tout, que Jésus Christ déclare qu'on rendra compte à son jugement des paroles inutiles[221].

Cela suffit, mes frères, pour établir parmi les solitaires l'observation du silence et pour les convaincre de la nécessité qu'il y a de le garder. Car puisque les conseils de l'Évangile leur sont devenus des préceptes, et qu'ils sont obligés, dans le dessein de Dieu, de tendre à la perfection, ils le sont aussi d'éviter tous les obstacles qui les en éloignent, et d'embrasser tout ce qui peut les y élever. Et comme on fait l'un et l'autre par le moyen du silence, ils ne sauraient ne le pas considérer comme un secours nécessaire et comme une obligation principale. C'est aussi dans cette divine source que les saints Pères ont puisé les sentiments et les maximes qu'ils nous ont exprimées dans leurs instructions et par leurs exemples.

C'est ce qui obligea le saint abbé Nesteros de donner à Cassien[222], comme un avis nécessaire pour acquérir la perfection de son état, de s'imposer un silence éternel; d'avoir un soin particulier d'écouter et de retenir toutes les paroles et les

---

[218] Is 32, 17
[219] Lm 3, 28
[220] Is 30, 15
[221] Mt 12, 36
[222] Cass. Conl. 14, 9 SC 54; p.193

instructions des Anciens; de tenir toujours son cœur ouvert et sa bouche fermée, et d'être plus exact et plus prompt à faire ce qu'il aura appris, que non pas à l'enseigner. Car en apprenant aux autres, dit ce saint solitaire, les vérités saintes, on s'expose à la vaine gloire; mais en les pratiquant dans le silence, on en tire le fruit d'une intelligence spirituelle. C'est pourquoi, ajoute-t-il, ne prenez jamais la liberté de parler, que pour demander l'éclaircissement d'une difficulté dont l'ignorance vous serait dangereuse, ou pour acquérir une connaissance qui vous serait nécessaire.

C'est ce qui faisait que saint Arsène[223] avait un si grand éloignement de toutes sortes d'entretiens, qu'à peine l'autorité et la présence de son évêque pouvait-elle arracher une parole de sa bouche. Et lorsqu'on lui en demandait la raison, il répondait qu'il ne lui était pas possible de converser tout ensemble avec Dieu et avec les hommes.

C'est encore ce qui tira cette réponse[224] si remarquable des lèvres du bienheureux Pambon, lequel étant repris de ce qu'il avait laissé des personnes qui l'étaient venu voir sans leur parler, il repartit: S'ils n'ont pas été édifiés de mon silence, ils ne l'auraient pas été de mes paroles.

Mais qui ne sera vivement touché de ce que nous lisons dans les saintes Histoires[225] du même saint, lequel n'ayant point d'étude et étant allé trouver quelqu'un de ses frères pour apprendre de lui l'intelligence de quelques psaumes, s'arrêta sur ce verset[226]: *Dixi custodiam vias meas ut non delinquam in lingua mea*, sans

---
[223] Vita Patris
[224] Vit.Patr. Pelag. Diacon.
[225] Socrate (PG): Hist. Eccl. Livre 4, chap. 18
[226] Ps 38, 1

Chapitre XVII Question III

vouloir rien entendre davantage, disant qu'il lui suffisait qu'il le pût apprendre et le pratiquer.

Et depuis ce même frère lui ayant fait reproche de ce qu'il avait été longtemps sans venir le retrouver, il lui répondit qu'il n'avait pas encore acquis la pratique de ce verset qu'il lui avait appris.

C'est dans ce même esprit que saint Ambroise dit ces paroles[227]: Le Prophète gardait sa bouche, et vous ne gardez pas la vôtre. Si le Prophète, par la bouche duquel l'Esprit de Dieu se faisait entendre, craint de parler, quelle apparence que vous ne le craigniez pas, vous qui avez le mensonge dessus les lèvres? *Si hoc cavet Propheta, tu non caves? Si hoc metuit in quo gratia Dei loquebatur; tu non metuis qui erroris verba non refugis?*

Saint Chrysostome est admirable quand il s'écrie228: Gardez le silence, mes frères, comme une forte muraille, car ce sera par son moyen que vous surmonterez les tentations, vous les combattrez d'en-haut et avec avantage et elles seront sous vos pieds. Gardez le silence dans la crainte de Dieu et vous ne recevrez aucune blessure des traits de vos ennemis. Le silence joint à la crainte de Dieu est un chariot de feu qui nous enlève dans le ciel. C'est ce que vous apprenez par le ravissement du prophète Élie. O silence qui êtes la perfection des solitaires, l'échelle du ciel, la voie du Royaume de Jésus Christ, la mère de la componction, le miroir des pécheurs!

O silence qui faites couler nos larmes, qui produisez la douceur; qui êtes inséparable de l'humilité, qui éclairez les esprits, et qui faites le discernement de nos pensées! O silence qui êtes la source

---

[227] Ambroise: in Ps 38
[228] Tome 7, livre 1 De bono Silentii, c.16

de tout bien, qui nous soutenez dans nos jeûnes, qui réprimez l'intempérance!

C'est vous qui nous apprenez la science des saints, et l'art divin de la prière; vous calmez nos pensées et vous nous servez d'un port assuré contre les tempêtes. O silence qui détruisez toutes nos inquiétudes, votre joug est doux et n'a rien qui ne soit aimable; il délasse et porte celui qui le porte et remplit nos âmes de consolations! O silence, vous réglez les mouvements de nos yeux et de nos langues; vous êtes la mort de la calomnie, l'ennemi de l'impudence, la mère du respect! Vous retenez nos passions; vous vous joignez à toutes les vertus; vous nous faites aimer la pauvreté; vous êtes le champ fécond de Jésus Christ, qui rapportez toutes sortes de fruits en abondance. O silence qui êtes joint à la crainte de Dieu, et qui servez de murs et de remparts à tous ceux qui veulent combattre pour le Royaume du Ciel! Acquérez, mes frères, ce bien que Marie[229] a choisi pour son partage; elle est le modèle du silence, elle se reposa aux pieds du Seigneur, et s'attacha uniquement à lui.

Saint Jean Climaque[230] avait les mêmes pensées, lorsqu'après avoir fait un dénombrement exact de toutes les qualités et les grâces qui naissent du silence ou qui l'accompagnent, il dit, que l'ami du silence s'approche de Dieu; qu'il entre d'une manière toute secrète et toute cachée dans sa familiarité sainte et qu'il est éclairé de divines lumières.

Saint Benoît, qui avait toutes ces connaissances et ces vues, a été si rigide dans l'observation du silence, qu'il a défendu aux

---

[229] Lc 10, 39
[230] Grad 11. Art 5 Ech. Ste : p. 143

Chapitre XVII Question III

religieux d'ouvrir la bouche[231] à moins que d'être interrogés, et qu'une véritable nécessité ne les y oblige.

Il a ordonné que la liberté de parler, même des choses qui peuvent contribuer à l'édification[232], ne s'accorde que rarement aux religieux d'une vertu consommée, c'est-à-dire à ceux desquels on ne pouvait avoir ni crainte ni soupçon: *Quamvis de bonis et sanctis œdificationem eloquiis, perfectis discipulis propter taciturnitatis gravitatem, rara, loquendi concedatur licentia.* Enfin, il a donné comme une règle constante à tous les moines, celle de garder dans tous les temps un rigoureux silence: *Omni tempore silentio debent studere monachi*[233].

Saint Pierre Damien dit[234] que c'est dans la fuite de la conversation des hommes et dans le silence que nous édifions en nous le temple du Saint-Esprit; et que comme, selon l'histoire sacrée, on bâtit le temple de Jérusalem sans qu'on n'entende aucun bruit dans la maison de Dieu[235], ni des marteaux ni des cognées, ni d'aucun autre instrument. Ainsi le Temple de Dieu se construit dans le silence, et que l'âme ne s'épanchant point par une effusion extérieure de paroles, s'élève comme au comble spirituel d'un édifice qu'elle s'y avance d'autant plus qu'elle se répand moins au-dehors, et qu'elle se resserre davantage dans les bornes du silence...

Il ajoute qu'un solitaire s'élève au-dessus de lui-même à mesure qu'il se tait; que l'esprit de l'homme étant renfermé dans les barrières d'un silence exact, est emporté dans le Ciel par la

---

[231] RB 7,9ᵉ degré
[232] id. 6
[233] ibid. 42
[234] Lib 7 epist.ad Agnet.Imperatr. Ep.6
[235] 1 R 6, 7

violence de son désir; que le feu du Saint-Esprit l'embrase et que semblable à une source vivante, il s'enfle et remonte, lorsqu'il ne peut s'écouler par les paroles, ainsi que par autant de ruisseaux. Saint Bernard et tous ses frères observèrent un silence si profond que ceux qui ne comprenaient point ni la grandeur ni l'excellence de ce mystère, taxaient cette conduite si religieuse de stupidité. „Je pense", dit ce grand saint[236] en parlant à saint Pierre de Cluny, „qu'il ne vous arrivera plus de me reprocher mon silence et de le nommer à votre ordinaire une stupidité. Isaïe lui donne un nom qui lui est bien plus propre et qui lui convient bien davantage, lorsqu'il l'appelle le conservateur de la justice[237]. J'ai fui le monde et je m'en suis éloigné, dit ailleurs le même saint[238] et j'ai choisi le fond des déserts pour ma retraite[239]. Je me suis résolu avec le prophète d'observer toutes mes voies, de crainte que ma langue ne me fasse tomber dans le péché parce que, selon le même prophète, l'homme qui aime à parler beaucoup ne durera pas longtemps sur la terre[240]. Et dans un autre endroit de l'Écriture: La mort et la vie sont au pouvoir de la langue[241]. Le prophète Jérémie nous apprend que c'est un grand bien d'attendre notre salut de Dieu dans le silence[242].

C'est donc à ce silence qui produit, qui cultive et qui conserve les vertus, que je vous appelle et vous invite; non seulement vous, mais tous ceux qui vous ressemblent et qui veulent s'avancer dans le chemin de la vertu.

---

[236] Ep 228
[237] Is 32, 17 (Vulgata)
[238] Ep 89
[239] Ps 54, 8
[240] Ps 139, 12
[241] Pr 18, 21
[242] Lam 3, 26

Chapitre XVII Question III

Les religieux qui étaient formés de la main de ce grand saint et remplis de son esprit, eurent tant de zèle pour cette régularité si sainte, et la jugèrent tellement importante, qu'ils instituèrent des signes afin de pouvoir exprimer les choses nécessaires et de s'interdire entièrement la parole.

Cette pratique du silence sanctifia ce grand Ordre; celui des Chartreux l'embrassa à son exemple. Ils obligèrent leur convers de l'observer avec une exactitude rigoureuse[243] et depuis, ils ont gardé l'obligation du silence comme celle de la solitude.

Quoiqu'il soit malaisé que toutes ces vérités ne touchent et ne convainquent pas, et qu'un supérieur qui s'applique à les représenter à ses frères ne les persuade enfin de la nécessité qu'il y a de les mettre en pratique; cependant ce ne serait point assez s'il n'avait un soin particulier de leur aplanir les chemins, de leur rendre les voies aisées, et d'éloigner tout ce qui leur pourrait causer des tentations, et leur en rendre l'exécution difficile. Le premier pas qu'il doit faire pour cela est de ne point permettre qu'ils aient la moindre communication avec aucun de leurs amis et de leurs proches, de leur ôter toute connaissance de ce qui se passe dans le monde; de faire en sorte que jamais les nouvelles ni de l'État ni de l'Église, ni même de leurs propres Congrégations, ne viennent jusqu'à eux; et qu'ils se contentent de prier en général pour les nécessités publiques sans les connaître en particulier, n'étant pas possible que dans la diversité des événements, il ne s'en rencontre un qui frappe les esprits, qui les échauffe et qui excite des désirs, des envies et d'autres passions qui ne sont qu'assoupies et non pas entièrement éteintes.

---

[243] Guig. Stat. Ord. Cart. Edit. Bas. an. 1510

Secondement, il faut disposer les choses de sorte que les frères soient incessamment occupés, que leurs journées soient pleines, qu'il ne s'y rencontre aucun vide, que la diversité des exercices les soulage, qu'ils passent du chant des psaumes à la lecture, du travail à la prière et que tout soit tellement ordonné qu'il n'y ait rien qui donne du dégoût par sa longueur et par sa continuité. Il faut aussi que toutes les observances se fassent en commun, selon le véritable Institut des cénobites[244]; qu'ils lisent et qu'ils travaillent ensemble, afin que si les conversations leur soient défendues, ils se soutiennent au moins et se consolent les uns les autres, par la vue et par la présence.

Troisièmement, il est nécessaire que les frères aient quelquefois des conférences; mais il faut qu'elles soient publiques qu'on les regarde comme des actions régulières, non pas comme des divertissements et des récréations, et qu'elles soient saintes et rares. Il faut qu'elles soient saintes dans la manière et dans les sujets car, sans cela, elles causeraient plus de dommage que d'utilité.

Et comme toute leur fin doit être d'encourager, d'inspirer le zèle et la ferveur, de dissiper les nuages et les langueurs qui peuvent quelquefois se former dans une grande retraite, il faut que les matières en soient affectives, qu'elles soient prises de ce que l'on trouve de plus vif, de plus touchant et de plus animé dans la lecture des saints Pères. Il faut aussi que les manières de s'expliquer soient modestes et simples, éloignées de toute affectation et de toute recherche de soi-même; en sorte que les moins habiles puissent sans embarras et sans crainte parler devant ceux qui le sont davantage, et qu'une même simplicité serve

---

[244] Regle pour la vie commune

Chapitre XVII Question III

comme d'un voile pour cacher l'érudition aussi bien que l'ignorance.

Et surtout, on n'y doit jamais traiter des points de doctrine, de questions curieuses, ni de difficultés de théologie, rien n'étant plus capable de causer l'élèvement, d'altérer les cœurs, de faire naître de contestations, que de semblables entretiens.

Il faut aussi que ces conférences soient rares car si elles étaient trop fréquentes, outre que cela ne conviendrait pas au silence exact dont on fait profession, cette abondance de vérités et de grandes maximes ne manquerait pas d'épuiser les esprits, de leur donner du dégoût, et de les rendre enfin insensibles aux choses qu'ils doivent toujours entendre avec autant de plaisir et d'avidité que si elles leur étaient toutes nouvelles. Il faut par-dessus tout que le supérieur les anime de sa parole, qu'il les soutienne, et qu'il ait de l'application à faire valoir toutes les pensées de ses frères, et qu'en leur laissant une liberté exempte de contraintes, il prenne garde qu'il ne leur échappe rien qui ne soit digne de personnes qui ne se voient que pour se sanctifier, et qui savent que Jésus Christ ne manque jamais, selon sa promesse[245], de se trouver au-milieu de ceux qui s'assemblent en son nom.

Enfin, mes frères, il est si avantageux de se taire, et si dangereux de parler, je dis même des choses qui vont à l'édification et qui peuvent contribuer au salut, que les saints ont gémi de se voir obligés de parler pour l'instruction de ceux que l'ordre de Dieu avait mis sous leur conduite. Ils ont désiré avec ardeur d'être délivrés d'une nécessité si fâcheuse afin d'avoir plus de facilité pour se retirer en eux-mêmes et s'entretenir avec Dieu dans le silence, aimant beaucoup mieux parler à Dieu des misères

---

[245] Mt 18, 20

de leurs frères, que non pas de parler à leurs frères des miséricordes de Dieu.

Quel doit être le serviteur de Dieu, dit saint Augustin[246], il doit beaucoup plus désirer d'entendre les autres, que de les instruire. Il faut que son inclination le porte à garder le silence et que la nécessité toute seule l'oblige à le rompre. *Gaudium taciturnitatis habeat in voluntate, vocem doctrinæ in necessitate.* Je vous assure, mes frères, continue le même saint, nous vous parlons maintenant pour vous donner quelque connaissance et quelque lumière; plût à Dieu que nous sachions tous ce que nous devons savoir afin que l'un ne soit pas dans l'obligation d'enseigner et l'autre d'apprendre. Dites-moi, je vous prie, pourquoi aimez-vous si fort à parler et si peu à vous taire? Vous sortez incessamment hors de vous-mêmes et vous ne pouvez-vous résoudre à y rentrer. *Quare vis loqui, audire non vis? Semper foras exis, intro redire detrectas?*

C'est chose excellente, dit saint Grégoire de Nazianze[247], de parler de Dieu; mais c'en est une qui l'est beaucoup davantage, de se purifier devant Dieu dans le silence. C'est un grand don de Dieu de pouvoir toujours demeurer dans le silence, et de n'être point contraint par aucune nécessité d'en sortir.

En voilà assez, mes frères, pour vous affermir dans le respect et dans l'amour que je suis assuré que vous avez pour le silence. Soyez persuadés que la solitude n'est rien, et qu'il ne peut y avoir ni de piété solide, ni de régularité véritable dans les monastères sans le silence; que c'est inutilement que vous fermerez la porte

---

[246] In Ps 139: *Discours sur les Psaumes*, tome II, p. 1238, Cerf, coll. Sagesses Chrétiennes - Paris 2007
[247] Or 26

Chapitre XVII Question IV

de vos cloîtres si vous laissez vos bouches ouvertes, et que sans cette pratique si sainte, vous ne serez pas avec moins de danger parmi vos frères que si vous étiez parmi les gens du monde.

Je souhaite donc, mes frères, comme dit saint Pierre Damien[248] : „Que le temple du Saint-Esprit s'élève toujours en vous de plus en plus, et que les vertus spirituelles comme autant de pierres célestes, y forment et y composent par le moyen du silence un saint édifice dans lequel ce divin Époux que vous aimez de toute la tendresse de vos cœurs, se puisse reposer avec plaisir comme dans son lit nuptial"*, Templum ergo tui pectoris nunc per silentium crescat, virtutum spiritualium tanquam cælestium lapidum in te structura consurgat: ubi supernus ille sponsus quem totis visceribus diligis, velut in thalamo suo delectabiliter requiescat.*

Question IV

Faut-il donc croire que saint Benoît et saint Bernard aient enseigné que l'observation du silence doit être si rigoureuse ?

Réponse

Le sentiment de saint Benoît aussi bien que celui de saint Bernard est si évident, et il est si aisé de remarquer combien l'un et l'autre ont estimé que l'observation du silence devait être rigoureuse, qu'il y a lieu de s'étonner qu'on forme des difficultés sur une chose si claire et si constante.

---

[248] Lib 7 epist.ad Agnet.Imperatr. Ep.6 (cf.note 20)

Je vous dirai donc, mes frères, pour finir entièrement cette question et vous ôter jusqu'aux moindres nuages, que saint Benoît dans le chapitre 42 de sa Règle, ordonne que les religieux garderont le silence en tout temps; Et dans le chapitre 6, il veut qu'on ne permette aux religieux, même d'une vertu parfaite et d'une religion achevée, de parler des choses saintes et d'édification que rarement, comme nous venons de le dire. Peut-on s'expliquer d'une manière plus précise et douter de la pensée d'un homme qui parle si positivement?

On oppose à cela comme une objection considérable des paroles du chapitre 48: *Neque frater ad fratrem jungatur, horis incompetentibus.*[249] D'où l'on veut inférer que s'il est défendu aux frères de se joindre aux heures indues, il leur est permis de se joindre dans les autres, et de parler. Mais en un mot, la pensée de saint Benoît est bien éloignée de celle-là.

Son dessein a été de défendre qu'aucun des frères ne se joigne et ne se trouve avec un autre aux heures indues, c'est-à-dire dans le temps de l'office divin, pendant la méridienne, entre les Matines et Prime, et après Complies, pour se rendre de ces secours, de ces assistances et de ces offices qu'ils peuvent se rendre en d'autres temps, et particulièrement quand ils étaient à des exercices et des travaux communs, desquels ils s'acquittent toujours dans un extrême silence. C'est ce qui sera facilement cru de ceux qui savent que les anciens moines avaient des signes pour s'exprimer dans les choses nécessaires; que l'on conserve encore aujourd'hui ceux desquels se sont servis les premiers religieux de Cîteaux, et que leurs convers qui travaillaient incessamment

---

[249] Überhaupt soll ein Bruder sich nicht mit einem anderen Bruder außerhalb der vorgesehenen Stunden zusammentun.

Chapitre XVII Question IV

ensemble et qui en mille rencontres avaient des sujets et des besoins de parler, ne rompaient jamais le silence. Si le mot de *jungere* voulait dire parler, ou que les frères ne fussent jamais ensemble qu'ils ne parlent, on aurait raison d'en tirer la conséquence que l'on en veut inférer. Mais il n'est pas possible qu'il y ait un seul homme informé de la conversation des moines qui ont gardé exactement la Règle de saint Benoît, qui puisse avoir un tel sentiment.

Secondement, quand même on pourrait interpréter ce mot de *jungere* comme on le prétend, c'est-à-dire se trouver ensemble pour parler, on doit croire que la pensée de saint Benoît aurait été d'interdire aux religieux, qui par la raison de leurs charges, avaient droit de parler, comme le Prieur, le Sous-Prieur, les Doyens dans les monastères nombreux, le Maître des Novices, le Cellérier, d'user en ces mêmes temps de leur pouvoir, et de les obliger comme les autres à garder le silence.

On se sert encore d'un autre endroit de la Règle, chapitre 42: *Exeuntes a Completorio nulla sit licentia denuo cuiquam loqui aliquid; quod si inventus fuerit quisquam prævaricari hanc taciturnitatis regulam, graviori vindictæ subjaceat.* Depuis que l'on sera sorti de Complies que personne n'ait la hardiesse de parler de quoi que ce soit; et s'il se trouve quelqu'un qui viole cette règle, qu'il soit châtié d'une punition rigoureuse. Si ce n'est qu'on soit obligé de parler aux hôtes qui pourraient être dans le monastère, ou que l'Abbé ait quelque ordre à donner. On prétend conclure de cette défense qu'il était permis de parler à d'autres heures. Ce n'est pas là cependant l'intention de saint Benoît. Car il commande, ainsi que nous l'avons montré, le silence en tout temps, mais il l'ordonne d'une manière si expresse après

Complies, qu'on ne peut le rompre sans commettre une espèce de crime, hors le cas que nous venons d'exprimer. Et la raison de cette différence est que les entretiens et les communications nocturnes entre les moines sont toujours scandaleuses, non seulement par elles-mêmes, mais à cause des conséquences et des suites. Pour ce qui est de saint Bernard c'est sans fondement que l'on se figure qu'il n'a pas porté si loin l'obligation du silence. Et afin de vous le faire voir, vous remarquerez, mes frères, que dans le sermon 29 sur le Cantique, il exhorte ses religieux à conserver entre eux une charité si parfaite, qu'elle ne soit jamais blessée par aucune action, par aucune parole, ni par aucun signe...

Il dit que les hommes se portent beaucoup plus aisément à soupçonner le mal qu'à croire le bien et particulièrement dans les lieux où la loi du silence est si exacte, qu'elle ne permet pas à celui qui a pu offenser son frère de s'excuser, ni à l'autre qui a conçu le soupçon, de le déclarer: *Præsertim ubi disciplina silentii, nec te, qui in causa est excusare permittit, nec illum, vulnus suspicionis aperire quod patitur, ut curetur.* Cependant, dit-il, ce frère qui se croit offensé est comme brûlé par l'excès de sa douleur, il renferme dans son cœur une blessure mortelle, il gémit au-dedans de lui-même, il est tout plein de colère et d'agitation, et ne peut penser autre chose dans son silence sinon à l'injure qu'il a reçue. Il ne saurait ni prier ni lire, ni méditer; ainsi cet esprit qui donne la vie, n'ayant plus en lui ni action ni mouvement, il faut que cette âme, pour laquelle Jésus Christ est mort se trouvant destituée des aliments qui lui sont nécessaires, périsse. Celui qui a été assez malheureux pour faire l'injure, n'est pas en meilleur état par le trouble intérieur qu'il ressent et par le remords de sa conscience, *ita uritur ille, et moritur, clausa et lœtali vulnere,*

Chapitre XVII Question IV

intra semetipsum gemens... non potest orare, non potest legere, non sanctum aliquid aut spirituale meditari, et ita intercepto vitali spiritu, dum suis destituta alimentis vadit ad mortem anima pro qua Christus mortuus est.[250] Si jamais il y a eu une raison de permettre à un religieux de rompre le silence, c'est assurément celle de le tirer de cette disposition si fâcheuse, dans laquelle saint Bernard nous exprime qu'il se rencontre, puisque par une parole il peut se délivrer d'un état qui lui cause la mort, et donner moyen à son frère de sortir d'une situation, qui n'est guère meilleure, en réparant par une excuse, ou par une satisfaction le mal qu'il lui a fait. Et néanmoins, saint Bernard dans cette occasion, toute pressante qu'elle est, ne relâche rien de la rigueur du silence.

On lit sur le même sujet à un autre endroit dans le Sermon troisième de l'Avent[251], qui n'est ni moins exprès, ni moins décisif: Nos frères, dit-il, sont obligés de nous secourir de leurs conseils et de leurs assistances, par le droit de la société et de la fraternité, *Consiliis et auxiliis*, afin que leurs conseils puissent remédier à notre ignorance, et que les assistances qu'ils nous rendront soutiennent notre faiblesse. Mais peut-être, dit ce saint, que quelqu'un de vous ( ) me réplique en lui-même: comment est-ce que je donnerai conseil à mon frère, puisqu'il ne m'est pas permis de lui dire un seul mot, sans une permission particulière? Quelle assistance lui rendrai-je, puisqu'il ne m'est pas permis de rien faire qui ne me soit ordonné?

Je réponds à cela, ajoute ce saint, vous ne manquerez pas de moyens pour vous acquitter de cette obligation, pourvu que vous conserviez la charité que vous devez à vos frères.

---

[250] Super Canticum 29, 4; SBO I, p. 206.
[251] Serm 31 Avent (Preche Avent III, 5)

Si saint Bernard en était demeuré là, on ne manquerait pas de dire, qu'en ces cas, et pour ces raisons, on accordait aux frères la permission de parler. Mais il montre bien que cela n'était point ainsi et qu'on ne savait ce que c'était que d'accorder cette dispense par ces paroles qui suivent: Je ne trouve point que vous puissiez donner de meilleur conseil à votre frère, que de lui faire connaître par votre exemple ce qu'il faut ou qu'il fasse, ou qu'il évite, l'excitant toujours à ce qui est de meilleur, et le conseillant, non point par la parole, ni par l'usage de la langue, mais par vos œuvres, et par la régularité de votre conduite. *Nullum ego consilium melius arbitror quam si exemplo tuo fratrem docere studeas, quae operteat, quae non oporteat fieri, provocans eum ad meliora, et consulens ei non verbo, neque lingua, sed opere et veritate.*[252] Pour ce qui est de l'assistance, il n'y en a point de plus utile, ni de plus efficace que celle de prier pour lui: *An vero utilius aut efficacius auxilium aliquod est, quam ut ores devote pro eo?*[253] On connaît par expérience qu'il n'y a rien de plus ordinaire aux religieux qui ont de la charité et de la ferveur, lorsqu'ils voient quelqu'un de leurs frères être moins adroit, ou moins ardent dans le travail qui lui a été ordonné, que de lui montrer et de l'instruire de quelle manière il faut qu'il s'en acquitte, en redoublant eux-mêmes la vivacité de leur action, et s'acquittant de leur travail avec encore plus de soin et plus d'application. C'est ainsi que des religieux s'instruisent, s'exhortent, se conseillent et se soutiennent, sans se servir de la parole, et c'est par ces endroits-là qu'il faut juger de la pensée de saint Bernard.

---

[252] Serm 31 Avent (Preche Avent III, 5)
[253] Ibid.

Chapitre XVII Question IV

On forme quelques objections sur ce que saint Bernard reprenait quelques-uns de ses frères, des excès qu'ils commettaient en parlant; mais il suffit que vous sachiez, pour y répondre, qu'on avait dès ces temps-là, des conversations publiques et des conférences régulières, où tous les religieux se retrouvaient, et que c'était dans ces rencontres qu'ils tombaient dans les fautes que saint Bernard leur reproche, comme il paraît dans le Sermon 17 *De Diversis*.

Et il ne faut pas s'étonner que dans un si grand nombre de religieux, il y en eut quelqu'un qui manquait de se contenir dans les règles d'une juste modération. Il se peut même faire qu'il y en avait qui contre l'ordre, et contre le règle rompaient le silence[254].

Vous ne devez point douter, mes frères, que vous ne trouviez dans toutes ces réflexions et ces principes, de quoi vous satisfaire sur les difficultés qui pourraient vous venir touchant la solitude et le silence. Et pour nous, nous vous en aurons dit tout ce que nous avons dessein de vous dire, quand nous vous aurons rapporté ce que le bienheureux Guigues, ce grand Général des Chartreux, dit à ses frères à la fin de ses Statuts[255] :

« Nous vous avons peu parlé, mes frères, dit ce grand homme, des avantages de la vie solitaire, parce que plusieurs saints d'un sagesse et d'une autorité si grande, que nous ne sommes pas dignes de suivre leurs traces, en ont fait les éloges; outre qu'il serait inutile de vous dire ce que vous connaissez mieux que nous-mêmes.

Car vous avez appris, mes frères, et dans l'ancien et dans le nouveau Testament, que ce n'a pas été dans le bruit et dans le

---

[254] Reprise ici du texte de l'édition commune 1683 et 1701
[255] Ed. Basil. an 1510

tumulte du monde mais dans la solitude, que Dieu a révélé ses secrets les plus cachés à ses serviteurs, et que quand ils ont voulu ou méditer avec plus de profondeur, ou prier avec plus de liberté, ou s'élever par un ravissement d'esprit au-dessus des choses terrestres, ils se sont toujours éloignés de la foule des hommes, et ont recherché les avantages de la retraite.

C'est là que nous voyons[256] Isaac quitter ses pavillons et s'en aller tout seul dans les campagnes pour y méditer; ce qui assurément n'était point en lui une chose extraordinaire, mais une habitude sainte. C'est là que Jacob faisant marcher ses troupeaux devant lui et demeurant tout seul derrière[257], contemple Dieu face à face, reçoit sa bénédiction, change son premier nom en un autre beaucoup plus noble et plus glorieux, et obtient plus de Dieu en un moment étant seul, qu'il n'avait fait durant toute sa vie dans la compagnie des hommes.

L'Écriture nous apprend, mes frères, à quel point Moïse, Élie et Élisée chérissaient la solitude; que c'était là que Dieu les favorisait de la révélation de ses mystères et de ses secrets; qu'ils ont été exposés à d'extrêmes dangers toutes les fois qu'ils se sont trouvés parmi le monde; et que Dieu prenait plaisir de les consoler dans la retraite.

Jérémie, comme nous l'avons déjà remarqué, demeurait seul parce qu'il était effrayé des menaces de Dieu. Il demande[258] qu'on remplisse sa tête d'eau, qu'on fasse couler de ses yeux une fontaine de larmes pour pleurer la perte de ses frères et qu'on lui accorde une demeure dans la solitude, afin qu'il se puisse donner

---

[256] Gn 24, 63
[257] Gn 32, 24-29
[258] Jr 9, 1-2 (Vulg) = Bible Jr.: 8, 23 - 9, 1

Chapitre XVII Question IV

plus librement à cette sainte occupation: *Quis dabit me diversorium viatorum in solitudine?* cela ne lui étant pas possible dans les villes; nous faisant connaître par là combien le monde nous empêche de recevoir la grâce des larmes. Ce prophète, après avoir dit: *Bonum est præstolari cum silentio salutare Dei*[259], que c'est un bien d'attendre le salut de Dieu dans le silence, à quoi la solitude contribue extrêmement, ajoute que c'est un bonheur de porter le joug du Seigneur dès sa jeunesse[260]: *Bonum est viro cum portaverit jugum ab adolescentia sua*. Ce qui nous doit consoler, nous qui l'avons embrassé presque tous étant encore jeunes. Il dit enfin: le solitaire vivra dans le silence et dans le repos parce qu'il s'est élevé au-dessus de lui-même[261]: *Sedebit solitarius et tacebit, quia levavit super se*, en nous marquant ainsi par le repos, la solitude, le silence et le désir des choses d'en-haut, ce qu'il y a de plus excellent dans notre Institut. Il nous apprend ensuite quels sont les disciples qui se forment, et qui s'élèvent dans cette sainte école en nous disant[262]: *Dabit percutienti se maxillam, saturabitur opprobriis*. Le premier exprime une souveraine patience, et le second une parfaite humilité.

Saint Jean-Baptiste, lequel selon le témoignage de notre Sauveur,[263] n'a eu qui que ce soit entre les enfants des hommes qui le surpasse, nous montre évidemment ce que l'on trouve d'assurance et d'utilité dans la solitude. Quoique selon les

---

[259] Lam 3, 26
[260] id. v.27
[261] ibid v. 28
[262] ibid. v. 30
[263] Mt 11, 11

prédictions divines[264], il devait être rempli du Saint-Esprit dès le ventre de sa mère, qu'il ait marché devant le Seigneur dans l'esprit et dans la puissance d'Élie, et que la sainteté de ses parents se joigne à toutes ces grâces, néanmoins au lieu de s'appuyer sur ces avantages, il fuit la communication des hommes comme lui étant dangereuse: il se cache dans le désert comme dans une demeure assurée:

Frequentiam hominem fugiens tanquam periculosam; deserta solitudinis tanquam tuta delegit. Et il ne connut ni de péril ni de mort pendant qu'il vécut seul dans la solitude. La gloire qu'il eut de baptiser Jésus Christ[265] et de mourir pour la justice, fait voir quel était le mérite et la vertu qu'il y avait acquise; car il devint tel dans le désert qu'il fut trouvé digne de baptiser Jésus Christ qui était venu pour baptiser tout le monde, et de souffrir plutôt la prison et la mort que d'abandonner la cause de la vérité.

Jésus Christ notre Seigneur et notre Dieu, de qui la sainteté ne pouvait recevoir ni d'utilité ni de dommage du commerce du monde, voulut pour nous donner l'exemple avant de commencer sa prédication et ses miracles, s'y préparer dans la solitude par le jeûne et par les tentations.

L'Écriture nous apprend qu'il se séparait de ses disciples pour prier seul sur le haut de la montagne[266], et qu'il les quitta pour le même sujet peu de temps avant sa passion[267], afin de nous instruire combien la solitude est utile à la prière, puisqu'il ne voulait pas prier dans la compagnie même de ses apôtres.

---

[264] Lc 1, 15.17
[265] Mt 3, 13
[266] Lc 9, 28 / Lk 9,28
[267] Mt 26, 39

Chapitre XVII Question IV

Considérez, mes frères, quel a été le progrès que les saints Pères, les Antoines, les Pauls, les Hilarions, et les Benoîts ont fait dans la solitude; et vous jugerez par vous-mêmes que c'est elle, plus que tout autre chose, qui nous fait trouver de la douceur dans le chant des psaumes;
qui nous donne de l'affection pour les saintes Écritures, de la ferveur dans l'oraison, de la pénétration dans la prière, de l'élèvement dans la contemplation, et qui nous obtient de Dieu la grâce des larmes.

Ne vous contentez pas de ce peu d'exemples que nous vous avons rapportés pour vous faire connaître l'excellence de votre Institut; mais cherchez-en dans vous-mêmes, dans l'expérience que vous avez des choses présentes, et dans les saintes Écritures, quoique cela ne soit pas fort nécessaire et qu'il soit assez recommandable par sa propre rareté et le petit nombre de ceux qui l'embrassent. Car si selon la parole du Seigneur, la voie qui conduit à la vie est étroite, si peu de personnes la trouvent; et au contraire, si le chemin qui mène à la mort est spacieux et fréquenté de plusieurs, et il est certain que parmi les religieux, les Instituts les plus saints et les plus excellents sont les moins suivis; et que ceux qui le sont davantage sont toujours les moins parfaits: *Tanto unum quodque melioris et sublimioris ostendit meritis quanto pauciores, et tanto minoris, et inferioris, quanto plures admittit.* (fin de la citation de Guigues)

C'est ce que ce parfait amateur de la retraite et du silence disait à ses enfants pour les remplir de ses sentiments et de son esprit; et pour leur donner une sainte horreur du commerce et des communications, qui ne sont jamais permises à ceux qui ne sont plus du monde, à moins que dans quelques rencontres et quelques nécessités extraordinaires, une providence de Dieu toute claire ne les y engage.

Chapitre XVIII

De l'Abstinence et de l'Austerité dans la nourriture

Question première

Les saints ont-ils fait un si grand cas de l'abstinence, et de l'austérité dans la nourriture ?

Réponse

On peut juger, mes frères, par la vie que les anciens solitaires ont menée sur la terre, par les instructions et les règles qu'ils nous ont laissées, le sentiment qu'ils ont eu de la mortification des sens, et particulièrement dans l'austérité du boire et du manger. Car, quoiqu'elle serve de peu si elle est toute seule et destituée des dispositions intérieures qui en sont devant Dieu l'agrément et le mérite, ils n'ont pas laissé de la croire utile et nécessaire à la sanctification des cloîtres lorsqu'elle est animée de l'esprit qui est le principe de la sainteté et de la vie puisqu'ils nous en ont donné tant de monuments illustres, que l'histoire sainte est toute remplie d'actions et d'exemples qui ont été regardés comme des prodiges de pénitence, et qu'il n'y a presque point d'Observance monastique qui ne se soit formée et conservée dans une austérité rigoureuse.

Rappelez dans votre mémoire, mes frères, ce grand nombre de Solitaires – qui vivaient dans les monastères aussi bien que dans les solitudes – et qui, pour retracer cette prodigieuse pénitence que Jésus Christ pratiqua dans le désert, passaient sans manger des semaines et des carêmes entiers. Je ne vous dis pas cela pour vous porter à imiter des conduites qui ne sont plus imitables, mais afin de vous persuader que, si Dieu n'avait pas renfermé de grands secours et attaché des bénédictions toutes particulières à ce genre de pénitence, il n'en aurait pas inspiré, comme il a fait, le désir aux plus grands de ses serviteurs.

Vous n'auriez pas la consolation de savoir qu'un saint Macaire[268] fut dans Tabène pendant un carême, n'y mangeant que quelques feuilles de choux, et une fois seulement chaque dimanche; que saint Antoine, qui était trois jours sans manger, ne rompait son jeûne qu'avec un peu de pain, d'eau et de sel; qu'un saint Dorothée passa soixante ans dans une caverne, ne prenant par jour qu'un peu d'eau, six onces de pain, et une petite poignée d'herbes, et qu'il répondit à ceux qui lui faisaient un scrupule de ce qu'il accablait son corps dans une si grande vieillesse: „Je le veux tuer, puisqu'il me tue".

Qu'un saint Marcien, homme d'une grande naissance et honoré à la cour de l'empereur, se retira dans la solitude et y vécut de quatre onces de pain bis; et qu'il ne mangeait qu'après le coucher du soleil.

Que le bienheureux Sabin son disciple, ne vivait que d'un peu de farine trempée dans de l'eau.

Que saint Macédonien ne mangea pendant quarante ans ni pain ni légumes, mais seulement un peu d'orge écrasée et délayée dans l'eau.

Que le grand saint Jacques, évêque de Nisibe, ne vivait que des fruits que la terre lui pouvait produire sans être cultivée.

Que saint Abraham, évêque et solitaire, a vécu de la même manière; que les saints Sabas, Acepcime, Publie, Aphrate se sont traités avec une pareille rigueur; qu'une sainte Marie d'Égypte n'a

---

[268] Vit. Patr.

Chapitre XVIII Question II

eu que trois pains pour se nourrir l'espace de dix-sept ans; que pendant le reste de sa vie, qui en dura trente autres, elle n'eut que quelques herbes sauvages.

Qu'un saint Siméon passa trente carêmes dans une continuelle édification ; qu'une multitude innombrable d'hommes d'une mérite éclatant et d'une sainteté consommée ont observé une austérité semblable et se sont contentés pour leur nourriture de quelques onces de pain sec et grossier, d'herbes crues, de légumes trempés dans de l'eau, et de quelques fruits sauvages; et qu'ils ne prenaient encore qu'en petite quantité et après de grands jeûnes et de longues abstinences.

Question II

Ces exemples si édifiants ne paraissent-ils pas d'une conduite singulière, et peuvent-ils servir de règle pour des communautés et des Observances entières?

Réponse

Il est vrai que ce qui doit être pratiqué de beaucoup de personnes ne doit rien avoir qui soit extrême; et qu'il faut garder plus de mesure dans les règles qu'on donne pour être communes et pour être généralement embrassées. Mais, quelque modération que les saints y aient apportée, lorsqu'ils ont institué des Observances monastiques, ils ont toujours ordonné une pénitence si exacte qu'on n'a guère manqué de regarder leur conduite comme quelque chose d'excessif quoi qu'elle eut, en effet, tout le tempérament et la discrétion qu'elle devait avoir. Et quand nous mettrons ce qui se fait aujourd'hui dans les Congrégations les plus rigoureuses auprès de ce que les saints ont établi et de ce qui s'est pratiqué dans l'origine et dans la première institution des

Observances, nous trouverons que l'austérité de nos temps la plus grande et la plus rigide, n'est que l'ombre et la figure de celle qu'ils ont observée. Et nous pourrions vous dire avec beaucoup de fondement ce que vous avez lu dans l'Imitation de Jésus Christ[269]: Considérez ces exemples si vifs des saints Pères, dans lesquels la religion a éclaté dans toute sa pureté, et vous verrez que ce qui se fait entre nous, n'est presque rien, et que notre vie, quand on la compare à la leur, est bien peu de chose. *Intuere sanctorum Patrum vivida exempla, in quibus vera perfectio refulsit et religio; et videbis quam modicum sit, et pene nihil, quod nos agimus: heu quid est vita nostra, si fuerit illis comparata.*[270]

C'est une vérité, mes frères, qui vous paraîtra toute évidente si vous la cherchez dans la tradition monastique, et si vous remarquez quelle a été la pénitence des Solitaires et particulièrement dans la nourriture, dans les travaux corporels et dans la pauvreté. Je ne parle pas seulement des ces anges incarnés qui, s'étant mis au-dessus des nécessités de la nature, ont paru dans les déserts comme des astres éclatants; mais je parle des cénobites qui ont vécu dans des communautés et des Congrégations réglées.

Comme il y a eu différents Instituts dans l'Égypte et dans la haute Thébaïde, on n'y a pas observé une pénitence uniforme. Mais nous voyons par les histoires que l'austérité était grande partout; que le pain sec en petite quantité, les herbes, les légumes, les fruits, étaient les viandes ordinaires des Solitaires et de Cénobites. Tous les disciples de saint Antoine ont gardé cette

---

[269] Lib. I, cap. 18
[270] Thomas a Kempis, Die Nachfolge Christi, Buch 1, Kap.18

Chapitre XVIII Question II

abstinence, c'est-à-dire presque toute l'Égypte puisqu'il a été le Père des observances qui s'y sont formées[271].

Saint Pacôme après avoir été instruit par l'Ange du Seigneur, assembla dans le monastère de Tabene, jusqu'à douze cents Solitaires qui ne vivaient que d'herbes et de légumes, et ne mangeaient rien de cuit pendant le carême. Ils s'en forma quantités d'autres qui gardèrent[272] le même genre de vie, et ce grand saint eut trois mille Solitaires sous sa conduite.

Saint Basile et saint Grégoire de Nazianze nous apprennent[273], que les véritables Solitaires ne se nourrissaient que d'aliments secs, qui n'ont que très peu de suc et de force, et seulement pour se soutenir dans leurs faiblesses. Qu'ils ne mangeaient qu'une seule fois par jour, comme il leur était prescrit par leur Règle; et qu'ils étaient si retenus et si réservés dans les nécessités de leurs corps que jamais leur conscience ne leur faisait sur ce sujet aucun reproche. Et on ne peut douter que les herbes et les légumes n'aient été les viandes[274] communes et ordinaires dont les moines de l'Orient usaient de leur temps puisqu'il disent expressément dans un autre endroit[275] que: s'il se rencontre qu'on ajoute et qu'on mette dans l'eau ou parmi les herbes qu'on prépare aux Solitaires,

---

[271] Vit. Patr.
[272] Pall. c.6
[273] Const. Mon. c.6
[274] Évolution historique du sens du mot viande. An 1050: du bas latin vivanda = ce qui sert à vivre. Les „vivanda" sont proprement des „vivres", des provisions. 1.Le mot désigne en ancien français d'abord l'ensemble des aliments, la nourriture. 2. Il se spécialise (vers 1382) pour désigner la chair des mammifères et des oiseaux dont l'homme se nourrit, sens qui s'impose à partir de 17e siècle, viande se substituant alors à „chair", mais conservant encore le sens général de nourriture. Le sens moderne se précise dans des syntagmes (association de deux mots): „grosse viande" = viande de boucherie à l'exclusion de la volaille et de la charcuterie; „menue viande" = volaille et gibier.
[275] Id. c.25

ce petit morceau de saline que les saints Pères ont jugé que l'on pouvait servir en la place de quelque autre mets, qu'on prenne bien garde en le rejetant sous les apparences d'une piété vaine et singulière, comme si c'était de la chair, de rechercher en effet des viandes meilleures et plus délicates; mais qu'on ne fasse point de difficulté de tremper son pain dans le bouillon de ce petit morceau de poisson salé, et qu'on en use avec action de grâces puisqu'étant jeté dans une si grande quantité d'eau, ou de légumes, bien loin d'avoir rien qu'on puisse accuser de délicatesse, il doit être regardé comme la plus grande et la plus exacte austérité des Solitaires.

C'est ce que saint Basile confirme dans un de ses lettres, lorsqu'il dit[276]: Si nous sommes dans une santé parfaite, le pain et l'eau peuvent nous suffire; à quoi on pourra ajouter les légumes, au cas qu'on ait besoin de ce soulagement pour soutenir les forces de nos corps.

Il n'y a rien qui fasse mieux voir quelle était l'austérité qui se gardait parmi les moines de l'Asie, que la surprise que Cassien fit paraître lorsque le saint Abbé Moïse[277] lui ayant dit qu'il y avait eu des Solitaires dans l'Égypte qui ne vivaient que d'herbage, de légumes ou de fruits seulement, et que les autres se contentaient de deux petits pains secs qui pesaient à peine une livre, et sans y rien ajouter, il se prit à sourire, regardant cela comme un excès, et lui répondit qu'il aurait de la peine à manger un de ces petits pains tout entier.

---

[276] Ep. ad Greg. Naz.
[277] Conl. 2 c. 19-21

Chapitre XVIII Question II

Saint Chrysostome en parlant de la sainteté des moines[278] de son temps, dit que les uns ne mangeaient que du pain, les autres y ajoutaient un peu de sel, quelquefois de l'huile; et que ceux qui étaient infirmes, se contentaient d'herbes et de légumes.

Saint Jérôme rend le même témoignage[279] et dit en plusieurs endroits, que les moines ne vivaient que de pain, d'herbes et de légumes assaisonnés seulement avec du sel, et que c'était une sensualité pour eux que de manger quelque chose de cuit.

Nous apprenons par l'Histoire d'Évagre[280], que vers le cinquième siècle, l'austérité des monastères de la Palestine était si grande qu'ils n 'avaient point d'argent, ni en commun, ni en particulier; qu'ils vivaient d'herbes et de légumes; que leurs travaux étaient si excessifs qu'ils étaient plus semblables à des morts qu'à des vivants; que leurs jeûnes passaient souvent deux ou trois jours et quelquefois quatre et cinq, et qu'ils ne mangeaient jamais que pour les simples besoins de la nature.

Dans ce saint monastère situé le long du Jourdain, dans lequel saint Zozime[281] se retira par l'inspiration de Dieu, les Solitaires ne se nourrissaient que de pain et d'eau.

Saint Jean Climaque[282] rapporte que quoique la sainteté monastique fût extrêmement affaiblie de son temps, néanmoins on conservait encore l'austérité des anciens Pères des déserts.

Saint Nil ordonne[283] que les religieux qui sont en santé mangent des légumes, les infirmes des herbes, et il permet l'usage d'un peu de viande à ceux qui sont grièvement malades.

---

[278] Hom 24 in c.1 1 ad Timot
[279] Hieronymus: Epistola ad Eustochium. "De custodia virginitatis"
[280] Lib. 1 c.41
[281] Vit. Pat.
[282] Grad 264 art. 51

Il est vrai que c'est un adoucissement extraordinaire et duquel des Solitaires d'Orient n'ont point usé. Entre les accusations que les Grecs ont autrefois formées contre l'Église latine[284], une des principales était, sur ce que saint Benoît permet dans sa Règle aux religieux malades de manger de la .viande. Ils n'auraient eu garde de lui faire ce reproche s'ils n'eussent été dans un usage contraire.

Et le Cardinal Humbert, légat à Constantinople, dans son Apologie, n'eût pas manqué de leur répondre qu'ils avaient tort de blâmer ce qu'ils pratiquaient eux-mêmes. Mais au lieu de leur rien dire de semblable, il se contenta de justifier en ce point la conduite de saint Benoît, comme étant pleine de charité, de discrétion et de sagesse. Et de reprocher aux Grecs leur dureté et l'injustice de leurs plaintes: *Carnibus*, dit-il, *necessitate utentes cœnobitas omnino detestantur*. Cela fait voir évidemment qu'ils observaient l'abstinence de la chair sans dispense, et avec une rigueur inflexible.

Si l'austérité était grande dans l'Orient pour la qualité de la nourriture, elle ne l'était pas moins pour le temps et pour la manière de la prendre. Car il est certain que les anciens moines ne faisaient qu'un seul repas chaque jour; que leur jeûne était presque continuel, et qu'ils ne le rompaient, selon la règle commune, que vers l'heure de None.

Saint Basile dit explicitement[285] qu'un religieux ne doit manger qu'une fois le jour.

Le saint Abbé Théonas nous assure[286] que l'indulgence que les Solitaires d'Égypte et de la Thébaïde s'accordaient au temps

---

[283] Lib. 2 Ep. 160
[284] Humb cont. Græcor. Calumn. Biblioth.Patr. Tom.4. part.2 prope fine.
[285] Const. Mon. c. 6
[286] Cass. Collat. 21 c. 23

Chapitre XVIII Question II

pascal, se réduisait simplement à changer le temps de leur repas en mangeant à l'heure de Sexte, au lieu de celle de None. Et qu'ils conservaient la même qualité et la même quantité dans les viandes, de crainte de perdre dans la solennité des fêtes pascales, la pureté de l'âme et du corps qu'ils avaient acquise pendant les jeûnes.

Cassien confirme[287] à peu près la même chose lorsqu'il dit que dans la Palestine, les samedis, les dimanches et les fêtes auxquelles les frères font deux repas, on ne récite point de Psaume le soir quand on se met à table, non plus que lorsqu'on en sort, parce que ce repas est extraordinaire; que les frères mêmes ne s'y trouvent pas s'il n'est arrivé au monastère quelque religieux étranger, qu'une indisposition ou quelque autre raison particulière ne les y oblige.

Saint Athanase donne cette règle dans le livre qu'il a écrit de la Virginité[288]: Jeûnez toute l'année, quoique nulle nécessité particulière ne vous y contraigne, après que vous aurez persévéré dans la prière et dans les louanges de Dieu. Prenez à l'heure de None du pain avec des légumes et un peu d'huile; et que les choses dont vous userez soient simples, et n'aient point de vie. Ce grand saint n'aurait garde d'imposer cette nécessité à de simples filles si ce n'avait été un usage commun parmi ceux qui faisaient profession de servir Jésus Christ et de vivre dans la pénitence.

On lit ces paroles dans la Règle du saint Abbé Isaïe[289]: Mangez seulement une fois le jour et ne vous rassasiez jamais.

---

[287] Inst.. III,12; p.117
[288] Athan. Lib. De Virgin.
[289] Reg. art. 56

La pénitence de la vie solitaire n'a pas été renfermée dans l'Orient, et quoiqu'elle ait été connue plus tard dans l'Occident, elle n'a pas laissé de s'y établir, d'y faire de grands progrès et de s'y répandre avec éclat et avec bénédiction.

La Règle de saint Benoît[290] qui a toujours été regardée dans l'Occident comme la principale, à cause de son étendue et de sa fécondité, ordonne des jeûnes exacts depuis l'Exaltation de la sainte Croix jusqu'à Pâques. Elle défend l'usage de la chair et ne le tolère que dans les maladies et les faiblesses considérables[291]: *Carnium vero quadrupedum omnimodo ab omnibus abstineatur comestio praeter omnino debiles aegrotos.* Et dans le chapitre 36: *Carnium esus infirmis omnino et debilibus pro reparatione concedatur; at ubi meliorati fuerunt, a carnibus more solito omnes abstineant.* Elle ne permet que deux portions cuites[292] pour la subsistance ordinaire des frères. Et quoique les termes dont elle se sert pour marquer la qualité de la nourriture reçoivent diverses explications, il y a néanmoins grand sujet de croire qu'ils doivent être pris à la lettre et que l'on doit entendre par le mot de *pulmentum*[293], des portions faites avec des légumes, des herbes, de la bouillie et quelque chose de semblable.

Car premièrement, en matière de règlements, il faut toujours prendre les paroles dans leur propre sens, et dans leur signification naturelle.

Secondement, rien ne convenait mieux à une Observance qui naissait dans l'abaissement et dans l'abjection, et qui faisait

---

[290] Cap. 41
[291] Cap. 39
[292] Id.
[293] „Sufficere (...) omnibus mensis cocta duo pulmentaria propter diversorum infirmitaties" RB 39 (ital. polenta)

Chapitre XVIII Question II

profession d'une extrême pauvreté, qu'une nourriture vile et simple, qui pouvait se trouver sans dépense et se préparer sans peine. Il n'y a guère d'apparence que saint Benoît eût ordonné des viandes plus chères et plus délicates pour des hommes pauvres, et qui devaient vivre du travail de leurs mains[294]; *Tunc vere monachi sunt, si labore manuum suarum vivunt, sicut et Patres nostri et Apostoli.*

Troisièmement, les saints qui instituèrent l'Ordre de Cîteaux, et qui se proposèrent d'observer à la lettre la Règle de saint Benoît, donnèrent ce même sens au mot de *pulmentum*, comme il paraît par la vie qu'ils menèrent dans les commencements de cet Ordre et dans leurs premières Constitutions. Mais qui ne sera surpris de l'austérité que les Camaldules[295] ont pratiquée[296]? Ces parfaits Solitaires à l'imitation de ceux qui les avaient précédés dans les premiers siècles de l'Église, jeûnaient au pain et à l'eau cinq jours de chaque semaine et se contentaient d'y ajouter des herbes ou des légumes, le jeudi et le dimanche; et la plus grande partie de ces saints moines passaient l'Avent et le Carême tout entier dans une abstinence si exacte qu'ils ne prenaient pour toute nourriture que du pain et de l'eau. Ils n'ont pas seulement observé cette pénitence si rigoureuse pendant la vie de saint Romuald, mais encore longtemps après sa mort.

Il mourut l'an 1027 et nous voyons par le témoignage du bienheureux Rodolphe[297], – qui fut le quatrième de ses

---

[294] RB cap. 48
[295] L'ordre Camaldule (ou ordre des Camaldules) est un ordre religieux fondé par Romuald de Ravenne (saint Romuald) en 1012 à Camaldoli, *frazione* de Poppi, dans la haute vallée de l'Arno en Toscane (Italie), sous la règle de saint Benoît. (Wikipedia)
[296] Constit. Camald. c. 28
[297] Ib. c. 29

successeurs, élu en 1084 – que cette grande austérité n'était que peu ou point du tout diminuée de son temps.

Il dit que la coutume de leur désert était de s'abstenir pendant l'Avent et le Carême de fromage et d'œufs, de poisson et de vin, si ce n'est aux fêtes de saint André, de saint Benoît, de la sainte Vierge, au dimanche des Rameaux et au Jeudi saint.

Que dans ces Carêmes, ils jeûnaient cinq jours de la semaine au pain et à l'eau, avec un peu de sel; que le dimanche et le jeudi, ceux qui le voulaient pouvaient user d'une portion, et qu'il y en avait quelques uns qui vivaient de la même sorte les quarante jours qui précèdent la fête de la Pentecôte. Et que l'usage commun pendant toute l'année, était de jeûner le lundi, le mercredi, le vendredi et le samedi au pain et à l'eau avec le sel. Ce qu'ils observaient avec tant de religion et d'exactitude que s'il arrivait quelque solennité dans laquelle ils dussent se relâcher de cette abstinence, ils la remettaient au lendemain.

Saint Colomban ordonne dans sa Règle[298], que les frères mangent le soir; qu'ils usent d'une nourriture vile; qu'ils soient sobres dans le manger et dans le boire. Il dit que les viandes doivent soutenir mais qu'il ne faut pas qu'elles nuisent; que les herbes, les légumes, la bouillie, avec un peu de pain suffisent pour la nourriture ordinaire.

Les Chartreux, selon leurs premiers statuts[299] jeûnaient le lundi, le mercredi et le vendredi au pain et à l'eau, à quoi il leur était permis d'ajouter un peu de sel: *Secunda, quarta, sextaque feria: pane et aqua et sale si cui placet contenti sumus.* Le mardi, le

---

[298] Cap. 3
[299] Stat. Guig. c. 33 Bas. édit. an. 1510

Chapitre XVIII Question II

jeudi et le samedi, ils mangeaient des légumes, ou quelque chose de semblable, que chacun d'eux apprêtait.

On leur donnait du vin seulement ces jours-là, et le jeudi on y ajoutait un peu de fromage, ou quelque chose de meilleur que les autres jours.

Depuis les Ides de septembre jusqu'à Pâques, ils ne mangeaient qu'une fois, excepté les solennités[300]. Le vin qu'on leur donnait, n'était jamais pur, et le sel était l'unique assaisonnement des viandes ordinaires qu'on leur servait[301]: *Generaliter hujus domus cibi, communes sale tantum condiuntur*. Le pain qu'ils mangeaient n'était jamais blanc, car ils n'en faisaient de blanc que pour les infirmes: *Album enim panem non facimus, nisi pro ægrotim*.

Le dimanche[302] après None, tous les frères recevaient du serviteur de cuisine, des légumes, des herbes, du sel et d'autres choses semblables, et après souper, on leur donnait à chacun, comme aux pauvres de Jésus Christ, un tourteau de gros pain pour leur nourriture de toute la semaine. C'est ce que nous apprenons du bienheureux Guiges, lorsqu'il dit en parlant de ses frères: *In claustrum convenimus,... a coquinario legumina, sal et cætera exposcimus, et accipimus: post cænam singulas tortas tanquam Christi mendici recipimus*.

Pour le poisson[303], ils permettaient qu'on en achète seulement pour les infirmes, et dans les grandes maladies. *Propter hos solos, si tanta fuerit ægritudo, pisces emere solemus*.

Les frères Convers[304] jeûnaient au pain et à l'eau tous les vendredis de l'année, excepté les solennités. Depuis le

---

[300] c. 34. 2 part. Stat. ant.c.14
[301] Stat. Guig. cap. 52. ante. stat. 2. part c. 14
[302] Cap. 7
[303] Cap. 38

commencement de novembre jusqu'à Pâques, ils mangeaient du pain d'avoine; et pendant l'Avent et le Carême, on leur donnait chaque semaine un tourteau de pain de froment comme en manière de pitance.

Il n'y a point de pénitence que l'extrême pauvreté des religieux de Grandmont n'ait égalée. Saint Étienne leur défend[305] l'usage de la chair dans les maladies comme dans la santé. Il leur interdit toute possession au-delà de leur enclos. Il leur ordonne de mener une vie pauvre, en sorte qu'ils puissent tirer leur subsistance de leur désert, de leur jardin et de quelques aumônes. Ce grand saint disait à ses frères: Nous avons commencé à vivre par la grâce de Dieu dans une pauvreté érémitique; c'est ainsi qu'il faut que nous finissions par sa miséricorde: *In paupertate eremiticam vitam nostram Deo annuente ducere cepimus, sic et eam ipso adjuvante finire debemus.* Celui[306] qui était à son aise dans le monde, serait tout à fait blâmable en le quittant, s'il s'était proposé autre chose que la pauvreté dans une religion pauvre. N'a-t-il pas dans sa première condition assez usé de viandes délicates, et d'habillements propres? Et quant à celui qui était pauvre dans le siècle, avec quel droit chercherait-il dans le désert des commodités qu'il ne pouvait avoir dans le monde?

Saint Aurélien (d'Arles) défend dans sa Règle[307] l'usage de la chair, et ne le tolère que pour les infirmes. Il ordonne que la nourriture commune des frères ne soit que d'herbes accommodées avec de l'huile ou du fromage. Il ne permet qu'on serve du poisson

---

[304] Cap. 52
[305] Reg. c. 37
[306] c. 55 / Kapitel 55
[307] In Reg. c. 91 (?)

Chapitre XVIII Question II

que dans certaines fêtes, et quand l'abbé l'accordera par indulgence: *Quando sanctus Abbas indulgentiam facere voluerit*, mais il veut que la nourriture ordinaire soit d'herbes accommodées avec de l'huile ou du fromage.

Saint Fructueux veut[308] que les frères ne mangent que des herbes et des légumes pour leur nourriture; et ne permet que très rarement quelques petits poissons, ou de mer, ou de rivière.

La Règle des Solitaires[309] veut que les frères vivent de légumes et d'herbes; qu'ils usent quelquefois de fromage et d'œufs; et qu'ils regardent comme de grandes délices d'avoir des petits poissons.

On lit dans la Règle[310] qui s'appelle *Regula cujusdam* que deux portions faites d'herbes ou de légumes, ou de bouillie, doivent suffire pour la nourriture des frères, sans y comprendre le fruit qu'on y peut ajouter.

Le bienheureux Aelred dit dans sa Règle[311] qu'il a faite pour de saintes filles, qu'il faut rejeter le pain blanc, et les viandes délicates, comme un poison d'impudicité. Elles doivent avoir une portion d'herbes ou de légumes, ou de bouillie, à quoi l'on peut ajouter un peu d'huile, de beurre ou de lait; ou quelques petits poissons avec des herbes crues ou des fruits.

Vous serez assurément plus touchés, mes frères, de l'austérité que les saints Instituteurs de l'Ordre de Cîteaux ont pratiquée. La vie qu'ils établirent dans le commencement de ce grand Ordre, vous rendra plus sensibles à l'état où vous le voyez présentement;

---

[308] In Reg. c. 5
[309] Grimlaicus in Reg. sol. c. 43
[310] Cap.10
[311] Cap. 19 (référence donnée par Rancé). Dans Aelred de Rielvaux: *La vie de recluse*, n° 12, p. 75-77, Edit SC n° 76 1961

et je ne doute point qu'en remarquant des distances presque infinies entre la conduite des pères et celles des enfants, vous ne vous écriez avec saint Bernard : *O Monachi et Monachi!*[312] Ces saints entreprirent, comme nous l'avons déjà dit, d'observer la Règle de saint Benoît à la lettre. Ce fut ce qu'ils se proposèrent, et ce que Dieu leur mit au cœur. Ils rejetèrent toutes les explications et les sens dont on se pouvait servir pour en adoucir la rigueur, et en altérer la pureté. Ils imposèrent cette même austérité à leurs successeurs; ils leur ordonnèrent de persévérer dans la voie étroite et rigide, qui est exprimée dans la Règle, jusqu'au dernier soupir de leur vie. Ce sont les propres termes de la Charte de fondation[313] : *In arcta atque angusta via quam regula demonstrat, usque ad exhalationem spiritus, desudent.*

Pour s'acquitter donc de cette obligation, ils se contentèrent de vivre[314] de légumes, de racines, d'herbes et de bouillie; et tout l'assaisonnement s'en faisait avec du sel et de l'eau. Leur pain était bis et rude; ils ne buvaient du vin que rarement; et on ne le servait point sur les tables qu'il n'eût été mêlé auparavant avec de l'eau[315]. On ne leur donnait pour le souper dans les jours auxquels ils ne jeûnaient point que des herbes crues, et du lait cru ou cuit, dans les temps de la moisson. Les œufs[316], dont l'usage était rare parmi eux, n'étaient que pour les malades. Ils jeûnaient conformément à la Règle de saint Benoît, depuis l'Exaltation de la sainte Croix jusqu'à Pâques; et depuis la Pentecôte, jusqu'au jour de la sainte Croix, tous les mercredis et les vendredis.

---

[312] In Sermon s. Benedicti.
[313] In Exor. Cister. Cf.: Exordium parvum, p. 24, 6 dans: CîTEAUX Documents primitifs – Texte latin, traduction française; Cîteaux – Commentarii Cistercienses 1988
[314] Bern. Epis. Fast. Ep. Steph. Torn.
[315] Us c. 88
[316] Us c. 84

Chapitre XVIII Question II

Ils s'abstenaient de lait, de beurre, et de fromage le Carême, l'Avent, tous les jours de jeûnes de l'Église et tous les vendredis de l'année, à l'exception de ceux qui arrivent dans le temps pascal. Ils passaient trois vendredis de Carême avec une seule portion, et les trois autres avec du pain et de l'eau. Et quoique leurs travaux fussent excessifs et leurs veilles très longues, l'amour qu'ils avaient pour Jésus Christ faisait que leur pénitence leur était agréable et qu'ils trouvaient du goût et du plaisir dans leurs souffrances.

Il parut environ cent ans après la fondation de Cîteaux[317] une Congrégation tirée, à ce qu'on peut juger, de cet Ordre même, qui ne s'étendit pas beaucoup mais qui ne laissa pas de donner de l'édification à l'Église. Elle s'appela du Val des Choux[318]. Ces religieux habitaient le fond des forêts, ils ne mangeaient jamais de chair, ils vivaient d'une portion de légumes, avec du pain et de l'eau seulement, depuis l'Exaltation jusqu'à Pâques, et portaient perpétuellement le cilice.

On a vu dans le siècle passé[319] la réforme des Carmes déchaussés d'Espagne s'établir dans une austérité qui n'était guère inférieure à celle que les anciens Pères avaient pratiquée.

On lit que les premiers Religieux de cette Observance ne se nourrissaient que d'herbes qu'ils prenaient dans les champs indifféremment et sans aucun choix, et que celles qui croissaient dans les jardins leur paraissaient trop délicates; toute la précaution qu'ils apportaient pour reconnaître si elles n'avaient rien de venimeux était d'en faire manger à quelques bêtes.

---

[317] Jacob. De Vit. Hist. Occid. c. 17
[318] Ep. Innoc. 3
[319] Hist. Des Carmes d'Esp.

Leur boisson n'était que l'eau pure; si on leur donnait quelquefois du vin par aumône et qu'on le présenta sur les tables, personne n'y touchait, dans la pensée qu'il n'était pas nécessaire et ne convenait pas à des aliments aussi pauvres qu'étaient ceux qu'ils usaient.

Il y en avait qui passaient les Carêmes au pain et à l'eau, les autres y ajoutaient de l'absinthe pour rendre encore cette nourriture plus désagréable; d'autres ne mangeaient que de l'avoine et de la paille, et se refusaient quelques gouttes d'eau dans les ardeurs d'une soif extrême.

Question III

Pourquoi est-ce que dans l'endroit que vous nous avez cité des Constitutions de saint Basile chapitre 25, quelques uns mettent le mot de chair salée, au lieu de poisson salé?

Réponse

Quoique je n'aie aucun dessein de vous faire une instruction de grammaire, néanmoins cet endroit me paraît si considérable, et cette explication combat tellement la pénitence des anciens Solitaires, que je crois qu'il est nécessaire de vous en donner un entier éclaircissement et de ne vous laisser aucun doute sur un point de cette conséquence. Je vous dirai donc, mes frères, que les interprètes n'ayant pas eu assez de soin de prendre le sens de saint Basile, ni d'entendre ses expressions, ont traduit le terme qui signifie du poisson salé par celui de chair salée, ce qui est évidemment contre la pensée de ce saint.

Premièrement, l'austérité était si grande et si exacte dans son temps parmi les Solitaires, qu'à peine remarque-t-on dans les

Chapitre XVIII Question III

Histoires qu'il y en eût qui mangeaient de la chair. Ils la considéraient comme un aliment si éloigné de la vie qu'ils menaient, qu'ils n'auraient eu garde de souffrir qu'on en eût mis dans leur nourriture ordinaire. Et saint Basile était trop amateur de la pénitence pour leur donner un conseil si opposé à celle dont ils faisaient profession en leur disant, qu'ils ne fassent point de difficulté de tremper leur pain dans le bouillon où l'on aurait mis de la chair salée.

Secondement, quel sujet peut-on avoir de donner à ce passage de saint Basile un sens violent et extraordinaire puisqu'il en peut avoir un si naturel et si clair. Et pourquoi ne pas dire qu'il n'a point eu d'autre intention que celle de faire connaître à des Solitaires qui s'abstenaient de poisson et ne vivaient que de légumes, qu'au cas où l'on mît un petit morceau de poisson salé dans leur nourriture accoutumée, ils ne devaient point la rejeter comme si on leur avait véritablement présenté de la chair de poisson; mais qu'ils pouvaient et qu'ils devaient sans aucun scrupule tremper leur pain dans le bouillon où l'on aurait mis ce morceau de poisson, en manger avec action de grâces, et considérer cela comme une austérité exacte. En effet, ce morceau de poisson salé confondu dans une si grande quantité d'eau, d'herbes et de légumes, n'y pouvait faire que ce qu'y aurait pu faire un peu de sel, c'est-à-dire lui donner un assaisonnement que les Solitaires les plus pénitents et les plus rigides n'auraient jamais condamné.

Troisièmement, on connaît le sentiment d'un homme qui parle et qui écrit, par les paroles dont il se sert pour s'expliquer. On doit les prendre dans leur signification naturelle et ne leur pas donner un sens extraordinaire qu'elles n'ont point. Or comme les termes dont saint Basile a usé, signifient précisément du poisson salé, c'est sans aucun fondement qu'on veut qu'il permette aux Solitaires de manger de la chair. En un mot, on ne peut mieux connaître ce qu'elles signifient que par les auteurs et les dictionnaires qui les ont expliquées.

Il faut donc que vous sachiez que saint Basile s'est servi dans ce lieu-là de deux termes; l'un est τάριχευτόν, l'autre τέμάχος[320]. Et quoique le premier puisse s'étendre quelquefois à toutes les choses salées, néanmoins sa signification propre et naturelle est du poisson salé.

Pour l'autre, il signifie tellement[321] du poisson salé qu'il est marqué dans les dictionnaires, qu'il ne peut être pris pour de la chair.

On voit dans *Favorinus Camertes*[322], qui est un des meilleurs et des plus exacts, que le mot τέμάχος signifie un morceau de poisson salé, et qu'il ne peut être pris pour de la chair.

Le grand Dictionnaire[323] de *Tuffanus, Robertus Constantinus, Marcus Hopperus* le dit aussi expressément. La même chose se voit dans un Lexicon exact de l'impression de Grif de l'année 1545. Edit. Par. in quarto.

Julius Pollux dans son *Onomasticon*[324] en deux endroits différents, savoir dans le chap. 9 du livre 6, et dans le chap. 8 livre 7, met le mot de τέμάχος pour signifier un morceau de poisson salé.

---

[320] „tarecheuton" veut dire „salé"
[321] Lancelot. Radic.
[322] Favor. Camert.
[323] Dict. Bud....?
[324] Onomast. Jul. Poll.

Chapitre XVIII Question IV

Le Lexicon[325] qui a pour titre *Lexicopator Etymon, ex variis Doctissimorum Hominum Lucubrationibus per Joannem Chœradamum*, marque que le mot de τέμάχος signifie un morceau de salé, mais qu'il ne s'entend que du poisson; et qu'on appelle de grands poissons τεμάχίταί.

Le Lexicon[326] de *Scapula* porte que τέμάχος signifie particulièrement un morceau de poisson.

Aristophane[327] s'est servi du mot de τέμάχος dans la comédie des nuées et dans celle des richesses, pour signifier du poisson. Et le Scholiaste prouve par quelques exemples qu'il signifie seulement du poisson et qu'il ne se peut prendre pour de la chair.

Vous voyez évidemment, mes frères, que saint Basile n'a point voulu parler d'un morceau de chair salée, mais d'un morceau de poisson salé. Que son dessein a été d'apprendre aux Solitaires, aux cas qu'on en mît dans leur nourriture ordinaire, qu'ils devaient ne pas en prendre de scandale, mais en manger avec bénédiction. Et que non seulement ce sentiment est plus convenable à la pénitence qui se pratiquait dans tout l'Orient, mais qu'on ne peut pas en trouver un autre dans les termes dont il s'est servi.

Question IV

Ne pourrait-on pas croire que saint Benoît aurait permis l'usage des oiseaux et des volailles, n'ayant défendu par sa Règle que celui des bêtes à quatre pieds?

Réponse

---

[325] Lexicon Charad.
[326] Lexicon Scap.
[327] Aristop. com. De Nub. cum comment....?

C'est une pensée, mes frères, qui n'est pas nouvelle mais qui n'est appuyée d'aucune raison solide. Il faut considérer que saint Benoît adresse sa Règle à des hommes qu'il destinait à une vie pauvre, austère, pénitente et laborieuse, et à des occupations pénibles, comme celle des gens de la campagnes, qui travaillent à la terre, qui cultivent les champs, qui fauchent les blés et qui font la moisson. Ainsi voulant ou leur défendre ou leur permettre de manger de la viande en certains cas et pour de certaines nécessités, il le fait d'une manière qui convient à leur condition et à leur état. Un médecin qui voudrait ordonner ou interdire à un paysan de manger de la chair, n'aurait garde de lui parler, ni de poulets, ni de chapons, ni de perdrix, ni de faisans, ni d'autres choses semblables parce que ces sortes de viandes lui sont assez défendues par elles-mêmes, et qu'elles n'ont ni proportion ni rapport à sa pauvreté ni à la vie qu'il mène. Mais il pourrait lui permettre ou lui défendre de manger – ou de ne pas manger – de la grosse viande, étant une nourriture qui lui est plus proportionnée.

Saint Benoît en use dans sa Règle de la même sorte avec beaucoup de sagesse et de discernement; il n'a pas jugé devoir prescrire à ses frères l'abstinence de la viande, ou leur accorder la permission d'en manger, en leur nommant des mets peu conformes à des personnes consacrées à la pauvreté et à la pénitence, mais pour s'expliquer d'une manière plus propre et plus naturelle, il ne leur a parlé que de viandes grossières, et d'animaux à quatre pattes. Et véritablement, il n'y aurait point d'apparence que saint Benoît établissant une vie pénitente, et son dessein étant de sauver les âmes en leur ôtant tout moyen de vivre selon les sens, de nourrir leurs convoitises et de flatter leurs cupidités, leur eût permis d'user de viandes délicates, toutes propres à faire des

Chapitre XVIII Question IV

effets contraires à ses intentions, et leur eût donné la liberté d'imiter les gens du monde en vivant comme eux dans la mollesse, dans les délices, dans la bonne chère et dans la recherche de ce qui peut exciter et contenter leur sensualité.

C'est ce que saint Jérôme a voulu dire lorsqu'il écrit[328] à Salvina en ces termes: „Bannissez de votre table les volailles, les faisans, les tourterelles, et les autres oiseaux qu'on ne saurait avoir sans soin et sans dépense. Et ne vous imaginez pas que vous viviez dans l'abstinence de la viande, si vous vous contentez seulement de ne pas manger de la chair de porc, de lièvres, de cerfs et d'autres animaux à quatre pieds. Car ce n'est pas le nombre des pieds des animaux que l'on considère en cela, mais le goût et le plaisir: *Non enim hæc pedum numero, sed suavitate gustus judicantur.*

L'auteur des Livres de la vie contemplative[329], attribués à saint Prosper, dit à ceux qui se privent de manger des bêtes à quatre pieds, que s'ils mangent des faisans, des volailles et d'autres oiseaux, et même des poissons délicieux, ils ne retranchent pas la volupté, mais ils ne font qu'en changer la matière, et qu'il paraît qu'ils se refusent les viandes viles et communes, non par l'amour qu'ils portent à l'abstinence, mais à cause de la délicatesse de leur estomac, et afin d'avoir plus de lieu de donner à leurs sens ce qu'ils demandent, en usant de nourriture et de viandes plus chères et plus recherchées.

Cela a été la pensée de saint Benoît dans les chapitres 36 et 39. Et quiconque lui en attribue une autre, n'a jamais connu en cela ni

---

[328] Epist. Ad Salviam
[329] Lib. 2, c. 23

son esprit ni son sentiment.[330] *Carnium esus*, dit-il, *infirmis omninoque debilibus pro reparatione virium concedatur; at ubi meliorati fuerint, a carnibus more solito abstineant omnes.... Carnium vero quadripedum omnino ab omnibus abstineatur comestio præter omnino debiles et ægrotos*. Il faut remarquer que ce saint accordant aux malades l'usage des animaux à quatre pieds, a retranché la délicatesse et les superfluités vicieuses, et que néanmoins il a suffisamment pourvu à toutes leurs nécessités. Car les plus languissants et les plus faibles trouvent dans le suc, et dans le bouillon que l'on en tire, une nourriture qui leur est propre: et les convalescents, en mangeant la viande, n'ont que trop de moyens pour rétablir leur santé.

Ainsi la distinction que quelques uns ont faite sur ce sujet, est tout à fait inutile, en disant que la grosse viande avait été accordée pour ceux qui étaient extrêmement malades, afin d'en prendre le bouillon; et que ceux qui l'étaient moins, usaient d'oiseaux et de volailles pour la réparation de leurs forces puisque la grosse viande suffit aux uns et aux autres. Et qu'on ne peut induire cette différence, d'aucun endroit de la Règle de saint Benoît. Il serait bien plus selon le bon sens, en mettant à part cette Règle, de vouloir qu'on donne les viandes délicates aux plus malades et les plus grossières à ceux qui le sont moins.

Ceux qui soutiennent l'avis contraire, s'appuient de deux autorités, qu'ils estiment considérables. L'une est Théodemar, Abbé du Mont-Cassin[331], lequel écrit à l'empereur Charlemagne, que l'on mangeait dans son monastère de la volaille pendant les Octaves de Noël et de Pâques. Et que ceux qui en usaient ainsi, ne

---

[330] Cap. 36 et cap. 39
[331] Epist. Theod. ad Car. Magnus

Chapitre XVIII Question IV

faisaient rien contre la Règle de saint Benoît. L'autre est tirée de l'assemblée qui se tint à Aix-la-Chapelle en l'année 817.

Cet Abbé véritablement rapporte ce qui se faisait dans son monastère, et essaye de le justifier par l'autorité de saint Benoît. Mais la preuve dont il se sert est si faible qu'il est malaisé qu'elle persuade ceux qui la liront avec application. Voici ses paroles: *Sed de esu volatilium tam caute prudentissimus pater noster posuit in sua Regula ut si vellent monachi comedere, cum opportunum est, non sujaceant culpæ.* „Notre Père, dit-il, si plein de sagesse, a parlé avec tant de précaution de l'usage des volailles, afin que ceux qui en mangeraient dans l'occasion, fussent exempts de faute".

Cependant saint Benoît n'en a pas dit un mot dans toute sa Règle. On n'y en lit pas une seule parole; c'est purement imaginer et lui attribuer une chose dont il ne paraît pas qu'il ait eu la moindre vue. Que si Théodemar prétend inférer cette permission de son silence, il y a quantité de choses sur lesquelles il ne s'est point expliqué, qui par la même raison seront estimées licites ou indifférentes, quoiqu'elles soient entièrement contraires à son esprit et à sa Règle; et qui en seraient la confusion et le renversement.

Pour ce qui est des Abbés qui s'assemblèrent à Aix-la-Chapelle, il faut savoir qu'ils trouvèrent cette mauvaise coutume de manger des volailles, si générale et si répandue dans toute l'Ordre de saint Benoît, qu'ils crurent qu'il était plus à propos d'en arrêter l'abus et d'en ôter le dérèglement, en y apportant de la modération, que d'en abolir tout à fait l'usage. Ainsi, ils ordonnèrent que dans les fêtes de la Nativité et de Pâques, on pourrait donner aux frères de la volaille à manger, pourvu qu'ils ne regardent pas cette liberté comme une obligation et que l'Abbé et les frères s'en abstiennent s'ils le jugeaient à propos.

Il est nécessaire de savoir que le dessein de cette Assemblée n'a point été de rétablir les choses sur l'origine de la Règle de saint Benoît et sur l'Institution première. Ce qui paraît évident en ce qu'elle dispensa de jeûner toutes les fêtes considérables, et qu'elle ordonna qu'on assaisonne toutes les portions que l'on servirait aux frères avec de la graisse. Ce qui est un adoucissement de la Règle, et par conséquent, cette autorité ne prouve et ne fait rien contre notre opinion.

On ajoute à ces deux autorités une troisième, qui est celle de sainte Hildegarde. Cette sainte a cru que Dieu lui avait fait connaître tout ce qu'elle avait écrit sur la Règle de saint Benoît par une lumière surnaturelle. Et cependant, elle a écrit qu'il n'avait défendu dans sa Règle que la chair des animaux à quatre pieds et que celle des volailles et des oiseaux, il avait permis d'en manger. Il est aisé de répondre à cela que c'est une prétendue révélation à laquelle il n'y a ni obligation ni même apparence d'ajouter foi. Les prophètes qui parlent d'ordinaire par l'Esprit de Dieu parlent aussi quelquefois par leur propre esprit. Et quoique les Conciles et les souverains Pontifes aient rendu des témoignages avantageux touchant les lumières et les sentiments de cette grande sainte, il ne faut pas croire que leur intention ait été de canoniser précisément tout ce qu'elle a écrit.

On dit encore que si on prétend inférer de ce que saint Benoît en permettant l'usage de viande, et n'ayant exprimé que les animaux à quatre pieds, n'a point permis celui des oiseaux et des volailles parce qu'il n'en a point parlé, il faudrait aussi conclure qu'il aurait défendu l'usage du poisson parce qu'il n'en a rien dit; mais c'est une raison qui ne prouve rien. Car saint Benoît ayant eu

Chapitre XVIII Question IV

dessein, non pas d'ajouter à l'austérité des Règles anciennes, mais bien de les modérer, il n'a eu garde de vouloir empêcher de manger du poisson, ce qui n'a jamais été défendu quoique l'usage en fut très rare.

Mais il n'en est pas de même des animaux qui vivent dans l'air, ou sur la terre puisque dans toute l'antiquité les moines s'en sont abstenus, et qu'on n'en a jamais connu l'usage dans l'Orient, comme il paraît par toute l'histoire monastique, et par les plaintes que l'Église grecque fit contre la Règle de saint Benoît sur ce même sujet. Ainsi, ce grand saint voulant apporter quelque adoucissement à cette rigueur première, il a permis l'usage de la grosse viande, pour la nécessité, à des gens pauvres et pénitents, tels qu'étaient ses disciples, et a laissé la loi dans sa rigueur touchant les viandes plus délicates et plus délicieuses qui, à proprement parler, ne servent qu'à la volupté et au plaisir.

Il y a une autre objection que l'on forme contre notre sentiment, mais qui n'est pas plus décisive que la précédente. Elle est prise d'un miracle que l'on dit qui fut fait en faveur de saint Colomban lorsque Dieu lui envoya dans une extrémité pressante où il se trouvait, une multitude innombrable de toutes sortes d'oiseaux, dont lui et ses frères se nourrirent durant trois jours.

À ce prétendu miracle on en pourrait opposer un autre qui serait plus à notre sujet. On raconte de saint Gontier[332] qui pratiquait la Règle de saint Benoît, qu'étant à la table de saint Étienne, roi de Hongrie, ce prince le pressa de manger d'un poulet d'Inde sans vouloir s'arrêter au refus qu'il en faisait constamment, mais que le saint se trouvant entre la volonté du roi et l'obligation de garder sa Règle, adressa ses prières à Dieu qui l'écouta, en sorte que dans le

---

[332] In vita ejus.

moment, l'oiseau disparut à la vue et à l'étonnement de ceux qui étaient présents.

Mais il est évident que saint Gontier n'aurait point refusé d'acquiescer aux ordres du roi et que Dieu n'eût point fait un prodige pour le délivrer de la peine où il était si la Règle lui eût permis de manger des volailles.

Mais quand nous n'aurions pas ce prodige, serait-il juste de ruiner par un fait incertain, une pratique si autorisée, si constante et qui a toujours été d'un exemple et d'une édification si grande dans l'Église? Et posé que cet événement fût véritable, il ne faudrait point douter que Dieu n'eût fait connaître à saint Colomban qu'il le dispensait de sa Règle et qu'il voulait qu'il use de ses dons, comme il fit autrefois à saint Pierre par ces paroles[333]: *Occide, et manduca*, en lui apprenant que les choses qu'il avait et permises et sanctifiées, ne devaient plus être estimées ni immondes ni illicites. C'est une circonstance personnelle de laquelle on ne peut tirer aucune induction, sinon que Dieu exempta saint Colomban dans cette rencontre de l'observation de la loi générale.

Il y en a qui disent qu'il semble que saint Benoît n'aurait pas dû ne point permettre l'usage des oiseaux, puisqu'il permettait bien celui du poisson, et qu'il y a pour le moins autant de délicatesse et de sensualité à manger de ces grands poissons, de ces poissons frais, des turbots, des soles, des saumons, etc. qu'à manger des volailles et d'autres oiseaux.

Il est aisé de leur répliquer que saint Benoît n'a jamais entendu que ses disciples mangent de ces monstres ni qu'on leur servit des

---

[333] Ac c. 10, 13

Chapitre XVIII Question IV

poissons qui engagent à la dépense, quoiqu'il n'ait pas absolument défendu l'usage du poisson.

Mais son intention était qu'ils mangent des légumes, des herbes, de la bouillie ou tout au plus des poissons petits et communs, *pisciculos*, c'est le terme que l'on voit dans quelques Règles anciennes.

Et qu'il n'aurait pas manqué de condamner cet excès et cette superfluité, comme étant contraire à la pauvreté, à la simplicité et à la pénitence dont il voulait qu'ils fassent profession, ainsi que saint Bernard[334] l'a fait depuis en parlant du luxe et de la bonne chère des religieux de Cluny.

En un mot, saint Benoît a trouvé l'abstinence de la viande généralement établie; il y déroge par sa Règle en permettant aux infirmes de manger de la chair des animaux à quatre pieds, et il ne peut entrer raisonnablement dans la pensée de personne que la permission qu'il en a accordée, ne doive être prise au pied de la lettre et que ce qu'il n'a point expressément permis ne demeure défendu, comme il l'était auparavant. La permission qu'il donne est une restriction et non pas une abrogation de la loi. C'est une dispense qu'on ne peut regarder qu'en la manière qu'elle est exprimée, à moins qu'on veuille lui donner un sens qu'elle n'a point; et qu'elle ne peut avoir.

Ce serait inutilement qu'on nous dirait que les Solitaires dans les monastères, mangeaient les pieds et les extrémités de quelques animaux, car on sait qu'il y en a dont on peut user dans les jeûnes, même commandés par l'Église, sans violer l'abstinence, comme les loutres, des macreuses, des castors, des tortues, et autres semblables.

---

[334] S. Bern. Apol.

Mais peut-on mieux apprendre quel a été en cela l'esprit de saint Benoît que des saints Instituteurs de l'Ordre de Cîteaux? Dieu les choisit comme de nouveaux Esdras, pour rétablir la Règle de ce grand saint, qui n'était plus ni pratiquée ni connue, et pour faire revivre son esprit. Ils la reprirent à la lettre[335] et, nous l'avons déjà dit ailleurs, *Integre, pure et ad litteram*.

Ils rejetèrent tout sens et toute explication qui n'était pas conforme à sa pureté; ils commencèrent par renoncer à l'usage de manger de la graisse accordée par l'Assemblée d'Aix-la-Chapelle; ils établirent une abstinence rigoureuse et absolue, sans différence et sans distinction des volailles et des animaux à quatre pieds.

Il est porté par le quatrième Chapitre des Instituts[336], que personne ne mange de la chair ou de la graisse, s'il n'est tout à fait infirme; ou que ce ne soit quelque artisan externe qui travaille au monastère[337]. *Intra monasterium nullus carne vescatur aut sagimine, nisi omnino, aut artifices conducti.* Cela est absolu et sans distinction.

Comme ce Statut a été renouvelé en plusieurs rencontres, il est défendu ailleurs, sous des peines et des punitions corporelles, que nulle personne de l'Ordre ne mange de la chair, hors de l'infirmerie, s'il n'est très malade, quand même un Évêque lui ordonnerait. *Nulla persona Ordinis nostri, extra infirmitoria nostra carnes comedat, etiam jussu alicujus Episopi vel Prælati.*

Quod si fecerit pro singulis vicibus, quibus carnes comederit, tribus diebus, sit in pane et aqua, et hanc pœnam, præcipienti

---

[335] Bernardus, De præcepto et dispensatione. c. 16:
[336] Sub Raynardo 3 Abbate Cist. temp s. Bern.
[337] Dans: „Cîteaux – Documents primitifs"; Cîteaux – Commentarii Cistercienses (1988); XIII, p. 128(latin) 129(francais)

Chapitre XVIII Question IV

dicat[338]: Et qu'aucun Abbé pour avoir été saigné, ou pour quelque autre occasion semblable, sans une maladie réelle, n'ait la hardiesse de manger de la chair. *Nullus etiam Abbas, pro minutione aut solatio, aut aliqua alia occasione, nisi sit ægrotus, carnes audeat manducare.* Cela est absolu.

On lit une pareille défense sur le même sujet[339]; voici ce qu'elle contient. Que l'on observe inviolablement touchant l'usage de manger de la chair ou d'en servir, ce qui est prescrit par la Règle, à savoir: que nulle personne de l'Ordre ne mange de la chair hors de l'infirmerie, sous peine d'excommunication encourue *ipso facto*. S'il est officier, qu'il soit déposé, et qu'il ne puisse être promu à aucune autre charge sans la permission du Chapitre général. Que si un frère qui n'est point officier tombe dans cette faute, que pour chaque fois il soit privé pendant deux mois de l'habit régulier. Cela est encore absolu.

Il y a une constitution de Benoît XII, qui ayant été religieux de l'Ordre de Cîteaux, en connaissait parfaitement l'esprit et les observances. Il la donna pour remédier à des relâchements qui s'y étaient introduits. Voici comment il parle sur cet article[340]. «Que les moines désormais, ou les Abbés, n'aient pas la hardiesse, contre ce qui est établi depuis si longtemps dans l'Ordre, de manger hors de l'infirmerie commune de la chair, ou des portions assaisonnées avec de la chair. Nous révoquons entièrement les permissions de manger de la chair que quelques Abbés de l'Ordre prétendent avoir obtenues du saint Siège Apostolique, comme des licences qui ne font que causer du scandale: *Autoritate*

---

[338] Nomast. Cist. I p. Inst. distinct. 13, c.1
[339] Nomast. L. 2 vel dessi dist 13 c.1.
[340] Const. Bened. XII. Papæ c.11. Nomast. Cist. p. 602

præsentium firmiter inhibemus, ne deinceps Monachi aut Abbates, extra infirmitorium commune, carnes vel pulmenta cum carnibus condita, vel decocta, præsumant comedere contra observantiam dicti ordinis diutius ordinatam. Nos enim licentias, quas aliqui Abbates dicti Ordinis a sede Apostolica super esu carnium dicunt se habere, cum tales licentiæ redundent in scandalum aliorum, penitus revocamus.»

Il ordonne ensuite, que chaque fois qu'un religieux, soit de chœur, soit convers, contreviendra à cette ordonnance et mangera quelle que sorte de viande, ou quel que pulment[341] que ce puisse être, cuit avec de la chair, il sera trois jours au pain et à l'eau et à la discipline régulière. Et que si l'Abbé néglige de faire observer ce règlement, il jeûnera au pain et à l'eau trois jours, comme s'il en avait mangé lui-même: *Tribus diebu, pro qualibet carnium, vel pulmentorum cum carnibus decoctorum comestione, jejunare in pane et aqua teneatur.*

Tous ceux qui ont parlé de leur pénitence et de leur manière de vie, rapportent qu'ils s'abstenaient de manger de la graisse et de la chair:

Ab adipe et carnium esu abstinent, dit Orderic Vital[342].

Guillaume de Malmesburg écrit[343] qu'on ne servait de la graisse et de la chair qu'aux seuls infirmes, *Saginem et carnes nunquam, nisi infirmes.*

Le Cardinal de Vitry assure la même chose: *Carnes autem, nisi gravi in infirmitate non manducant.*

---

[341] cf. note plus haut, p. 14 la réponse à la question 2 de ce chapitre.
[342] Lib 8. Eccl. Hist.; n° 82 „Documents primitifs": Cîteaux:Commentarii Cisterciences; p. 212 (latin)
[343] In Gest. Reg. Anglic. Liber 4. Hist. Occid. c.14 § 336, 7 Id.; p. 178 (latin)

Chapitre XVIII Question V

Il n'y a rien en tout cela qui ne soit général, on n'y remarque aucune distinction ni de la qualité, ni de l'espèce, ni de la nature des viandes. Cependant ces hommes avaient la mission de Dieu pour la rénovation de l'Ordre de saint Benoît, et on ne peut douter qu'ils ne s'y soient conduits selon ses sentiments et par son esprit.

Souvenez-vous, mes frères, que cette opinion que nous condamnons, n'a ni vérité ni fondement; qu'elle n'a d'autorité que dans quelques dérèglements particuliers qui sont arrivés de temps en temps dans cet Ordre; qu'il n'y en a point de plus propre pour y établir et fortifier l'impénitence, le relâchement, la licence; que c'est faire tort à saint Benoît de le croire capable d'avoir introduit ou approuvé une aussi grande mollesse dans l'Ordre monastique, qui jusqu'alors avait été si inconnue. Et qu'il n'y a rien qui convienne moins au témoignage que saint Grégoire a rendu de ce grand saint, quand il a dit qu'il était un excellent maître d'une vie très austère: *Arctissimæ vitæ optimus magister.*

En voilà trop pour décider la difficulté et je ne pense pas que personne puisse croire qu'il ait été raisonnable de s'arrêter à des conjectures incertaines et à des raisons imaginées, au préjudice de tant de témoignages d'un si grand poids.

Question V

Par où connaît-on que nos premiers Pères aient vécu dans cette grande austérité, dont il ne reste plus aucun vestige dans l'Ordre?

Réponse

C'est dans les premiers Statuts de l'Ordre et dans les témoignages qu'en ont rendu les écrivains dignes de foi, qu'on a conservé la mémoire de la pénitence de ces parfaits solitaires.

Nous lisons dans l'Épître que saint Bernard écrivit[344] à son neveu pour le persuader de quitter la Congrégation de Cluny et de revenir à Clairvaux, qui était le lieu de sa première profession, quelle était la vie qu'on menait dans ce célèbre monastère. Il ne faut à celui qui a faim, dit ce grand homme, qu'un peu de sel pour tout assaisonnement... La faim donne du goût et de la douceur aux viandes qui n'en ont point. Les herbes, les légumes, la bouillie, le gros pain avec de l'eau, sont en dégoût à un homme qui vit dans la paresse. Mais ce sont comme des délices à ceux qui vivent dans l'exercice et dans le travail. Si vous travaillez autant que votre profession vous y oblige, il n'y a point de viande que vous ne mangiez avec plaisir. Saint Bernard qui voulait rappeler son neveu dans son premier monastère, lui représentait simplement ce qui s'y pratiquait et il n'avait garde de lui en faire l'austérité plus dure qu'elle n'était.

Guillaume de saint Thierry rapporte[345] dans la vie qu'il a écrite de saint Bernard, que souvent on a mangé dans Clairvaux des portions faites avec des feuilles de hêtre; que le pain était comme celui du prophète, c'est-à-dire d'orge ou de millet ou bien de vesce: qu'il passait être de terre, plutôt que de son et que la terre de ce désert stérile qu'ils avaient défrichée de leurs mains, avait peine à le produire; que le reste de leur nourriture était quelque chose de si mauvais, qu'il n'y avait que la faim et l'amour qu'ils avaient pour Jésus Christ qui la rendit supportable.

Étienne, évêque de Tournay écrit[346] que leur frugalité était si grande qu'ils se contentaient de deux pulments, qu'on préparait ou

---

[344] SBO Ep. 1
[345] Guillel. Ab. s. Theodor.; in vit s. Bernard. cap. 5, n° 25; Œuvres de s. Bernard; Dion, Tome VIII p. 25
[346] In Ep. ad Hug. Abb. Pontinig.

Chapitre XVIII Question V

avec des herbes qui croissaient dans le jardin, ou avec des légumes qu'ils recueillaient dans les champs.; et que le poisson, on n'en voyait non plus dessus leurs tables, qu'on n'y en entendait. Le cardinal de Vitry, qui écrivait[347] plus de cent ans après la fondation de cet Ordre, dit que de son temps, ils mangeaient rarement du poisson, du fromage, du lait et des œufs. Et que si quelquefois ils en usaient, c'était comme de quelque viande extraordinaire.

On voit cette même austérité dans une lettre que le bienheureux Fastrède troisième Abbé de Clairvaux écrivit à un Abbé de l'Ordre qui s'était éloigné de la pénitence commune: „Était-ce là la vie, lui dit-il, que notre Père et notre prédécesseur Bernard d'heureuse mémoire, nous a enseignée?

Est-ce ainsi que vivent les Abbés et les moines de notre saint Ordre, qui nous ont donné pour toute nourriture du pain d'avoine, des herbes cuites sans huile, sans beurre, et des pois et de fèves même le jour de Pâques, laquelle austérité ou une semblable, se garde encore aujourd'hui dans tous les monastères de l'Ordre[348]?

Il est porté dans leurs anciens statuts[349] qu'on ne fera point de pain blanc, si ce n'est pour les infirmes, ou pour les hôtes; que celui de la communauté[350] doit être bis, passé au crible ou par le sas, au cas qu'il ne fût pas de froment.

Il est défendu par plusieurs Constitutions[351] de manger de la viande, ou d'en servir aux personnes de dehors, sous peine

---

[347] In Hist. Occid. c. 14
[348] Fastrede apud s. Bern.
[349] Nomast. Cist. lib. de Instit. c. 14.
[350] Antiq desi. D etc.ist. 13. c. 2
[351] Libel. nouvel. defin dist 13. c.

d'excommunication, de déposition, ou d'autres rigoureux châtiments.

Il est aussi défendu[352] aux religieux qui sont en voyage, de manger du poisson, de même qu'aux Abbés et aux religieux qui venaient au Chapitre Général. Et on lit que des Abbés ont été mis en pénitence[353] pour avoir fait donner aux frères des pitances de fromage le vendredi.

Il est aisé de juger par toutes ces différentes preuves, qu'il n'y a rien qui ne soit véritable dans ce que nous avons avancé de l'austérité des religieux de Cîteaux. Et que le relâchement dans lequel ils vivent présentement, n'empêche pas que leur Institut n'ait été formé dans une pénitence très austère.

Question VI

Quelles raisons ont eu les Saints pour vivre dans une si grande pénitence ?

Réponse

Il y aurait plus de sujet de demander, mes frères, quelles raisons ont eu les hommes qui ont succédé aux Saints, de s'en dispenser ! Les disciples peuvent bien dans les choses qui sont purement humaines et naturelles, s'éloigner des opinions de leurs Maîtres, parce qu'ils peuvent les surpasser en lumières, en capacité, et en doctrine.

Mais les œuvres qui sont de Dieu, et qui doivent s'établir et se conduire par son esprit, c'est sans doute une grande hardiesse à des hommes du commun de s'écarter du sentiment des saints qui

---

[352] Lib. 1. Instit distin. 5. c. 23
[353] Cap. gen. An. 1190.

Chapitre XVIII Question VI

ont été ses organes et ses ministres, de négliger leurs maximes et d'abolir ce qu'ils ont établi et observé avec tant de soin et de religion. Or, comme les Observances monastiques sont véritablement des ouvrages de la grâce, des effets de la miséricorde, et que ceux dont il a plu à Dieu de se servir pour les instituer, n'ont fait autre chose que de nous déclarer ses volontés; ne doit-on pas trouver étrange que l'on renverse toute leur conduite, et que l'on considère comme des inventions inutiles ces pratiques saintes qui ont été dans leurs temps – et sont encore dans celui-ci – la sanctification de l'Église?

Mais pour répondre à la question que vous me faites, je vous dirai: Premièrement, que les saints qui étaient remplis d'une foi vive et d'une charité ardente, vivaient, dans la vue comme dans le désir, des choses futures, et qu'ayant incessamment devant les yeux les peines et les félicités éternelles, ils passaient chaque jour de leur vie, comme nous voudrions avoir passé celui qui doit être le dernier de la nôtre. Ces paroles de Jésus Christ: „Faites pénitence, car le Royaume des Cieux est proche[354]„, frappaient incessamment les oreilles de leur cœur. Et comme ils savaient que le même Jésus Christ nous apprend que c'est la guerre violente qu'on se fait sans cesse à soi-même par la pénitence qui nous ouvre les portes de ce Royaume, ...*violenti rapiunt illud*[355], un de leurs principaux soins était de crucifier leur chair, de mortifier leurs sens et de se procurer des tourments et des peines volontaires.

Ce sentiment dans lequel ils étaient que tout ce qu'ils pouvaient endurer, n'avait rien qui fût digne de la gloire qui devait

---

[354] Mt 4, 17
[355] Mt 11, 12

couronner leurs travaux[356], faisait que plus ils souffraient, plus leur désir de souffrir s'augmentait; et qu'il n'y avait que leur impuissance et l'ordre de Dieu tout seul qui fût capable de borner leurs souffrances. C'était là l'esprit des saints que la Providence a fait naître pour la fondation des Ordres monastiques. Ceux qui les ont suivis et qui ont hérité de leur piété et de leur foi, aussi bien que de leur nom et de leurs monastères, ont persévéré dans ces dispositions. Et il est certain que pendant que les moines ont été saints, ils n'ont jamais manqué d'aimer la pénitence.

Secondement, les véritables solitaires dont l'unique occupation dessus la terre était de penser à Jésus Christ, et de l'aimer, qui considéraient sans cesse que ce repos sacré, duquel ils jouissaient dans leur solitude, était le fruit de ses travaux et de ses douleurs, et que les déserts ne leur produisaient des grâces et des bénédictions si abondantes, que parce qu'il les avait rendu fertiles en les arrosant de son sang, avaient l'âme tout pénétrée de reconnaissance et d'amour. Ils cherchaient avec une impatience sainte les occasions et les moyens de lui en donner des marques. Ils lui avaient déjà sacrifié toutes les choses du monde en le quittant; mais ils voulaient encore se sacrifier eux-mêmes. Et c'est pour cela qu'ils embrassaient avec tant d'ardeur les jeûnes, les veilles, les fatigues, et tous les autres exercices d'une vie pénitente et laborieuse; qu'ils renonçaient à tout, autant qu'il leur était possible dans une chair mortelle; et qu'ils se refusaient avec plaisir les choses qu'une charité moins enflammée que la leur aurait estimé nécessaires à la conservation de la vie.

Que s'ils s'en accordaient quelques unes, dans l'envie qu'ils avaient de s'immoler et de se détruire, c'était parce qu'ils croyaient

---

[356] Rm 8, 18

Chapitre XVIII Question VI

qu'ils ne pouvaient pas s'en priver, sans contrevenir aux ordres de Dieu, et sans lui déplaire. Et néanmoins, quelques grandes que fussent leurs austérités, ces hommes incomparables n'avaient garde d'être satisfaits d'eux-mêmes; ils trouvaient des attraits si puissants dans la Croix de Jésus Christ, et le désir qu'ils avaient de s'y attacher et de le suivre dans ses souffrances était si violent que, comptant pour rien ce qu'ils pratiquaient de plus austère, ils condamnaient comme une conduite molle et relâchée, ce que les hommes regardaient en eux, comme une pénitence excessive.

Troisièmement, peut-on douter, mes frères, que la connaissance que les saints avaient de la vérité de leur état, et le sentiment que Dieu leur avait donné de leurs devoirs, ne les portait pas à marcher par des voies dures, et à chercher des genres de vie pénibles et difficiles? Ils savaient qu'ils n'étaient pas seulement redevables à la justice de Dieu de leurs propres offenses, mais qu'ils étaient chargés des péchés de tout un monde. Que les hommes les regardaient comme ceux qui devaient leur rendre sa miséricorde favorable et que leur profession ne les obligeait pas à moins qu'à s'occuper par des larmes, des travaux et des austérités continuelles, à réconcilier la terre avec le ciel.

S'ils se considéraient eux-mêmes, l'idée qu'ils avaient de l'excellence de leur condition, et de la Majesté de Dieu qu'ils avaient offensée, faisait qu'ils ne connaissaient point en eux de fautes si petites, qu'ils ne croyaient les devoir expier par de grands châtiments.

Que s'ils jetaient les yeux du côté du monde, cette désolation si générale, ce déluge de maux et de crimes si universel, échauffait leur charité, animait leur zèle et il n'y avait rien de dur et de rigoureux, pourvu qu'il leur parût possible, à quoi ces hommes tout divins ne se portaient pour balancer auprès de Dieu l'iniquité du monde, et pour détourner les justes et redoutables effets de sa colère.

Ils entreprenaient des jeûnes et des abstinences sévères pour ceux qui vivaient dans la sensualité et dans les excès de la bouche; ils passaient les nuits dans les veilles et dans la prière pour ceux qui les passaient dans la paresse ou dans les plaisirs; ils gardaient un silence et une solitude exacte pour ceux qui se perdaient dans le commerce du monde et qui, par un mauvais usage de la parole, se faisaient à eux-mêmes aussi bien qu'aux autres, des blessures mortelles. Ils souffraient la pauvreté et le mépris pour ceux qui recherchaient les richesses et les honneurs; ils se livraient à toutes sortes de fatigues, de peines et de rigueurs pour ceux qui s'abandonnaient aux passions et aux voluptés criminelles. Enfin, ces véritables adorateurs, à l'imitation de Jésus Christ, offraient à Dieu une hostie de pénitence pour les péchés des hommes, et honoraient sa sainteté par des actions de piété et de religion contraires aux crimes et aux dérèglements dont ils voyaient qu'elle était si généralement déshonorée.

Quatrièmement, les saints solitaires savaient que l'état auquel la vocation de Dieu les avait engagés, demandait d'eux une pureté parfaite et que toute la fin de leur profession était de tendre à une piété consommée.

Et comme ils n'ignoraient pas que la concupiscence de la chair est ce qui s'oppose davantage à l'accomplissement de nos meilleurs desseins; qu'il n'y a rien de si élevé et de si affermi qu'elle n'attaque; que les résolutions les plus constantes sont ébranlées par sa violence et par son opiniâtreté; et que souvent elle a jeté la confusion et le scandale dans les lieux et dans les âmes qui semblaient être le plus à couvert de ses efforts, il n'y a rien aussi qu'ils ne faisaient pour en arrêter les mouvements et en

Chapitre XVIII Question VI

réprimer les saillies, et ils n'y a point de moyen dont ils ne se sont servis pour la détruire ou pour l'affaiblir de telle sorte que cette loi de la chair, dont se plaignait le saint apôtre[357], ne soit plus capable de troubler ni d'empêcher l'exercice de la loi de la grâce. C'est pour cela qu'à l'exemple de ce grand saint, ils travaillaient sans relâche à l'assujettissement de leurs corps par les austérités, par les mortifications des sens, et par la privation de tout ce qui pouvait en nourrir les dérèglements et les passions; et la connaissance qu'ils avaient de l'inconstance et de la malignité du cœur humain, les avait persuadés qu'un solitaire ne pouvait ni conserver ni acquérir la sainteté de son état, à moins de marcher dans des voies resserrées, de contenir la nature dans une pénitence exacte, de combattre ses inclinations et de résister avec une rigueur inflexible à toutes ses pentes.

Enfin, mes frères, de quelque côté qu'un solitaire jette sa vue, il n'a que trop de motifs et de considérations qui le pressent de se consacrer à la pénitence. S'il regarde la sévérité des jugements de Dieu, il n'y a rien qu'il n'entreprenne pour racheter par des peines de peu de moments des malheurs éternels. Si ses miséricordes se présentent à lui, toute sa consolation est d'effacer par des châtiments rigoureux ce qui pourrait en empêcher ou en différer les effets. S'il fait attention sur ce fonds de misères, dont une condition mortelle ne peut être exempte, il se plaint de voir prolonger son pèlerinage, et trouve que son âme est trop longtemps dans cette terre étrangère: *Heu mihi, quia incolatus meus prolongatus est!...multum incola*[358] *fuit anima mea*, et il

---

[357] Rm 7, 23-24 / Röm 7,23-24
[358] Ps. 119, 5-6 / Ps 120 5-6 (Vulg.)

embrasse avec ardeur toutes les austérités saintes qui peuvent en raccourcir la durée.

S'il s'élève et considère Jésus Christ dans la gloire et dans la splendeur de ses saints, son âme est aussitôt ravie par la violence de ses désirs, et il s'écrie avec le prophète: *Educ de custodia animam meam ad confitendum nomini tuo: me expectant justi, donec retribuas mihi*[359]. „Seigneur, faites sortir mon âme de sa prison, vos saints attendent avec impatience que vous me rendiez participant de leurs couronnes". Et il s'estime heureux de ce qu'il y a dans sa condition tant de moyens innocents qui peuvent abréger une vie que le sépare de son bonheur.

Il ne faut donc pas s'étonner, mes frères, si dans les siècles passés, les saints ont vécu une pénitence qui paraît excessive; mais plutôt de ce qu'il se trouve en celui-ci des moines assez aveugles dans leurs propres devoirs, pour ignorer que la vie d'un moine est la vie d'un pénitent, c'est-à-dire d'un homme qui étant entièrement mort au monde, n'y a plus ni d'affaires ni d'occupation, que celle de s'attacher comme un crucifié à la croix de Jésus Christ et de s'abandonner à toutes sortes de douleurs, de mortifications et de souffrances.

Question VII

Y a-t-il donc de si grands avantages à vivre de légumes, d'herbes et de choses semblables, qu'on doive être singulier, et se séparer en cela de l'usage commun?

Réponse

---

[359] Ps 141, 8 / 142, 8 8 (Vulg.)

Chapitre XVIII Question VII

Quand la singularité par laquelle nous nous distinguons de la conduite ordinaire des autres hommes nous approche de celle des saints, on ne peut pas dire qu'elle ne soit pas sainte, particulièrement lorsque nous ne faisons que ce que nos Pères et nos Instituteurs, qui étaient des saints, nous ont appris. La singularité peut être blâmable quand elle est la production de notre esprit; mais quand elle est l'effet de celui de Dieu, et qu'un homme n'est pas comme les autres parce qu'il est ou plus vertueux ou plus saint, c'est une injustice qu'on lui rend si on le condamne, et un bonheur qui lui arrive.

C'est beaucoup d'être semblable aux saints dans la pratique de la vertu; mais c'est davantage quand il plaît à Dieu d'y joindre ou le mépris ou la censure des hommes. La sainteté est une distinction et une séparation de ce qui est pur d'avec ce qui ne l'est pas; c'est pourquoi Jésus Christ ayant été envoyé par son Père pour sanctifier le monde, a dit qu'il était venu sur la terre pour y apporter l'épée, et pour y faire des retranchements et des séparations. *Putatis quia pacem veni dare in terram? Non, dico vobis, sed separationem. Non veni pacem mittere, sed gladium. Veni enim separare*[360]...

Mais pour répondre précisément à votre demande, mes frères: Premièrement, je vous dirai qu'un des principaux motifs qui doit se présenter à ceux qui veulent embrasser cette abstinence si exacte, est la consolation qu'on trouve à imiter les saints et particulièrement dans une pratique de pénitence si recommandée dans tous les âges de l'Église par les règles qu'ils nous ont laissées, aussi bien que par leurs exemples, comme nous venons de vous le montrer par la suite de la tradition depuis le siècle du

---

[360] Lc (Lk) 12, 51; Mt 10, 34-35

grand Antoine. Mais je suis assuré que vous aurez beaucoup plus de respect pour cette sainte observance quand vous saurez qu'elle remonte aux temps supérieurs, et qu'elle prend son origine dans la vie même des apôtres.

Quoique saint Jean, le Précurseur de Jésus Christ, se soit abstenu de manger des herbes et des légumes, on peut néanmoins le regarder comme le modèle de ceux qui usent de ces sortes de viandes; puisque ne buvant que de l'eau et n'ayant pour sa nourriture ordinaire que des sauterelles et du miel sauvage[361], il s'est privé de vin, de chair, d'œufs, de poisson, de beurre... et qu'en ce point-là, leur austérité est semblable à celle qu'il a pratiquée. Saint Jérôme dit aussi que cette manière de vivre a été le commencement de la vie monastique, et de la sanctification du désert: *Habitatio deserti et incunabula monachorum talibus inchoantur alimentis.*

Saint Pierre, selon le témoignage de saint Grégoire de Nazianze[362], mangeait ordinairement des féveroles[363].

Nous apprenons de s. Clément d'Alexandrie[364], que saint Matthieu ne vivait que de fruits, d'herbes et de légumes.

Hégésippe[365] rapporte dans l'histoire d'Eusèbe, que saint Jacques, surnommé le frère du Seigneur, ne buvait ni vin, ni cidre et qu'il ne mangeait rien qui eût vie[366].

Nous lisons que les premiers chrétiens qui s'assemblèrent près d'Alexandrie dans la naissance de l'Église, et qui ayant été instruits et formés par les apôtres en avaient conservé l'esprit, les

---

[361] Mt 3, 4
[362] Orat. de amor paupert.
[363] Févrolle: au 17ᵉ siècle: diminutif de „fève"
[364] Lib. 2 Pedag. cap. I n°16, 1
[365] Né 115 à Jerusalem ecrivain chretien ✝ 180
[366] Lib. 2 c. 22 /

Chapitre XVIII Question VII

sentiments et les maximes, vivaient dans la solitude et dans un parfait dégagement de toutes les choses du monde; qu'ils n'avaient pour toute nourriture qu'un peu de pain et d'herbes; qu'il y en avait entre eux qui passaient jusqu'à six jours sans rien prendre, et que jamais ils ne buvaient ni ne mangeaient qu'après le coucher du soleil[367].

Secondement, comme ces sortes de viandes n'ont rien ni dans la qualité, ni dans l'assaisonnement qui puisse irriter la cupidité ni flatter les sens, il est facile de garder les règles d'une tempérance exacte. Et l'on peut dire de ceux qui s'en contentent, qu'ils mangent pour la pure nécessité et non pour le plaisir: *Ad vivendum, non ad luxuriandum*[368]; et qu'au contraire il est malaisé de se défendre d'une nourriture plus solide et plus délicate, parce que, comme dit saint Bernard, elle plaît au goût et que la cupidité ne manque point d'en être enflammée: *Palatum quidem delectant, sed libidinem accedunt*[369].

Troisièmement, les herbes et les légumes se trouvent sans dépense, et s'apprêtent sans peine, le service des frères est exempt des embarras qui se rencontrent toujours lorsque les viandes sont plus recherchées, et que la préparation en est plus difficile. Ainsi Marthe s'acquitte de son ministère sans trouble et sans confusion, et on n'a pas sujet de lui dire: *Turbaris erga plurima*[370].

Quatrièmement, les aliments simples contribuent à la pureté du corps; ils en modèrent les ardeurs, ils en arrêtent les dérèglements.

---

[367] Philon: Jud. vita. contemp. Quelques uns dans ces derniers temps, ont voulu entendre cet endroit de Philon, des Esséniens. Mais Eusèbe, s. Epiphane, s. Jérôme, Cassien Sozomène et beaucoup d'autres l'ont attribué aux chrétiens et il est à remarquer que saint Denis appelle les moines Thérapeutes, qui est le terme dont Philon s'est servi.
[368] Hieron. contra Jovin. liber 2
[369] Epist. 1. 11
[370] Lc, 10, 4

La nature y trouve ce qui est nécessaire pour se soutenir, mais il n'y a rien de superflu dont elle puisse abuser. Et comme la digestion en est plus prompte, et que les vapeurs qui s'en élèvent, se dissipent plus aisément, l'esprit est libre et par conséquent, ses pensées, ses prières, ses méditations et toutes ses autres fonctions plus pures, plus utiles et plus saintes.

Cinquièmement, c'est ôter aux religieux le sujet le plus ordinaire de leur murmure. Les frères ne sont presque jamais satisfaits de la nourriture qu'on leur donne, et quelque soin qu'on prenne de les diversifier, ou d'apprêter les viandes, elles sont toujours la matière de leurs entretiens et de leurs plaintes; et souvent leur délicatesse est telle que ni la terre, ni la mer, comme dit saint Bernard[371], ne porte rien dont elle puisse être contente. Mais si l'amour de la pénitence les réduit une fois à vivre d'herbes, de racines et de légumes, on peut dire qu'ils ont surmonté tout d'un coup l'intempérance, ou au moins, qu'elle est affaiblie de telle sorte que les tentations qu'elle produira dans la suite, seront ou fort rares ou fort légères.

Sixièmement, un monastère qui garde cette abstinence, peut entretenir avec peu de biens une Congrégation nombreuse: la régularité y sera plus exacte, la discipline plus vive; les religieux y seront dans le repos, et dans le recueillement. Ce qui ne saurait être lorsque la diversité des emplois et des offices d'une communauté se partage entre un petit nombre de personnes. Ainsi Dieu sera mieux servi, il y aura plus de bénédiction et d'exemple pour les peuples, et plus d'édification pour l'Église.

Septièmement, quand on vit dans les communautés avec dépense, l'on craint de se charger de religieux, l'on en mesure le

---

[371] Serm. 30, 11 in Cant.

Chapitre XVIII Question VII

nombre aux revenus, l'on n'en veut point que ne soit utiles, et il se mêle presque toujours des intérêts et des vues humaines dans les réceptions.

Mais au contraire, cette sainte frugalité fait qu'on ne rejette personne, qu'on est en état d'admettre tous ceux qui se présentent et que les monastères sont des ports dont les entrées sont ouvertes à tous ceux qui viennent de la mer du monde, qui y sont portés par le souffle du Saint-Esprit; et que la miséricorde de Dieu retire du naufrage.

Huitièmement, les religieux qui vivent comme des pauvres sont toujours riches; ils ne manquent de rien, leur pauvreté les met dans l'abondance. Ils se privent des choses superflues et se réduisent simplement au nécessaire. Ils sont dans le pouvoir de partager avec les pauvres de Jésus Christ qu'ils considèrent comme leurs frères, les biens qu'ils tiennent de sa libéralité. Et comme leurs mains sont incessamment ouvertes pour les soulager dans leurs besoins, Dieu les comble de bénédictions, et ne ferme jamais les siennes sur leurs misères.

Enfin, c'est un moyen d'éviter cet écueil si dangereux contre lequel plusieurs de ceux qui quittent le monde et se retirent dans les cloîtres, brisent malheureusement leur vaisseau, en trouvant le secret de se faire une vie douce, molle et tranquille dans un état de croix, de mortification et de pénitence.

Je ne doute point, mes frères, que ces considérations ne vous paraissent solides et saintes; que non seulement vous estimiez qu'on a raison de les écouter, de s'en persuader et de les suivre; mais encore que vous ne trouviez étrange qu'elles ne fassent pas une impression égale sur tous les moines; que de si pressants motifs les touchent si peu, et qu'étant obligés par leur état de tendre à la perfection, ils négligent des moyens et des pratiques si capables de les y conduire; des pratiques, dis-je, autorisées par l'exemple des apôtres, par les règles de saints solitaires et par toute la tradition monastique.

Cependant, mes frères, ne vous trompez pas et gardez-vous bien de vous imaginer que vos austérités, votre solitude, ce sac qui vous couvre la tête, les légumes, les herbes qui vous servent de nourriture, cette abstinence, ces jeûnes, ces couches dures, vous justifient et fassent la piété d'un moine. Car il n'arrive que trop souvent, comme le remarque saint Cyprien[372], qu'on cache l'esprit et les affections du monde sous les apparences religieuses, qu'on se porte au plaisir, qu'on souffre impatiemment les injures et qu'on n'a pas moins de désir de les venger, qu'en pourraient avoir les gens du siècle. *Non locus desertus, saccus pro veste non legumen pro cibo, neque jejunia, neque chameuniæ monachum absolvunt; sub his involucris latet interdum animus valde mundanus.*

Ce qui cause cet inconvénient, c'est qu'il est plus aisé de régler ses sens, que de régler son cœur, et que le démon par des artifices presque infinis nous abuse sans qu'on s'en aperçoive.

Il se transforme en ange de lumière, il persuade dans la vue et dans l'estime qu'on fait de cette pénitence extérieure, qu'on a une piété, que l'on n'a point en effet; et quoiqu'on soit rempli de tous les vices et des dérèglements de l'esprit, on est saint à ses propres yeux aussi bien qu'aux yeux des autres. *Cumque intus madeant spiritualibus vitiis, et sibi et aliis habentur pii.*

N'ayez donc pas moins de soin de purifier vos âmes que vos corps, et qu'il ne vous arrive jamais de vous élever et vous éblouir de ces pratiques austères dans lesquelles vous vivez.

---

[372] Tract. de duplici martyrio

Chapitre XVIII Question VIII

Vous pouvez croire qu'elles sont selon le dessein de Dieu, puisque vous ne faites en cela que suivre et imiter vos Pères. Mais vous ne ferez rien qui vous soit utile si vous n'employez tous vos efforts pour leur devenir semblables dans leurs vertus intérieures. Et sans cela, non seulement tous vos travaux et toutes vos peines n'auraient aucun fruit, mais Dieu punirait votre désordre avec d'autant plus de rigueur, que vous étant injustement acquis l'estime des hommes, vous auriez ajouté le crime d'hypocrisie à vos infidélités.

Question VIII

Doit-on garder les mêmes règles et user de la même nourriture dans la réception des hôtes?

Réponse

Saint Basile dit[373] que les religieux doivent prendre garde de ne pas imiter les gens du monde, qui ne souffrant qu'avec honte la bassesse d'une vie pauvre, donnent à manger aux personnes qui les viennent voir d'une manière somptueuse et magnifique. Qu'est-ce qu'a de commun avec nous cette magnificence, dit ce grand saint.

Un étranger nous vient voir; si c'est quelqu'un de nos frères et de notre profession, il faut qu'il reconnaisse chez nous sa table accoutumée, et qu'il trouve dans notre maison ce qu'il a quitté dans la sienne. S'il est fatigué du chemin qu'il a fait, on doit lui donner tout ce qui sera nécessaire pour le soulager dans sa lassitude. Que si c'est un homme du monde, il faut qu'il apprenne

---

[373] Reg. fus. q. 20 - (GR. 20 p. 92) /

par nos œuvres ce que la raison ne lui a point encore appris et qu'il voie dans notre frugalité la règle et la mesure de la conduite qu'on doit garder dans l'usage des aliments. Il faut que cela lui serve comme un monument de la table des chrétiens et qu'il se souvienne que la pauvreté qu'on endure pour l'amour de Jésus Christ ne sait ce que c'est que de rougir. Que si, au lieu d'être touché des choses qu'il aura vues, il les tourne en raillerie, il ne nous importunera pas une seconde fois.

Voici le sentiment de saint Ephrem sur ce sujet[374]. Si un solitaire, dit-il, ou un séculier vous vient voir, ne lui présentez rien qui soit au-delà de vos forces, de peur qu'après qu'il vous aura quitté, vous ne fassiez vos plaintes à vos frères de la dépense qu'il vous aura causée. Servez-lui ce que vous aurez reçu de Dieu, car il vaut mieux donner des herbes avec joie, que des victimes engraissées avec tristesse[375].

On lit dans les premiers Statuts des Chartreux[376], qu'ils recevaient seulement les personnes qui les venaient voir, et non pas leur équipage; et qu'ils ne leur donnaient ni d'autres lits, ni d'autre nourriture que celle dont ils avaient accoutumé d'user eux-mêmes. *Talesque eis lectos, et cibos quibus ipsi vescimur, præparamus.*

Saint Benoît qui ordonne que le Supérieur mange avec les hôtes[377], et qui veut qu'il ait pour cela une cuisine séparée de celle de ses frères, ne lui permet point sans doute de leur servir d'autres viandes que celles qu'on sert à la communauté. C'est ce que les religieux de Cîteaux qui ont possédé parfaitement son esprit, ont

---

[374] Apophthegmata. c. 33
[375] Pr 15, 17 / Spr 15, 17
[376] Guig. Stat. c. 19. Ed.Bas an. 1510
[377] R.B. c. 56. / Regula Benedicti Kap. 56

Chapitre XVIII Question VIII

observé. On remarque dans le livre appelé les Us, qui sont leurs premières constitutions[378], que celui qui était nommé pour avoir soin de la cuisine de l'abbé, devait aller dans le jardin après l'heure de Prime et y cueilir des légumes autant qu'il était nécessaire pour la nourriture de l'Abbé et des hôtes qui lui pouvaient survenir: *Tantum leguminis accipiat, ut Abbati et supervenientibus hospitibus sufficere possit.*

Mais il n'y a rien qui fasse mieux voir quelle a été leur exactitude en ce point, que ce qui se passa dans le voyage que le pape Innocent II fit à Clairvaux.

Il y fut reçu d'une manière si simple, si pénitente et si religieuse tout ensemble qu'elle ne causa pas moins d'édification que de surprise à toute la cour romaine. Le pain, à ce que raconte un historien de la vie de saint Bernard[379], au lieu d'être de pure fleur de froment, était de farine dont le son n'avait pas été tiré. Il y avait du petit vin au lieu de vin excellent, des herbes au lieu de turbots et on servait des légumes pour toutes sortes d'entremets. Et s'il se trouva par hasard quelque poisson, il fut mis devant le pape, plutôt pour être vu de l'assemblée que pour être mangé.

Cependant, ces saints religieux n'usaient pas à l'égard des hôtes, de toute la rigueur qui se gardait dans la communauté puisque nous voyons dans leurs premiers statuts[380], que le pain qu'on servait aux hôtes était blanc, et semblable à celui qu'on donnait aux malades. Mais quelque tempérament[381] qu'ils aient apporté à la réception des étrangers, la charité n'a jamais préjudicié à la régularité de leur Institut. Leur pénitence s'est toujours fait

---

[378] Us Cist. c. 109. / Us = Usus
[379] Bern. Ab. Bonnevall. C. 2 vit. S. Bern.
[380] Nomast. 1. Part. Instit. Cap. gen. c.14
[381] Vieux français; ici signifie *modération*

remarquer dans tous les endroits de leur vie, et on ne tirait pas moins d'instruction de la simplicité de leur table, que de tout le reste de leur conduite.

Ainsi, mes frères, quoiqu'on puisse diminuer quelque chose de l'austérité de la Règle en faveur des personnes du dehors, et que la charité aussi bien que l'exemple des saints, demande de nous une moindre rigueur que celle qui s'observe communément parmi les frères; néanmoins il ne faut pas manquer de se prescrire en cela des règles exactes et de se persuader qu'il n'y a point de temps, de rencontres, ni de circonstances, dans lesquelles les moines ne doivent se souvenir de l'obligation qu'ils ont de s'éloigner des façons de faire et des coutumes du siècle, selon cette grande maxime de saint Benedikt[382]: *A sæculi se facere alienum*. Et c'est un étrange renversement qu'au lieu qu'autrefois les Grands de la terre, les Princes et les Empereurs trouvaient dans la sobriété des solitaires la condamnation de leurs profusions et de leur impénitence, les gens du monde trouvent aujourd'hui dans leur abondance, de quoi s'autoriser dans le luxe et dans l'amour des plaisirs.

C'est un mal auquel Clément VIII a voulu remédier quand il a ordonné dans une Décrétale[383], que s'il arrive que des personnes puissantes et considérables passent par les monastères, ou par piété ou pour quelque autre raison, et qu'ils s'y arrêtent, on les fasse manger dans le réfectoire commun avec les frères et qu'ils se contentent qu'on leur serve des viandes ordinaires; et que les religieux se conduisent de telle sorte dans ces occasions que la sobriété et la pauvreté religieuse y paraissent avec éclat.

---

[382] RB c.4. / Regula Benedicti cap. 4:
[383] Const. an. 1594

Chapitre XVIII Question VIII

Quand des moines qui ont la crainte de Dieu considéreront combien d'injustices ils commettent tout à la fois lorsqu'ils sortent en cela des véritables règles, je ne puis croire que le sentiment de leur conscience ne les retienne dans leur devoir.

Car premièrement, ils font de leurs monastères qui sont, comme dit saint Chrysostome, des maisons de larmes et de tristesse, des maisons de réjouissance et de divertissement. Et au lieu de l'édification qu'ils doivent aux gens du monde, ils leur deviennent un sujet de scandale.

Secondement, ils avilissent leur profession, ils en effacent entièrement ce caractère de pénitence qui en est le lustre et le principal ornement.

Troisièmement, leurs propres excès sont cause qu'ils ne sont plus en état de reprendre les dérèglements des autres.

Quatrièmement, ils troublent le repos de leurs frères et, comme dit saint Basile[384], il ne faut point demander qui sont ceux qui viennent dans le monastère, lorsque ce sont des personnes considérables que l'on y attend, parce que tout y est dans le mouvement et dans l'agitation par les diligences qu'on fait et les soins qu'on prend pour faire que rien ne manque aux viandes qu'on leur prépare.

Cinquièmement, l'on attire par la bonne chère les gens qui aiment le plaisir; les conversations en sont toujours libres, et quelque ordre qu'on y puisse apporter, on n'y observe guère ce précepte de l'apôtre[385]: Si quelqu'un parle, que ce soit d'une manière digne de Dieu; *Si quis loquitur, quasi sermones Dei.*

---

[384] Reg. fus. q.20. (cf. note 93) (GR. p. 94) /
[385] 1 P 4, 11

Sixièmement, on prive les membres de Jésus Christ du secours qui leur est si légitimement dû lorsqu'on dépense dans un seul repas, pour plaire aux riches du monde et pour gagner leur amitié, ce qui suffirait pour la nourriture de deux cents pauvres. Comme si l'on ignorait qui c'est envers eux que nous devons exercer nos profusions et nos largesses puisque, selon le prophète[386], l'aumône qu'on répand dans le sein du pauvre, est la véritable semence d'une justice éternelle: *Dispersit, dedit pauperibus, justitia ejus manet in sæculum sæculi.*

Je pense, mes frères, qu'après toutes ces différentes réflexions, nous ne pouvons vous donner un meilleur conseil que celui de suivre ce que saint Basile nous enseigne comme une règle constante[387], quand il dit que la fin que l'on doit avoir en cela, est de satisfaire la nécessité de ceux qui viennent nous voir.

Et qu'encore qu'il faille communément leur servir ce qui se peut trouver sans peine et s'apprêter sans dépense, il est néanmoins à propos d'avoir égard aux dispositions et aux besoins des personnes, en sorte qu'on donne à ceux qui seront fatigués des viandes plus grossières et plus solides. Et de plus légères et plus faciles à digérer aux infirmes. Et surtout qu'on ait un soin particulier que les choses se fassent avec propreté, honnêteté et bienséance, mais sans jamais aller au-delà de notre profession. Il ajoute: Nous n'avons point d'argent? à la bonne heure, n'en ayons point. Nos greniers sont vides? qu'importe puisque nous vivons au jour la journée et du travail de nos mains.

Et pourquoi prodiguerions-nous pour le plaisir des hommes voluptueux les aliments que Dieu a donnés aux nécessités des

---

[386] Ps 111, 9
[387] Reg. fus. q. 20

Chapitre XVIII Question IX

pauvres? Et pour nous, mes frères, à présent que les religieux ont de revenus assurés et que ce n'est plus leur travail qui les nourrit, nous pouvons dire sans crainte, que leurs possessions sont consacrées, que la dispensation en doit être toute sainte, qu'ils ne sauraient sans sacrilège ni dissiper, ni employer à des superfluités les biens que l'Église a toujours regardés comme le patrimoine des pauvres, les offrandes des fidèles et le prix des offenses des pécheurs.

Question IX

Est-il nécessaire que le supérieur du monastère mange avec les hôtes?

Réponse

Saint Benoît[388] ordonne dans sa Règle, comme nous venons de le dire, que la table de l'Abbé sera celle des hôtes. Et ce n'est pas sans beaucoup de raison qu'il a institué cette manière d'exercer l'hospitalité.

Premièrement, parce que le supérieur vivant dans la pénitence à laquelle sa profession l'oblige, et n'usant par conséquent que de viandes communes et telles qu'on les donne à la communauté, les étrangers qui viennent au monastère ne sauraient lui être à charge.

Secondement, ceux d'entre les hôtes qui garderont la frugalité dans laquelle un véritable chrétien doit vivre, trouveront dans celle du supérieur de quoi confirmer et s'autoriser dans leur conduite; et ceux qui, au contraire vivront dans la bonne chère et dans l'abondance, y verront la condamnation de leurs excès.

---

[388] Chap. 56

Troisièmement, un supérieur, par sa présence, imprimera du respect et fera qu'il n'échappera rien dans le repas qui soit contre la bienséance et l'édification avec laquelle on s'y doit conduire. Et s'il regarde, comme dit saint Benoît Jésus Christ dans la personne des hôtes, aussi les hôtes regarderont Jésus Christ dans la sienne.

Cette pratique était utile dans son origine, mais elle ne l'a pas été dans la suite car, les supérieurs se trouvant hors de la régularité du cloître, et n'étant plus retenus par la vue de leurs frères et par l'obligation de leur servir d'exemple, se sont donnés une licence qu'ils n'auraient pas osé prendre à leurs yeux. Ils se sont laissé aller à une charité fausse ou, pour mieux dire, à une cupidité véritable. Ils ont traité les hôtes dans une superfluité, dans une abondance, et dans des excès entièrement contraires à la simplicité de leur condition et à la pauvreté de leur état. Ce dérèglement en a produit quantité d'autres: les supérieurs se sont accoutumés à la bonne chère, et ont perdu l'esprit de pénitence. La liberté dans laquelle on les a vu vivre les a privés de toute considération, les a rendus méprisables et au lieu d'imprimer de la retenue comme ils le devaient, ils ont inspiré le libertinage.

Les hôtes n'ont plus trouvé ni l'instruction, ni l'exemple qu'ils recevaient de ces repas lorsque la charité, la pénitence et la frugalité en faisaient le seul et le principal assaisonnement. On y a tenu des propos de tables, des discours de nouvelles et d'affaires du monde; on en a banni les entretiens édifiants. Les enfants ont imité les pères, le désordre de ceux-ci s'est communiqué aux autres et de là s'en est suivi l'extinction de la piété, la ruine des maisons saintes, et la dissipation des biens destinés pour la consolation des pauvres.

Chapitre XVIII Question X

Question X

Mais peut-on se dispenser d'un point de la Règle que saint Benoît a si expressément ordonné ?

Réponse

Non seulement on le peut, mais on le doit. Quand les Constitutions qui ont été faites par les saints pour l'édification de la foi, le maintien de la discipline et la conservation des bonnes mœurs, font des effets contraires, elles n'ont plus d'autorité. Il ne faut plus y avoir d'égard et on ne doit point douter qu'on ne soit obligé de quitter la lettre des Règles, quand elle est incompatible avec l'esprit. Ne croyez pas, mes frères, que ce sentiment me soit particulier, car il y a quantité de grands hommes et de grands saints qui ont été du même avis.

L'Assemblée qui s'est tenue dans Aix-la-Chapelle[389], défend aux abbés et aux religieux de manger avec les hôtes et veut qu'on les reçoive et qu'on les traite dans le réfectoire commun avec toute l'honnêteté et la charité possibles.

Voici ce que dit saint Pierre de Damien sur ce sujet[390]. Il est vrai que le Règle ordonne que l'abbé mange avec les pèlerins et les hôtes; et parce que les supérieurs qui ont de la piété et de la religion ne le font pas, afin de réprimer la débauche et de remédier à ces festins pleins de licence et de dissolution, vous voulez qu'on les dépose et qu'on les prive de leurs charges, quoiqu'ils ne fassent rien que d'observer avec exactitude l'intention de leur saint Instituteur, sans s'arrêter à la superficie

---

[389] Cap. 21
[390] Opusc. ibid in fine.

des paroles, et que se nourrissant de la moelle de l'esprit qui donne la vie, ils foulent aux pieds la paille de la lettre qui donne la mort... *Qui nimirum dum sancti doctoris intentionem vigilanter aspiciunt, sequi verborum superficiem parvipendunt, et dum medullam vivificatoris spiritus ruminant, occidentis litterœpaleas calcant.*

Saint Pierre[391], abbé de Cluny, dit à peu près la même chose en parlant des supérieurs. Pendant qu'ils se désaltèrent dans les eaux claires, ils font boire celles qui sont troubles et bourbeuses aux saint troupeau de Jésus Christ; c'est-à-dire: pendant qu'ils ont un extrême soin d'eux-mêmes, ils négligent les autres; et parce qu'ils ont fait un mauvais usage d'un précepte qui est bon en soi, il est nécessaire de mettre un nouvel appareil à une plaie nouvelle et de changer un règlement qui était utile autrefois, par une conduite encore plus utile. C'est pourquoi, afin de détruire par la vertu un vice qui est né de la vertu même, comme c'est la Règle qui les a tirés du réfectoire pour les mettre à la table des hôtes, il faut que la règle de la raison et de la charité les ramène de la table des hôtes au réfectoire... *Ea propter, ut vitium virtute ortum rursum virtute extingueretur cum de communi mensa singularem, regula transmisisset, iterum de singulari ad communem, regula rationis et charitatis inducat.*

Les religieux Camaldules prétendent que ce n'est qu'une simple permission que saint Benoît a donnée, de manger avec les hôtes et non pas un commandement. Et que ce n'est point une chose déraisonnable – si n'ayant pas les mêmes raisons d'en user de la sorte qu'on pouvait avoir de son temps – les Pères, pour de justes causes, ne se servent pas de cette permission et obligent l'Abbé

---

[391] Petrus Venerabilis, Epistulae, I, 28, 135

Chapitre XVIII Question X

autant qu'il est possible, de manger à la table commune avec les frères.

Saint Dunstan[392] dit que ce n'est pas par un mépris de la Règle, mais pour le salut des âmes que les saints Pères ont ordonné par un Décret synodal, qui est exactement observé, que nul Abbé ni aucun des frères ne mangerait et ne boirait hors du réfectoire, si ce n'était en cas de maladie et d'infirmité.

Les religieux de Cîteaux qui reprirent la Règle de saint Benoît dans une exactitude tout littérale, rétablirent cette ancienne pratique. Et quoiqu'ils aient pris des précautions pour en arrêter les abus en ordonnant qu'on se servirait de légumes à la table qui serait commune aux hôtes et à l'Abbé, leur prévoyance fut inutile, comme il paraît par une lettre que le bienheureux Fastrède, troisième abbé de Clairvaux, écrivit à un Abbé de l'Ordre qui en avait quitté la discipline et la pénitence[393].

J'ai appris, lui dit-il[394], d'une personne qui n'a pas moins de compassion des maladies de votre âme que vous en avez de celles de votre corps, que vous avez tellement effacé de votre mémoire l'obligation de vivre selon votre Règle et d'édifier vos religieux par votre exemple, que vous avez votre table à part, et que vous vous faites servir dans la chambre des hôtes, lors même qu'il n'y en a point dans le monastère, pour avoir plus de moyens de satisfaire vos appétits, et de contenter vos sens. Et que, sans crainte des châtiments dont Dieu menace ceux qui recherchent les consolations de cette vie, vous avez beaucoup plus de soin

---

[392] In Stat. c.8
[393] Us Cist. c. 109
[394] Fast. Ep..inter opera Bern. Cf. Lettre CDXL dans: Œuvres Complètes, tome 2 p.111; Ed. Charpentier (1866). Ou Lettre CDXCI dans Œuvres complètes, tome 2 p. 113; Ed. Ravelet (1867).

d'imiter dans vos habits et dans vos meubles la magnificence du mauvais riche, que la pauvreté de Lazare... Si vous êtes Abbé, et par conséquent la règle et le modèle de ceux qui sont sous votre conduite, comment est-ce que vous osez vous faire apprêter des viandes exquises, des poissons frais assaisonnés de différentes manières, et du pain fait hors du monastère de la main des femmes?

Ces sortes de maux et quantité d'autres, arriveront toujours quand les supérieurs se dispenseront des régularités communes et ne feront point de scrupule d'avoir une table particulière, et de manger avec les gens du monde. Les raisons qu'on apporte contre cette expérience sont si faibles, qu'elles ne méritent pas d'être réfutées.

En un mot, si saint Bernard vivait et voyait à quel point on a abusé de ses intentions, il changerait non pas d'esprit, mais de sentiment. Et il défendrait pour jamais aux Abbés de manger avec les hôtes.

Chapitre XVIII Question X

Chapitre XIX

Du Travail des Mains

Question Première

Doit-on mettre le travail des mains au nombre des observances principales de la vie monastique?

Réponse

Il n'y a point d'exercice de pénitence, mes frères, qui ait été ni plus pratiqué ni plus recommandé parmi les moines que le travail des mains. Il a été si universellement estimé nécessaire, que presque toutes les Congrégations régulières l'ont ordonné, et que les Solitaires l'ont toujours mis au nombre de leurs obligations principales. Cependant, il se trouve tellement aboli et d'une manière si générale, qu'à peine en reste-t-il aujourd'hui les moindres vestiges dans les Observances les plus exactes, et l'on est venu à bout de rejeter comme quelque chose d'inutile et de méprisable, une pratique qui a tout ce qui peut lui donner de la recommandation puisqu'elle a sa source, comme nous l'avons dit, dans la vie laborieuse de Jésus Christ; qu'elle est autorisée de l'exemple de ses apôtres, du sentiment des Docteurs de l'Écriture, et de presque toutes les Règles des saints.

Comme vous attendez quelques preuves de ce que je vous avance, je vous dirai, mes frères, qu'on ne peut pas ignorer quels ont été les travaux de Jésus Christ depuis le commencement de sa prédication jusqu'à sa mort, puisque l'Écriture nous le représente allant de pays en pays, de ville en ville les jours et les nuits, dans

Chapitre XIX Question Première

des missions, des voyages et des courses continuelles; et qu'elle nous dit qu'il s'est reposé accablé de fatigue et de lassitude.

Pour le temps qui a précédé les fonctions de son ministère, il y a grand sujet de croire qu'il l'a passé dans l'exercice du métier de celui qui l'on estimait son père. Premièrement, nous voyons que les Juifs en lui reprochant sa naissance, l'appellent le charpentier[395] et fils de charpentier, parce que sans doute ils l'avaient vu travailler dans la maison et du métier de saint Joseph.

Secondement, cette pensée a été celle de quelques Pères de l'Église. Saint Justin[396] dit que Jésus Christ, pendant qu'il a conversé parmi les hommes, travaillait pour faire des charrues ou des jougs pour accoupler des bœufs, nous apprenant par son exemple à vivre selon la justice et à fuir l'oisiveté. C'est un sentiment que saint Justin tenait de la tradition, et auquel on peut d'autant plus aisément donner créance, qu'il était tout proche des temps des Apôtres.

Saint Basile[397] dit qu'il est vraisemblable que les parents de Jésus Christ étant pauvres, comme on le voit par le lieu de sa naissance, et vivant dans la justice et dans la piété, gagnaient leur vie par le travail de leurs mains, et que lui leur donnait des marques de cette soumission que l'Écriture dit qu'il avait pour eux, en les aidant, et en prenant part à leurs occupations et à leur travaux.

Troisièmement, Jésus Christ ayant voulu paraître dans le monde sous la forme et sous la figure d'un pêcheur, on peut fort bien dire qu'il a voulu porter tout le poids de l'iniquité et prendre sur lui

---

[395] Mc 6, 3; Mt 13, 55
[396] Dialogue avec Tryphon ?
[397] Const. Monast. c. 4 GR.q. 8 pp. 68 ...

toutes les punitions du péché. Et comme une des principales et des plus humiliantes, a été celle d'être assujetti au travail, on ne voit pas par quelle raison il s'en serait dispensé, particulièrement étant né pauvre et de parents pauvres, et par conséquent, dans une espèce de nécessité de mettre en pratique cette obligation que Dieu a imposée à tous les hommes, et d'exécuter à la lettre cet arrêt irrévocable qu'il a prononcé contre eux par ces paroles[398]: *In sudore vultus tui vesceris pane.*

Il semble que c'est cela même que le Prophète a voulu nous faire entendre, quand il a dit[399] *Pauper sum ego et in laboribus a juventute mea.*

Et véritablement il n'y a rien qui fût plus convenable à la pauvreté de Jésus Christ, ni rien que fût plus digne de sa charité, que d'employer ses bras et ses mains pour sa subsistance et pour celle de ses parents, afin de n'être à charge à personne. Et tout ensemble pour rendre le travail recommandable à ses véritables disciples, pour l'autoriser et le sanctifier par sa conduite.

Quantité de grands hommes de ces derniers temps ont suivi ce sentiment. Le cardinal Baronius[400] infère de ce que saint Épiphane a écrit[401] que saint Joseph avait environ 80 ans lorsqu'il épousa la sainte Vierge, qu'il fallait que Jésus Christ soulage par son travail sa caducité et son extrême vieillesse.

Cajetan dit que Jésus Christ jusqu'à son baptême a travaillé dans Nazareth du métier de charpentier.

---

[398] Gn 3, 19 / Gen 3,19
[399] Ps 87, 16 / Ps 88, 16
[400] Annal. anno Chr. 12 / Schüler von Philipp Neri, gest. 30. Juni 1607
[401] Epiph. Haer. 78. Edit.gr.

Chapitre XIX Question Première

Denis le Chartreux[402], Estius, et plusieurs autres disent la même chose. Ainsi nous pouvons nous assurer que c'est l'opinion la plus commune et la plus constante.

Pour ce qui est des apôtres, ils ont travaillé de leurs mains, et parmi cette sollicitude et cette application si continuelle et si étendue, qu'ils avaient pour le gouvernement de l'Église, ils ont donné des temps considérables aux ouvrages manuels et extérieurs puisque saint Paul en témoigne lui-même lorsqu'il dit en écrivant aux Thessaloniciens: Vous vous souvenez bien, mes frères, de la peine que nous avons prise, et de la fatigue que nous avons soufferte; et que vous prêchant l'Évangile de Dieu, nous avons travaillé de nos mains les nuits et les jours pour n'être à charge à personne[403] *Memores enim estis, fratres, laboris nostri, et fatigationis, nocte ad die operantes, ne quem gravaremus, prædicavimus in vobis Evangelium Dei.*

Nous pouvons bien assurer la même chose de saint Barnabé, de saint Timothée, de saint Luc, de saint Silas, de saint Sylvain[404], puisque l'ayant accompagné dans ses missions apostoliques, il n'y a aucun lieu de douter qu'ils ne l'aient imité en tout comme leur Maître et qu'ils n'aient eu part à toutes ses peines. Cassien remarque[405] que le travail de ce grand apôtre était lassant, rude et pénible, et non pas un simple changement d'exercice pour se délasser des fatigues qu'il avait endurées dans le cours de ses prédications.

---

[402] Dyon. Estius in cap. 13 Mt
[403] 1 Th 2, 9
[404] 1 Co 9, 5
[405] *Institutions*; Livre 10, chap. 8, 3; p. 401 S.C. n° 109.

Saint Clément recommande[406] le travail par les exemples des apôtres et par le sien propre. Nous, dit-il, qui sommes occupés à la prédication de la parole, nous ne laissons pas de trouver des heures dérobées pour travailler; car entre nous, il y en a qui s'appliquent à la pêche, quelques uns à faire des tentes et des pavillons, les autres à cultiver la terre.

Saint Grégoire[407] dit aussi que saint Pierre a pu reprendre après sa conversion son occupation ordinaire, savoir la pêche, puisqu'elle est un métier innocent.

Saint Isidore[408], évêque de Séville, ordonne dans sa Règle, le travail à l'imitation des apôtres.

Pour ce qui regarde les saints Pères de l'Église, tous ceux qui ont parlé sur cette matière, n'ont eu qu'un même sentiment, et ils ont tous également estimé que les moines étaient obligés de travailler, et que rien ne convenait davantage à leur profession que l'exercice et les ouvrages des mains.

Saint Grégoire de Nazianze et saint Basile veulent[409] que les travaux des moines soient tels qu'ils ne soient point obligés de sortir de leurs monastères, afin qu'ils puissent conserver le repos et la tranquillité. Ils disent néanmoins que s'ils sont contraints par quelque pressante nécessité de travailler en plein air, cela n'empêche nullement cette sainte philosophie dont ils font profession; car un solitaire exact, disent-ils, qui considère son corps comme le dépositaire de ses pensées et qui est le maître des mouvements et des actions de son âme, soit qu'il se trouve dans les marchés, dans les places publiques, dans les assemblées, sur

---
[406] Const. Lib. 2 c. 67
[407] Homil 24 in Evang.
[408] Reg. c. 6
[409] Const. Monast. c. 5

Chapitre XIX Question Première

les montagnes, dans les champs, dans la foule du monde, il se renferme au-dedans de lui-même, comme dans un monastère que la nature lui a donné, et ne médite que les choses dignes de l'excellence de son état.

Ils disent ailleurs[410], qu'il faut qu'un solitaire s'acquitte des ouvrages les plus vils, avec beaucoup de zèle et d'ardeur, sachant que tout ce qui s'est fait dans la vue de Dieu, ne doit point être estimé comme petit. Mais qu'il est grand, spirituel, digne de l'éternité, et qu'il nous mérite des récompenses infinies.

Saint Basile[411] nous apprend par la parole de Jésus Christ et par l'exemple des apôtres que les religieux doivent travailler; et qu'il ne faut pas s'imaginer que le dessein que nous avons de mener une vie sainte, nous soit une raison pour éviter le travail et vivre dans l'oisiveté, puisqu'au contraire, ce nous doit être un motif de nous engager dans les plus grands travaux et les occupations les plus pénibles; afin que nous puissions dire avec l'apôtre: *In laboribus, in jejuniis, in vigiliis*[412]...

Se nourrir de son travail, dit saint Jean Chrysostome[413], c'est un genre de vie conforme à la vraie sagesse et à la raison, les âmes de ceux qui s'occupent à quelque travail étant plus fortes et plus pures, car le travail est très propre à chasser de notre esprit toutes les mauvaises pensées. Il nous donne les moyens[414] d'assister les pauvres, de n'être à charge à personne et d'accomplir plus parfaitement la loi de Jésus Christ, qui nous apprend qu'il y a plus d'avantage à donner qu'à recevoir. Aussi les mains nous ont-elles

---

[410] Id. c.23
[411] Basile, Reg. fus. q. 37: GR 37 p. 121.
[412] 1 Co 6, 5 / 2Kor 6,5
[413] Hom. 5, in 1 Co
[414] Serm. 17 de div.: In illud salutate Priscillam et Aquilam.

été principalement données afin que nous puissions nous aider nous-mêmes par notre travail, et soulager les autres dans leurs besoins, autant qu'il nous sera possible. Que si quelqu'un demeure oisif et sans travailler, quoi qu'il ne manque ni de santé ni de force, il est sans doute bien plus misérable et plus à plaindre que les malades, car la maladie les en dispense. Mais pour ceux qui étant forts, déshonorent, pour ainsi dire, leur santé par leur inutilité et par leur paresse, c'est avec raison qu'ils se rendent odieux à tout le monde, parce qu'ils violent la loi de Dieu, qu'ils ravissent la nourriture qui n'est due à ceux qui ne travaillent point que lorsque leurs infirmités les en empêchent, et qu'ils corrompent la pureté de leur âme, puisque l'oisiveté est la source de tous les désordres et de tous les maux.

Saint Paul, continue-t-il, travaillait assidûment et ne s'occupait pas seulement au travail pour délasser son esprit, comme font quelques uns des fidèles, mais il fallait qu'il travaille avec une application extrême pour pouvoir gagner de quoi assister les autres.

Un homme qui commandait aux démons, qui était le Docteur de toute la terre, et qui prenait un si grand soin de la conduite de toutes les Églises du monde, un homme, dis-je, de cette importance et de ce mérite, travaillait nuit et jour à un métier; et nous qui n'avons pas la millième partie de ces soins, ou plutôt qui n'avons pas seulement la capacité de les comprendre, nous passerions nos vies dans un repos et dans une continuelle oisiveté?

Travaillez, dit saint Jérôme[415], afin que le diable vous trouve toujours occupé. Si les apôtres, qui pouvaient vivre de la

---

[415] Ep. ad Rustic.

Chapitre XIX Question Première

prédication de l'Évangile, travaillaient de leurs mains pour n'être à charge à personne, pourquoi ne prépareriez-vous pas vous-mêmes les choses qui doivent servir à votre usage? Il ajoute que les monastères de l'Égypte ne recevaient jamais de religieux sans les obliger à travailler de leurs mains, non seulement à cause de leur pauvreté, mais encore pour le salut de leurs âmes. *Facito aliquid operis, ut semper diabolus inveniat occupatum; si apostoli habentes de Evangelio vivere, laborabant manibus suis, ne quem gravarent, et aliis tribubant refrigeria, quorum prospiritualibus debebant metere carnalia? Cur tu in usus tuos cessura non præpares? Ægyptiorum monasteria hunc tenent morem, ut neminem absque operis labore suscipiant, non tam propter necessitatem victus, quàm propter animæ salutem.*

Il faut travailler, dit le même saint[416], de crainte que la main cessant de nettoyer le champ de notre cœur, il ne se remplisse des ronces des mauvaises pensées.

Saint Augustin a fait un traité[417] tout entier sur ce sujet, dans lequel il établit les obligations qu'ont les moines de s'appliquer au travail. Il réfute toutes les raisons dont ceux qui prétendent les en exempter, ont accoutumé de se servir.

Si un homme riche, dit ce grand saint, embrasse la vie solitaire, il goûte bien peu Jésus-Christ, s'il ne connaît que rien ne peut contribuer davantage à guérir l'enflure de son premier orgueil, que de travailler avec humilité pour avoir les choses qui sont nécessaires pour la conservation de sa vie, après avoir retranché les superflus qui excitaient en lui une ardeur mortelle. Que si c'est un homme d'une condition pauvre, qu'il ne s'imagine pas qu'il

---

[416] In cap. 16 Ezech.
[417] Tract. „De Opere Monachorum".

fasse en travaillant de ses mains ce qu'il faisait dans le monde puisqu'il a changé de motifs, et que ce qu'il faisait pour acquérir du bien, il le fait pour l'amour de Jésus Christ.

O Solitaires, dit saint Ephrem[418], travaillez pendant l'hiver et dans le mauvais temps, afin qu'étant entrés dans le port de la vie, vous puissiez être dans la joie et dans le repos.

Cassien rapporte[419] que les solitaires d'Égypte se réglant sur les ordonnances de saint Paul, ne souffraient pas que les religieux demeurent sans travailler, particulièrement les jeunes, et qu'ils jugeaient de la bonté de leur cœur, et de leurs progrès dans la patience, dans l'humilité, par l'affection qu'ils avaient pour le travail.

Non seulement on ne leur permettait pas de rien recevoir pour vivre, mais ils nourrissaient encore de leurs travaux les Frères qui les venaient voir, et ils envoyaient même des sommes immenses dans la Libye, où la stérilité et la famine pouvaient être grandes, et dans les villes éloignées, à ceux qui gémissaient dans l'horreur des prisons.

Rufin confirme la même chose, lorsqu'il rapporte[420] que du côté d'Arsinoé, il y avait un prêtre nommé Sérapion, supérieur de dix mille solitaires qui vivaient tous de leur travail, et mettaient entre les mains de ce prêtre la plus grande partie de ce qu'ils avaient gagné dans le temps de la moisson, afin qu'il l'emploie pour la nourriture des pauvres. Il ajoute que c'était une coutume générale parmi tous les moines de l'Égypte, de se louer pour faire la moisson et que les sommes qu'ils en retiraient, étaient si

---

[418] Serm. ascet. ad imitationem Prover.
[419] „Institutions". lib. 10, c. 22; p. 421
[420] Rufin: in vit. Patris; lib. 2 c. 18

Chapitre XIX Question Première

considérables qu'il fallait en envoyer dans les nations étrangères, l'Égypte n'ayant pas assez de pauvres pour les consumer.

Saint Euthyme[421] disait à ses frères qu'il faut que ceux qui renoncent au monde et à tout ce qui est du monde, travaillent sans cesse aux ouvrages des mains, pour dompter leur chair et imiter saint Paul; et qu'il n'y aurait rien de plus extravagant, que de voir les gens qui sont dans le monde nourrir de leur travail leurs femmes, leurs enfants et leurs familles, payer le tribut aux Souverains, offrir les prémices de leurs biens à Dieu, et assister les pauvres selon leur pouvoir; et des religieux ne faire du bien à personne, à cause de la négligence et de l'oisiveté dans laquelle ils vivent.

Saint Bernard ne condamne rien tant que l'oisiveté des moines de son temps, et il a jugé que le travail était si nécessaire à la vie religieuse que, quand il a voulu nous apprendre en quoi elle consiste, il a mis les ouvrages des mains entre ses obligations principales. Le travail, dit ce grand saint[422], la retraite et la pauvreté volontaire sont comme les titres d'honneur des religieux, et les ornements de la vie solitaire: *Labor et latebræ, et voluntaria paupertas, hæc sunt monachorum insignia, hæc solent vitam nobilitare monasticum.*

Notre profession, dit-il ailleurs[423], et les exemples de nos Pères nous ordonnent de vivre de nos travaux, et non pas de l'Autel.

Et dans un de ses sermons, s'étant laissé surprendre par le temps du travail, il dit à ses frères auxquels il parlait[424]: „Voici l'heure

---

[421] In vita ipsius.
[422] Epist 42, 37; SBO Vol VII, p. 130
[423] Epist. 348 (?)
[424] Serm 1 in Cant. SBO, vol I, p. 8.

qui nous presse d'aller au travail des mains auquel notre Règle, aussi bien que notre pauvreté, nous obligent".

Ces sentiments des Pères de l'Église ont été suivis par tous les saints solitaires; et les Règles qu'on en conserve encore aujourd'hui, sont autant de monuments qui nous font connaître à quel point ils ont été observateurs de ce saint exercice.

Nous lisons ces paroles dans la première de toutes les Règles, qui est celle de saint Antoine[425]: Réduisez-vous à travailler de vos mains, et la crainte du Seigneur habitera en vous. Ayez un soin continuel de trois choses lorsque vous serez dans votre cellule, savoir du travail des mains, de la méditation des psaumes et de la prière.

Aimez, dit saint Isaïe[426], le travail et l'affliction, afin que vos passions s'affaiblissent. Il ajoute après avoir dit ce que nous venons de rapporter de saint Antoine: Ne pensez pas devenir semblables à vos pères, si vous ne les imitez dans leurs travaux.

Il est ordonné dans la Règle des saints Sérapion, Paphnuce et Macaire[427], que les Frères s'occupent de Dieu depuis l'heure de Prime jusqu'à Tierce, et que depuis Tierce jusqu'à None, ils vaquent sans murmurer aux ouvrages qui leur seront commandés.

Par la Règle des Saints Pères[428], chacun doit travailler depuis la seconde heure jusqu'à None, et faire sans délai et sans murmure tout ce qu'on lui ordonnera, selon le précepte de l'apôtre[429].

---

[425] Cf.: Art. 36 et 50 du *Dictionnaire de Spiritualité*. Vol. 1, col. 705 Note du *Dictionnaire de Spiritualité*: „Nous avons deux recensions d'une règle attribuée à saint Antoine: un texte arabe (...), et un texte latin publié en 1661 (P.G. 40, 1065-1074)...Cette règle est assurément inauthentique et dérive de la Vita Antonii, des Apophtegmata Patrum et de recueils semblables".
[426] Reg. art 4, 11 et 56
[427] c. 10
[428] Reg. Patr. c. 7 et in alia Reg. c. 10.
[429] Ep. 4, 28 et 1 Th 4, 11

Chapitre XIX Question Première

On voit la même chose dans une seconde Règle des saints Pères et dans celle de saint Macaire d'Alexandrie[430].

Il est écrit dans la Règle de saint Pacôme, qu'après les prières du matin, le semainier demandera au supérieur du monastère ce qu'il estime être nécessaire, et quel nombre de religieux on doit envoyer travailler à la campagne[431]. Et dans un autre endroit, il est ordonné qu'on ne cuira rien hors de la cuisine, mais que quand les frères iront à la campagne pour y travailler, ils prendront avec eux des herbes accommodées avec du sel et du vinaigre.

La Règle de saint Basile, comme nous vous l'avons déjà montré, ordonne le travail des mains.

Saint Benoît en fait une obligation principale. L'oisiveté, dit-il[432], est l'ennemie des âmes; c'est pourquoi les frères doivent en certain temps s'occuper dans le travail des mains. Il veut qu'ils fassent la moisson lorsque la nécessité du lieu ou la pauvreté les y obligera, et qu'ils amassent des grains avec joie; parce que, dit-il, ils seront véritablement moines s'ils vivent du travail de leurs mains comme nos Pères et les apôtres: *Tunc vere monachi sunt, si labore manuum suarum vivunt, sicut et Patres nostri et Apostoli.* Et il paraît en quantité de lieux de la Règle qu'il a considéré le travail des mains comme une des plus importantes pratiques de la vie religieuse.

La Règle qui paraît sous le nom d'un auteur incertain, ordonne[433] que les frères travaillent depuis le matin jusqu'à Sexte. Et qu'après le dîner, ils travaillent jusqu'à la nuit dans le jardin, et partout où cela se trouvera nécessaire.

---

[430] 3 Reg. c. 5, c. 11 et c. 25
[431] c. 80
[432] c. 48.
[433] c. 2.

Saint Paul et saint Étienne, solitaires, en exhortant les frères au travail des mains[434], disent que la Règle qu'ils leur donnent en cela, a une grande modération, et qu'elle est autant éloignée de cette austérité apostolique que saint Paul a pratiquée, qu'il y a de différence entre eux et ce grand apôtre qui commande de travailler des mains, afin d'avoir de quoi subvenir aux nécessités des pauvres et qu'eux ne travaillaient que pour leur propre subsistance; qu'il a souffert la faim, la soif, le froid, la nudité en travaillant les jours et les nuits pour avoir de quoi vivre pour ceux qui l'accompagnaient, comme pour lui-même; et que pour eux, ils recevaient abondamment de la maison de Dieu, ce qui était nécessaire pour leur nourriture et pour leurs vêtements. Ainsi, qu'ils prennent garde de ne pas aimer l'oisiveté, mais que dans l'union d'un consentement sincère, ils travaillent autant qu'ils le pourront... Que chacun donc, disent ces deux saints, rejette la paresse, s'il s'est auparavant laissé aller à ce vice; et qu'il embrasse avec promptitude toute sorte de travail; parce qu'il est écrit vous ne mépriserez point les travaux pénibles, et particulièrement l'agriculture que le Seigneur a commandée, afin que par sa grâce nous ayons avec abondance, de notre propre travail, toutes les choses qui sont nécessaires à notre usage; que nous puissions recevoir d'une manière convenable ceux qui nous rendront des visites de charité, et que nous soyons en état de secourir ceux qui se trouveront dans la nécessité.

On lit dans la Règle de saint Césaire[435], que les Frères doivent s'occuper à la lecture jusqu'à Tierce et travailler ensuite dans les

---

[434] In Codex Regularum. v. 33 cf.: „Règles monastiques d'Occident", p. 364; coll. „Vie monastiquue" n° 9 Bellefontaine, 1980
[435] Cap 14; Id. RMO, p 216

Chapitre XIX Question Première

choses qui leur seront commandées. Il est porté dans la Règle de saint Aurélien, que les Frères travailleront des mains pendant toute la journée, sans discontinuer de méditer dans le fond de leur cœur.

Dans la Règle de saint Féréol[436], les Frères doivent vaquer à la lecture jusqu'à Tierce, et le reste de la journée travailler aux ouvrages auxquels on les emploiera; et pour ceux qui dans le temps de la moisson auront eu ordre de l'Abbé de travailler dès le matin, ils ne seront point obligés de garder ce même ordre. Il est ordonné dans la même Règle[45], que si un religieux hors les Fêtes et sans une maladie évidente passe un jour sans travailler, il ne mangera point, selon la parole de l'apôtre: *Si quis non vult operari, nec manducet*. Toutes les excuses dont les religieux ont accoutumé de couvrir leur paresse y sont entièrement détruites, en proportionnant les occupations et les travaux aux forces et aux dispositions des particuliers.

Saint Colomban[47] dit en sa Règle qu'un religieux ne doit point passer un seul jour sans jeûner, sans prier, sans travailler et sans lire.

La Règle du Monastère de Tarnant[48] oblige les religieux de travailler depuis Prime jusqu'à Tierce. Et Tierce étant dite, de retourner à leur travail jusqu'à Sexte. Depuis Sexte jusqu'à None, de demeurer en repos, ou de s'occuper à la lecture. Et après None, de travailler dans les jardins, et partout où il sera nécessaire

---

[436] c 24.: „Pendant le travail manuel de toute la journée, on ne cessera pas de réciter les textes sacrés qu'on sait par cœur ...". (RMO, cf. supra, p. 235).   c. 26. Id. p. 318
[437] c. 28. Id. p. 320
[438] 2 Th 3, 10
[439] Cf.: Saint Colomban: „Règles et Pénitentiels monastiques", c. 3., p. 56; Coll. „Vie monastique n° 20; Bellefontaine, 1989.
[440] RMO, cf. supra c. 9., p. 271

jusqu'à la nuit. Et pour ceux qui avaient des occupations particulières, ils n'étaient point assujettis à cette distribution du temps à cause de la continuité de leurs exercices.

Saint Isidore, évêque de Séville, ordonne[441] que les religieux travaillent de leurs mains, et qu'ils s'appliquent à des travaux et à des exercices différents. Il veut que dans l'été, ils travaillent depuis le matin jusqu'à Tierce. Qu'ils lisent depuis Tierce jusqu'à Sexte. Qu'ils se reposent depuis Sexte jusqu'à None. Et qu'ensuite, ils travaillent jusqu'au soir. Et dans toutes les autres saisons, les frères doivent lire depuis le matin jusqu'à Tierce, et Tierce étant finie, travailler jusqu'à None, dîner ensuite, et puis s'occuper de nouveau à la lecture, au travail et à la méditation.

Voici l'ordre que saint Fructueux établit pour le travail. Le printemps et l'été, Prime étant dite, les doyens apprendront du Prieur à quels ouvrages on doit s'occuper, ensuite ils le diront aux Frères. Et tous ensemble, ayant pris les ferrements[442] et fait la prière, s'en iront au travail jusqu'à None. None étant dite, ils retourneront au travail, s'il est nécessaire, jusqu'à la douzième heure.

On voit dans la Règle du Maître un chapitre de la distribution du travail[443] et des heures qu'on y doit employer.

Le saint prêtre Grimlaïc[53], dans la Règle des Solitaires, commande le travail pour tous les jours. Le saint apôtre, dit-il, qui prêchait l'Évangile, ne voulait pas manger gratuitement son pain, mais il vivait de ses travaux et de ses fatigues. Avec quelle assurance pourrions-nous manger le nôtre dans l'inutilité de nos

---

[441] Cap. 6.
[442] Mot employé jusqu'au 18ᵉ s. désignant outils ou instruments
[443] Règle du Maître", c. 50; S.C. 106, pp. 223...
[444] Ermite au 9ᵉ ou 10ᵉ s.

Chapitre XIX Question Première

mains, nous à qui la prédication de la parole n'a point été commise, et qui ne sommes chargés du soin d'aucune âme, que de la nôtre? Il faut donc que nous travaillions de nos mains, afin d'avoir de quoi vivre et subvenir aux nécessités des pauvres.

Saint Césaire[54] et saint Aurélien[55], évêques, dans la Règle qu'ils ont faite pour des filles leur ordonnent le travail. Aelred[56] le fait aussi dans la sienne qu'il a donnée pareillement à des filles.

On lit la même chose dans la Règle de laquelle l'auteur n'est point connu, et qu'on appelle *Regula cujusdam*.

Les Chartreux étaient étroitement obligés au travail par leurs premiers Statuts. Ils travaillaient pendant l'hiver depuis Tierce jusqu'à Sexte; et dans l'été, depuis Prime jusqu'à Tierce. Et il leur est ordonné pour rendre cette occupation plus sainte de l'interrompre par des oraisons courtes et fréquentes. Et pour le travail de l'après-dîner, ils devaient y employer tout ce qu'il y a de temps entre None et Vêpres, entrecoupant toujours leurs travaux de leurs prières. *A Tertia usque ad Sextam, hieme, et à Prima usque ad Tertiam æstate, manuum deputatur operibus; quætazmen opera volumus orationibus interrumpi.*

Saint François dans sa Règle ordonne à ses Frères de travailler des mains. Que les Frères, dit-il, auxquels Dieu a donné la grâce de travailler, travaillent fidèlement et avec piété, en sorte que bannissant l'oisiveté qui est ennemie de nos âmes, ils puissent conserver l'esprit de dévotion et de prière: *Fratres illi quibus dedit Deus gratiam laborandi, laborent fideliter ac devote, ita quod*

---

[445] c. 27. RMO, p. 181
[446] c. 20. Id. p. 253
[447] Aelred: „La vie de recluse"; n° 2, 4, 9 et 11; S. C. n 76
[448] cap. 12.
[449] Cap. 19. Édit. Bas. an. 1510

excluso otio anime inimico, sanctæ orationis et devotionis spiritum non extinguant.

C'est ce que ce grand saint avait tellement au cœur, qu'il a voulu le confirmer dans le Testament qqu'il a laissé à ses Frères. Nous étions, dit-il, des gens simples et soumis à tout le monde. J'ai travaillé de mes mains, et je veux encore travailler. Je veux aussi avec détermination que mes Frères travaillent et s'occupent à des ouvrages qui ne soient pas contre l'honnêteté. mon intention est qu'ils apprennent des métiers, s'ils n'en connaissent pas; non pas dans le désir du salaire, mais pour éviter l'oisiveté et donner bon exemple: *Eramus idiotæ et subditis omnibus, et ego manibus meis laborabam, et volo laborare, et omnes alii Fratres firmiter volo quod laborent... et qui nesciunt discant. Non propter cupiditatem recipiendi pretium laboris, sed propter bonum exemplum, et ad repellendam otiositatem.*

On lit dans la vie de saint Albert que les religieux de Vallombreuse étaient si exacts à observer l'article de la Règle de saint Benoît qui concerne le travail, qu'ils affligeaient continuellement leurs corps par toutes sortes de fatigues.

Saint Pierre de Damien écrit[62] que les Camaldules travaillaient de leurs mains, les uns filaient, les autres faisaient des cuillers... des filets, des cilices, des cordes, et d'autres semblables ouvrages.

Les religieux de Saint Victor travaillaient autrefois tous les jours, et on leur distribuait les travaux selon leur force. Et lorsqu'ils ne pouvaient pas travailler à l'air à cause du mauvais

---

[450] In Bibl. Pat.
[451] Apud Surium 7. April
[452] Petr. Damia. In vit. S. Romual. c. 26

Chapitre XIX Question Première

temps, on les occupait dans le monastère à des ouvrages convenables[63].

Les Célestins avaient aussi un travail régulier, comme on le voit dans leurs anciennes Constitutions, duquel personne n'était exempt, hors les malades, et ceux qui avaient dans le monastère des offices et des occupations nécessaires.

Saint Albert, Instituteur des Carmes, leur ordonne dans sa Règle, de travailler afin, leur dit-il, que le démon ne vous trouve jamais sans occupation, et que votre inutilité ne lui donne entrée dans vos âmes. Les Carmes Déchaussés, dans le commencement de leur réforme d'Espagne reprirent ce saint exercice avec exactitude. Et chacun s'y porta selon la diversité des lieux et la facilité qu'ils trouvaient pour le débit de leurs ouvrages, quoique peu de temps après, ils le quittèrent pour des raisons qui ne valaient pas celles qui les avaient obligés à l'embrasser.

Je ne vous ai point parlé exprès des Religieux de l'Ordre de Cîteaux, et je les ai tirés de leur rang, afin que les voyant comme hors de la foule, vous les puissiez considérer avec plus d'attention, et remarquer quelle était leur ardeur et leur exactitude pour le travail. Ces hommes admirables qui s'étaient fait une loi d'exécuter à la lettre le Testament de leur père, et de rejeter tout sens et toute explication qui se trouverait contraire à son esprit et à ses volontés, regardaient le travail des mains comme une obligation principale et il n'y en avait point de trop pénible pour eux. Ils sciaient[457] les blés dans le temps de la moisson; ils

---

[453] Const. ant. c. 31
[454] Cap. 111
[455] Cap. De lab. manuum.
[456] Histoire des Carmes Déchaussés d'Espagne.
[457] „scier"; primitivement, entre autres significations: couper les blés avec une faucille.

défrichaient les terres incultes; ils coupaient les arbres dans les forêts pour bâtir des monastères; ils édifiaient des maisons; ils portaient le fumier dans les terres; ils faisaient les foins, et ils tondaient les moutons... Les moines de leur temps, jaloux d'une sainteté si éclatante et si exemplaire, ne manquèrent pas de décrier leur conduite, et de faire passer ces actions, tout édifiantes qu'elles étaient, pour des nouveautés, des indiscrétions et des excès. Où a-t-on vu, disaient-ils, que Dieu prenne plaisir aux tourments des hommes? Où est-ce qu'il est commandé dans l'Écriture de s'accabler et de se donner la mort par des travaux excessifs? Quelle religion est-ce là de creuser la terre, de couper les bois dans les forêts et de porter le fumier dans les campagnes? *Quando delectatur Deus cruciatibus nostris? Ubi præcipit sciptura quempiam sese interficere? Qualis vero religio est fodere terram, silvam excidere, stercora comportare?* Mais ces solitaires inspirés de Dieu, et qui avaient incessamment ses jugements devant les yeux, ne se mettaient guère en peine de ceux des hommes; ils suivaient leur carrière d'un pas et d'une ferveur toujours égale, semblables à des géants qui continuent leur course sans s'arrêter au bruit des enfants qui crient après eux, dans la surprise où ils sont de leur grandeur et de leur vitesse.

 Saint Bernard a jugé le travail des mains si important et si nécessaire, qu'il obtint de Dieu par ses prières l'adresse et la facilité dont il avait besoin pour faire la moisson et scier les blés: et lorsque ses frères étaient occupés à des travaux qui demandaient des forces plus grandes que les siennes, il

---

[458] Epist. 1, 4; SBO Vol. VII, p. 4
[459] cf. note 67
[460] In ejus vitæ lib. I, c. 4, 23 (par Guillaume de Saint Thierry)

Chapitre XIX Question Première

compensait cette impuissance en bêchant la terre, en portant du bois sur ses épaules, en s'appliquant aux offices les plus humiliants du monastère.

Pour le temps qu'ils employaient à cet exercice, on apprend quel il était dans la Règle de saint Benoît et dans leurs premières Constitutions. Pour l'ordinaire dans l'été, depuis le Chapitre qui se tenait après Prime, ils travaillaient jusqu'à Tierce, et depuis None jusqu'à Vêpres. En hiver, depuis la Messe jusqu'à None, et même jusqu'à Vêpres pendant le Carême. Et durant la moisson lorsqu'ils allaient travailler dans les fermes, ils disaient Tierce et la Messe conventuelle aussitôt après Prime, afin que rien ne les empêche de vaquer à leurs ouvrages le reste de la matinée. Et souvent, ils disaient l'Office divin dans les lieux où ils travaillaient, et dans les mêmes heures auxquelles les Frères qui étaient dans le monastère, les chantaient à l'Église.

Leur pauvreté est heureuse, disait un grand personnage de ce même temps, laquelle à la vérité, les réduit à souffrir la faim et le froid, mais non pas à demander leur pain ni à rendre de lâches complaisances aux riches du monde. Ils trouvent de quoi se nourrir et s'habiller dans le travail de leurs mains, imitant le saint apôtre qui, pouvant vivre de la prédication de l'Évangile, aima mieux subsister de son travail que de rendre sa prédication onéreuse et n'être à charge à personne.

Enfin, leur zèle était si grand et si étendu pour cette pratique de pénitence, aussi bien que pour toutes les autres, que selon le témoignage de ceux qui en ont écrit, ils s'imaginaient sans cesse

---

[461] RB 48.
[462] Us. Cist. 75 et 84
[463] Steph. Episc. Torn.: Ep. ad Abb. Pontin.

de nouvelles croix et de nouveaux supplices, afin de trouver la guérison et le salut de leurs âmes dans l'accablement de leurs corps. *Importabiles corporibus suis pro animarum remedio comminiscuntur cruces.*

Voilà quels ont été les travaux de nos Pères; voilà les effets de cette haine si sainte qu'ils avaient pour eux-mêmes et qui a été si recommandée dans les divines Écritures.

Voilà quelle a été la mortification de ces hommes qui étaient morts à tout, et qui semblaient n'avoir plus de vie ni de sensibilité que pour ressentir les maux et les peines que l'amour de Jésus Christ leur faisait endurer. La Providence les a fait naître pour être vos modèles comme ils sont vos Pères; et vous devez être leurs imitateurs comme vous êtes leurs enfants. Mais si nonobstant tous vos efforts, vous ne pouvez retracer une si grande pénitence que d'une manière imparfaite, qu'au moins cette différence vous touche et vous confonde, et qu'elle fasse que vous demandiez à Dieu la grâce de compenser par votre humilité et par vos larmes, ce que votre impuissance vous refuse.

Question II

Qu'est-ce qui a porté tous les Solitaires à recommander si fort le travail des mains et à le considérer comme un de leurs principaux exercices?

Réponse

---

[464] Guill. Malmesburg. hist. Anglic. lib. 4. PL 179, c. 951-1391. Cf. *Cîteaux - Documents primitifs.* Ed.: Cîteaux – Commentarii Cistercienses, 1998 (Texte latin-français)

Chapitre XIX Question II

Les mêmes raisons qui ont rendu les Solitaires si rigoureux dans l'observation des jeûnes, de l'abstinence, des veilles, et des autres exercices semblables, les ont aussi portés à entreprendre des travaux corporels. Et on ne peut pas douter que l'amour de la pénitence, le désir de se détruire pour Jésus Christ comme des victimes, de laver leurs péchés dans leur sueur aussi bien que dans l'eau de leurs larmes et le dessein de châtier leur corps et de le réduire en servitude, afin d'en arrêter les dérèglements et de les rendre plus purs et plus dignes de la sainteté de leur état, ne leur ait fait aimer les travaux, trouver de la douceur et de la facilité dans les occupations les plus viles et les plus pénibles. Mais comme nous vous avons déjà parlé de ces motifs à l'occasion de l'austérité dans l'abstinence, nous y ajouterons seulement quelques considérations particulières qui touchent plus précisément le travail des mains.

Une des premières raisons qui a fait que les solitaires ont établi le travail, et qu'ils en ont donné des règles si étroites et si générales, a été le dessein de remplir leur vie, de n'y laisser aucun vide et d'empêcher que les moines ne se laissent surprendre à l'oisiveté, sachant bien que dans le moment qu'ils manqueraient d'occupations saintes il était impossible qu'ils n'en aient de mauvaises; l'inutilité ouvrant la porte à tous les vices, et la fermant à toutes les vertus. D'où vient que les anciens solitaires d'Égypte[465] avaient l'habitude de dire, que le religieux qui travaille n'est attaqué que d'un seul démon, mais que celui qui ne travaille point, en a une infinité qui lui font la guerre.

Et véritablement, comme la paresse détruit toute la vigueur de nos âmes, qu'elle refroidit cette activité sainte qui est le principe

---

[465] Cassien, *Institutions*, Lib 10, c. 25; S.C. 109

de ses mouvements, elle les met aussi dans la langueur et les empêche d'agir; de sorte que le cœur ne pouvant produire aucun bon sentiment, ni l'esprit former aucun bonne pensée, quand les passions s'irritent et que les tentations s'élèvent, un religieux n'est plus capable de résister. Les démons, qui connaissent son désordre et son impuissance, l'attaquent alors, et le prennent partout où il leur plaît. Et ce misérable ne manque point de tomber dans tous les pièges qu'ils lui tendent, car on peut dire qu'il est comme un homme sans défense et abandonné à tous les traits de ses ennemis.

Quand ce vice, dit Cassien[466], est une fois entré dans l'âme d'un solitaire et qu'il s'en est rendu le maître: ou il le laisse demeurer dans sa cellule comme un lâche et un paresseux, sans qu'il avance rien pour le salut de son âme; ou il l'en chasse pour le rendre errant et vagabond, et le réduire dans une instabilité continuelle, en sorte qu'étant devenu incapable de tout bien, il ne fait plus que courir de cellule en cellule, de monastère en monastère, sous prétexte d'y visiter se frères, mais ne pensant en effet qu'aux moyens d'avoir et de s'assurer quelque bon repas. Car le paresseux n'est occupé que des soins de sa bouche. Voilà son état jusqu'à ce qu'ayant trouvé quelque homme ou quelque femme dans la même disposition de mollesse et de langueur, il s'embarrasse dans toutes ses affaires. Ainsi, il s'engage peu à peu en des occupations dangereuses qui le serrent comme des nœuds de serpents dont il ne saurait se délivrer. Et il ne lui est plus possible d'avoir cette liberté qui lui est nécessaire pour s'élever à la perfection de son premier état.

---

[466] Id. supra (note76): lib. 10, c. 6, p. 391

Chapitre XIX Question II

Tous les saints Pères dont nous avons rapporté les règles et les sentiments, ont eu cette même vue aussi bien que saint Benoît[467], qui marque expressément dans sa règle qu'un des motifs qui le porte à ordonner le travail des mains, est afin que ses frères évitent l'oisiveté, qu'il considère comme une ennemie cruelle des âmes: *Otiositas inimica est animæ*. C'était aussi la pensée du saint Abbé Paul[468], ce grand anachorète qui, après avoir travaillé avec soin, brûlait tous ses ouvrages à la fin de l'année parce que, vivant inconnu et séparé des hommes, il ne pouvait en avoir le débit.

La seconde raison qui a tant fait recommander aux anciens Solitaires le travail des mains, c'est qu'ils ont cru qu'il était honteux à un homme qui faisait profession de la vie solitaire, de manger le pain qu'il n'avait pas gagné à la sueur de son visage. Ils ont pris pour eux à la lettre ces paroles de l'Écriture:[469] *In sudore vultus tui vesceris pane*. Et ils ont estimé que rien ne convenait mieux à des pénitents qui se trouvent chargés par la vocation de Dieu, de l'iniquité des hommes, que de porter la peine dont il lui avait plu de punir leur péché. Ils se sont persuadés que le déclaration que saint Paul a faite aux Thessaloniciens[470], lorsqu'il leur dit que celui qui ne veut point travailler, ne doit point manger; *Si quis non vult operari, nec manducet*, était un précepte qui obligeait tous les moines; que l'arrêt que l'apôtre n'avait point fait de difficulté de prononcer contre des gens engagés dans les affaires et le commerce du monde, regardait par des relations plus propres et plus particulières ceux qui n'en étaient plus, qui étaient

---

[467] Chap. 48
[468] Institutions: Lib 10, c.24 (SC p.423)
[469] Gn 3, 19
[470] 2 Th 3, 10

pauvres par choix et par état, et consacrés aux exercices d'une vie pénitente.

C'est ce qui obligea le saint anachorète Abraham de répliquer[471] à un solitaire qui se vantait de pouvoir vivre des aumônes que lui feraient ses parents: „Mon fils, nous pourrions tirer ces même secours de nos proches, mais nous avons préféré à leurs richesses la pauvreté dans laquelle vous nous voyez.

Nous avons mieux aimé gagner notre vie par nos sueurs et par nos travaux, que de nous appuyer sur cette assistance, et nous faisons plus de cas de cette pauvreté pénible et laborieuse que de toutes ces méditations stériles de l'Écriture, et de ces lectures infructueuses dont vous nous parlez. Vous pouvez croire qu'il nous serait aisé d'imiter votre conduite, si nous apprenions des exemples des apôtres et des instructions de nos Pères, qu'elle est la meilleure. Sachez qu'il vous est très nuisible, étant fort et robuste comme vous êtes, de vous nourrir des aumônes qui ne sont dues qu'aux personnes faibles et languissantes".

C'était une pratique commune parmi les solitaires de l'Orient pendant que la religion y a été pure, et que l'on y a conservé la simplicité. Saint Benoît l'a rétablie de son temps dans l'Occident, plusieurs Congrégations qui ont vécu sous sa Règle, l'ont gardée, et entre autres les religieux de l'Ordre de Cîteaux l'ont reprise avec une exactitude littérale. Et outre ce que nous vous avons déjà rapporté, voici ce que contient un de leurs premiers Statuts[472]. „Les moines de notre Ordre doivent vivre du travail de leurs mains; il faut pour cela qu'ils cultivent des terres, qu'ils nourrissent des bestiaux... Ainsi, il est leur permis de posséder des

---

[471] Conférences. 24, c. 12; S.C. tome 3, p. 183
[472] Capit. gener. an 1133

Chapitre XIX Question II

eaux, des forêts, des vignes, des prés, et des champs qui soient éloignés des habitations des hommes... "

Mais ce qui est digne d'être remarqué, c'est qu'à l'imitation des anciens solitaires qui faisaient subsister des pays et des régions entières des ouvrages de leurs mains, leurs grands travaux leur donnaient les moyens de secourir les pèlerins, de consoler les pauvres et de recevoir les étrangers qui les visitaient. Et le cardinal de Vitry avait raison de les comparer aux bœufs qui, foulant aux pieds les gerbes, se contentent de manger la paille, et laissent le grain pour la nourriture de leurs maîtres: *Tanquam boves de armento Domini, paleam manducantes, grana supervenientibus reservant.*[473]

C'est une troisième raison qui a rendu les premiers solitaires si zélés et si ardents pour le travail des mains. L'instruction de l'apôtre, qui ordonne aux Éphésiens[474] de travailler pour le soulagement des pauvres, excitait leur charité. Ils reconnaissaient Jésus Christ dans ses membres; ils considéraient leurs nécessités comme ses propres besoins. Et ils s'estimaient heureux de ce qu'il voulait bien recevoir dans la personne de ses serviteurs, le fruit de leurs travaux et de leurs peines.

C'est ce que saint Basile a voulu nous marquer, lorsqu'il a dit[475] que le travail n'était pas seulement utile pour la macération du corps, mais qu'il donnait encore les moyens d'exercer la charité envers le prochain, Dieu se servant de notre ministère pour

---

[473] Hist. Occid. c. 14 - Sans doute le livre 2 de l'histoire orientale et occidentale cf. *Dictionnaire de spiritualité* à l'article Jacques de Vitry.
[474] Eph 4, 28
[475] Reg. fus.q. 37 GR 37; p. 121

secourir ceux de nos frères qui sont infirmes, en la manière qui nous est prescrite dans les Actes[476] par ces paroles de saint Paul:
„Je vous ai montré par mon exemple que vous devez travailler pour assister les malades dans leurs besoins": *Omnia ostendi vobis, quoniam sic laborantes oportet suscipere infirmos.*

La quatrième raison est celle de l'exemple. Les moines doivent être des règles animées; l'on doit voir dans leur conduite les vérités saintes toutes vivantes. Toutes les fois que les gens du monde les observent, il faut qu'ils remarquent en eux une condamnation de tous les vices, et un modèle parfait de toutes les vertus. On peut croire, dès qu'ils se sont éloignés du monde, qu'ils en ont méprisé toutes les vanités; et leur retraite est une preuve apparente qu'ils ne l'ont pas jugé digne de leur attachement, de leur affection, ni de leur estime. Mais comme cette instruction est trop générale, et qu'il n'y a rien de plus ordinaire, que de voir dans le reste de leur vie des inégalités qui démentent cette grande démarche qu'ils ont faite, et qui en sont comme des rétractations manifestes, il faut par nécessité ou qu'ils manquent à l'obligation dans laquelle ils sont de donner l'exemple au reste des hommes, ou qu'ils leur fassent voir par des dispositions particulières, et par le détail de leurs actions, ce qu'il faut qu'ils évitent ou qu'ils embrassent.

Leur chasteté, comme nous avons dit ailleurs, condamne la luxure; leur abstinence la gourmandise; leur obéissance l'amour propre; leur humilité l'orgueil; leur patience la colère; leur pauvreté l'avarice et l'envie tout ensemble puisque le véritable pauvre ne désire rien. Mais tout cela n'est point assez: il faut pour achever de détruire ces sept sources principales de tous les

---

[476] Ac 20, 35 / Apg 20,35 In

Chapitre XIX Question II

dérèglements et de tous les excès, qu'ils condamnent la paresse par leurs travaux, et que leur vie laborieuse apprenne aux hommes à fuir l'oisiveté.

Et c'est à quoi il semble qu'ils soient d'autant plus obligés que seule l'inutilité est capable de remettre une âme libre et affranchie de toutes les passions dans la servitude de tous les vices. La voie des paresseux, dit le Saint-Esprit[477], est toute remplie d'épines, *Iter pigrorum quasi sepes spinarum*. C'est-à-dire que tous les vices attaquent et surmontent à la fin celui qui se laisse aller à la paresse.

Il faut donc qu'un solitaire en ce point-là, comme en tous les autres, donne au monde l'exemple et l'édification qu'il lui doit, que non seulement il vive d'une manière exempte du soupçon de la paresse, mais qu'il en inspire de l'horreur et qu'il porte à la peine et au travail ceux qui le regarderont de près, et qui voudront prendre le soin d'examiner sa conduite. Et surtout qu'il se souvienne de ce maître de l'Écriture[478] qui punit et qui traita le serviteur inutile comme un méchant serviteur.

On peut encore compter l'exemple des apôtres pour un cinquième motif de l'obligation qu'ont les religieux d'embrasser le travail, comme nous l'apprenons de saint Benoît et de beaucoup d'autres dont nous venons de rapporter les témoignages[479].

Et, en effet, il n'y a rien de plus juste et de plus nécessaire à ceux qui sont obligés par leur profession d'imiter les apôtres dans leur sainteté, que de les imiter dans leurs exercices et dans leurs travaux.

---

[477] Pr 15, 19 (Vulgate)
[478] Mt 25, 30
[479] RB 48. Règles d'Isidore l'Espagnol, de Basile, Cassien, etc.

Et comment pourraient-ils témoigner incessamment de cette perfection à laquelle ils se sont élevés, à moins que de s'attacher à leurs traces, et de prendre les chemins et les voies qu'ils ont suivies? Les solitaires doivent donc se proposer les saints apôtres de Jésus Christ comme les modèles de leur vie, puisque selon ce que dit saint Bernard, Dieu leur demandera compte de la perfection de ces grands hommes[480]. Et comme on ne peut douter qu'ils n'aient travaillé de leurs mains et que plusieurs d'entre eux n'aient tiré leur subsistance de leurs ouvrages, quel fondement après cela pourraient avoir des solitaires, pour se dispenser de faire ce qu'ont fait les apôtres, et pour se croire exempts de travailler comme eux, et de suivre leurs exemples?

Quand les moines diront que les fonctions qui sont propres à l'apostolat ne sont point pour eux; que la prédication de la parole, les missions, la charge et l'instruction des peuples ne les regardent point, ils auront raison. Mais de prétendre que des actions, des exercices, et des devoirs qui conviennent à leur état, comme les jeûnes, les veilles, la pénitence, la pauvreté et les travaux corporels – dont les apôtres ont donné des exemples si remarquables – sont des pratiques qu'ils peuvent négliger, c'est ce qu'ils ne persuaderont jamais à ceux qui savent que la vie des solitaires doit être une image et une réplique de celle des apôtres.

Cassien touche une raison qui n'est pas moins importante que toutes les autres quand il dit[481] qu'il faut que le solitaires oublient le faste et les délices de la vie passée, et qu'ils acquièrent l'humilité du cœur par l'humiliation et la peine du travail: *ut fastus*

---

[480] Sermon *De Diversis*: 22, 2; SBO, VI,1, p. 171.
[481] Institutions, livre 2, c.3; S.C. 109, p. 63

Chapitre XIX Question II

vitæ præteritæ (possit) et delicias oblivisci possint, et humilitatem cordis contritione laboris adquirere.
Saint Dorothée confirme cette pensée[482]. Le travail, dit-il, humilie le corps et l'humiliation du corps produit celle de l'esprit.

Et il est constant, comme le rapporte le même saint, que nos cœurs prennent des dispositions différentes selon les états et les diverses situations dans lesquelles nous nous trouvons. Les sentiments d'un homme qui est assis sur le trône sont autres que ceux d'un homme qui est couché sur le fumier. Celui qui est vêtu d'habits riches et magnifiques, a des pensées toutes différentes de celui qui n'est couvert que de vêtements pauvres et déchirés. Ainsi, on perd par des actions viles et des occupations humiliantes, tout désir et toute idée de la gloire et de la grandeur.

Quand ce motif serait tout seul, il serait suffisant pour inspirer à des solitaires l'amour du travail et leur donner de l'ardeur pour un exercice capable de les conserver en des dispositions si sanctifiantes et si nécessaires. Il abaisse ceux qui pourraient être considérables dans le monde par leur qualité ou par leurs richesses, en les rendant semblables à une infinité de personnes d'une condition vile et ravalée.

Il fait qu'ils n'ont plus de mémoire de ce qu'ils ont été avant leur conversion. Et pour ceux qui ne sont rien et par leur pauvreté et par leur naissance, il leur remet incessamment leur néant devant les yeux; il empêche que l'orgueil ne les élève et qu'ils ne perdent le souvenir de leur première bassesse.

Ainsi, mes frères, on ne se trompera point quand on assurera que les moines acquièrent et conservent l'humilité par les travaux

---

[482] S. Doroth. Doct. 2 To. 1; Bibl. Patr. Græc. Lat. Traduction: „Dorothée de Gaza", *Œuvres spirituelles*. Instructions. II, 39; S.C. 92 pp. 205-206.

corporels, et qu'il est bien difficile quand ils s'acquittent de cette obligation avec esprit et piété, qu'ils se laissent aller à des pensées vaines et qu'ils sortent de la modestie et de la simplicité de leur état.

Question III

Que doit-on répondre à ceux qui prétendent que le travail pouvait être nécessaire aux moines tandis qu'ils étaient pauvres, mais qu'il est présentement inutile, puisque la charité des fidèles leur a donné des revenus et a pourvu à tous leurs besoins?

Réponse

Comme le travail n'a pas été seulement institué parmi les religieux à cause de leur pauvreté, mais qu'il y a quantités d'autres motifs qui le rendent nécessaire et utile, il ne faut pas inférer qu'ils ne doivent plus travailler parce qu'ils ont à présent de quoi vivre. L'intention de ceux qui leur ont donné ces biens n'a pas été d'affaiblir leur vertu, mais de l'augmenter. Et Dieu qui, par une providence paternelle, a suscité des hommes pour fonder des monastères, demande des moines une reconnaissance dont ils ne sauraient lui donner des marques que par la ferveur et l'exactitude avec laquelle ils s'acquittent des devoirs de leur profession. En sorte que si ce n'est plus la nécessité qui les force d'embrasser le travail, ce doit être, comme dit saint Bernard, la discipline régulière, l'autorité des saints Pères, l'amour de la pénitence, la mortification des sens, l'humiliation de l'esprit, la fuite de la paresse et de tous les dérèglements qui en sont les suites, l'obligation de donner l'exemple; enfin, le désir d'imiter le saint

Chapitre XIX Question IV

apôtre[483] qui au lieu de vivre de l'Évangile et de la rétribution qui lui était due à cause de la prédication de la parole, travaillait de ses mains, non seulement afin de n'être à charge à personne mais encore pour ôter aux fidèles toute occasion de scandale et pour l'édification de l'Église. Ainsi, mes frères, vous voyez que l'obligation que les religieux ont de travailler de leurs mains est appuyée sur tant de raisons solides et importantes, qu'elle ne laisse pas de subsister, quoique celle de la pauvreté en soit retranchée. Et comme l'apôtre voulut en travaillant se priver d'un bien qui lui appartenait si légitimement, pour ne le point ôter de la main de ses frères, il faut de même que les religieux travaillent, et qu'ils distribuent aux pauvres ce qu'ils peuvent épargner de leurs revenus par le secours et par le moyen de leur travail.

Question IV

Ne serait-il pas plus utile à des religieux d'employer leur temps à la lecture et dans l'étude, que de travailler?

Réponse

La première chose qu'on peut répondre à cela, mes frères, est que l'occupation la plus utile à des religieux est sans doute celle qui convient le plus à leur profession, qui est davantage dans l'ordre de Dieu et plus conforme à ses volontés. Or, il est certain, comme nous l'avons déjà fait voir, que les moines n'ont point été destinés pour l'étude, mais pour la pénitence; que leur condition est de pleurer et non pas d'instruire; et que le dessein de Dieu en

---

[483] Ac 20, 34-35; 1 Co 4, 12; 1 Th 2, 9; 2 Th 3, 8

suscitant des solitaires dans son Église, n'a pas été de former des docteurs, mais des pénitents. Et s'il y en a eu parmi eux d'une érudition aussi bien que d'une sainteté éclatante, ç'a été par une conduite de Dieu toute particulière, lequel étant le maître des hommes en fait tout ce qu'il lui plaît sans s'assujettir aux lois communes. Et il se peut dire quand il a tiré des moines de l'obscurité du silence et de la solitude pour les appliquer aux affaires de l'Église, pour la défense de la foi et pour l'instruction des peuples, qu'il a voulu se servir de personnes simples et méprisables par leur état et selon le monde, pour confondre l'orgueil et la vanité de la sagesse humaine: *quæ stulta sunt mundi elegit Deus ut confundat sapientes; et infirma mundi elegit Deus ut confundat fortia*[484].

Ainsi, quoiqu'il y ait eu des solitaires signalés par la doctrine, comme c'est une chose extraordinaire et au-dessus de leur profession, elle ne doit point aussi servir d'exemple. Et il n'y aurait rien de moins raisonnable que de prétendre abolir par là le travail des mains, établi par toutes les Règles, ordonné et pratiqué si religieusement par tous les saints moines; et de s'imaginer que l'étude qu'ils n'ont jamais mis au nombre des exercices qui doivent occuper les solitaires, contienne pour eux plus de bénédiction et d'avantages.

Secondement, il y a peu de personnes capables d'une étude qui soit grande et assidue; et on ne trouvera guère de religieux qui puissent donner à la lecture dans tous les jours de leur vie, le temps qu'ils ont de reste lorsqu'ils ne seront point occupés du travail.

---

[484] 1 Co 1, 27

Chapitre XIX Question IV

L'étude par nécessité leur deviendra désagréable. Ce sera pour eux un exercice d'amertume et de dégoût, et il arrivera que cette occupation qui ne leur aura été donnée que comme un moyen pour les conserver dans la sainteté de leur état fera un effet contraire, soit que s'en trouvant accablés comme d'un poids insupportable, ils cherchent à se désennuyer et à soulager leurs peines dans les divertissements qui sont incompatibles avec la pureté de leur profession; ou bien qu'ils se laissent aller à l'abattement et à l'oisiveté qui est la ruine assurée de la piété des cloîtres.

Il faut que vous sachiez, mes frères, qu'il n'y a guère eu de siècle qui ait porté plus de religieux recommandables par le mérite des lettres, que le neuvième siècle. Cependant, il n'y en a point eu où la décadence de l'Ordre monastique ait été plus grande ni plus universelle, comme on le voit dans le concile de Verneuil[485] mais particulièrement dans un autre tenu auprès de Soissons[486]. Les Pères qui y étaient assemblés déplorant cette désolation déclarent qu'ils ne savent que faire ni que dire, non pas de l'état, mais de la chute des monastères: *de monasteriorum non statu, sed lapsu, quid dicere aut agere debeamus pene incertum*; et que la grandeur des crimes a obligé Dieu de commencer son jugement par sa propre maison; que l'on voit des monastères brûlés et détruits, d'autres dépouillés de tous leurs biens et réduits dans une extrémité dernière et que s'il en reste encore quelques-uns, on n'y remarque aucune trace de vie, de discipline ou de conversation religieuse.

---

[485] en 844 / auch 755
[486] en 909, à Trosly (cf.: *Histoire universelle de l'Église catholique*, RHORBACHER, TOME XII, p. 513).

Si vous demandez comment ces maux ont été des effets de l'étude, je vous dirai que les religieux se sont attachés aux sciences et ont négligé le soin de la conduite des cloîtres, les exercices et les observances régulières sous prétexte que Dieu en avait appelé quelques-uns par des voies et des raisons extraordinaires à des connaissances supérieures à leur état. Il y en eut que se sont appliqués à des lectures vaines et curieuses, lesquelles ont enflé leur cœur, corrompu leurs mœurs, ruiné leur piété; d'autres ont voulu les imiter et les suivre, non pas en s'adonnant comme eux à l'étude – parce qu'ils n'en étaient pas capables – mais en s'accordant les mêmes dispenses et les mêmes exemptions.

Ce qui fait qu'ils sont tombés dans une vie molle, dans la paresse, dans le dégoût et dans une ignorance grossière des choses de leur profession et dans tous les dérèglements qui en sont les conséquences et les suites. Ainsi Dieu, par un jugement plein de justice s'est retiré du milieu de ceux qui l'avaient abandonné, il les a livrés aux dernières calamités; les désordres s'y sont multipliés, ils y sont venus de toutes parts et l'iniquité s'y est consommée.

Ainsi, c'est se tromper que de vouloir suppléer au travail des mains par l'étude et de se figurer qu'on puisse remplir utilement les vides qui se rencontrent dans la vie des moines qui ne travaillent point, en les appliquant aux lettres et aux sciences.

Question V

Ne doit-on pas craindre que si les religieux ne s'appliquent à l'étude, ils ne tombent dans une ignorance grossière, et ensuite dans le dérèglement?

Réponse

Chapitre XIX Question V

Cette crainte serait assurément bien mal fondée. Les religieux ne tomberont jamais dans le dérèglement tandis qu'ils demeureront invariablement attachés à leur Institut, tandis qu'ils seront exacts dans l'observation de leur Règle et qu'ils marcheront avec soin dans les voies qui leur ont été marquées par leurs Pères. Ainsi, mes frères, vouloir que les religieux s'égarent et sortent de leur véritable chemin parce qu'ils ne s'appliquent pas à l'étude lorsqu'ils s'acquittent des devoirs de leur profession, c'est une imagination toute pure puisque l'étude, comme nous l'avons déjà fait remarquer, est une occupation étrangère qui n'a rien de commun avec leur état.

C'est avec aussi peu de sujet qu'on se figure que les religieux se trouveront dans l'ignorance s'ils ne s'adonnent pas aux lettres. Et quoique nous ayons suffisamment éclairci cette vérité lorsque nous avons expliqué quelle devait être la science des supérieurs, nous ne laisserons pas de vous dire encore, mes frères, qu'un religieux ne peut être considéré comme ignorant, lorsqu'il saura ce que sa profession l'oblige de savoir, et qu'il aura toutes les connaissances qui lui sont nécessaires pourvu qu'il sache ce que c'est que d'aimer Jésus Christ, de porter sa croix, de le suivre et de lui plaire.

C'est une science qui ne se peut acquérir par l'étude: Jésus Christ en est le Maître et le Docteur. C'est de lui que nous devons l'apprendre: quoique nous fassions, nous ne l'aurons jamais à moins qu'il ne la grave lui-même de son doigt – qui est son saint Esprit – dans le fond de nos âmes. Les moyens pour obtenir de lui un don si précieux, et dont il faut que le solitaires se servent, sont la soumission de l'esprit, la docilité du cœur, et l'exactitude parfaite dans l'accomplissement de leurs devoirs. Il ne faut point douter qu'en s'acquittant avec fidélité et avec zèle de tout ce que leur Règle leur prescrit, ou plutôt ce que Dieu même leur prescrit par leur Règle, ils n'acquièrent cette science des sciences – puisque c'est elle qui fait et qui forme les saints – auprès de laquelle toutes les connaissances et les lumières des Docteurs ne sont que ténèbres.

Comme les saints Solitaires n'ont point voulu que les religieux s'adonnent à l'étude, ni à la recherche des sciences, ils ont eu aussi un soin très particulier de les instruire et de leur donner des connaissances profondes de tout ce qui regardait leur profession, et qui pourrait en exciter en eux les sentiments et leur en apprendre les maximes. C'est pour cela qu'ils leur ont ordonné la lecture, qu'ils en ont fait un exercice régulier, et que saint Benoît l'a recommandée comme une occupation capitale[487]. Mais véritablement, bien loin qu'elle eût rien de curieux ni qui fût capable de causer la moindre dissipation, elle n'était que de l'Écriture sainte, des ouvrages des saints moines, de leurs vies, de leurs entretiens et de leurs actions.

Ils y trouvaient tout ce qui pouvait échauffer leur charité, animer leur zèle, exciter leur componction, augmenter en eux le mépris du monde et les fortifier dans le désir de la mort et dans l'attente des choses éternelles. La diversité de leurs emplois partageait avec tant d'ordre et de règle le temps et le cours de leurs journées, que tout était placé sans qu'il s'y rencontre ni vide ni confusion. Et l'on peut dire que toute leur vie consistait dans le chant des louanges de Dieu, dans la méditation de sa Loi, dans la lecture des saints livres et dans le travail des mains. Jugez, mes frères, s'il y a lieu d'accuser d'une ignorance grossière des religieux lorsqu'ils vivront dans toutes ces occupations et ces

---

[487] RB 48

Chapitre XIX Question V

connaissances, et de craindre qu'ils ne tombent dans le désordre, à moins qu'ils ne soient soutenus par le secours des sciences. La divine Providence a pourvu à tous leurs besoins, il ne faut point avoir recours à des moyens extraordinaires. Les Règles contiennent tout ce qui est nécessaire pour leur sanctification. La seule chose qu'il y a à faire, est de les obliger à les garder et à vivre selon la vérité de leur profession, pour prévenir les dérèglements, ou bien pour y remédier lorsqu'ils sont arrivés.

Soyez persuadés, mes frères, que l'application aux sciences est ennemie de l'esprit qui doit animer toute la conduite des Solitaires; et que, quoiqu'il y eut de saints moines – et qu'il y en puisse encore avoir – d'une érudition éminente, qui ont servi l'Église par leur doctrine, ce serait directement s'opposer à l'esprit d'une profession si sainte que de faire une règle générale de ces exemples et de considérer l'étude comme un point de régularité.

Si la science cause de l'élèvement, comme nous l'apprenons de l'apôtre[488], se peut-il faire que l'étude soit un exercice ordinaire pour des gens qui doivent vivre dans une abjection et dans une pratique d'humilité continuelle, et dont la profession n'est autre chose, pour me servir des termes d'un ancien Père[489], qu'un exercice qui n'apprend rien à l'homme qu'à s'abaisser et qu'à s'humilier: *Prosternendi et humilificandi hominis disciplina*?

Et quelle apparence que la simplicité, la douceur, la componction et le recueillement qui doivent régner dans les cloîtres, soient compatibles avec la curiosité, la dissipation, la vanité et les contestations qui se rencontrent dans les Écoles? Nous savons quelle est l'utilité et la nécessité de la science. Nous

---
[488] 1 Co 8, 1
[489] Tertul. *De Pœnit.*

savons que les plus grands maux de l'Église ont été causés par l'ignorance de ses ministres, mais nous savons aussi que c'est aux ecclésiastiques que Jésus Christ a donné la charge d'instruire les peuples; que c'est à eux à porter la lumière par la prédication de la parole; qu'ils ont reçu de Dieu la clef de la science; que leur condition les engage à savoir les questions de la théologie, et à pénétrer la profondeur des dogmes et des secrets de la Tradition. Dieu, qui les appelle, qui demande d'eux une connaissance parfaite des choses ecclésiastiques, et qui les a établis les maîtres et les dispensateurs de la science, ne manque point, pourvu qu'ils aient soin de se rendre fidèles à leur vocation, de les garantir de tous ces divers inconvénients, qui gâtent presque toujours la pureté et le mérite de la doctrine, dans ceux mêmes qui en ont davantage.

Pour ce qui est des Solitaires, ce n'est pas par l'étude et par les sciences, mais par le silence, par la retraite, et par leurs travaux qu'ils sont obligés d'édifier et de servir l'Église; et toutes les fois qu'ils sortent de cet état, à moins que ce ne soit par un ordre de Dieu tout évident, et par une nécessité pressante, comme ils tentent Jésus Christ, et que par là ils sont indignes qu'il les protège, il n'y a point aussi de dérèglement dont ils ne soient menacés, ni de désordres dans lesquels ils ne méritent de tomber.

Les anciens Pères qui étaient remplis de ces sentiments, n'ont jamais donné de moments aux Solitaires pour les employer à l'étude. Saint Benoît, comme nous l'avons déjà dit, ordonne une lecture pour conserver et pour exciter la piété des frères, mais non pas pour acquérir de la science. Et vous ne verrez point dans aucune des Règles anciennes, que dans la distribution du temps et des exercices, il soit fait mention de l'étude.

Chapitre XIX Question V

Saint Basile[490] défend qu'on apprenne autre chose aux enfants qu'on destinait à l'état monastique, que ce qui concerne la fin qu'ils se proposent. Il veut qu'ils se servent pour s'exprimer, des termes des saintes Écritures. Et qu'au lieu de leur parler de fables, ou de contes profanes, on ne les entretienne que des histoires saintes et des événements remarquables qu'on y trouve; et qu'on se serve des sentences des Proverbes pour les instruire et les porter à la vertu.

Le même Saint sur la question qui lui est proposée[491], savoir s'il est nécessaire d'apprendre quantité de choses des saintes Écritures, répond qu'il y a deux sortes de personnes: que les unes sont établies pour conduire, et les autres n'ont rien à faire qu'obéir et à se soumettre. Que les premiers doivent apprendre et doivent savoir tout ce qui est contenu dans les saints Livres afin d'enseigner à chacun les commandements de Dieu et ses obligations particulières. Mais que pour ceux qui vivent sous l'obéissance, ils doivent se souvenir de ces paroles de l'apôtre: *Non plus sapere quam oportet sapere, sed sapere ad sobrietatem*[492], et s'appliquer à apprendre et à pratiquer seulement les choses qui leur conviennent, sans s'embarrasser dans une recherche curieuse de celles qui ne leur conviennent pas.

Il ne s'est rien dit de plus remarquable sur cette matière, que ce que nous lisons dans saint Jean Climaque[493]. Savoir que les pénitents sont couchés sur le fumier et sur le cilice, et les Docteurs assis dans les chaires honorables... Que les Solitaires ne

---

[490] Reg. fus. disput.? GR qu. 15; p.82
[491] Reg. Brev.PR q. 235; Id. p. 295
[492] Rm 12, 3
[493] Echelle sainte: 7, 27; p. 117

rendront pas compte à Dieu[494] de ce qu'ils n'auront pas pénétré les mystères de la théologie, mais de ce qu'ils n'auront pas assez pleuré leurs péchés.

Saint Pierre de Damien consolant un religieux de la peine où il était de ce qu'il n'avait point de connaissances acquises[495], lui en fait voir la vanité et lui montre que celui qui a reçu l'intelligence par le don de l'Esprit Saint qui lui a été communiqué, comprend toutes choses par la vigueur de l'esprit qui lui a été donné, et n'a plus besoin de règle ni de méthode pour devenir savant. Il rapporte, pour appuyer cette vérité, les exemples des trois enfants qui furent mis dans la fournaise, de Daniel, de saint Benoît, de saint Hilarion et de saint Martin, qui n'avaient point d'étude. Enfin, il dit que celui qui cherche Dieu et ses saints avec des intentions pures, n'a pas besoin d'une lumière étrangère pour regarder la vraie lumière parce que la véritable sagesse se présente d'elle-même à ceux qui se mettent en peine de la trouver, et que c'est Dieu seul qui est notre véritable science; que c'est lui qui doit être l'objet unique de toutes les vues de notre esprit, le sujet de toutes nos méditations, et dans lequel nous devons établir tout notre repos.

Il n'y a jamais eu de religieux que la Providence ait appliqué davantage aux affaires du monde, que saint Bernard. Les hommes de toutes les conditions et de tous les états ont eu recours à lui dans leurs difficultés et dans leurs doutes. On l'a considéré comme l'oracle de l'Église. Il l'a soutenue par sa doctrine aussi bien que par sa sainteté. Cependant, il témoigne partout que c'est l'ordre de Dieu tout seul, qui l'a contraint de sortir des bornes de

---

[494] art. 71
[495] Ep. 17 ad Aripräd. monach. l. 6. Epist.

Chapitre XIX Question V

sa profession; que le propre d'un moine est de garder la solitude et le silence. Il mande à un de ses amis[496] – qui s'était plaint de ce qu'il lui avait écrit une lettre moins longue et moins étendue qu'il n'eut voulu – que ce qu'il désirait de lui excédait sa profession aussi bien que son pouvoir, et que le devoir d'un moine, ce qu'il était en apparence, et d'un pécheur, ce qu'il était en effet, était de pleurer et non pas d'instruire; qu'un ignorant n'avait pas la capacité d'enseigner, qu'un moine n'en devait pas avoir la hardiesse, ni un pécheur le désir.

Croyez-moi, dit le même saint[497], je le sais par expérience, vous apprendrez plus dans les forêts; les arbres et les rochers vous en diront davantage que tous les maîtres du monde. Si vous désirez avoir Jésus Christ, vous l'atteindrez plutôt en le suivant, que non pas par la lecture.

Vous vous[498] trompez, dit-il ailleurs, si vous croyez apprendre des docteurs du monde, la science que les disciples de Jésus Christ, c'est-à-dire ceux qui méprisent le monde, n'apprennent que de Jésus Christ même. Cette science n'est point un effet de la lecture, mais de l'onction que l'esprit nous donne, et non pas la lettre, et que nous ne pouvons acquérir par l'étude, mais par l'obéissance que nous rendons aux commandements du Seigneur.

Il dit dans un autre endroit[499] en parlant d'un ermite qui prétendait avoir le droit et la liberté de prêcher, qu'il doit savoir que le devoir d'un moine est de pleurer et non pas d'instruire, que le villes lui doivent être des prisons, et la solitude un paradis.

---

[496] Ep 89 „Ad Ogerum" SBO Tome VII, p 235
[497] Ep 106, „Ad Henricum Murdac"; Idem p. 266
[498] Ep 108 „Ad Thomas de S. Audomara"; id. p. 278
[499] Ep 365 „Ad Henricum Moguntinum"; SBO Tome VIII, p. 321

Il y en a plusieurs, comme nous lisons dans l'*Imitation de Jésus Christ*[500], qui ayant beaucoup plus d'application à s'instruire dans les sciences que dans la vertu, se trompent et ne tirent que peu ou point de fruit de leurs études. S'ils avaient, dit l'auteur de ce divin ouvrage, autant d'empressement et de soin pour déraciner les vices, et acquérir les vertus qu'ils en ont à former des difficultés et des questions, on ne verrait pas tant de maux et de scandales dans le monde, ni tant de dissolutions dans les cloîtres. Il est certain que l'on ne nous demandera pas compte au jugement de Jésus Christ, de nos lectures, mais de nos œuvres; que nous ne serons point interrogés sur notre éloquence, mais sur notre piété et sur notre religion.

On ne manquera pas de faire intervenir l'autorité de l'Église et de nous dire que le Concile de Trosly[501] déclare que l'ignorance grossière des moines, et l'impuissance dans laquelle ils se sont trouvés d'apprendre leurs devoirs et d'entendre leurs Règles, a été cause de la désolation des monastères.

On vous rapportera que Benoît XII. a établi et ordonné les études pour les communautés religieuses. On vous citera saint Anselme[502], qui dans une de ses Épîtres ordonne à un moine nommé Maurice, de lire Virgile et autres livres semblables, à l'exception des endroits qui peuvent blesser la pureté. On vous alléguera encore une lettre circulaire envoyée par Charlemagne à un Abbé de Fulda[503], par laquelle il déclare que son intention est que l'on établisse des études dans les monastères, et qu'on donne

---

[500] Lib. I III, 24...
[501] Concile de Trosly, c. 3; an. 909
[502] Ep. 55, lib. 1
[503] Abbé Bangolf (démissionna en 802); Capit. Regul. Franc. Balluz. Edit. Tom. 1 p. 201. Cf. Rohrbacher Tome 11, p. 287 + note

Chapitre XIX Question V

aux moines les connaissances et les instructions dont ils peuvent avoir besoin.

Ce que l'on doit répondre aux deux premières difficultés, est que l'on peut s'assurer que les moines suivront entièrement les intentions de l'Église et qu'ils satisferont parfaitement à l'obligation qu'elle leur impose, quand ils s'appliqueront, ainsi que nous l'avons déjà dit, à l'Écriture sainte, à la lecture des vies, des actions, et des sentiments des saints moines, des ouvrages des Pères qui traitent des devoirs de leur profession, et qui contiennent les maximes nécessaires pour la direction des mœurs, qui sont propres à éclairer leur piété, à échauffer leur zèle, à les rendre plus humbles, plus fervents, et plus saints, comme saint Basile, saint Ephrem, saint Jean Climaque, les Conférences de Cassien, saint Bernard, les homélies de saint Jean Chrysostome, de saint Augustin et de saint Grégoire, etc...

On doit remarquer que l'Église n'a point condamné dans les moines, d'autre ignorance que celle des devoirs de leur profession et des choses sans la connaissance desquelles ils sont incapables de vivre dans l'observation de leur Règle. C'est ce que l'on voit par le Concile de Trosly[504] lorsqu'il dit qu'il est porté dans les Capitulaires, que les Abbés liront leur Règle mot à mot avec toute l'exactitude possible *Regulam per singula verba discutientes pleniter legant*, afin qu'en ayant une intelligence entière, ils s'étudient d'en remplir tous les devoirs, avec leurs frères.

Et comment, ajoute-t-il, en pourront-ils faire la discussion, comment la liront-ils, comment l'entendront-ils puisque si on leur

---

[504] Cf. supra note 112

présente leur Règle, peut-être qu'ils répondront selon ces paroles d'Isaïe[505] :
Je ne sais pas le Latin, ou je ne sais pas lire. *Et quomodo discutiet? quomodo leget? quomodo intelliget? si forsitan oblatus fuerit hujusmodi codex, respondebit illud Isaianum, nescio letteras.*[506] Et c'est ce que nous n'avons garde d'autoriser puisque nous voulons qu'ils n'ignorent rien de ce qui regarde leur état, qu'ils en soient parfaitement instruits, et qu'ils fassent pour cela toutes les lectures qui leur seront nécessaires. Il est vrai que Benoît XII, voyant l'Ordre monastique dans un grand relâchement crut qu'il pourrait tirer les moines de la paresse et de la licence dans laquelle ils vivaient, en les appliquant aux lettres. Il établit pour cela des études; il ordonna qu'il y aurait des maîtres et des professeurs pour les instruire; et même que les religieux iraient étudier dans les villes. Mais ce remède ne servit de rien, les maux ne laissèrent pas de se multiplier et de s'accroître. Les moines étudièrent, mais ils n'en devinrent ni plus réglés ni meilleurs; ils ne firent que se gâter et se corrompre par les communications qu'ils eurent, soit entre eux, soit avec les gens du siècle.

Ainsi cette conduite s'est discréditée par elle-même et par toutes ses suites; et il est évident que c'est un moyen et une voie étrangère et, bien qu'elle puisse être utile et qu'on puisse s'en servir par des raisons et des considérations particulières, néanmoins quand elle sera donnée et prescrite comme une loi générale, elle n'aura jamais ni l'effet ni l'utilité qu'on s'en propose.

---

[505] Cf. Is 29, 12
[506] Cf. *Histoire universelle de l'Église catholique*, ROHRBACHER, Paris 1844 Tome XII, p 515

Chapitre XIX Question V

Pour ce qui est du sentiment de saint Anselme, nous pouvons dire sans scrupule, et sans nous éloigner du respect que nous lui devons, qu'il n'est pas en cela la règle de notre conduite; et que dès qu'il ordonne à un religieux une lecture qui doit être interdite à tout homme qui fait profession d'être disciple de Jésus Christ, son autorité ne nous persuade point. Car quelle apparence y a-t-il de conseiller à un religieux, dont la vie doit être pure comme celle des anges, de s'occuper de lectures capables de corrompre les mœurs, d'enflammer les passions et de percer de mille plaies mortelles les âmes les plus saintes?

Quelle exception? *Exceptis his in quibus aliqua turpido sonat*, comme si la lecture de ce poète ne pouvait inspirer d'autre dérèglement que celui de l'amour ! Et ne sait-on pas que l'orgueil, la vanité, le désir de la gloire, l'ambition; enfin, l'esprit du monde s'y rencontre partout, dans toute sa finesse et ses agréments. Ou plutôt, dans toute sa malignité et dans tous ses charmes.

Saint Augustin avait bien d'autres pensées et d'autres vues, quand il se plaint dans ses *Confessions*, de l'éducation qu'on lui avait donnée. Et quand il dit dans quelques unes de ses lettres que rien n'est plus contraire à cette humilité si salutaire et si sainte, que Jésus Christ est venu apprendre aux hommes par ses propres abaissements, que cette étude si remplie d'ignorance qui fait que nous avons de la joie de savoir quels ont été les sentiments d'Anaximène, de Pythagore, de Démocrite, d'Anaxagore, et que rien n'est plus éloigné de la véritable doctrine que ces sortes de connaissances.[507] *Huic humilitati saluberrimæ, quam Dominus*

---

[507] Aug. Ep. 118, 23; AOO: Tome II, col. 504...; S. Aur. Augustini ... Opera Omnia; Edité par: Monachorum OSB e Congregatione S. Mauri; Paris 1836.

noster ut doceret, humiliatus est: huic, inquam, maximè adversatur quædam, ut ita dicam, imperitissima scientia.

Saint Jérôme est dans ce sentiment quand il dit[508] que la poésie est une nourriture que les démons préparent aux hommes, que la sagesse du siècle et la pompe des discours des Rhétoriciens ont une beauté qui plaît au monde, mais que pendant que les vers flattent les oreilles par la douceur de leur cadence, ils pénètrent dans le fond des cœurs et enchantent les âmes: *Dæmonium cibus est carmina Poëtarum, sæcularis sapientia, Rhetoricorumpompa verborum, hæc sua omnes suavitate delectant: et dum aures versibus dulci modulatione currentibus capiunt, animam quoque penetrant, et pectoris interna devinciunt.*

Si l'abbé Germain s'était préservé dans sa jeunesse de ces sortes de lectures, il ne se serait pas plaint, comme il a fait, en parlant au saint abbé Nesteros[509], des inconvénients qu'elles lui avaient causés. La lecture continuelle, dit-il, des auteurs profanes à laquelle nos maîtres nous ont autrefois appliqués avec tant d'instance, a tellement rempli mon esprit qu'étant comme infecté de ces poésies, il ne s'occupe que de ces fables, de ces combats, de ces aventures et de ces autres bagatelles, dont je me suis entretenu dans les études que j'ai faites pendant ma jeunesse. Ainsi, lorsque je me veux occuper dans la prière, ou dans le chant des psaumes, ou que je me mets devant Jésus Christ pour lui demander le pardon de mes péchés, tantôt les vers d'un poète me reviennent dans l'esprit sans respecter la majesté de Dieu, tantôt les images des guerres de ces héros fabuleux se présentent à ma mémoire, et mon imagination est tellement remplie de ces

---
[508] Ep. ad Damas. 146
[509] Conf. 14, 12; S.C. 54, p. 199

Chapitre XIX Question V

fantômes différents, que mon âme se trouve dans l'impuissance de s'en délivrer et de s'élever à Dieu, quelques efforts qu'elle fasse pour cela, et quelques larmes qu'elle puisse répandre.

Touchant l'Ordonnance de Charlemagne[510], je vous dirai, mes frères, qu'elle n'est fondée que sur ce qu'il avait reconnu par beaucoup de lettres que plusieurs moines lui avaient écrites: qu'ils étaient dans l'ignorance de la langue latine, sur ce qu'il craignait qu'ils ne fussent dans l'impuissance de lire les saintes Écritures, d'en comprendre les vérités, les instructions, les sens, et les mystères; et par conséquent, entièrement incapables d'observer leurs Règles et d'édifier par leurs conversations ceux qui, conduits par l'esprit de Dieu et par le mouvement de leur piété, pourraient les venir chercher dans leur solitude. Et que ce que cet empereur recommande davantage, par cette Constitution est qu'on leur apprenne le langue latine, c'est-à-dire à chanter, à lire le latin, à le parler et à l'écrire d'une manière correcte et exacte.

Ce qui n'a ni proportion, ni rapport avec cette science de dissipation et de vanité, et cette étude profonde que nous croyons qui ne convient point aux Solitaires: *Optamus enim vos, sicut decet Ecclesiæ milites, et interius devotos, et exterius doctos, castosque bene vivendo, et scholasticos bene loquendo: ut quicumque vos propter nomen Domini, et sanctæ conversationis nobilitatem ad videndum expetierit, sicut de aspectu vestro ædificatur visus, ita quoque de sapientia vestra, quam in legendo seu cantando perceperit instrurtus, omnipotenteDomino gratias, gaudens redeat.* Ce sont là des cas dans lesquels on ne peut plus se trouver, puisque, outre que l'on ne reçoit presque plus personne dans les monastères que ne sache le latin, l'usage commun n'est

---

[510] Cf. Histoire universelle de l'Église catholique, Rohrbacher Tome 11, p. 287 + note

plus d'écrire en cette langue, et les saintes Écritures sont traduites dans la nôtre, aussi bien que la plus grande partie des ouvrages des saints Pères; de sorte qu'on ne se trompera point, quand on dira qu'un homme en ces pays-ci peut être savant, sans connaître et sans avoir appris d'autre langue que la sienne.

Vous pouvez inférer, mes frères, de toutes ces raisons et de ces sentiments, qu'il n'y aurait ni justice ni prudence de vouloir abolir le travail des mains, et priver toute la religion des avantages et des utilités qu'elle peut tirer d'un si saint exercice, pour substituer en sa place l'étude des sciences qui ne peut être considérée que comme une occupation extraordinaire, et souvent comme une tentation, ou comme un écueil dans la vie monastique.

Question VI

Les moines qui ne s'appliquent pas à l'étude ne passeront-ils pas pour des gens tout à fait inutiles au monde?

Réponse

C'est une pensée qu'il est bien aise de détruire. Elle n'est causée que par le peu de foi des hommes, et par l'habitude qu'ils ont de juger et d'estimer toutes choses par les sens. Comme ils ne sont pas persuadés de ce que peut auprès de Dieu l'intercession et la pénitence de ses Saints, et qu'ils ne sauraient croire qu'ils servent le monde par des voies secrètes et par des moyens qui ne sont pas sensibles, ils comptent pour rien les secours et les services qu'ils lui rendent. Un moine se donne au public, fait des prédications, et compose des volumes, et souvent, avec très peu de fruit et d'utilité. On se figure pourtant qu'il fait merveille. Un autre dans le fond de sa solitude soutient par l'ardeur de ses prières, et par la

Chapitre XIX Question VI

sainteté de sa vie, la vérité de la foi et de la gloire de l'Église, et sauve des États et des Royaumes entiers. Et personne ne s'en aperçoit parce qu'on ne voit pas les dépendances et les liaisons que ces grands événements peuvent avoir avec la cause qui les produit. Cependant quoique les hommes puissent penser, quand les moines feront dans le monde ce qu'ils sont obligés d'y faire, qu'ils se tiendront dans l'ordre de Dieu, et qu'ils s'acquitteront de leurs devoirs avec la religion et la pureté qui leur est prescrite bien loin qu'on puisse les considérer comme des personnes inutiles au public, on peut assurer qu'il n'y en a point à qui le monde doive davantage, ni qui fassent de plus grandes choses pour sa conservation.

Vous devez savoir, mes frères, que toutes les différentes obligations d'un religieux, particulièrement de ceux qui sont Solitaires par leur profession, se réduisent à trois principales. La première veut qu'ils portent devant la justice de Dieu les péchés des hommes et qu'ils fassent pénitence pour ceux qui ne songent pas à la faire. La seconde, qu'ils sanctifient le monde par leur exemple. La troisième, qu'ils s'emploient incessamment pour lui auprès de Dieu afin d'obtenir de sa bonté les grâces, les prospérités et les bénédictions qui lui sont nécessaires. Ce sont là les véritables secours que le monde a droit d'attendre et d'exiger des Solitaires. Et les Solitaires s'acquittent de ces devoirs à son égard, non point par leur capacité et par leur doctrine, mais par leur pénitence, par leur sainteté et par leurs prières. Ainsi les assistances que les moines sont obligés de rendre au monde, ne dépendent point de leur étude, ni de leur savoir. Et c'est une erreur populaire de s'imaginer qu'ils sont inutiles au public lorsqu'ils ne sont pas savants.

En effet, mes frères, quelles assistances le monde n'a-t-il point reçues des Solitaires et des moines tandis qu'ils ont vécu dans la perfection de leur état, qu'ils ont gardé la foi qu'ils avaient promise à Dieu et qu'ils ont conservé la pureté de leur Règle? Ils ont été le refuge et le salut des pécheurs. La grandeur de leurs pénitences a pénétré et amolli les âmes les plus endurcies. Les austérités et les travaux presque incroyables qu'ils ont entrepris, ont peuplé l'Afrique et l'Asie, et ensuite le monde entier, d'un nombre presque innombrable de pénitents, vaincu l'incrédulité des païens, réduit leurs idoles en poussière. Et la vie qu'ils ont menée sur la terre n'a pas moins donné d'appui, d'éclat et de gloire à l'Église, que le sang que les martyrs ont répandu pour la confession de la foi.

On a vu saint Antoine et saint Julien Sabas sortir de leurs déserts par le commandement de Dieu, l'un dans Alexandrie, et l'autre dans Antioche, triompher de l'insolence et de l'orgueil des hérétiques par la seule réputation que leur sainteté leur avait acquise.

Le même saint Julien[511] ayant su les résolutions sanglantes que Julien l'Apostat avait formées contre les chrétiens, et la persécution dont l'Église était menacée, pria Dieu pendant dix jours de détourner cet orage. Et il entendit une voix qui lui dit que cette exécrable et maudite bête n'était plus au monde.

Saint Jacques, qui avait été anachorète, par sa seule intercession chassa de devant Nisibe l'armée des Perses qui l'avait attaquée et qui était sur le point de la prendre. Il fit aussi mourir l'impie Arius par la puissance de ses prières.

---

[511] Vit. Patr.

Chapitre XIX Question VI

Saint Jean d'Égypte, que le grand Théodose consultait comme un second Élie, gagnait les batailles par ses prières, et remportait les victoires après qu'il le lui avait prophétisées.

Saint Bernard par ses prières jeta le désordre dans l'armée de Roger[512], roi de Sicile, qui s'était mis en campagne pour la défense du parti de l'antipape, et fut cause de sa fuite et de sa défaite.

Sur la fin du dernier siècle, la Bienheureuse Catherine de Cardonne (1517- 1577) connut en esprit ce qui se passait dans la mémorable journée de Lépante[513], elle en ménagea tous les avantages auprès de Dieu par son intercession et par ses larmes. Ses prières faisaient changer les vents pour les rendre plus favorables aux chrétiens. Et l'on peut assurer qu'elle eut plus de part à cette grande victoire que ceux qui y contribuèrent de leur valeur et de la force de leurs bras.

Combien de fois, ces Anges visibles[514] ont-ils fait descendre la pluie du ciel pour faire cesser la stérilité des campagnes? Ils ont apaisé les tempêtes, calmé la fureur des éléments, arrêté le bras de Dieu lorsqu'il était levé pour frapper la terre.

Ils ont guéri les maladies les plus incurables, ressuscité les morts, chassé les démons. Enfin, il n'y a point de protection et d'assistance que les hommes n'aient reçue de Dieu par leur entremise. Et l'on peut dire de ces bienheureux disciples ce qu'on a dit de leur Maître: qu'ils ont rempli de grâces et de bénédictions tous les lieux et les pays où il a plu à sa Providence de les établir et de les conduire.

---

[512] *Vita sancti Bern.* (Ernald, abbé de Bonneval); Lib 2 c. 7; Dion, Tome VIII, p. 83
[513] Histoire des Carmes déchaussés d'Espagne.
[514] Vit. Patr.

Tous ces prodiges, mes frères, ont été les effets de la sainteté des Solitaires. L'étude et la science n'y a eu aucune part et ils n'ont opéré toutes ces merveilles que par leur humilité, par leur pénitence, par leur simplicité, par l'amour qu'ils portaient à Jésus Christ et par la pureté de leur foi.

Mais remarquez, s'il vous plaît, mes frères, pour votre instruction, que comme la piété des saints moines a été le salut et la conservation du monde, aussi l'iniquité des méchants religieux en est la malédiction et le malheur. Les uns, par leur piété et par leur pénitence sollicitent incessamment la miséricorde de Dieu; les autres, par leur impénitence et par leurs dérèglements ne cessent point d'irriter sa colère. De sorte que si l'on peut avec tant de justice attribuer aux premiers tout ce que Dieu accorde aux hommes, de biens et de prospérités, on a grande raison d'imputer aux seconds les maux et les calamités qui les affligent.

La faute d'Achan, comme nous l'apprenons par l'Histoire Sainte[515], quoi qu'elle ne fut pas personnelle, et qu'elle ne parut pas avoir rien de si criminel, coûta la vie à trois mille personnes, et Dieu fut prêt de la punir par la perte de tout son peuple. Le péché des enfants du prêtre Héli[516] causa cette défaite si sanglante du même peuple, la prise de l'Arche d'alliance et la mort subite de leur père. On n'a pas peine à se persuader, lorsqu'on a ces éléments devant les yeux, que rien n'est plus capable d'attirer l'indignation de Dieu sur des peuples et sur des monarchies entières, que le désordre des cloîtres et le libertinage des moines. Car lorsque l'impiété est entrée dans le sanctuaire, que le Temple du Seigneur est devenu la retraite de ses ennemis, et que ceux

---

[515] Jos 7
[516] 1 S 4

Chapitre XIX Question VI

qu'il avait mis à part comme des vases d'honneur pour servir à la gloire et à la sainteté de sa maison, le déshonorent, c'est dans ces cas-là que les punitions en sont plus rigoureuses et plus éclatantes.

D'ailleurs, comme ceux qui devraient couvrir les péchés des peuples par leur innocence et par le mérite de leur vie, et les soutenir devant la justice de Dieu, sont eux-mêmes les objets de sa colère, il n'y a plus rien qui presse sa compassion, ni qui s'oppose à ses vengeances. C'est alors qu'on voit l'accomplissement de ces menaces terribles qu'il nous fait par son prophète[517]: *Reddam ultionem hostibus meis, et his qui oderunt me, retribuam; inebriabo sagittas meas sanguine, et gladius meus devorabit carnes de cruore occisorum...*

Tous les traits qui partent de sa main, sont des blessures profondes; son épée nage dans le sang de ses ennemis, et il semble qu'il ne mesure ses châtiments qu'à la grandeur de sa puissance.

C'est ce qui a fait dire aux saints des premiers siècles, qui connaissaient parfaitement les voies de Dieu, que les excès, les dérèglements et les crimes des personnes qui lui étaient particulièrement consacrées, étaient les véritables causes des maux qui arrivaient dans le monde, de la désolation des États, des persécutions de l'Église et des ravages que les Barbares faisaient dans tous les pays catholiques.

---

[517] Dt 32, 41-42

Question VII

Les moines sont-ils donc si étroitement obligés d'édifier le monde par leurs exemples?

Réponse

Vous ne pouvez douter, mes frères, que les moines ne soient utiles à l'Église, non seulement par leurs prières et par leur foi, mais encore par la règle de leurs mœurs, et par l'édification de leur conduite. Le dessein de Dieu, lorsqu'il les a fait paraître dans le monde, a été d'instruire les hommes par leur exemple. C'est pour cela qu'il les en a séparés et qu'il les a cachés dans la solitude. Et dans la vérité, ils ne font point ce qu'ils sont obligés d'y faire s'ils ne répandent de toutes parts ce parfum précieux, cette odeur sacrée, qui ne manque jamais de se faire sentir partout où l'esprit et la sainteté de Jésus Christ se rencontrent: *Christi bonus odor sumus Deo, in iis qui salvi fiunt*[518].

Saint Jean Climaque dit[519] que les anges sont les flambeaux des Solitaires, mais que les Solitaires sont les lumières qui éclairent les hommes. Qu'ils s'efforcent donc, ajoute ce saint, de servir de modèles et d'exemples de vertu à tout le monde et en toutes sortes d'occasions, et de ne causer à qui que ce soit aucun sujet de scandale, soit dans leurs actions, soit dans leurs paroles.

Car si la lumière se change en ténèbres, combien les ténèbres, c'est-à-dire ceux qui vivent dans la corruption du siècle, deviendront-elles encore plus obscures et plus ténébreuses?

---

[518] 2 Co 2, 15
[519] Échelle Sainte: 26, art 25′; p. 237

Chapitre XIX Question VII

Et véritablement le moyen d'ignorer quelle est en ce point la grandeur de leurs devoirs, si on regarde l'application toute particulière avec laquelle il a plu à Dieu de les former. Il les a préférés à un nombre presqu'infini de personnes qu'il a laissées dans la corruption du siècle; il les a distingués de cette masse d'iniquité, il a lavé leurs vêtements dans les eaux vives d'une pénitence salutaire, pour en augmenter la blancheur, ou pour effacer les taches qu'ils avaient contractées; il leur a donné des règles qui sont autant de lampes allumées qui éclairent toutes leurs voies; il les a renfermés dans l'enceinte de leur cloître comme entre des remparts inaccessibles; il a établi des personnes qui veillent sans relâche pour les défendre; il parle incessamment à leurs cœurs par de inspirations secrètes, par lesquelles il leur fait connaître ses volontés; et il les excite à les vouloir accomplir; il les enseigne par les lectures saintes; il les exhorte par les avis de ceux avec lesquels ils passent leur vie; il les fortifie par la fréquente participation des divins mystères; il les couvre par la fuite des hommes et par l'observation d'une silence rigoureux; il leur donne avec abondance tout ce qui est de plus capable de les élever à ce que l'Église propose de plus grand et de plus parfait aux disciples de Jésus Christ.

Il est évident que s'il les comble de tant de grâces et de tant de secours, ce n'est pas seulement pour leur propre salut, mais pour l'édification du monde, et pour lui servir de règle, afin que le nom de Jésus Christ soit glorifié de tous ceux à qui leur sainteté sera connue.

Comme les Solitaires n'ont point d'obligation plus claire et plus constante, il n'y a rien aussi qu'ils aient fait davantage pendant qu'ils ont été attachés à leur devoirs, que de dissiper par l'éclat de leurs vies ces ténèbres grossières, ces obscurités épaisses qui couvraient la face de la terre; et ils ont jeté des clartés si vives et si brillantes du fond de leurs cavernes, ou plutôt de ces sépulcres dans lesquels ils étaient enterrés tout vivants qu'il se peut dire que pendant des temps considérables, ils en ont été les principales lumières.

Saint Cyprien dit[520] que ceux qui ont crucifié leur chair avec leurs vices et leurs cupidités, qui sont morts et ensevelis par le baptême avec Jésus Christ, ne doivent plus vivre ni pour eux ni pour le monde, mais seulement pour celui qui est mort pour l'amour d'eux, qu'ils doivent être considérés comme des martyrs, qu'il ne faut point douter qu'ils n'en aient le mérite et la récompense; et que c'est particulièrement ce qu'on peut attribuer et dire des moines, lorsqu'ils vivent selon la pureté de leur état. *Martyres sunt, nec corona martyrum fraudabuntur, in primis autem monachi, qui verè monachi sunt.* Ils sont, dit le même saint, un spectacle au monde, aux Anges et aux hommes.

S'ils sortent victorieux du combat dans lequel ils sont engagés, c'est-à-dire s'ils font des actions dignes de leur état, les anges, l'Église et Jésus Christ même en reçoivent toute la gloire. Et au contraire, s'ils se laissent vaincre comme des lâches, le démon et ses anges triomphent de leur défaite; les impies les insultent et attaquent la majesté de Dieu par leurs blasphèmes, en disant: ceux qui se vantaient d'avoir été rachetés de la tyrannie de Satan, qui se glorifiaient d'être morts au monde, se laissent surmonter par leurs convoitises et par leurs passions, ainsi que nous autres qu'ils considèrent comme des esclaves qui sont assujettis et qui vivent dans le royaume du démon. Que leur sert leur baptême? Quelle utilité tirent-ils de cet Esprit Saint, par le mouvement duquel ils

---

[520] Tract. de dup. mart. ad Fortunatum. (?)

Chapitre XIX Question VII

prétendent se conduire? Que gagnent-ils d'avoir incessamment l'Évangile dans leurs bouches, eux qui font tout le contraire de ce qu'il leur prescrit? *Sin vincimur ignavia nostra, triumphat Satanis cum angelis suis, insultant increduli, ac Deum contumeliis afficiunt, dicentes: Ecce qui jactant se redemptos à tyrannide Satanæ, qui se prædicant mortuos mundo, nihilominus vincuntur à cupiditatibus suis, quàm nos, quos dicunt adhuc teneri sub regno Satanæ.*

Voilà les maux que causent les moines quand ils ne vivent pas comme ils doivent dans leur profession. Ils affligent la terre, ils affligent le Ciel, ils réjouissent l'enfer, pour le dire ainsi, et donnent sujet au démon d'en prendre des avantages sur Jésus Christ, et de lui faire, comme dit saint Basile[521], ce reproche injurieux:

„Vous êtes mort, vous avez répandu votre sang pour eux, vous leur promettez de leur donner des biens infinis; pour moi je ne leur fais et ne leur promets que de maux et des misères, cependant ils vous quittent pour me suivre et ils rendent à mes ordres une obéissance entière".

Cela vous montre, mes frères, comme quoi vous êtes redevables aux gens du siècle; que l'édification est une dette que vous êtes indispensablement obligés de leur payer; qu'ils ont droit de l'exiger; et que toutes les fois qu'ils la recherchent dans votre conduite, et qu'ils ne l'y trouvent pas, vous commettez un larcin à leur égard, et vous leur ravissez avec injustice un bien et un avantage qui leur appartient légitimement. Les moines doivent être au reste des hommes, ce que saint Paul veut exprimer aux

---

[521] Reg fus. GR. q. 2; pp. 54-55

Corinthiens[522] par ces paroles: *Epistola estis Christi, ministrata à nobis, nos atramento, sed Spiritu Dei vivi.*

Vous êtes la lettre de Jésus Christ, que vous avez reçue de nos mains, qu'il a écrite, non pas avec de l'encre, mais avec l'Esprit du Dieu vivant. Je veux dire que Jésus Christ a gravé dans les cœurs des véritables religieux, comme des tables animées, par l'opération de son Esprit Saint, ses volontés, ses intentions, ses commandements, ses conseils, les principes, les maximes, les vertus, les dispositions saintes, selon lesquelles ceux qui sont dans le monde doivent se conduire.

C'est d'eux dont ils doivent s'en instruire, ils en sont les maîtres, ils en sont les dépositaires. C'est le livre dans lequel ils doivent étudier leurs devoirs et apprendre ce qu'il faut ou qu'ils évitent ou qu'ils pratiquent pour s'acquitter de leur promesse, et satisfaire aux engagements qu'ils ont contractés lorsque le Père éternel les a adoptés et les a reçus en qualité de chrétiens, au nombre de ses enfants.

Si ce figuier de l'Évangile[523] fut frappé de malédiction parce qu'il n'avait pas de fruit, quoiqu'il ne fut pas dans la saison d'en produire, jugez quelle sera la destinée d'un solitaire si Jésus Christ venant à lui dans ses besoins, sous la figure et dans la personne du moindre de ceux qui lui appartiennent, au lieu d'y trouver du fruit, c'est-à-dire des œuvres de justice, il y trouve des œuvres d'iniquité; si lui demandant du pain, il lui donne du poison; si lui demandant à boire, il lui présente du fiel; si lui demandant un habit pour couvrir sa nudité, il le dépouille même des haillons dont il pouvait être vêtu; si lui demandant le couvert, il lui ferme

---

[522] 2 Co 3, 3
[523] Mt 21, 19

Chapitre XIX Question VIII

la porte et le chasse de sa maison. C'est ce qui arrive et ce que fait un religieux toutes les fois que ceux qui l'approchent pour leur édification, aperçoivent en lui l'esprit du monde, au lieu d'y remarquer celui de Jésus Christ; et qu'ils y découvrent des actions, des mœurs et des habitudes vicieuses, au lieu des vertus et des qualités saintes qu'ils s'attendaient d'y rencontrer.

Disons, mes frères, qu'un religieux qui ne l'est que par le nom et par l'habit et non pas en esprit et en vérité, sera jugé de Dieu avec plus de rigueur que ceux qui auront vécu dans un désordre tout déclaré et une licence toute publique: *Tyro et Sidoni remissius erit in die judicii, quam vobis*[524].

Question VIII

Les religieux ne sont-ils pas légitimement dispensés du travail des mains, quand ils s'appliquent à l'instruction des âmes?

Réponse

Saint Augustin se fait une objection toute semblable[525], et y répond en même temps, en disant que s'il y a des religieux dans les monastères qui soient actuellement occupés à la parole, tous ne se rencontrent pas dans ces sortes de fonctions; et que ceux même qu'on y appelle, bien loin de pouvoir dire comme l'apôtre, qu'ils aient rempli de la prédication de l'Évangile tous les pays depuis Jérusalem jusqu'à l'Illirie, et qu'ils soient chargés d'établir la paix de l'Église dans toutes les nations barbares, ils sont assemblés la plupart en des Congrégations saintes et passent

---

[524] Mt 11, 22
[525] De opera Monac. c. 18, 14; AOO Tome VI-1, col. 813-818

souvent leur vie dans l'inutilité et dans la paresse. Nous pouvons dire, mes frères, selon la pensée de ce grand Docteur, que votre difficulté regarde seulement les religieux mendiants que les Évêques appliquent au service de l'Église et à l'instruction des âmes. Mais non pas ceux qui, étant moines de profession, sont destinés à la retraite, obligés par leur Règle au travail et n'ont point de part à la conduite et à la direction des peuples. Et qu'il faut encore que les premiers, parmi leurs emplois et leurs occupations trouvent, s'il est possible, des intervalles et des temps pour se sanctifier dans l'exercice et dans l'ouvrage des mains.

Saint Basile[526] est dans ce même sentiment, lorsqu'il dit que ceux mêmes qui sont employés pour les monastères à quelque occupation utile pour la gloire de Dieu, ne doivent pas laisser de s'appliquer au travail avec toute l'affection et le soin possible.

Question IX

Les religieux font-ils bien de se dispenser du travail pour avoir plus de temps pour vaquer à l'oraison et pour rendre par ce moyen leur vie plus spirituelle?

Réponse

C'est une raison, mes frères, qui ne peut valoir qu'auprès de ceux qui ne savent pas que les moines pour avoir abandonné les travaux extérieurs, n'en sont pas devenus ni plus spirituels ni plus saints. Mais, bien loin de mener une vie plus parfaite et plus élevée, la plupart se sont laissés emporter au torrent des vices grossiers, ou à des passions, qui pour être plus couvertes et plus

---

[526] Ep. 411

Chapitre XIX Question IX

délicates ne sont pas moins contraires à la sainteté de leur profession. Je voudrais bien savoir, dit saint Augustin[527], à quoi s'occupent les moines qui ne veulent pas travailler de leurs mains. Ils diront sans doute qu'ils vaquent à la prière, au chant des psaumes, à la lecture et à la méditation de la parole de Dieu. *Cui rei vacent scire desidero, orationibus, inquiunt, et psalmis, et lectioni, et verbo Dei.* Je confesse que cette vie est sainte, douce et louable; mais voudrions-nous ne la quitter jamais, ni manger, ni préparer les viandes, et la nourriture qui nous est nécessaire? Et si la nécessité nous oblige de donner certains temps à ces sortes d'exercices, pourquoi n'en trouvons-nous pas pour obéir au commandement de l'apôtre?

La prière d'un homme, continue le même saint, qui obéit à la loi de Dieu, est exaucée plutôt que dix mille oraisons de celui qui la méprise.

On peut en travaillant chanter les louanges de Dieu, et se consoler dans ce divin exercice... Et qui est-ce qui peut empêcher que le serviteur de Dieu ne médite sa loi dans son travail, et n'élève sa voix pour sanctifier son saint nom? *Quid ergo impedit servum Dei operantem manibus... in lege Domini meditari et psallere nomini Domini altissimi?* ...

Saint Bernard sur le même sujet, dit[528] qu'il faut bien se garder de négliger les choses extérieures et de s'imaginer que celui qui ne s'exerce pas dans les ouvrages corporels, devienne aussitôt spirituel; puisque, au contraire, les vertus spirituelles qui sont les plus excellentes ne peuvent s'acquérir et s'obtenir que difficilement, ou même point du tout, si ce n'est par les exercices

---

[527] Lib. de opera Mon. c. 17. AOO Tome VI 1, col. 818, 20(XVII) D
[528] Apol. 6,18 SBO Tome III, pp. 91-92

corporels de la pénitence, comme on l'apprend de saint Paul lorsqu'il dit[529] qu'on ne commence pas par le spirituel, mais que le corporel précède, et que le spirituel vient ensuite; comme Jacob n'épousa la belle Rachel, qui figure la vie spirituelle et contemplative, qu'après avoir été uni avec Lia qui figure la vie active. L'excellence de la vie religieuse consiste à user de l'une et de l'autre avec discrétion et sagesse.

On lit – ce qui est tout à fait remarquable – que les religieux de Cluny prétendaient suivre l'esprit de la Règle de saint Benoît, qui ordonne si expressément le travail des mains pour éviter l'oisiveté, en donnant, à ce qu'ils disaient, à la lecture, à l'étude et à la méditation le temps qu'ils auraient employé au travail. Mais, saint Pierre, abbé de Cluny, qui avait été de ce sentiment, ainsi qu'il paraît dans la vingt-huitième de ses lettres, changea bien d'avis, comme on le voit par un de ses Statuts[530], dans lequel il ordonna et rétablit le travail des mains qui avait été abandonné dans sa congrégation; ayant éprouvé lui-même, comme il témoigne et l'assure, que le plus grande partie de ses frères, et particulièrement des convers s'étaient tellement laissé dominer par l'oisiveté et par la paresse qu'à la réserve d'un petit nombre qui s'occupaient à lire ou à écrire, on les voyait dans ou en dehors des cloîtres, dormir appuyés contre les murailles, et passer leur temps depuis le matin jusqu'au soir, quelquefois jusqu'au milieu de la nuit, et même pendant les journées entières, quand ils le pouvaient faire sans être repris, en des entretiens vains, inutiles, et souvent en discours de détraction et de médisances. Et ce qui mérite d'être considéré, c'est ce que le même saint témoigne dans la préface qu'il a faite

---

[529] 1 Co 15, 46
[530] L. I, Ep. 28 Stat. Congr. Cluny, art. 39; Tome 12. Bibl.Patr.

Chapitre XIX Question IX

sur ses Statuts (entre lesquels celui-ci est contenu), qu'il ne les a promulgués qu'après avoir pris le conseil des plus anciens, des plus sages, et des plus craignant Dieu de ses frères, et avec le consentement d'un Chapitre Général de son Ordre. Tout cela prouve évidemment que la cessation du travail n'est nullement un moyen d'acquérir la perfection et la piété; et que ceux qui rejettent les emplois de Marthe, ne se trouvent pas pour cela dans les occupations de Marie. Si cela n'était ainsi, mes frères, les saints moines de l'antiquité se seraient étrangement fourvoyés, et ceux qui les ont suivis dans les derniers temps, auraient été beaucoup plus éclairés et plus sages puisque les premiers solitaires qui n'avaient rien devant les yeux, que d'élever leurs successeurs aussi bien qu'eux-mêmes à une pureté qui soit digne de Dieu, ont fait des règles si expresses du travail des mains, et l'ont établi comme une régularité principale; et qu'au contraire les autres l'ont aboli comme un exercice inutile, et auquel on pouvait suppléer par les pratiques, à ce qu'ils prétendaient, bien meilleures. Mais quand il n'y aurait que l'expérience, elle lève tout ce qu'on pourrait avoir de doute sur ce point puisqu'on sait que les moines n'ont jamais eu plus de sainteté ni plus de réputation que tandis qu'ils ont gardé l'esprit et la simplicité évangéliques, et qu'ils ont travaillé de leur mains. Et que depuis que sous des prétextes spécieux, ils ont quitté ce saint exercice, ils sont tombés dans une oisiveté malheureuse, qui les a rendus l'opprobre du monde. Et quoiqu'il y en ait eu quelques-uns qui ont éclairé l'Église par leur piété et par leur doctrine, cependant il n'est que trop vrai que la profession monastique est toute défigurée, qu'elle a perdu les principaux traits de sa première beauté et que, sans parler de ces moines qui vivent dans une licence toute publique, les autres ont beau faire pour se donner du relief et de la distinction, à peine seront-ils jamais les ombres de ceux qui les ont précédés.

Question X

Peut-on dire que le travail était autrefois propre aux religieux, pendant qu'ils étaient presque tous laïques, mais qu'il ne leur convient plus à présent qu'on les élève presque tous au sacerdoce ?

Réponse

Si cela est, mes frères, il faut que les lois de l'Église dispensent les prêtres du travail, ou qu'ils en soient exempts par les Règles monastiques, ou bien qu'ils aient eu des emplois dans les monastères qui étaient incompatibles avec cet exercice.

La première raison n'a aucun fondement puisque les apôtres ont travaillé et que l'Église a ordonné que les prêtres, et même ceux qui sont chargés du soin des âmes, apprendraient des métiers pour s'occuper saintement dans les ouvrages des mains, comme nous le voyons par ce témoignage de saint Basile[531] qui, écrivant à un de ses amis lui dit: Encore que notre clergé paraisse assez nombreux, toutefois ceux qui le composent ne sont pas propres à faire des voyages, parce qu'ils n'ont jamais exercé aucun commerce, qu'ils n'ont pas choisi un genre de vie qui les oblige à sortir, et que la plupart d'entre eux ont embrassé des arts et des métiers qui ne les empêchent pas d'être sédentaires, y trouvant tout ce qui leur faut pour leur subsistance de chaque jour.

---

[531] Ep. 363

Chapitre XIX Question X

C'est ce qui nous a obligé de faire venir de la campagne celui que nous avons envoyé à votre sainteté, et dont nous nous servons pour faire venir les lettres que nous vous écrivons.

Et ailleurs, parlant d'un ecclésiastique nommé Hermogène, il écrit ceci[532]: J'ai cru devoir vous envoyer Hermogène, qui depuis plusieurs années est un prêtre de cette Église, qui a toujours mené une vie très réglée et très sainte, qui est très habile dans la science des règles de l'Église et très ferme dans la foi, et qui passe maintenant sa vie dans les exercices de la mortification et dans les pratiques de la vie religieuse. Il a consumé le peu de forces qui lui restaient en ne se nourrissant que d'aliments secs. Sa pauvreté est si grande et il possède si peu de choses de ce monde qu'il n'a pas même du pain autant qu'il en a besoin, de sorte qu'il est obligé de travailler de ses mains avec les frères qui sont avec lui, afin de gagner par leurs travaux ce qui leur est nécessaire pour vivre.

Le quatrième Concile de Carthage confirme la même chose. Il ordonne dans le 51 Canon, qu'il faut qu'un ecclésiastique, quelque versé qu'il soit dans les saintes Écritures, gagne sa vie de son travail. *Clericus quantum libet verba Dei eruditus artificio victum quærat*[533]?

Et dans le 52, qu'un ecclésiastique doit trouver de quoi se nourrir et s'habiller dans quelque métier honnête, ou par le moyen de l'agriculture. *Clericus victum et vestimentum sibi artificiolo, vel agricultura, absque officii sui detrimento, paret*; sans préjudice des fonctions de sa charge. Et dans le 53, que tous les ecclésiastiques les plus forts pour le travail, apprennent des métiers, et s'appliquent aux lettres.

---

[532] Ep. 319
[533] anno 398; Concil. Cart. 4: c. 51, 52, 53. (Cf. Rohrbacher, tome VII p. 398).

La seconde raison n'est pas mieux fondée: les règles que les saints nous ont données, obligent également tous les moines au travail, sans distinction et sans dispense. Et tant s'en faut qu'ils aient eu la pensée d'en excepter ceux qui seraient engagés dans les Ordres sacrés. Au contraire, saint Benoît ne permet pas qu'on accorde aux prêtres les moindres dispenses. Il les assujettit[534] comme les autres à toute la rigueur de la discipline. *Sciat se omnem Regula disciplinam servaturum, nec aliquid ei relaxabitur.* Il veut qu'ils soient dans toutes les observances régulières, qu'ils précèdent leurs frères dans tous les exercices de l'humilité, et qu'ils leur servent d'exemple: *Sciens se dsciplinæ regulari subditum et magis humilitatis exempla omnibus det.*

Et pour ce qui est de leurs emplois, ils n'en ont point de particuliers, si ce n'est qu'on les applique à la conduite des âmes, auquel cas ils sont encore dans une obligation plus étroite de se rendre en toutes choses le modèle de leurs frères.

Que si l'on prétend qu'étant prêtres, ils doivent avoir une connaissance plus étendue, il est aisé de répondre que s'ils emploient avec fidélité tout le temps qu'ils peuvent donner, et que les Règles destinent à la lecture, sans en perdre un seul moment, ils en auront plus qu'il ne leur en faut pour acquérir toute la capacité qui leur est nécessaire et pour devenir de grands Docteurs de la science des saints.

C'est donc une imagination toute pure de vouloir que les moines puissent se dispenser légitimement du travail des mains, parce qu'ils sont prêtres. Si on disait qu'ils ont abandonné cet exercice, quand on les a promus indifféremment au sacerdoce, on dirait vrai; mais ce n'est pas qu'ils aient eu raison de s'attribuer cette

---

[534] RB. 60

Chapitre XIX Question X

exemption, et de prétendre qu'une règle si générale, si importante et si autorisée, ne les regardait plus.

Saint Thomas qui favorise et justifie davantage la dispense du travail[535], n'en exempte que les religieux qui sont appliqués à l'instruction des peuples, aux fonctions ecclésiastiques, ou qui rendent à l'Église des services et des assistances publiques; mais non pas les solitaires, qui ne se trouvent pas dans ces occupations et qui professent des Règles qui les obligent au travail.

Ne vous étonnez pas de ce grand nombre de difficultés qui se trouvent sur cette matière. Une vérité, quelque constante qu'elle puisse être, a toujours mille mauvaises raisons qui la combattent.

Conatur caro et sanguis, recta depravare, aperta claudere, serena obnubilare, dit saint Augustin[536]. La chair et le sang font tout ce qu'ils peuvent pour corrompre les choses saintes et pour obscurcir celles qui sont claires et évidentes. Et véritablement, on ne peut pas attribuer à d'autres principes cette opposition si générale que les religieux ont témoignée pour le travail des mains depuis quelques siècles. Car, bien que l'on puisse en dispenser quelques uns par des considérations justes et très saintes, principalement dans un temps auquel il plaît à l'Église de se servir de leur ministère, cependant, d'abolir généralement cet exercice et d'en bannir entièrement l'usage, c'est bannir la piété des cloîtres et introduire l'oisiveté parmi les moines. Et avec elle toute sorte de dérèglement et de licence. On ne saurait croire que des effets si pernicieux aient d'autre cause que la cupidité. Et si l'on veut se donner le soin d'en rechercher l'origine et les sources, on trouvera que ce sont des productions toutes naturelles de l'orgueil, de la

---

[535] Somme: 2. q. 2,187, art 3.
[536] Lib. de opere Monac. c.10. AOO, tome VI, 1; col. 808

paresse et de l'impénitence. Les moines n'ont pas voulu d'une occupation vile et méprisable, à moins qu'elle ne soit soutenue d'une vertu qu'ils n'avaient point. Ils se sont lassés d'un exercice qui remplissait tous les vides de leur vie, et ne leur laissait pas un moment d'une mauvaise liberté. Cette action d'une pénitence continuelle, cette mortification des sens leur a paru un assujettissement insupportable.

Et afin de se libérer entièrement du joug qu'ils ne voulaient pas porter davantage, ils ont pris le prétexte de l'étude, de la lecture et de la méditation des choses saintes. Ils ont dit qu'il leur serait plus utile d'employer le temps destiné pour le travail aux exercices d'une piété intérieure. Mais les uns n'ont pas eu seulement la pensée d'y donner aucun moment; les autres ont pu commencer de s'y appliquer, et comme très peu de personnes sont capables des fonctions de l'esprit, quand elles sont grandes et continues, ils s'en sont dégoûtés dans la suite et les ont abandonnées. De sorte que n'étant plus soutenus ni des occupations de l'esprit ni de l'action de la main, ils sont tombés dans l'inutilité, dans tous les vices et tous les excès dont les saints avaient prétendu les garantir par l'institution du travail.

Enfin, mes frères, ne vous arrêtez point aux pensées des hommes quand elles seront contraires à vos devoirs; demeurez fermes dans la tradition de vos Pères. Gardez inviolablement les règles qu'ils vous ont données; dites à ceux qui voudront tenter votre obéissance et votre foi ce que les enfants de Jonadab dirent à Jérémie[537]: *Obedivimus ergo voci Jonadab filii Rechab patris nostri, in omnibus quæ præcepit nobis.* Nous voulons obéir aux commandements de nos Pères. Et ne doutez point que le Seigneur

---

[537] Jr 35, 8

Chapitre XIX Question XI

ne récompense votre religion, et que vous n'ayez part aux paroles de bénédiction qu'il prononce sur cette race fidèle par la voix de son prophète :

„Parce que vous avez obéi aux commandements de Jonadab votre père,et que vous avez exécuté fidèlement toutes les choses qu'il vous a ordonnées, voilà ce que le Seigneur des armées et le Dieu d'Israël vous déclare: „que la race de Jonadab, fils de Rechab ne manquera point et qu'il y aura toujours quelqu'un de sa postérité qui demeurera ferme en ma présence". *Pro eo quod obedistis præcepto Jonadab patris vestri, et custodistis omnia mandata ejus, et fecistis universa quæ præcepit vobis. Propterea hæc dicit Dominus exercituum Deus Israël, Non deficiet vir de stirpe Jonadab filii Rechab, stans in conspectu meo cunctis diebus.*

Question XI

À quels ouvrages les religieux peuvent-ils s'employer?

Réponse

Saint Basile dit[538] qu'il est difficile de marquer précisément à quels métiers et à quels exercices on doit employer les solitaires parce qu'ils ont autrefois choisi différemment les travaux et les emplois, selon la diversité des pays et des commerces. Cependant, il veut qu'on s'occupe aux choses qui ne troublent point la paix et la tranquillité de la vie solitaire, que l'on peut vendre sans peine lorsqu'on les a faites, sans s'engager à des communications dangereuses avec des personnes de tout sexe, et qu'en cela, on ait en vue la modestie et la simplicité.

---

[538] Reg. fus. q. 38; GR 38: p. 126

Il ordonne que les religieux s'abstiennent des ouvrages qui peuvent contribuer à contenter les passions déraisonnables des hommes, et qu'ils prennent bien garde de ne pas employer leur temps et leur ministère à leur donner ce qu'ils recherchent avec ardeur et curiosité. Il dit, par exemple, que si les moines s'occupent à faire de la toile, il faut que ce soit seulement pour l'usage de la vie et non pas d'une manière qui puisse servir de piège aux jeunes gens, qui d'eux-mêmes ne sont que trop portés à la licence et à la dissolution. Il donne la même règle à ceux qui font des souliers, et il ne leur permet pas de se proposer rien que l'usage ordinaire et la nécessité toute seule.

Il permet aux solitaires de s'appliquer à la maçonnerie, à la menuiserie, à la charpenterie; de travailler le cuivre et à l'agriculture comme étant des emplois très utiles et très nécessaires à la vie. Il ne faut pas, dit le même saint, que l'on bannisse ces emplois, si ce n'est lorsqu'ils causent du trouble, et qu'ils jettent les frères dans la dissipation. Car pour lors, il faut y renoncer, et en prendre d'autres qui n'empêchent point le recueillement et la présence de Dieu, dans laquelle nous devons continuellement vivre; et qui ne détournent point ni de la psalmodie, ni de la prière, ni des autres exercices qui conviennent à ceux qui font profession d'une discipline et d'une piété exacte.

Il conseille surtout l'agriculture parce qu'elle fournit toutes les choses nécessaires à la vie et que ceux qui s'y adonnent, n'ont pas lieu d'aller çà et là, ni de courir par le monde.

Il suppose que cet exercice ne cause point de confusion et de tumulte dans le voisinage, ni dedans ni dehors la maison.

Chapitre XIX Question XI

On lit dans les Histoires saintes[539] que le travail le plus commun parmi les anciens solitaires de la Thébaïde et de l'Égypte, et même des autres nations, était de faire des paniers, des corbeilles, des cordes, et des nattes. Et dans le temps de la moisson, comme nous l'avons déjà remarqué, ils se louaient pour amasser les grains dans la campagne.

Pallade rapporte[540] que dans le monastère de saint Pacôme, on s'occupait à toute sorte d'exercices et de métiers. Le uns travaillaient à labourer la terre dans la campagne; les autres travaillaient au jardin, les autres au moulin, à la boulangerie, les autres à la forge, les autres à fouler des draps, les autres à tanner les cuirs, les autres à faire des souliers, les autres à bien écrire, les autres à faire de grandes corbeilles, les autres à faire de petits paniers.

Et dans les déserts de Porphyrion et de Calame, les solitaires s'adonnaient particulièrement à l'agriculture et au soin des troupeaux.

Saint Ephrem[541] marquant les emplois différents dans lesquels les solitaires avaient accoutumés de s'exercer, dit que quelques-uns s'occupaient aux offices de la communauté, d'autres écrivaient des livres, d'autres faisaient de la toile, d'autres des paniers, d'autres des nattes, d'autres du papier couleur de pourpre, et d'autres choses semblables.

Saint Isidore de Séville[542] veut que les frères fassent eux-mêmes tout ce qui est nécessaire pour leur usage: qu'ils raccommodent ce

---

[539] Vit. Patri.
[540] Pallad. vit Patr. / Bischof in Irland, + etwa 460
[541] Paræn. 27 :Sermones paraenetici ad monachos Ægypti : P.G.103; 657-660
[542] In Reg. 19 (29?)

qui peut dépérir dans les meubles, les vêtements et les ustensiles des monastères, de quelque nature qu'ils puissent être.

Nous voyons à peu près la même chose dans le Règle[543] de saint Benoît. On y trouve que les frères coupaient les blés, faisaient la moisson, travaillaient au jardin, à la boulangerie, à la cuisine, et s'occupaient généralement à tout ce qui regardait le service et l'utilité de la maison.

On remarque que le roi Clotaire ayant demandé à saint Junien s'il n'avait besoin de rien, il lui répondit[544] qu'il vivait dans la profession monastique, qu'il était supérieur, qu'il gardait la Règle de saint Benoît autant qu'il lui était possible, mais qu'il ne pouvait pas l'observer entièrement parce que habitant dans un lieu trop resserré, il ne pouvait travailler comme il lui était ordonné par la même Règle. Sur quoi, le roi lui accorda un champ qui était assez grand pour suffire au travail de ses religieux, dans lequel il bâtit un monastère.

Les religieux de Cîteaux n'ont pas été moins exacts dans l'observation de ce point de la Règle que dans tous les autres. Mais il serait inutile de redire encore ici ce que nous avons déjà dit de la grandeur et de la diversité de leurs travaux.

Pour vous, mes frères, qui êtes chargés de devoirs dont les anciens solitaires étaient exempts, et que l'Église oblige à des prières, à des offices, et des assistances qu'elle ne leur demandait point, si vous ne pouvez pas les égaler dans l'assiduité et dans la longueur de leurs travaux, essayez tout au moins de les imiter dans l'esprit et l'affection avec laquelle ils s'y appliquaient, afin que vous ne perdiez pas toutes les utilités et les avantages.

---

[543] RB 48, 41 et 46
[544] In vita s. Juniani

Chapitre XIX Question XI

Suivez-les le plus près qu'il vous sera possible, quoique vous ne puissiez pas les atteindre.

C'est à quoi vous satisferez en quelque manière si vous donnez au travail des mains le temps qui ne sera point destiné au service du chœur, à la prière, à la lecture prescrite pas la Règle; si vous faites dans la maison tout ce que les religieux qui ont quitté le travail font faire par des gens de journées, ou par de serviteurs. Et pour en venir au détail: si vous préparez ce qui et nécessaire pour la nourriture de la communauté, si vous faites les lessives de vos propres mains, si vous curez les étables, si vous portez le fumier, si vous bêchez la terre, si vous cultivez vos jardins vous-mêmes avec soin, avec ferveur, en sorte que vous en tiriez votre subsistance principale; si vous faites de la toile, des vitres, des cuillers, des paniers, des souliers et autres ouvrages semblables, sans avoir recours aux artisans externes; enfin, si vous ne négligez rien de tous les services que vous pouvez rendre au monastère et si vous embrassez avec joie les offices les plus vils et les plus méprisables.

Chapitre XX

Des Veilles

Question première

Quelles raisons ont eu les anciens moines pour se rendre si exacts et si rigoureux dans l'observation des veilles ?

Réponse

Les anciens solitaires n'ayant rien désiré plus ardemment que de répondre aux volontés de Dieu, et de s'élever à la perfection à laquelle il les avait destinés, ont eu une application principale à éviter tous les obstacles qui pouvaient les en éloigner, et à rechercher tous les moyens capables de les aider dans l'exécution de leur dessein. Et comme il leur a paru que les veilles y pouvaient beaucoup contribuer, ils ont retranché tout ce qu'ils ont pu de leur sommeil, et ne lui ont donné que le temps qu'ils ne pouvaient refuser aux besoins et aux nécessités pressantes de la nature.

Premièrement, ils ont trouvé une bénédiction toute particulière à se conformer en ce point à Jésus Christ, lequel après avoir employé les journées entières aux fonctions de sa charge et à l'instruction des peuples, passait les nuits dans la solitude et dans l'oraison[545].

Secondement, ils imitaient les apôtres qui suivant l'exemple de leur maître chantaient les louanges de Dieu dans les heures que

---

[545] Lc 6, 12, / Lk 6,12

Chapitre XX Question première

les autres ont l'habitude de prendre leur repos, comme nous lisons dans les Actes[546].

Troisièmement, leur religion les portait à embrasser cette sainte pratique si recommandée aux chrétiens du premier âge de l'Église, lesquels s'assemblaient les nuits pour vaquer à une prière commune pour se consoler dans la lecture de l'Écriture sainte, dans le chant des hymnes et des cantiques; soit que les journées leur semblaient trop courtes pour contenter l'ardeur de leur zèle et de leur amour, soit qu'ils voulaient toujours se tenir prêts dans l'attente du second avènement de Jésus Christ, selon la persuasion dans laquelle ils étaient, qu'il devait venir juger le monde dans le milieu de la nuit, conformément à sa parole: *Media nocte clamor factus est: Ecce Sponsus venit, exite obviam ei*[547].

Quatrièmement, ces hommes tout divins, qui étaient déjà dans le ciel par toutes leurs occupations, et qui avaient entièrement oublié la terre, n'avaient garde de ne pas aimer les veilles, puisqu'ils considéraient le sommeil comme une dégradation véritable, qu'ils savaient que dans cet état les actions de l'esprit étaient arrêtées, et que l'homme durant cette suspension perdait sa noblesse et son excellence, et devenait semblable au reste des créatures sur lesquelles Dieu lui avait donné de si grands avantages.

Cinquièmement, ces grands saints doués d'une pureté véritablement angélique, souffraient avec des peines extrêmes que pendant le sommeil la garde du Temple de Dieu fut comme abandonnée, que ses ennemis en aient les entrées plus libres, qu'ils en deviennent comme les maîtres; qu'ils remplissent leurs

---

[546] Ac 16, 25, / Apg 16,25
[547] Mt 25, 6

imaginations de fantômes et leur esprit de pensées, qu'ils rappellent dans leur mémoire les idées des choses dont le souvenir devait être entièrement effacé; qu'ils étendent leur puissance et leur malignité sur les sens, et qu'ils jettent l'homme intérieur et extérieur tout ensemble dans la confusion et le désordre.

Ils soupiraient sans cesse de se voir dans un assujettissement si fâcheux. Ils ne fermaient jamais les paupières qu'avec crainte et tremblement car, quoiqu'ils sachent que c'est la volonté toute seule qui offense la Majesté de Dieu, néanmoins comme ils s'estimaient les gardiens de son sanctuaire, et qu'ils en aimaient par dessus toutes choses la beauté, l'honneur et la gloire: *Dilexi decorem domus tuæ*[548], ils ne regardaient qu'avec horreur tout ce qui se passait en eux et qui pouvait en attaquer la sainteté, soit qu'il fût volontaire, ou qu'il ne le fût pas.

Sixièmement, ils savaient que les veilles, comme a dit autrefois un grand solitaire[549], refroidissent l'ardeur de nos convoitises, bannissent les mauvais songes, font couler les larmes de la pénitence, attendrissent le cœur, nous rendent exacts et vigilants dans la garde de nos pensées, amortissent les passions, arrêtent la liberté indiscrète de la langue, éclaircissent tous les nuages, dissipent tous les fantômes qui ternissent la pureté de notre esprit, et qui en troublent le repos. Et c'est dans les prières du soir et de la nuit[550], que les véritables solitaires amassent tout le trésor de leur vertu et toutes les richesses de leurs connaissances. Ils savaient au contraire, que le sommeil et l'amour d'un repos immodéré éteint toute la vigueur de nos âmes, qu'il remplit nos

---

[548] Ps 25, 8
[549] Jean Climaque: Échelle: Sainte Degré 19, art. 4...5; p. 188
[550] Id. art. 10

Chapitre XX Question première

esprits de ténèbres, qu'il endurcit nos cœurs, qu'il tarit la source de nos larmes, qu'il étouffe la piété, qu'il bannit la présence de Dieu, qu'il dissipe la prière, qu'il fomente le dérèglement des sens, qu'il produit l'insensibilité des choses du ciel, la paresse, la bonne chère, le dégoût des instructions et des lectures saintes.

Enfin, comme ils savaient que l'homme charnel se nourrit et se fortifie dans la mollesse du sommeil, que ses inclinations en deviennent plus vives et plus malignes, et que l'esprit, au contraire s'en affaiblit et y perd sa vigueur, sa lumière et sa force, ils prenaient plaisir de mortifier leurs corps et d'assujettir leurs sens par la privation du sommeil comme par celle de la nourriture, et s'ils s'accordaient quelques heures et quelques moments de repos pendant les nuits, il semblait que ce fût plutôt pour avoir la peine de l'interrompre, que pour le plaisir d'en jouir ou afin qu'en conservant la victime par le soulagement de quelques instants, leur sacrifice soit plus long, et leur martyre en dure davantage.

Ce sont les motifs, mes frères, qui ont rendu les premiers moines si rigides dans l'observation des veilles, et si réservés dans l'usage du sommeil. C'est ce qui a porté saint Arsène à passer les nuits dans les prières, et à dire qu'une heure de repos devait suffire à un véritable solitaire[551].

C'est ce qui faisait que le grand Antoine, après avoir persévéré dans une oraison continuelle depuis le commencement de la nuit jusqu'au lever de l'aurore, s'écriait lorsque les premiers rayons du soleil frappaient ses yeux: "Soleil, que tu m'es importun, tu me ravis ma lumière".

---

[551] Vitae Patrum Lib. III, nr. 37.

Saint Dorothée dans le même esprit n'avait jamais fermé les yeux de dessein[552]. Souvent, dans l'excès de son accablement les morceaux lui tombaient de la bouche et il ne craignait point de dire, lorsqu'on voulait l'obliger de reposer sur sa natte, que quand on pourrait persuader aux Anges de dormir, on le pourrait aussi persuader à un solitaire qui désire s'avancer dans la vertu.

Saint Pacôme se voyant pressé par de continuelles attaques des démons[553], pria Dieu qu'il lui donne la grâce de surmonter le sommeil, afin qu'il puisse les combattre le jour et la nuit, selon les paroles du prophète: Je poursuivrai mes ennemis, je les attendrai et je ne m'arrêterai point que je ne les aie défaits; *Persequar inimicas meos, et compehendam illos, et non convertar donec déficiant*[554].

Question II

Ces sentiments sont des marques de ce zèle et de cette ardeur inimitable, dont ces grands hommes étaient remplis. Mais, dites-nous quelque chose qui soit plus proportionné à notre faiblesse.

Réponse

Il est vrai qu'il ne nous convient guère d'imiter de tels exemples. Mais si on peut dire que la mémoire s'en est conservée pour la honte de nos temps, comme pour la gloire des siècles passés, nous en avons d'autres dans l'antiquité même qui, pour être moins

---

[552] Pallade: Histoire Lausiaque, 2, 3; p. 43. Coll. "Les Pères dans la foi"; DDB, 1981
[553] Ruf. L.3, 35
[554] Ps 17 (18), 38

Chapitre XX Question II

extrêmes et plus modérés, ne laissent pas de nous donner de grandes instructions.

Saint Basile disait[555] que le sommeil causait de grands dommages, et les veilles de grandes utilités.

Que celui qui dort ne sait pas même qu'il est vivant, mais que celui qui veille, peut s'élever à Dieu par la méditation et par la prière[556]. Qu'un solitaire doit prier au commencement et au milieu de la nuit, et que jamais le jour ne le doit surprendre dans le repos. Et dans une lettre qu'il écrivit à saint Grégoire[557], il veut que le dormir d'un solitaire soit très léger, proportionné à son abstinence et qu'il s'efforce de l'interrompre, quelque court qu'il soit, par le soin des grandes choses qui doivent remplir son cœur et son esprit.

Les solitaires d'Afrique, au rapport de Cassien[558] faisaient succéder aux prières de la nuit, le travail des mains, et s'appliquaient à cet exercice avec une ferveur toute particulière afin de résister au sommeil de crainte que le démon ne s'en serve pour leur tendre des pièges, ruiner le fruit de leurs prières, souiller la pureté qu'ils avaient acquise dans le chant des psaumes; et qu'il ne triomphe dans le repos de ceux qui l'avaient surmonté pendant les veilles. Et lorsque dans les grandes solennités ils commençaient l'Office dès le soir, et le continuaient durant toute la nuit, ils se donnaient seulement une ou deux heures de sommeil pour empêcher que la nature ne se trouve épuisée. Il n'y a presque

---

[555] Basile PR q. 43, pp. 196-197 Petites Règles; question 43 / Praevia institutio ascetica q. 43 (PG 31, 620-625)
[556] Idem Grandes Règles, question 37 p. 125 /
[557] Basile, Epitre 1; livre 2/ Brief 1 Buch 2
[558] Institutions Cénobitiques ; livre II, chapitres 12 et 13, p. 79

jamais eu de Congrégation monastique qui n'ait adoré Dieu dans l'obscurité et dans le repos de la nuit.

Saint Benoît[559] qui a modéré ce qui paraissait trop rigoureux dans les anciennes observances, n'a pas laissé d'établir, comme vous le savez, des règles exactes, pénibles, et utiles tout ensemble. Elles sont pénibles, car la nature a besoin de se faire violence quand il faut quitter le sommeil dans le milieu de la nuit. Et elles sont utiles, non seulement parce qu'on trouve de l'utilité dans le sacrifice qu'on fait à Dieu de la peine que l'on y ressent et dans la mortification du corps qui en est une suite; mais encore parce que les prières qu'on lui offre dans les ténèbres sont toujours plus ardentes, plus animées et que l'esprit n'étant ni dissipé ni distrait par la diversité des objets, l'attention en est plus entière, et les louanges qu'on lui rend plus dignes de lui.

La nuit, dit saint Jérôme[560], est avantageuse par son silence et par sa tranquillité, à ceux qui prient; et elle est favorable à ceux qui veillent, parce qu'elle les présente à Dieu après les avoir purifiés de toutes les pensées des choses et des objets sensibles: *Nox quieta, nox secreta oppportunam se præbet orantibus, aptissimam vigilantibus, dum carnalibus occupationibus expeditum, collectum sensum in totum hominem divinis aspectibus sistit.*

Occupons-nous le jour et la nuit à la prière, dit saint Jean Chrysostome[561], et particulièrement la nuit, qui est un temps moins exposé aux troubles, auquel nos pensées sont plus tranquilles, et moins agitées et où notre esprit étant plus recueilli,

---

[559] RB 8 et 22 / Regel des hl. Benedikt, Kap. 8.
[560] Hieron Reg. Mon. c. de vigil.
[561] Hom. 30, 6 in Genes. JCOC Tome V, p. 208

Chapitre XX Question II

nous nous trouvons plus en état d'exposer aux yeux du souverain Médecin, les besoins et les dispositions de nos âmes.

C'est ce qui fait dire à David, quoique ce grand roi fût accablé de tant de soins et de tant d'affaires: *Media nocte surgebam ad confitendum tibi*; Je me levais, Seigneur dans le milieu de la nuit pour chanter vos louanges. Rien ne contribuant davantage à nous inspirer des sentiments de componction, que l'obscurité et le silence[562].

Vous voyez, mes frères, de quelle autorité et de quelle nécessité sont les veilles dans l'état monastique, et comme les saints ne les ont instituées que par des raisons et des considérations très solides et très saintes. Cependant, quoi qu'elles renferment des bénédictions presque infinies, vous n'en tireriez aucun fruit si vous n'y apportiez les dispositions nécessaires.

En un mot, comme la prière de la bouche n'est rien, si l'on n'y joint pas celle de l'esprit, il vous servirait de peu de veiller des yeux si vous ne veillez du cœur. Et ce serait inutilement que vos sens seraient éveillés si vos âmes étaient languissantes dans l'assoupissement et dans le sommeil. Car les prières que nous faisons à Dieu dans le temps de la nuit, ne peuvent contribuer à notre sanctification, qu'autant qu'elles sont accompagnées d'un zèle ardent, d'une religion sincère et d'une piété qui les rendent dignes d'en être écoutées. *Tunc erunt acceptabiles nostræ vigiliæ, tunc pernoctatio salutaris, si competente diligentia, et devotione sincera, ministerium nostrum divinis obtutibus offeratur*[563].

---

[562] Hom. 26. In Act. Apost. Id. Tome IX, p. 129
[563] Hieron. Règle monastique; chapitre des Vigiles

Des Veilles. Ch. XXI. 411

qui les rendent dignes d'en estre écoutées. *Tanta erunt acceptabiles nostra vigilia, unaque pernoctatio salutaris, si competenti diligentia, & devotione sincera, ministerium nostrum divinis obtutibus offeratur.* Hieron. Reg. Monach. c. de vigil.

CHAPITRE XXI.
De la Pauvreté.

QUESTION PREMIERE.

Vous avez déja parlé de l'excellence & de l'étenduë de la pauvreté Religieuse, mais nous vous prions de nous dire en détail quelque chose de la maniere dont nous la devons exercer.

RÉPONSE.

J'AJOUTERAY, mes Freres, à ce que j'ay déja pû vous dire sur ce sujet, qu'un Moine n'est point veritablement pauvre, si au cas qu'il se trouve dans la privation des choses les plus necessaires à la vie, il ne se tient heureux d'imiter la pauvreté dont JESUS-CHRIST luy a donné l'exemple, & s'il n'entre dans la disposition de ce pauvre de l'Evangile, qui mourant de faim & de langueur à la porte de ce riche impitoyable, merita par la patience pro- Luc. 16. v. 20.

Chapitre XX Question II

454 *De la Pauvreté.* Ch. XXI.

rence, qu'il rejette pour jamais & par une abdication sans retour celles qui ne conviennent point à sa profession, qui luy sont contraires, & qui peuvent l'empescher de s'élever à la pureté à laquelle Dieu le destine ; & que pour les autres, il les espere de la charité & des soins de son Superieur comme de Dieu mesme; mais qu'il ne voudroit pas en avoir une seule, je dis de celles dont on ne peut se passer, que par sa disposition & par son ordre.

Reg. Benedictine, c. 33.

Il est certain qu'entre ces choses ausquelles il a renoncé pour toûjours, celles dont l'usage & la joüissance luy sont plus nuisibles, sont plus que les autres le sujet de son renoncement & la matiere du vœu de la pauvreté qu'il a promise ; Et comme l'argent a une malignité toute particuliere, qu'il tente & qu'il seduit souvent les ames les plus pures, & qu'il a toûjours esté regardé comme la cause & l'instrument de tous les maux, parce qu'on les commet tous pour l'acquerir, & qu'il n'y en a point qu'on ne fasse par son moyen aprés l'avoir acquis, il ne faut point aussi douter que ce ne soit principalement sur l'argent que doit tomber le renoncement d'un Religieux qui se fait pauvre ; que son dessein ne soit de le rejetter comme un appas dangereux, & de s'en interdire le maniement aussi-bien que la possession ;

De la Pauvreté. Ch. XXI. **455**

Ainsi le Superieur ne sçauroit dispenser d'un engagement si important & si positif, il ne sçauroit toucher à ce qui est si distinctement contenu dans un vœu si essentiel, & c'est un point sur lequel son autorité ne peut & ne doit s'étendre.

Secondement, si un Religieux peut avoir de l'argent & s'en servir, parce que son Superieur luy permet, & qu'il est dans la disposition de luy remettre dans les mains toutes les fois qu'il le desire; on ne sçauroit disconvenir qu'il ne puisse aussi avec sa permission retenir des sommes considerables aussi-bien qu'une petite, puisque c'est cette licence, à ce qu'on pretend, qui en justifie l'usage, & qu'il ne luy soit permis de retenir aux mesmes conditions des maisons, des heritages, des terres quand il luy en accordera la joüissance ; Et comme elle peut estre donnée à plusieurs aussi-bien qu'à un seul s'ensuit par ces principes & par des consequences necessaires, que l'on tirera Communauté toute entiere de la pauvreté qu'elle a promise à Dieu ; que les Religieux seront seulement pauvres de nom, mais riches en revenus & en argent, jouïssance de toutes sortes de biens, chacun en particulier aura ses riches son tresor. Ce qui est un mépris des regles de l'Egli

Chapitre XXI

De la Pauvreté

Question première

Vous avez déjà parlé de l'excellence et de l'étendue de la pauvreté religieuse, mais nous vous prions de nous dire en détail quelque chose de la manière dont nous devons l'exercer.

Réponse

J'ajouterai, mes frères, à ce que j'ai déjà pu vous dire sur ce sujet, qu'un moine n'est point véritablement pauvre si, lorsqu'il se trouve dans la privation des choses les plus nécessaires à la vie, il ne se tient heureux d'imiter la pauvreté dont Jésus Christ lui a donné l'exemple, et s'il n'entre pas dans la disposition de ce pauvre de l'Évangile[564] qui, mourant de faim et de langueur à la porte de ce riche impitoyable, mérita par la patience profonde qu'il conserva dans la plus grande de toutes les extrémités, d'être transféré comme d'un royaume de paix, dans le royaume de la gloire. Mais, parce qu'il est impossible selon l'ordre qui est présentement établi dans l'Église, que les religieux se trouvent dans cet état, je vous dirai comme quelque chose qui vous convient davantage, que s'ils sont pauvres en la manière qu'ils sont obligés de l'être, non seulement ils vivront destitués des

---

[564] Lc 16, 20. / Lk 16, 20

Chapitre XXI Question II

biens de la fortune et des richesses de la terre, mais ils aimeront les privations et le souffriront avec plaisir.

Saint Bernard dit[565] que ce n'est pas la pauvreté seule, mais l'amour de la pauvreté qui fait les véritables pauvres, et nous pouvons ajouter que, comme la joie d'un avare est de trouver des moyens et des expédients de devenir riche, aussi la satisfaction d'un vrai pauvre est de ne perdre jamais une occasion de se rendre encore plus pauvre qu'il n'est. L'amour qu'il a pour la pauvreté passe dans toutes ses actions, cette vertu est dans le fond de son cœur comme une source vive et abondante qui répand ses eaux de tous côtés. Il est pauvre en toutes choses, et dans tous les endroits de sa vie. Il est pauvre dans les habits, dans la nourriture, dans les meubles.

Il en donne des marques dans la charité qu'il exerce envers les pauvres, dans l'éloignement qu'il a de faire des acquisitions, et d'entreprendre des affaires pour augmenter les revenus de la communauté. Enfin, il témoigne en toutes rencontres un parfait dépouillement et un désintéressement sincère pour tous les biens, les superfluités, les curiosités, et les avantages de ce monde.

Question II

Il n'est donc pas convenable à un religieux d'avoir en sa cellule des meubles curieux et des ajustements, comme on les a dans le monde ?

Réponse

---

[565] Bernard : Ep. 100 : Lettre 100 SBO, Vol. VII, p. 255

Il ne faut point douter qu'un religieux n'ait renoncé à toutes les choses qui retiennent du luxe et de la vanité du monde. Il s'est réduit par ses vœux au simple usage de celles qui lui sont nécessaires; ainsi, sa profession ne lui souffre (permet) que ce qui peut convenir à une pauvreté exacte.

Saint Basile dit[566] qu'on doit condamner comme une curiosité vaine tout ce qu'un religieux recherche au-delà du nécessaire. Et par là, il condamne toute raison de bienséance et d'état.

Le Concile de Trente[567] veut qu'il n'y ait rien de superflu dans les meubles dont il se sert, et défend aux supérieurs de ne lui en permettre aucun usage, si ce n'est de ceux qui conviennent à la pauvreté de sa condition. *Mobilium vero usum ita Superiores permittant, ut eorum suppellex statui paupertatis quam professi sunt conveniat, nihilque superfluum in ea sit...* Il s'est fait pauvre, non par la haine qu'il a pour les choses qu'il a quittées, puisque par elles-mêmes, elles n'ont rien de mauvais, mais afin d'éteindre les passions, sans lesquelles on ne saurait presque les posséder. Et il est certain qu'il ne lui est plus permis, ni d'aimer, ni d'avoir ce qui est capable de faire revivre en lui ce qu'il a dû et ce qu'il a voulu détruire par la pauvreté qu'il a embrassée.

Cependant, comme cette propriété affectée, ces ajustements curieux et recherchés, tels que peuvent être des tableaux, des peintures, des vases, des montres, des cabinets et même des croix, des bénitiers précieux ou par la façon ou par la matière, ne font que contenter l'amour propre, flatter la cupidité et nourrir les convoitises, il faut demeurer d'accord que ce sont des choses

---

[566] Basile: *Les Règles Monastiques*, PR. q. 43 Petites Règles, question 43
[567] Concile de Trente: Session . 25. de la Reforme. chapitre.2.

Chapitre XXI Question II

qu'un religieux s'est interdites par ses vœux, et qu'il doit mettre au nombre de celles qu'il a rejetées.

Quand un chrétien qui vit dans le monde et qui, selon les règles de l'Évangile doit être pauvre intérieurement, ne garde pas la pauvreté dans ses meubles, dans ses habits, dans son équipage, ni dans sa conduite extérieure, il s'excuse sur sa condition, sur la bienséance et sur la nécessité dans laquelle il est de ne pas s'éloigner entièrement de ceux avec lesquels il est obligé de vivre. Et quelquefois, il a raison.

Mais pour un moine, il ne saurait rien alléguer de semblable car la condition n'est, comme nous l'avons dit tant de fois, que la possession et la pratique d'une vie humiliée: *Ordo noster abjectio est, humilitas est, voluntaria pauperta est*[568]. De se couvrir de la bienséance, cela n'est pas possible puisque ce qui sied et convient davantage à un homme qui est pauvre par état et par devoir, et dont la pauvreté est le bonheur et la gloire, c'est de faire paraître cette même pauvreté dans toutes les actions et les circonstances de sa vie. Et pour l'approbation des hommes, s'il était permis de la rechercher, qu'il s'assure que le moyen de leur plaire et de s'en attirer l'estime, pourvu qu'ils soient sages, est de se tenir en tout et invariablement dans les bornes de sa condition.

Ainsi, mes frères, il est vrai de dire qu'un religieux ne peut rechercher ces vains amusements et ces curiosités mondaines que par un mauvais motif; que le cas qu'il en fait, est une marque de son immortification et du dérèglement de son cœur, que c'est un effet de l'esprit du monde qui le gouverne, et du mépris qu'il a pour ce grand précepte que saint Benoît donne à tous les moines quand il veut qu'ils trouvent leur satisfaction et leur plaisir dans le

---

[568] Bern. Ep. 142, 1 Ad Monachos Alpenses; SBO Vol. VII, p. 340

choses les plus viles, les plus extrêmes et les plus humiliantes: *Omni vilitate, vel extremitate contentus sit monachus*[569]. Enfin, comme le bon sens ne saurait approuver de voir des meubles pauvres dans le palais d'un prince, aussi la raison éclairée n'approuvera jamais des ornements précieux dans la cellule d'un moine.

Mais pour faire voir qu'un religieux doit être exact à retrancher tous ajustements, toutes commodités et curiosités superflues, je veux vous rapporter sur ce sujet un cas très remarquable qu'on lit dans l'histoire des Carmes Déchaussés d'Espagne[570]. Quelques années avant la fondation de Valladolid, ce sont les paroles de l'historien, la plupart de nos religieux avaient pris coutume de porter un crucifix d'étain sur leur poitrine, pour leur défense et sauvegarde, à l'imitation de la vénérable Catherine de Cardone qui leur avait laissé cet exemple comme nous avons vu dans l'histoire de sa vie. Peu de temps après son bienheureux trépas, quelques-uns commencèrent à porter des crucifix de cuivre travaillés par d'excellents maître, sur des croix d'ébène; et d'autres encore, plus curieux, firent dorer leurs crucifix, et ajoutèrent aux extrémités de leurs croix d'ébène des entailles de cuivre dorés.

Cela ne suffit pas encore à certains Pères qui faisaient profession de prêcher et pour émouvoir leur auditoire, ils voulurent avoir en leur particulier de plus grands crucifix que les autres afin de les exposer en chaire, pour donner de la componction à leurs auditeurs, un de ceux-ci qui surpassa tous les autres en cette passion, se laissa si fort emporter par la curiosité,

---

[569] RB 7.
[570] Seconde partie *De l'histoire des Carmes d'Espagne*. Livre 5, 14.

Chapitre XXI Question II

qu'il acheta un crucifix d'ivoire très précieux, lequel il eut en ami et à bon marché, pour cinq cents réaux qu'une personne dévote lui fournit. Je suis assuré que le Christ était d'ivoire et la croix d'ébène de la longueur de deux ou trois palmes[571], et si je ne me trompe, les entailles étaient d'argent. Je n'ai pas voulu nommer le personnage pour épargner l'honneur de l'un des plus célèbres prédicateurs que notre réforme ait possédé en son commencement; mais je n'ai pas voulu taire aussi sa soi-disant noblesse, qui nous apprend jusqu'à quel point la curiosité a emporté insensiblement, sous prétexte de dévotion, quelques-uns de nos Pères qui faisaient au reste profession d'une très étroite pauvreté et d'une très rigoureuse pénitence.

Or, ce désordre s'étant ainsi peu à peu glissé en cette maison dans l'espace de cinq ou six ans, Dieu y apporta le remède par notre père Nicolas de Jésus-Maria, qui retrancha généreusement cet abus de ce couvent; et ensuite de tous les autres de notre réforme. Ce grand homme ayant assemblé le Chapitre Général à Valladolid l'an 1587, lorsque j'étais déjà profès de cette maison, fut averti que ce prédicateur tenait en sa cellule un crucifix précieux, et que parmi les Pères capitulaires quelques uns en portaient de semblables sur leurs poitrines, qui n'étaient guère de moindre valeur; En suite de quoi il fit commandement à tous de lui apporter leurs crucifix dans sa cellule et leur ayant fait la correction que méritait leur manquement, il leur ôta tous ces crucifix, laissant le plus grand et le plus riche pour le Tabernacle de l'église; avec quelques autres pour l'oratoire du noviciat; donnant ordre au Père Prieur de distribuer tout le reste aux bienfaiteurs de la maison. Et afin d'empêcher à l'avenir un tel

---

[571] Mesure correspondant á la longueur de la main.

excès en matière de pauvreté, il régla la forme et la matière du crucifix qu'on devrait porter, ordonnant qu'ils fussent à la grandeur qui s'est depuis observée jusqu'à maintenant; sans être ornés ni enrichis en aucune façon. Et que les croix fussent toutes simples de bois ordinaire. Cette loi a toujours été depuis inviolablement gardée parmi nous et quelques-uns s'étant fait sages par cet exemple, n'ont plus voulu se servir que de deux petits bâtons de bois très commun pour former leurs croix, qu'ils continuent de porter, selon la coutume de l'Ordre, afin de gagner les indulgences que les Papes nous ont accordées pour ce sujet.

Cette sainte simplicité a été un juste châtiment de la superfluité de ces curieux, et une instruction très profitable pour les âmes religieuses qui ne doivent pas suivre les inclinations de leurs sens pour se former leurs dévotions, mais s'arrêter au solide et vivre en pureté d'esprit. On défendit pareillement en ce Chapitre, qu'on ne porte plus de ceintures de poil à cause qu'il s'en trouva quelques uns qui par une secrète vanité s'en procuraient de peaux rares et curieuses, donnant sujet de scandales aux personnes du monde un peu éclairées, qui remarquaient en cela leur ambition.

Vous voyez, mes frères, que la vanité prend son origine de la piété même, et que les convoitises se forment et se nourrissent des prétextes de la dévotion, quand elle n'est pas selon la science.

Question III

Les religieux peuvent-ils avoir des ornements d'église riches et magnifiques ?

Réponse

Chapitre XXI Question III

Je vais vous rapporter, mes frères, quel est le sentiment de saint Bernard sur ce sujet[572]. „Je viens, (dit ce saint en parlant des mauvaises coutumes qui s'étaient introduites dans l'Ordre de Cluny), au plus grand abus, mais qui paraît le plus petit parce qu'il est le plus ordinaire. Je ne parle point de l'immense hauteur, de l'excessive longueur et de la vaste largeur de leurs églises; des somptueux embellissements et des curieuses peintures qu'on y voit partout qui, attirant les yeux de ceux qui prient, détournent leur esprit de la prière, et me représentent en quelque sorte l'ancienne forme de la religion judaïque. Je veux que cela se fasse en l'honneur de Dieu, mais ne puis-je pas toujours dire comme religieux à des religieux ce que le poète reprenait dans les sacrificateurs idolâtres; et au lieu qu'il disait: „Dites-moi, Pontifes, que fait l'or dans le sanctuaire?", ne puis-je pas dire: „Dites-moi, pauvres, si toutefois vous êtes pauvres, que fait cet or dans les églises?" Car il y a des différences entre les églises cathédrales des Evêques, et celle des religieux. Les Evêques sont redevables aux sages et aux ignorants, comme dit saint Paul[573]; et ils peuvent exciter par des ornements extérieurs la dévotion d'un peuple charnel, qu'ils ne peuvent échauffer par des exercices spirituels.

Mais nous qui sommes sortis du milieu d'un peuple, qui avons quitté pour Jésus Christ tout ce que le monde avait de beau et de riche, qui avons rejeté comme du fumier et de l'ordure tout ce qui flatte les sens, comme les beautés, la musique, les parfums, et avons bien voulu perdre ces délices corporelles pour pouvoir gagner Jésus Christ, de qui prétendons-nous exciter la dévotion

---

[572] Apologia, XII, 28. SBO, Vol III; p. 104.
[573] Rm 1, 24

par ces magnificences et par ce lustre? Quel autre fruit en retirerons-nous, sinon l'admiration des fous et le divertissement des simples? De quoi servent dans les Temples des religieux ces couronnes ou plutôt ces roues toutes brillantes de pierres précieuses? On ne se sert plus de chandeliers, mais d'arbres de cuivre qui ont plusieurs branches, et qui reluisent plus par les diamants et par les perles qu'on y attache[574], que par les flambeaux et par les cierges qu'on y allume? que cherche-t-on dans ces choses? Est-ce de donner des sentiments de douleur ou de componction aux pénitents; ou du plaisir ou de la satisfaction aux spectateurs? O vanité ! Ô folie ! L'Eglise est luisante et riante dans ses édifices, et désolée dans les pauvres. Elle couvre d'or les pierres des temples, et elle laisse ses enfants tout nus? Les curieux trouvent de quoi repaître leurs yeux et les misérables ne trouvent point de quoi rassasier leur faim? Qu'est-ce que toutes ces superfluités ont de commun avec des personnes qui ont fait vœu de pauvreté? Avec des religieux, avec des hommes spirituels? ".

Voilà les principaux points de ses plaintes. Et il ajoute: „J'écourte ce discours, aimant mieux en dire peu avec paix que beaucoup avec scandale. Et Dieu veuille même que le peu que j'ai écrit, soit reçu sans émotion et sans scandale.

Car je sais qu'en reprenant les dérèglements, j'offense les personnes déréglées, il se peut faire néanmoins par la volonté de Dieu que ceux que je crains d'avoir offensés ne le sont pas, mais cela n'arrivera point s'ils ne cessent d'être déréglés.

Ce que vous pouvez inférer de là, mes frères, c'est qu'on peut parer de riches ornements, de décorations magnifiques les églises qui sont faites pour les peuples, parce qu'étant grossiers, se

---

[574] Id. Apologia, Id. Supra / Ebenda, Kap. 12, S. 193 ff.

Chapitre XXI Question III

conduisant par les sens, et leur dévotion d'ordinaire étant ou morte ou languissante, ils ont besoin d'être excités par les choses extérieures. Mais que pour les moines qui ont été séparés par le choix de Dieu de ce monde charnel, qui ne sont plus habitants de Babylone, mais citoyens de la Cité sainte, de cette Jérusalem céleste, leur foi doit être plus vive, leur piété plus pure et leur culte plus animé. Et qu'ainsi, cette beauté sensible, cette pompe, cette magnificence, soit dans les parements des églises, soit dans la structure des bâtiments, soit dans les peintures, soit dans le chant et dans les instruments de musique, ne convient ni à la pureté de leur religion, ni à la sainteté de leur Institut. Elle n'est propre qu'à les jeter dans la dissipation, et à rappeler dans leur mémoire, et peut-être dans leur cœur, les choses qui en doivent être entièrement bannies; à attirer le monde dans leur solitude et à trouver le silence et le repos de leur retraite. Et souvent, comme dit saint Bernard, par une piété fausse et mal entendue, on donne des choses inutiles au Temple inanimé, tandis qu'on refuse les (choses) nécessaires aux pauvres qui sont les Temples vivants du saint Esprit.

Ce sentiment de saint Bernard a été aussi celui de tout l'Ordre de Cîteaux pendant que l'ancien esprit s'y est conservé. Et l'on voit encore, par quantité de monuments qui en restent, l'aversion que ces saints moines ont eue de tout ce qui pouvait blesser la simplicité et la pauvreté de leur état.

On lit dans l'histoire de cet Ordre[575] si célèbre, que „de crainte qu'il n'y eût quelque chose dans la maison de Dieu, dans laquelle ils avaient dessein de le servir qui se ressentit de la superfluité ou

---

[575] Exorde de Cîteaux c. XVII, dans *Cîteaux, documents primitifs;* 1988. Edition française p. 51

de la vanité du monde, ou qui put donner quelque atteinte à la pauvreté qu'ils avaient embrassée et qu'ils considéraient comme la gardienne de toutes les vertus, ils ordonnèrent que les croix qui seraient dans les églises, ne seraient ni d'or ni d'argent, mais qu'elles seraient seulement peintes et de bois. Qu'ils n'auraient qu'un chandelier de fer, que leurs chasubles seraient de futaines[576] ou de lin, sans or et sans argent, qu'ils n'useraient ni de chapes ni de dalmatiques, qu'ils auraient seulement des calices d'argent simple ou bien d'argent doré, mais non point d'or et que le chalumeau avec lequel on prenait le précieux Sang, serait d'argent doré s'il était possible; qu'il n'y aurait ni or ni argent aux étoles, ni aux manipules...". Il est défendu dans un Chapitre de l'Ordre de l'année 1199, de se servir sur les autels de nappes qui soient ouvrées sous des peines considérables. Il est ordonne dans un autre Chapitre général de l'ordre tenue en l'an 1207, que les chasubles seront simples et d'une même couleur sans orfroy.

On voit aussi dans un Chapitre de l'année 1134, une défense expresse d'avoir ni sculpture ni peinture dans les églises ou dans les offices des monastères, parce que l'application qu'on y peut avoir empêche l'utilité de la méditation, et faire que souvent on néglige la gravité de la discipline religieuse. *Quia dum talibus intenditur, utilitas bonae meditationis, vel disciplina religiosæ gravitatis sæpè negligitur.*

Il est aussi défendu d'avoir des contre tables d'autel peintes de diverses couleurs, et on permet seulement qu'elles soient peintes de blanc.

Dans un Chapitre Général de l'année 1263, il se trouve un commandement fait à l'abbé de Royaumont, d'ôter les peintures,

---

[576] Tissu dont la chaîne est en fil et la trame en coton

Chapitre XXI Question IV

les images, les sculptures, les colonnes ornées de figures d'anges qu'il avait fait mettre depuis peu à l'entour de grand autel, et de réduire les choses à l'ancienne simplicité de l'Ordre. On voit quantité d'autres Statuts qui ordonnent qu'on observe en tout, dans ce qui regarde les églises, une pauvreté parfaite; savoir que les vitres soient toutes simples[577], sans aucune peinture, qu'il n'y ait ni or ni argent aux livres qui serviront pour chanter l'Office; que les cloches soient petites, afin qu'un homme seul les puisse sonner; qu'on ne fasse point de tours de pierre pour servir de clocher[578], et que les clochers, qui doivent être de bois, soient d'une hauteur qui ne soit pas excessive, et qui convienne à la simplicité de l'Ordre. Il est aussi défendu aux abbés de se servir de tapis de pied lorsqu'ils officient[579].

J'ai cru qu'il pouvait vous être utile de vous faire tout ce détail, afin que connaissant quel a été en cela l'esprit de vos Père, l'amour qu'ils ont eu pour la pauvreté, et le soin qu'ils ont pris de vous en donner des règles, vous aimiez une modération si religieuse et si sainte, et que vous ayez un éloignement véritable et une aversion sincère de tout ce qui a l'air et qui peut vous approcher de la vanité, du luxe et de la superfluité des gens du monde.

Question IV

Les religieux doivent-ils faire de grandes aumônes ?

Réponse

---

[577] Chapitre Général an 1234
[578] Idem 1256
[579] Chapitre Général 1257 et 1258

Il n'y a rien en quoi les anciens solitaires aient montré plus de religion et plus de zèle que dans le soin qu'ils ont pris de secourir les pauvres. Il n'y a rien de possible qu'ils n'aient fait pour les soulager dans leurs besoins. Il y en a qui ont quitté jusqu'à leur robe selon le précepte évangélique et qui se sont réduits à une nudité entière. D'autres se sont vendus, et ont engagé leur liberté pour l'amour d'eux. Mais la conduite ordinaire des saints moines était de pourvoir à la subsistance des pauvres par leurs travaux et de les nourrir à la sueur de leur visage, et nous avons déjà dit que les solitaires de la haute Thébaïde envoyaient des aumônes si immenses dans l'Egypte que, n'y ayant pas assez de pauvres pour les consumer, on était contraint d'en faire part aux pays les plus déserts, et aux nations les plus reculées de l'Afrique. Comme leur foi était vive, leur charité l'était aussi. Toutes les instructions et les volontés de Jésus-Christ excitaient leur piété, et leur consolation était de trouver des occasions et des moyens d'exprimer dans leurs œuvres ce que l'amour de ce divin Maître avait gravé dans le fond de leurs cœurs.

Ces parfaits disciples savaient qu'il est écrit que l'aumône efface les péchés comme l'eau éteint le feu; que de cacher son aumône dans le sein du pauvre, c'est jeter son grain dans une terre d'abondance et de bénédiction; et que toute l'ambition d'un véritable chrétien est d'amasser des trésors et des richesses immortelles.

Mais ce qui les touchait davantage, c'est qu'ils considéraient Jésus Christ sous la figure de ces pauvres. Ils le reconnaissaient sous ces vieux haillons, et sous ces vêtements déchirés; ils le voyaient pressé de la faim, brûlé de la soif, et accablé de maux et de lassitude; et toutes ces vues que la grandeur de leur foi leur rendait présentes, leur faisaient compter pour rien tous leurs soins,

Chapitre XXI Question IV

leur temps, leurs travaux et leurs peines, pourvu qu'ils puissent soutenir ceux qui leur tenaient la place de Jésus Christ; et leur bonheur aurait été complet s'ils avaient pu donner leurs vies pour celui qui avait versé pour eux jusqu'à la dernière goutte de son sang.

Il ne faut point de précepte pour donner l'aumône. Il ne faut que la foi car, depuis qu'on croit que c'est Jésus Christ qui souffre, que c'est lui qui tend la main, le moyen d'être chrétien et de fermer la sienne, et de vouloir encourir ce reproche si sanglant[580]: „J'ai eu faim et vous ne m'avez point donné à manger; j'ai eu soif et vous ne m'avez point donné à boire; j'ai été étranger, et vous ne m'avez point logé;j'ai été nu et vous ne m'avez point couvert; j'ai été malade et en prison et vous ne m'avez point visité. Je vous dis en vérité, qu'autant de fois que vous avez manqué de faire ces choses au moindre de ceux qui croient en moi, vous avez manqué de le faire à moi-même"

Les moines des premiers siècles faisaient l'aumône de leur pauvreté et ceux de notre temps la doivent faire de leur abondance. Les premiers étaient aussi pauvres que ceux qu'ils assistaient de leur charité, et il n'y avait que la grandeur et l'assiduité de leurs travaux qui leur donnaient les moyens de les secourir.

Mais pour les autres, les revenus qu'ils ont reçus de la piété des fidèles les mettent dans le pouvoir aussi bien que dans l'obligation de les soulager. Les uns donnaient parce que leur foi était grande, et les autres, outre cette raison qui les y engage, y sont encore plus obligés par un nouveau titre, qui est la volonté de leurs fondateurs, qui ne leur ont laissé des biens et des

---

[580] Mt 25, 42-45

possessions qu'en les chargeant de cette double obligation, à savoir: de s'employer incessamment auprès de Dieu pour l'expiation de leurs péchés par les prières et par les aumônes.

Il faut donc que les moines se considèrent comme engagés et comme liés par les dispositions de leurs fondateurs, qu'ils se regardent comme les exécuteurs de leurs testaments, et comme les dispensateurs d'un bien dont l'usage et l'application leur a été déterminée. Et afin qu'ils ne s'en croient pas les maîtres et les propriétaires, n'en ayant véritablement que la simple administration; et qu'ils ne s'imaginent pas que pourvu qu'ils nourrissent un certain nombre de religieux, qu'ils chantent et qu'ils s'acquittent des offices et des services ordinaires, ils satisfont à tous leurs devoirs, il faut qu'ils sachent et qu'ils pensent souvent, que les monastères, dans le dessein de ceux qui les ont fondés, ne sont pas seulement des lieux de pénitence et de prière, mais qu'ils sont encore des sources publiques et perpétuelles de charité et d'aumônes.

C'est ce qu'on voit par presque tous les titres et les actes des fondations des monastères, et par tant de témoignages et de monuments ecclésiastiques qu'il n'y a pas lieu de douter d'une vérité si constante.

Guillaume, duc de Guyenne, déclare dans la fondation de Cluny[581] qu'il veut que durant sa vie et après sa mort, on fasse des aumônes tous les jours et avec abondance, aux pauvres et aux pèlerins, autant que les facultés de Cluny le pourront permettre.

On voit des expressions toutes semblables en quantité d'autres fondations. Et particulièrement celle-ci: *In substantiam*

---

[581] In testament. Tome ? 24 Concil. gener. /

Chapitre XXI Question IV

monachorum, et alimoniam pauperum. In stipendia monachorum et pauperum.

On dit dans une Décrétale attribuée à saint Urbain[582], pape premier de ce nom, que les revenus des Eglises sont les vœux des fidèles, le prix des offenses des pécheurs, et le patrimoine des pauvres. *Vota fidelium, pretia peccatorum, et patrimonia pauperum.*

Voilà ce que nous trouvons sur ce sujet dans un Concile tenu à Verneuil[583] sous Charles le Chauve, roi de France. „Nous voyons, dit-il, la colère de Dieu toute prête de tomber sur nous et sur votre personne (il adresse sa parole au Roi), tant à cause des usurpations violentes et d'autres crimes énormes qui se commettent tous les jours, que parce qu'on dépouille les Eglises en faveur des gens du monde, des biens que les rois et les fidèles ont offert à Dieu pour la nourriture de ses serviteurs, pour le soulagement des pauvres, et la consolation des étrangers, pour le rachat des captifs et le rétablissement de ses temples. Ce qui fait que les serviteurs de Dieu souffrent la faim, la soif, et la nudité, que les pauvres sont privés des aumônes accoutumées, qu'on néglige les pèlerins, qu'on abandonne les captifs et qu'on déchire si justement notre réputation.

Véritablement l'Eglise prendrait patience si c'était les païens qui lui faisaient tous ces outrages, mais comme ce sont nos propres enfants qui nous oppriment, c'est-à-dire ceux que nous ou nos prédécesseurs avons régénérés en Jésus Christ, et qui ont été faits chrétiens par notre ministère, la douleur que nous cause la crainte que nous avons de leur perte, ne reçoit point de

---

[582] Urb. I. ep. c. 2 tom.1 Concil. /
[583] Concil. Vernense 2. 12

consolation. Il est certain, et il n'y a personne quelque impudente qu'elle puisse être qui ose le nier, que les biens de l'Eglise ne soient le patrimoine des pauvres, les offrandes des fidèles et le prix du rachat de leurs âmes. Comment donc a-t-on la hardiesse d'ôter à Dieu ce que d'autres lui ont consacré? Comment a-t-on la témérité de ravir aux pauvres leur héritage, et comment se peut-il faire que les uns veuillent perdre leurs âmes par ces même biens, par le moyen desquels les autres les ont sauvées...". *Certè quod nullus quanquam impudentissimus negare audebit, possessio Ecclesiæ, votum est fidelium, patrimonium pauperum, redemptio animarum. Votum ergo alterius quomodo quisquam audet Deo auferre? Hæreditatem pauperum qua temeritate præsumit invadere? Unde alii suas animas redemerunt, cur inde alii suas perdunt?*

Le pape Alexandre II dit dans une de ses Constitutions[584] que c'est rendre à Dieu une digne louange et appliquer avec piété aux vivants et aux morts les remèdes qui ont été établis pour le pardon de leurs péchés, que de nourrir les pauvres des revenus ecclésiastiques, et que c'est une injustice et une espèce de sacrilège, que les choses qui ont été données et laissées à l'Eglise sainte par les fidèles pour le salut et le repos de leurs âmes afin d'être employées au soulagement des pauvres, soient destinées à d'autres usages par ceux-là même qui sont obligés plus particulièrement de les conserver.

Tous les saints se sont conduits par ces saintes maximes depuis la dotation des monastères. Les uns ont donné jusqu'au pain qui était destiné pour la nourriture des frères, comme saint Germain, abbé de saint Symphorien d'Autun, saint Colomban, saint

---

[584] Constitutio *Nulli fidelium*, an 1062: tom. I, Bull. mag.

Chapitre XXI Question IV

Guillaume. Saint Herménold, abbé de saint Georges en Suède, distribua tout le blé qui était dans ses greniers, sans rien en réserver ni pour soi ni pour ses religieux. Saint Adalart empruntait souvent de l'argent pour assister les pauvres. Aussitôt que saint Grégoire, abbé d'Utrecht, avait reçu quelque argent du revenu de son abbaye, il le donnait aux pauvres. Saint Odilon vendit pour les secourir jusqu'aux vases sacrés et aux couronnes d'or que l'empereur avait données à son église.

Saint Aelred, disciple de saint Bernard, dit[585] que les biens qui ont été donnés aux monastères pour l'usage des serviteurs de Jésus Christ, doivent être dispensés par des personnes préposées, et que ce qui reste après qu'ils ont pris ce que est nécessaire pour la subsistance des frères, ne doit pas être mis en réserve ni renfermé dans des coffres, mais employé pour la nourriture des étrangers, des pèlerins et des pauvres.

On rapporterait sur cela une infinité d'exemples et d'actions des saints. Mais en voilà assez pour vous persuader que l'aumône est un devoir indispensable aux moines de notre temps; qu'outre la sainteté de leur état, l'intention de leurs fondateurs les y oblige, qu'il faut que les pauvres aient leur part dans les biens et les revenus de leurs monastères; qu'ils doivent rompre avec eux le pain qu'ils mangent; que leur charité ne doit être bornée que de leur seule impuissance, et qu'ils ne sauraient mieux faire que de suivre l'avis du bienheureux Lanfranc[586], qui veut que les religieux fassent l'aumône ou par eux-mêmes ou par des personnes d'une piété connue et qu'ils s'informent avec soin des

---

[585] c. 42 reg(ula) inclusarum ad soror: *De Institutione Inclusarum*. n° 28 ; Trad. : S.C. 76 : La vie de recluse, p. 110
[586] In Decretis pro Ord. S. Bened.

pauvres, des malades et des invalides; qu'ils leur donnent dans leurs besoins tout le secours qui leur peut être nécessaire.

Surtout, mes frères, il faut qu'ils évitent toute dépense superflue et tout ce qu'ils voient qui n'est pas précisément dans les desseins de Dieu, ni dans l'intention de leurs fondateurs. Qu'ils sachent qu'ils rendront compte à Jésus Christ jusqu'à une obole de tout ce que la Providence leur aura mis entre les mains. Et que c'est à eux, comme aux Ecclésiastiques, que s'adressent ces paroles de saint Bernard, si capables de faire trembler tous ceux qui jouissent des biens de l'Eglise[587]: *Clamant nudi, clamant famelici, conqueruntur, et dicunt(...) nostrum est quod effunditis, nobis crudeliter subripitur, quod inaniter expenditis.* Les pauvres, pressés par la nudité et par la faim, crient et se plaignent qu'on prodigue ce qui leur appartient, et qu'on leur ravit d'une manière cruelle tout ce qui ne s'emploie point à des usages légitimes et nécessaires dans le maniement des revenus ecclésiastiques. Mais ce qu'on ne saurait assez déplorer, c'est que la plupart des religieux sont si peu éclairés sur l'importance de ce devoir que les uns l'ignorent tout-à-fait, et n'en ont pas le moindre sentiment, que les autres croient en faire assez lorsqu'ils donnent seulement un morceau de pain ou les restes de leurs tables, pour s'acquitter de cette obligation.

Question V

Un religieux peut-il en conscience avoir quelque argent en réserve quand ses supérieurs lui permettent de le garder pour son usage, à condition de leur rendre quand

---

[587] Ep. 42,7 à Henri archevêque de Sens

Chapitre XXI Question V

ils voudront ?

Réponse

La pauvreté est si essentielle à l'état monastique, et l'obligation que les religieux ont de l'observer, est tellement invariable qu'on peut dire qu'ils ne sont pas moins obligés d'être pauvres, que d'être chastes. Toutes les dispenses qu'on accorde sur cette matière, sont abusives. Elles lient les consciences de ceux qui les donnent comme de ceux qui les reçoivent; et on ne doit point douter que les uns et les autres ne se trouvent engagés dans une même condamnation.

La Règle de saint Benoît[588] avec toutes les autres, oblige les religieux à un dépouillement si entier, qu'elle ne souffre et ne tolère qu'un petit nombre de choses de peu de conséquence, mais précisément nécessaires pour les besoins de la vie, lesquelles elle lui permet seulement d'espérer de la charité de son supérieur. Et il n'y a rien qui soit plus contraire à la lettre de cette même Règle aussi bien qu'à son esprit, que de permettre aux frères l'usage de l'argent en quelque quantité que ce puisse être.

Les Constitutions de l'Eglise ont toujours été si exactes en ce point, qu'il est aisé de voir qu'elle a voulu que les moines vivent dans une pauvreté parfaite et dans un entier dépouillement.

Le Concile de Latran[589] sous Alexandre III, interdit aux religieux toute sorte de propriété et ne veut pas leur permettre d'avoir un pécule. Il déclare que s'il s'en trouve un qui ait de l'argent, à moins que l'abbé ne lui ait permis pour l'employer à quelque affaire ou quelque commission particulière dont il l'aura

---

[588] RB 55
[589] Latran III sous Alexandre III : 5 Sess. gen. c.10

chargé, qu'il soit séparé de la sainte communion; que celui qui aura été surpris en ayant à l'extrémité de sa vie, soit privé des suffrages et de la sépulture de ses frères, et que les abbés qui n'auront pas le soin nécessaire d'exécuter ce Statut, sachent qu'ils ont mérité d'être déposés de leurs charge. *Monachi ... non peculium permittantur habere... Si verò peculium haberuit, nisi ei ab abbate pro injuncta fuerit administratione permissum, à communione removeatur altaris, et qui in extremis cum peculio inventus fuerit, nec oblatio pro eo fiat, nec inter fratres recipiat sepulturam ... abbas etiam qui ista diligenter non curaverit, officii sui jacturam se noverit incursurum.*

Innocent III a fait une constitution toue pareille[590]: Nous défendons, dit-il, en vertu de l'obéissance, et sous peine d'encourir le jugement de Dieu, que nul religieux n'ait rien en propre. Et que s'il arrive qu'il y en ait un qui possède quelque chose, qu'il s'en défasse dans le moment même. Que si ensuite on le trouve dans quelque propriété, après lui avoir fait une admonition régulière, qu'il soit chassé du monastère, et qu'on ne l'y reçoive plus, à moins qu'il ne fasse pénitence de son péché, selon l'ordre et la discipline monastique. Et que ce qu'un religieux aura laissé après sa mort, qu'on aura reconnu lui avoir été propre, soit jeté hors du monastère dans le fumier en témoignage de sa condamnation.

Il ajoute, en finissant le chapitre que l'abbé ne s'imagine pas qu'il ait le pouvoir de dispenser sur le sujet de la propriété parce que le renoncement à toute possession, aussi bien que la conservation de la charité, est si essentiellement attaché à l'état monastique, que le pape même n'en peut par donner de dispense.

---

[590] Decretale d'Innocent III :. Lib. 3. de Statut. Mentit.35; c. 6

Chapitre XXI Question V

Prohibemus districte in virtute obedientiæ, sub obtestatione divini judicii ne quis monachorum proprium aliquo modo possideat, sed si quis aliquid habeat proprii; totum in continenti resignet; si autem post hoc proprietatem aliquam fuerit deprehensus habere, regulari monitione præmissa de monasterio expellatur, nec recipiatur ulterius, nisi pæniteat secundum monasticum disciplinam. Quod si proprietas apud quemquam inventa fuerit in morte, ipsa cum eo, in signum perditionis, extra monasterium in sterquilinio subvertetur ... non æstimet Abbas quod super habenda proprietate possit cum aliquo monacho dispensare, quia abdicatio proprietatis, sicut et custodia castitatis, adeo est annexa regulæ monachali, ut contra eam nec summus Pontifex possit indulgere licentiam.

Le Concile de Trente[591] fait la même défense, et ne veut point qu'on souffre que les religieux ni les religieuses possèdent ou retiennent aucun bien ni meubles, ni immeubles, soit en leur nom, soit au nom de leurs communautés. Il ne permet aux supérieurs d'accorder l'usage des meubles à leurs religieux que pour la nécessité seule, à condition qu'ils conviennent à la pauvreté de leur état, et qu'il n'y ait rien de superflu. *Nemini igitur regularium, tam virorum, quam mulierum liceat bona mobilia, vel immobilia, cujuscumque qualitatis fuerint, etiam quovis modo ab iis acquisita, tanquam propria, aut etiam nomine Conventûs, possidera vel tgenere, sed statim ea superiori tradanatur, conventuique incorporentur; mobilium verò usum ita Superiores permitttant, ut eorum supellex statui paupertatis quam professi sunt conveniat, nihilque superflui in ea sit.*

---

[591] Sess. 25; c. 2; de Reform. / de Regularibus et Monialibus

Clément VIII dit que le Concile de Trente, afin que les religieux soient exacts dans l'observation de la pauvreté, défend que nul des frères, quand même il serait supérieur, ne possède aucun bien en propre, ni même au nom de la Communauté, soit meubles, immeubles, argent, revenus, profits, aumônes, soit qu'elles lui viennent de ses prédications, de ses leçons, des messes qu'il a dites, ou dans son église ou dans quelque autre; ou qu'il les ait acquises par son travail, sous quelque cause, et quelque titre que ce puisse être. Quand même elles lui auraient été données par ses proches, ou qu'elles lui auraient été léguées par des personnes de piété. Mais que toutes ces choses, s'il arrive qu'elles lui soient données, soient mises entre les mains du supérieur pour être incorporées et confondues avec les revenus, l'argent et les autres biens du monastère, d'où les frères puissent recevoir en commun ce qui leur peut être nécessaire pour leur vie et pour leur subsistance ... Il défend aussi à tous les supérieurs d'accorder à leurs frères la moindre possession des biens immeubles, quand ce serait pour l'usufruit, pour l'usage, l'administration, le maniement, même sous le prétexte d'en être les gardiens et les dépositaires. Il veut, outre cela, qu'aucun ne possède et ne se serve comme de chose qui lui soit propre de celles qui lui auront été accordées pour la nécessité. Enfin, il déclare que ceux qui auront violé quelques unes de ces défenses, non seulement encourent les peines portées par le Concile de Trente, mais encore que les supérieurs pourront, s'ils le jugent à propos, leur en imposer de plus rudes.

Et que nulle dispense des supérieurs en ce qui regarde les biens meubles et immeubles ne peut mettre à couvert celui qui les possède et empêcher qu'il n'ait mérité les peines décernées par le Concile (voir page suivante), quelque prétention qu'aient les

Chapitre XXI Question V

supérieurs d'avoir droit et autorité de donner en cela des permissions et des dispenses. En quoi nous voulons, dit ce pape, qu'on ne leur donne aucune foi ni aucune créance.

Quo Tridentini Concilii decreta de paupertatis voto custodiendo fidelius observentur præcipitur, ut nullus ex fratribus,... etiam, si supérior sit, bona immobilia vel mobilia, aut pecuniam, proventus census, eleemosynas, sive ex concionibus, sive ex lectionibus aut pro missis tam in propria Ecclesia quam ubicumque celebrandis, aliove ipsorum justo labore et causa et quocumque nomine acquisita etiam, si subsidia consanguinorum aut piorum largitiones, legata, aut donationes fuerint, tanquam propria, aut etiam nomine conventus possidere possit, sed ea omnia statim superiori tradantur, ut conventui incorporentur atque cum cæteris illius bonis redditibus, pecuniis ac proventibus confundantur, quo communis inde victus et vestitus omnibus suppeditari possit. Neque superioribus, quicumque illi sint ullo pacto liceat iisdem fratribus, aut eorum alicui, bona stabilia etiam ad usufructum, vel usum, administrationem aut commendam, etiam depositi aut custodiæ nomine concedere. Eorum verò quæ ad necessitatem concessa erunt, nullus quicquam possideat ut proprium, neque ut proprio utatur; qui in præmissorum aliquo deliquerit, pœnas nedum à Concilio Tridentino præscriptas, sed alias quoque multò graviores superiorum arbitrio imponendas incurrat. Nulla quorumcumque superiorum dispensatio, nulla licentia, quantùm ad bona mobilia vel immobilia fratres excusare possit, quominus culpæ et pœnæ ab ejusdem Concilii decretis impositæ, et ipso facto incurrendæ obnoxii sint; etiam, si superioris asseverent hujusmodi dispensationes aut licentias concedere, posse, quibus in ea re fidem adhibere minimè volumus. [592] Fagnano, célèbre canoniste de notre temps, parfaitement instruit dans ces matières, écrit que la Congrégation du Concile de Trente ayant été consultée par le Général des Carmes, répondit (voir passage suivante) et déclara que les réguliers ne peuvent posséder, même de la permission de leurs supérieurs et en dépendance de leur volonté et pour leur propre usage, aucuns meubles outre ceux qui leur sont nécessaires et qui conviennent à la pauvreté religieuse.

Congregatio Concilii Tridentini, consulta a Generali Carmelitarum censuit regulares præter supellectilem quæ statui paupertatis regularis convenit non posse de licencia suorum superiorum regularum, alia bona mobilia superflua et pendenter et voluntate eorumdem superiorum, et ad solum usum proprium possidere, seu retinere. Quod et multo antea declaraverat; nam cum fuerit dubitatum, an dispensatione à sancto Pontifice liceat regularibus possidere vel tenere agros; annuos redditus, aliaque bona immobilia, vel immobilia superflua, non obstante decreto c.2 sess. 25 de regularibus sancta Congregatio censuit non licere. Item consulta an propter talem dispensationem, seu licentiam superiorum possidentes vel tenentes immobilia vel mobilia superflua, à culpa vel à pœna excusarentur. Respondit non excusari neque à culpa, neque à pœna ipso facto incurrenda. Item an superioribus asseverantibus hujusmodi se licentias posse concedere fides adhibenda sit, sancta Congregatio censuit non esse adhibendam. [593]

---

[592] Clément VIII; Concile de Trente; (question V, chapitre XXI)
[593] (Chapitre XXI;question V) /

Chapitre XXI Question V

Il dit encore que sur le doute, savoir si les religieux pouvaient avec la permission du pape posséder des terres, des revenus et d'autres biens immeubles ou meubles superflus, la même Congrégation a répondu, que cela n'était pas permis et que les religieux qui en vertu de la dispense de supérieurs possédaient des immeubles ou des meubles superflus, ne pouvait être excusés de péché ni à couvert des punitions portées et contenues *ipso facto* par les défenses. Et enfin, qu'on ne doit ajouter aucune foi aux supérieurs qui prétendent qu'ils ont le pouvoir de donner ces sortes de dispenses..

J'ajouterai à toutes ces autorités, mes frères, quoiqu'elles soient convaincantes et décisives, ce que je vous ai déjà fait remarquer bien des fois, savoir qu'un véritable religieux en se consacrant à Jésus Christ se dépouille de tous les biens de ce monde, sans en rien excepter. Il entre dans l'état d'une nudité parfaite; le ciel devient si uniquement son partage qu'il se sépare de toutes les choses de la terre, mais avec cette différence, qu'il rejette pour jamais et par une abdication sans retour, celles qui ne conviennent point à sa profession, qui lui sont contraires et qui peuvent l'empêcher de s'élever à la pureté à laquelle Dieu le destine[594]. Et que pour toutes les autres, il les espère de la charité et des soins de son supérieur comme de Dieu même. Mais qu'il ne voudrait pas en avoir une seule, je dis de celles dont on ne peut se passer, que par sa disposition et par son ordre.

Il est certain qu'entre ces choses auxquelles il a renoncé pour toujours, celles dont l'usage et la jouissance lui sont plus nuisibles, sont plus que les autres le sujet de son renoncement et la matière du vœu de la pauvreté qu'il a promise. Et comme

---

[594] R.B. 33

l'argent a une malignité toute particulière, qu'il tente et qu'il séduit souvent les âmes les plus pures et qu'il a toujours été regardé comme la cause et l'instrument de tous les maux – parce qu'on les commet tous pour l'acquérir, et qu'il n'y en a point qu'on ne fasse par son moyen après l'avoir acquis – il ne faut point aussi douter que ce ne soit principalement sur l'argent que doit tomber le renoncement d'un religieux qui se fait pauvre; que son dessein ne soit de le rejeter comme un appât dangereux, et de s'en interdire le maniement aussi bien que la possession. Ainsi, le supérieur ne saurait dispenser d'un engagement si important et si positif, il ne saurait toucher à ce qui est si distinctement contenu dans un vœu si essentiel et c'est un point sur lequel son autorité ne peut et ne doit s'étendre

Secondement, si un religieux peut avoir de l'argent et s'en servir, parce que son supérieur lui permet et qu'il est dans la disposition de lui remettre dans les mains toutes les fois qu'il le désire, on ne saurait disconvenir qu'il ne puisse aussi avec sa permission retenir des sommes considérables aussi bien qu'une petite, puisque c'est cette licence, à ce qu'on prétend, qui en justifie l'usage; et qu'il ne lui soit permis de retenir aux mêmes conditions des maisons, des héritages et des terres quand il lui en accordera la jouissance. Et comme elle peut être donnée à plusieurs aussi bien qu'à un seul, il s'ensuit par ces principes et par des conséquences nécessaires, que l'on tirera une communauté toute entière de la pauvreté qu'elle a promise à Dieu; que les frères seront seulement pauvres de nom, mais riches en revenus et en argent, en jouissance de toutes sortes de biens, et que chacun en particulier aura ses richesses et son trésor. Ce qui est un mépris et une transgression des règles de l'Eglise, une

Chapitre XXI Question V

violation du vœu de la pauvreté et une ruine toute évidente de la piété et de la profession monastique.

Troisièmement, un supérieur n'a pas plus d'autorité sur le vœu de pauvreté que sur celui d'obéissance. Et comme il n'y aurait rien de plus extravagant que de vouloir qu'il put dispenser un religieux de l'assujettissement qu'il a contracté par son vœu, et de le rendre maître de sa personne, de ses actions et de sa conduite, il n'y a rien aussi que soit plus contre le bon sens, que de se figurer qu'un supérieur puisse légitimement remettre à un religieux l'engagement dans lequel il est entré, de vivre dans une pauvreté parfaite et de lui permettre la possession, le maniement et l'usage des choses auxquelles il a solennellement renoncé par sa consécration.

Quatrièmement: comment peut-on accommoder la conduite d'un supérieur qui permet à un religieux d'avoir de l'argent avec l'obligation dans laquelle il est de le porter par toutes sortes de voies à la perfection de son état? Car, au lieu de lui en donner les moyens, il y forme des obstacles, il lui tend des pièges, il lui creuse des abîmes et il le met dans l'état le plus propre pour faire revivre dans son cœur les dérèglements et les passions dont il a cru se délivrer en quittant le monde. Ce supérieur ignore-t-il ou peut-il ignorer que l'amour de l'argent, selon l'instruction de l'apôtre[595] est l'origine de toutes sortes de passions, d'excès et de crimes: *Radix omnium malorum est cupiditas*. Qu'il est difficile d'en avoir et de ne le pas l'aimer, et particulièrement quand ce n'est pas dans l'ordre de Dieu qu'on le possède.

---

[595] 1 Tim 6; 10

Cassien dit[596] que celui qui aime l'argent n'a point horreur du mensonge, du parjure, du larcin; qu'il se porte sans peine à violer sa foi; qu'il entre en fureur lorsque les choses ne répondent pas à ses espérances; qu'il ne craint point de passer toutes les bornes de l'honnêteté et de l'humilité chrétienne, que l'argent est son Dieu, comme la bonne chère l'est à quantité d'autres. Ce qui a fait dire à l'apôtre[597], ajoute-t-il, qui connaissait la malignité et le venin de cette maladie que non seulement, elle était la racine de tous les maux, mais que l'amour de l'argent était une idolâtrie véritable.

Cependant, ce supérieur dont nous parlons expose ce religieux à tous ces désordres, il l'y porte, il lui en donne toutes les tentations; et il ne ferait pas autre chose quand il serait établi pour le perdre, comme il l'est pour le sauver.

En effet, que pourrait-on penser d'un supérieur, s'il faisait vivre un religieux parmi les vivres les plus exquis, les liqueurs et les viandes les plus délicieuses, sinon qu'il voudrait le rendre intempérant?

Que pourrait-on imaginer s'il l'obligeait ou s'il lui permettait de demeurer dans la compagnie d'une femme belle et débauchée, sinon qu'il tendait des pièges à sa pudicité? Et n'a-t-on pas sujet de croire qu'il veut ruiner tout à la fois sa chasteté, sa tempérance, et toutes les autres vertus religieuses puisqu'il lui inspire l'amour de l'argent, qui est la source tous les vices, en lui en permettant ou la possession ou la jouissance?

Je lui demande, si ce religieux à qui il accorde cette liberté, a de la vertu, ou s'il n'en a pas? Peut-il douter qu'il ne succombe à toutes les tentations que se présenteront à lui, et qu'il ne fasse tout

---

[596] Institut. liber. 7 cap. 6-7. Cf. Institutions Cénobitiques: S.C. 109, p. 299
[597] Col 3, 5 / Kol 3,5

Chapitre XXI Question V

le mal qu'il pourra faire, s'il n'a point de vertu? Et s'il en a, est-ce ainsi qu'il se prépare au compte qu'il doit rendre à Dieu de la perfection et du salut de ses frères?

Ne sait-il pas que David tout saint qu'il était, devint adultère et homicide; que souvent un homme n'est chaste que parce qu'il n'a pas l'occasion d'être impudique, et que le cœur étant tout pétri comme il est d'iniquité et de faiblesse, de corruption et d'impuissance, n'a point trop de tous les moyens que Dieu lui donne pour se maintenir dans son amour et dans sa crainte? D'ailleurs, y a-t-il une voie plus courte et plus assurée pour détruire de fond en comble une communauté régulière, quelque exacte qu'elle puisse être, que celle de dispenser les religieux qui sont les premiers ou par l'ancienneté ou par la vertu, de la sévérité des règles principales, au lieu de leur en faire porter toute la rigueur pour l'exemple des jeunes, des imparfaits et des faibles, comme pour leur propre sanctification?

Que si l'on vient à examiner les motifs et les considérations pour lesquelles les supérieurs accordent ces sortes de licences, il n'y a rien qui soit plus digne tout ensemble de compassion et de châtiment.

On permet, par exemple, à un religieux d'avoir de l'argent parce qu'il murmure si on ne le contente pas en quelque chose. Et on ne voit pas que c'est mettre de l'huile sur le feu, que c'est nourrir sa méchante humeur et la rendre plus vive et plus maligne qu'elle n'était.

On lui permet encore d'en avoir pour son vestiaire. Et les raisons qu'on apporte pour cela, c'est que l'on veut se délivrer de l'embarras qu'il y a de pourvoir dans le détail aux nécessités des particuliers. Mais pourquoi le supérieur ne commet-il pas ce soin à quelqu'un qui l'en décharge, s'il ne veut pas le prendre lui-même; et comment par une précaution si faible livre-t-il ses frères à de si grands maux?

On lui donne la même liberté pour épargner, à ce qu'on prétend, le bien du monastère, parce que les religieux ménagent davantage et dépensent moins quand ils ont besoin de se vêtir et de pourvoir eux-mêmes aux choses qui les regardent. Mais, y a-t-il rien de plus injurieux au sang de Jésus Christ que de préférer une utilité de rien, un interdit purement temporel et d'une petite importance, au salut d'une âme qui lui coûte si cher? Et un tel supérieur ne mérite-t-il pas mieux le nom d'un dissipateur, d'un loup ravissant, que non pas la qualité de pasteur de la bergerie sacrée de Jésus Christ?

C'est ce que l'Eglise a toujours condamné, comme il paraît par un canon d'un Concile d'Autun[598] qui porte que le premier titre et la première qualité de la discipline monastique, est; qu'il ne soit permis ni aux abbés ni aux religieux, d'avoir rien de propre et de particulier, mais que les uns et les autres reçoivent leur nourriture et leurs habits en la manière accoutumée (*c'est-à-dire de la communauté*);et que si l'abbé manque d'observer cette Ordonnance, il sera retranché de la communion des frères l'espace d'une année: *Primus titulus hic est monastica disciplina, et abbates vel monachi peculia non habeant, et monchi victum et vestitum consuetum accipiant. Abbas qui aliter fecerit, anno uno ei communionis potestas suspendatur.*

Mais rien n'est plus exprès que ce qui est porté sur ce sujet dans le Concile d'Oxford[599], qui défend qu'on donne de l'argent aux religieux en particulier pour leurs vêtements, et qui ordonne que

---

[598] Concil. August. c.1 an. 690
[599] Concil. Oxon. c. 43; anno 1222.

Chapitre XXI Question VI

les celleriers auront soin de faire donner à chacun, les habits nécessaires selon leurs besoins et selon les biens et le pouvoir du monastère. *Nec singulis eorum (monachis) denarii pro vestibus tribuantur, sed talia per camerarios diligenter expediantur, qui, ut quilibet indiguerit, et facultas domus sustinuerit, eis indumenta ministrent.*

Question VI

Est-ce une raison solide pour accorder à un religieux la permission d'avoir de l'argent, de dire qu'on le permet bien à un cellérier, ou à un religieux qui est éloigné du monastère ?

Réponse

Le cellérier est un religieux, officier du monastère autorisé et approuvé de l'Église, lequel on applique légitimement au maniement de ses affaires, de ses biens et de ses revenus. La main reçoit l'argent, elle le touche, elle le resserre[600]. Cependant toutes les actions sont attribuées à l'homme dont elle n'est que l'instrument et qu'un membre. Ainsi, une communauté est un corps qui a ses parties et ses organes. Le Supérieur est le chef; le cellérier est comme la main de laquelle il se sert dans ses besoins. Et tout ce qu'il fait dans son office et dans ses fonctions est tellement naturel, propre et nécessaire à la communauté, qu'il est vrai que c'est elle qui agit par son application et par son ministère. On peut dire la même chose d'un religieux qui est en voyage et dans quelque lieu éloigné pour le service de son monastère.

---

[600] XVIe siècle: resserrer = ranger/

Comme il lui doit sa subsistance, et qu'il n'est pas possible de lui fournir les choses dans la nature et dans l'espèce, il faut par nécessité que son monastère lui donne de l'argent pour les avoir, de sorte qu'il en est comme l'économe. Et il fait à l'égard de lui-même ce qu'il ferait à l'égard d'un autre dont les besoins lui auraient été commis. Mais pour ce qui est d'un religieux auquel on permet d'avoir de l'argent et qui ne se trouve point en de semblables conjonctures, il est certain qu'il n'est point dans l'ordre de Dieu. Cet usage d'argent n'a rien de commun avec son monastère, il est dans une condition personnelle; c'est un état violent qui lui est particulier.

C'est une singularité qui le tire de sa profession et de sa Règle, qui le sépare de sa communauté, et qui le rend véritablement propriétaire.

Enfin, mes frères, je finirai cette question en vous disant, que le supérieur qui permet à un religieux d'avoir de l'argent, ou lui en détermine précisément l'usage ou le laisse dans la liberté d'en faire ce qu'il lui plaira, que si c'est pour des choses précisément nécessaires qu'il lui permet, comme pour son entretien, ou par sa subsistance, le supérieur pèche, parce qu'il doit donner les choses en espèce et en nature à ses religieux, à moins que cela ne lui soit impossible et qu'il ne s'y trouve quelque difficulté insurmontable. Mais le religieux en usant du pouvoir que le supérieur lui donne contre ses inclinations et malgré lui, est exempt de péché. Que si le supérieur en détermine l'emploi en des choses vaines et superflues, il pèche, et le religieux avec lui qui se sert de la permission. Que s'il le laisse libre sans le déterminer, et qu'il puisse se servir comme il voudra de l'argent qu'il lui a permis d'avoir, il rend le religieux propriétaire et sa dispense n'empêche pas qu'il ne soit dans la violation et dans l'infraction de sa Règle;

Chapitre XXI Question VI

et que l'un aussi bien que l'autre n'encoure les peines que l'Église a décernées contre ceux qui se trouveraient coupables de ces sorte de crimes.

Ces vérités et ces raisons, mes frères, sont claires, anciennes et constantes. Et vous ne devez pas les considérer comme des choses nouvelles. Elles ne font que vous remettre devant les yeux et rétablir ce qui a été religieusement observé par tous les saints solitaires, et que les moines déréglés ont scandaleusement détruit.

Bien loin de vous laisser aller aux opinions de ceux qui veulent les affaiblir afin de les réduire aux usages et aux pratique communes, soyez persuadés, mes frères, qu'ils éludent les desseins de l'Église, qu'ils méprisent ses ordonnances; et qu'ils abusent injustement de son autorité pour favoriser un dérèglement et une licence qu'elle a toujours condamnée.

Consultez l'esprit de Dieu, la vérité de votre état, les maximes et les exemples des saints Pères, cette exacte pauvreté qu'ils ont professée; et ne vous arrêtez pas en ce point aux raisonnements des docteurs relâchés.

Et afin que vous n'ayez ni peine ni scrupule de vous éloigner de leurs pensées, il faut que vous sachiez qu'un grand saint des derniers temps écrivit à sainte Thérèse[601] (c'était sur le sujet de la pauvreté religieuse) qu'il s'étonnait de ce qu'elle écoutait les avis des gens savants en ce qui n'était pas de leur portée. Et que quand il s'agissait d'un point de droit, ou de cas de conscience, il était bon de s'adresser aux jurisconsultes, ou aux théologiens. Mais que lorsqu'il était question de prendre des résolutions sur la direction des mœurs, et d'entrer dans une vie parfaite, il n'y avait

---

[601] Epitre de s. Pierre d'Alcantara à sainte Thérèse. Hist. Hisp. Carmel réfor. I part. livre. 2 chap 8

que ceux qui y avaient fait quelque progrès qui fussent capables de donner des conseils salutaires parce que d'ordinaire ceux-là seulement que font parfaitement le bien peuvent en faire part à ceux qui veulent comme eux entrer dans la perfection.

Sainte Thérèse témoigne[602] avoir été du même avis. J'écrivis, dit-elle à ce religieux de saint Dominique qui nous assistait, et pour réponse il m'envoya deux feuilles de papier pleines de raisons de théologie, contraires à mes pensées, afin de me détourner de mon dessein, me disant qu'il avait parfaitement étudié cette matière. Sur quoi, je lui répliquai que je ne voulais point me servir de la théologie quand il était question de ma vocation, et d'accomplir avec perfection la pauvreté que j'avais vouée et les conseils de Jésus Christ. Qu'il me pardonne si je n'embrassais pas sa doctrine et si je ne me rendais pas à ses sentiments.

Cela ne doit point vous surprendre, mes frères, puisque Jésus Christ nous apprend qu'il laisse souvent pénétrer aux simples et aux petits les vérités et les mystères qu'il prend plaisir de cacher aux savants et aux sages du monde: *Confiteor tibi Pater Domine cæli et terra, quia abscondisti hæc à sapientibus et prudentibus et revelasti ea parvulis; ita Pater quoniam sic fuit placitum ante te*[603].

---

[602] Dans sa vie; c. 35
[603] Mt 11, 25-26

Chapitre XXI Question VII

Question VII

Les religieux peuvent-ils faire de nouvelles acquisitions pour augmenter leurs biens ?

Réponse

Il ne faut pas douter, mes frères, que les communautés régulières ne puissent faire des acquisitions, et qu'elles ne puissent avoir des raisons justes et saintes pour s'accroître et pour s'étendre. Elles peuvent acquérir quand cela se trouve nécessaire pour les mettre dans une régularité exacte, pour leur donner les moyens de servir Dieu avec plus de repos et de tranquillité dans leur état, et pour éloigner une occasion de scandale ou un sujet de dispute et de contestation. Et il faut demeurer d'accord que saint Benoît aurait pu légitimement accepter l'héritage[604] de ce mauvais prêtre qui essayait de jeter le dérèglement parmi ses frères; et saint Junien[605] les terres qu'il obtint de la piété du roi Clotaire, pour donner moyen à ses religieux de s'exercer dans le travail des mains.

Mais si les religieux peuvent s'accroître par ces considérations et par d'autres semblables, il faut aussi qu'ils sachent qu'il ne leur est pas permis d'acquérir pour le seul motif de s'agrandir et de posséder plus de biens, de revenus et de domaines.

Premièrement, s'ils sont religieux par l'esprit et par la piété, et non point seulement par l'habit et par la profession, ils aimeront la pauvreté, et chercheront les moyens d'être encore plus pauvres

---

[604] S. Greg. In vita S. Bened. c. 8, lib. 2 Dial. Grégoire le Grand : Dialogues ; livre II : *Vie et miracles du vénérable abbé Benoît* ; chapitre 8 p. 163. Ed. S.C. n° 260
[605] In vita s. Juniani.

qu'ils ne le sont. Or, ce désir est incompatible avec celui d'acquérir de nouveaux biens.

Secondement, s'ils acquièrent, il faut que ce soit de leur nécessaire, ou de leur superflu. Le premier selon la destination de Dieu, doit être employé à leur subsistance et aux besoins de leur monastère. L'autre appartient aux pauvres de Jésus Christ; c'est leur héritage, et s'en servir pour faire des acquisitions, c'est augmenter ses revenus et se rendre riche du bien d'autrui. C'est ôter aux enfants par une injustice cruelle, ce que la Providence du Père leur a laissé pour les soulager dans leurs misères, et pour les racheter de la mort.

Troisièmement, ces sortes d'acquisitions sont contraires à l'esprit des saints et aux intentions de l'Église puisque comme nous l'avons déjà montré, nous apprenons par les instructions des Saints, des papes et des Conciles, que ce qui reste des revenus monastiques, après qu'on a pourvu aux besoins des religieux et aux nécessités des monastères, est le partage des pauvres et par conséquent il ne peut être légitimement employé à d'autres usages.

Quatrièmement, les religieux qui acquièrent, à moins que ce ne soit par des nécessités légitimes et connues, scandalisent le monde. Les uns s'offensent de trouver des conduites de cupidité chez des personnes qui font une profession publique de n'en plus avoir. Et les autres sont bien aises de pouvoir autoriser par l'exemple des religieux, l'injustice et l'ardeur de leurs convoitises.

Chapitre XXI Question VII

C'est dans ces vues et dans ces mêmes pensées que saint Etienne de Grandmont défendit à ses frères[606] de rien posséder au-delà des limites de leur désert.

Nous vous défendons, dit cet homme apostolique, de posséder aucune terre hors des bornes des lieux que vous habitez puisqu'étant étrangers sur cette terre, vous n'y avez point de demeure arrêtée, mais que vous en cherchez une dans le ciel. Et qu'ayant abandonné toutes les choses de ce monde lorsque vous vous êtes retirés dans la solitude, vous devez porter dans l'avenir tous vos désirs et toutes vos pensées. C'est assez pour un homme qui est mort, d'avoir autant de terre qu'il en a besoin pour sa sépulture; et ce serait une chose bien surprenante si, étant renfermé dans son sépulcre, il voulait ôter à un autre mort, la place qu'il occupe auprès de la sienne. Vous êtes de véritables morts, mes frères, par rapport aux affaires du siècle, selon ces paroles de l'apôtre[607], qui dit qu'il faut que nous mourions au péché, afin de ne plus vivre que pour Dieu. Ne vous suffit-il donc pas d'avoir autant de lieu[608] qu'il vous est nécessaire pour faire un enclos. J'appelle un enclos, toute l'enceinte du bois qui vous aura été donné pour votre habitation, et dans lequel vous devez bâtir les édifices réguliers, et vous exercer au travail des mains, de crainte de passer votre vie dans l'oisiveté. Or, il faut que vous croyiez, mes frères, que vous ne pouvez acquérir des terres au-delà de vos clôtures, que vous ne fassiez la même violence à ceux qui les possèdent qu'un mort la ferait à un autre mort, s'il le voulait chasser de son tombeau. Vous n'ignorez pas quelle est la

---

[606] Cap. 4 Reg.
[607] Rm 6, 11.
[608] place, espace

puanteur d'un corps mort, lorsqu'on le tire de sa sépulture. Cependant cette infection est peu de chose; elle ne s'étend pas loin et elle n'est pas comparable à cette mauvaise odeur que vous répandriez dans le monde, s'il arrive jamais que vous vous sépariez de votre Institut pour acquérir des possessions et des terres.

Car les peuples en prendront sujet de blasphémer le nom du Seigneur, et ne manqueront pas de dire: „Voilà ces gens qui, étant entrés dans le désert sous une humilité affectée, commencent à lever la tête *«Nomen Dei per vos blasphemabitur, et dicet populus: Isti sub specie humilitatis nemus introrierunt, sed modo capita levare incipiunt*[609]. Vous avez quitté avec dessein les terres que vous avez dans le monde, parce qu'elles vous éloignaient de Jésus Christ; et n'avons-nous pas sujet de craindre que n'ayant pu retenir des possessions qui vous étaient propres et héréditaires sans en recevoir de dommage, vous ne puissiez sans déplaire à Dieu en acquérir d'étrangères. Car comme dit très bien saint Jérôme, ce n'est point l'humilité mais l'orgueil qui nous donne l'envie de posséder les biens de ce monde. Que si vous voulez avoir des terres autant qu'il vous en faut, n'en ayant point au-delà de vos clôtures; la terre s'entretient, et quelque petite partie que vous en acquériez, vous voudrez encore y joindre celle qui y est contiguë, ainsi votre cupidité ne se rassasiera jamais. Quittez donc la terre, mes frères, afin que Dieu vous attire à lui, et vous donne le ciel pour votre partage. « *Ergo fratres, terras relinquite; ut Deus post se ad cælum vos trahere dignetur* ».

Les Chartreux gardaient la même conduite dans le commencement de leur Ordre, comme on le voit dans ce statut

---

[609] Rm 2, 24

Chapitre XXI Question VII

que le bienheureux Guigues leur a laissé. Afin de nos ôter, dit-il, et à nos successeurs, autant qu'il nous est possible avec la grâce de Dieu, toute occasion d'exercer nos convoitises, nous ordonnons par cette présente Constitution que les habitants de la Chartreuse ne possèdent rien au-delà des limites de leur désert, c'est-à-dire ni champs, ni vignes, ni jardins, ni églises, ni cimetière, ni offrandes, ni dîmes, ni aucune chose semblable *Cupiditatis occasiones nobis et nostris posteris, quantum Deo juvante possumus præcidentes, præsentis scripti sanctione statuimus, quatenus loci hujus habitatores extra suos terminos eremi, nihil omnino possideant; id est, non agros, non vineas, non hortos, non Ecclesias, non cæmeteria, non oblationes, non décimas, et quæcumque hujusmodi*[610].

C'est ce même désintéressement qui porta les Saints Instituteurs de l'Ordre de Cîteaux à renoncer par le premier et le plus authentique de leurs Statuts[611], à toutes possessions de dîmes, d'églises, de chapelles, d'offrandes, de paroisses, de villages, de domaines, de seigneuries, de fours et de moulins banaux. Ils se contentèrent de posséder des champs éloignés des habitations des hommes pour les cultiver de leurs mains, des prairies pour le pâturage de leurs troupeaux, des étangs et des rivières; non point que le poisson fût leur nourriture accoutumée, mais parce que leurs monastères étant situés pour la plupart en des vallées profondes, et dans le milieu des eaux, le poisson était un revenu qui naissait du fond de leur désert.

---

[610] Guig. Stat. 41. Bas. edit. an. 1510
[611] Ex. Cist c. 15. cf. Petit Exorde XV, p. 45... Ed. Cîteaux : *Documents primitifs*, Cîteaux – Commentarii Cistercienses 1988

Ils avaient encore des vignes, parce qu'ils ne pouvaient pas absolument se passer de vin, quoique l'usage en fut extraordinaire parmi eux.

On ne peut douter sur ce point, du sentiment de saint Bernard. Cet homme si saint et si désintéressé n'avait garde d'approuver que des religieux pensent à faire des acquisitions et à s'étendre sans de véritables nécessités, lui qui était toujours prêt de céder aux autres les biens qui lui appartenaient. Il quitta aux religieux de Prémontré[612] le fonds dans lequel ils avaient établi leur premier monastère. Il leur laissa encore un autre lieu nommé saint Samuel avec mille écus d'or, que Baudouin, roi de Jérusalem, lui avait donné pour y en bâtir un autre. Il écrivit au duc et à la duchesse de Lorraine[613], sur ce que ses religieux étaient inquiétés dans un passage de rivière dont ils lui avaient donné la jouissance, que s'ils ne voulaient pas faire cesser le trouble et qu'ils se repentaient de la gratification qu'ils lui avaient faite et à ses frères, ils étaient disposés de rendre à César ce qui appartient à César; et que lui et ses frères faisaient ce qu'ils pouvaient pour n'être à charge à personne. Et bien loin d'avoir ce désir immodéré d'acquérir, il comptait lui-même jusqu'à dix ou douze monastères, ou lieux préparés pour en construire, qui lui avaient été ravis par tromperie ou par violence, pour n'avoir pas voulu disputer son droit, aimant mieux perdre que d'avoir des affaires et de gagner.

Les religieux de Cîteaux, conformément aux sentiments de leur Père, déclarèrent dans une chapitre Général l'an 1191, que pour arrêter la cupidité et se garantir du reproche que s'attirent les religieux qui font des réquisitions, ils défendaient à toutes

---

[612] Epist. 253,1. SBO Vol. VIII, p.150
[613] Epist. 119. SBO Vol. VII, p.299

Chapitre XXI Question VII

personnes de l'Ordre d'acheter ou des terres, ou des immeubles. Et dans l'année 1215, ils ordonnèrent que personne n'ait la hardiesse d'acheter ni d'acquérir des terres labourables, des vignes, des fours ou des moulins. Mais comme peu après on s'éloigna de cette simplicité, ils firent une Ordonnance en l'an 1229, quoique moins rigoureuse.

En voici les termes: Afin de pourvoir aux consciences de nos religieux et à la réputation de l'Ordre pour l'avenir, le Chapitre Général[614] défend expressément à toute personne de l'Ordre, d'acquérir aucun bien immeuble, ou en leur nom ou par des gens interposés, si ce n'est qu'ils aient sur ces sortes de biens, des droits de fiefs ou quelque autre rente ou redevances, etc. Innocent III fit une semblable défense, généralement pour tous les moines, dans le Concile de Latran[615].

Toutes ces raisons prouvent avec évidence, qu'il n'est pas permis aux religieux d'acquérir seulement pour s'accroître, pour être plus à leur aise, ou pour devenir plus riches. Et qu'ils ne peuvent faire d'acquisitions légitimes, si ce n'est qu'ils les fassent pour des besoins réels et par des nécessités telles que nous les avons exprimées.

Et nous n'avancerons rien, mes frères, qui ne soit très véritable, lorsque nous dirons, que quand au lieu de donner des marques d'un désintéressement et d'une modération parfaite, nous nous laissons aller à l'envie de multiplier nos biens et d'augmenter nos revenus, nous nous éloignons de la sainteté de notre état, de l'esprit des Saints, de l'intention de l'Eglise, que nous nous tirons de l'ordre de Dieu. Enfin que nous rétrécissons nos demeures

---

[614] Capit. Gener. Anno 1191 et 1229.
[615] Conc. Later. sub In. III. c. 55. Concile de Latran IV (1215) sous Innocent III

dans le ciel à mesure que nous voulons les étendre sur la terre. Et que nous tombons dans la malédiction que le Seigneur donne à ceux qui joignent sans fondement et sans scrupules héritages à héritages, possessions à possessions, comme si le monde n'était fait que pour eux, et qu'ils prétendent l'habiter tout seuls à l'exclusion du reste des hommes[616]: *Væ qui conjugitis domum ad domum, et agrum agro copulatis, usque ad terminum loci; nunquid habitabitis vos solu in medio terræ.*

Question VIII

Puisque nous sommes sur le sujet de la pauvreté religieuse, dites-nous si on peut exiger de l'argent, ou quelque autre bien temporel des personnes qui veulent s'engager dans la Religion ?

Réponse

Les saints ont bien souffert que ceux qui se donnaient à Dieu dans les monastères, leur donnent de leurs biens, et qu'en lui consacrant leurs personnes, ils lui consacrent aussi quelque partie de leurs richesses. Mais ils ne l'ont jamais exigé. Ils n'ont eu garde d'attacher un engagement si saint et une vocation si divine à des intérêts et à des considérations temporelles. Comme ils savaient que Dieu appelle à son service les grands et les petits, les pauvres et les riches, ils admettaient indifféremment les uns et les autres et ne demandaient d'eux qu'un cœur pur, des intentions fidèles et une volonté sincère de mourir entièrement à toutes les

---

[616] Is 5, 8

Chapitre XXI Question VIII

choses de la terre, pour vivre uniquement de celles de Jésus Christ.

C'est dans ce parfait désintéressement que l'on a vu naître et se former tant de communautés religieuses. Comme les vocations étaient pures, qu'il n'y avait rien d'humain, et que Dieu seul en était le motif, le dessein et l'accomplissement, rien aussi ne faisait obstacle aux impressions de sa grâce. Son saint Esprit se répandait avec plénitude. Et l'on peut dire que les cloîtres étaient pour lors autant de sanctuaires, et que les âmes qui s'y consacraient à Jésus Christ faisaient, par l'éminence de leur vertu et par la pureté de leur vie, l'ornement et la principale beauté de la maison.

Enfin, cet or si épuré ne laissa pas de se ternir et de perdre son éclat[617]: *Obscuratum est aurum, mutatus est color optimus*.

La vertu et la vie monastique s'affaiblit dans la suite des temps, et entre tant de divers dérèglements qui la défigurèrent, rien ne lui causa de plus grands maux que l'amour du bien (= les richesses), le désir d'en acquérir et de l'accroître. On prit et on exigea de l'argent de ceux qui voulaient entrer dans les monastères, particulièrement dans les communautés de filles. Les réceptions devinrent vénales; on fixa des sommes notables, comme des conditions sans lesquelles on n'y admettait personne. On fit entrer cette profession toute angélique dans une négociation honteuse. Et l'Esprit de Dieu s'en étant retiré, on y vit autant de désordre, de profanation, et de scandale, qu'il y avait eu autrefois de sainteté, d'exemple et d'édification.

---

[617] Lm 4, 1

Question IX

Pourquoi condamnez-vous l'usage des réceptions que se font avec de l'argent ?

Réponse

Je le condamne, mes frères, parce qu'il est contraire premièrement à la loi de Dieu. Secondement, à l'exemple et aux sentiments des saints. Troisièmement, aux règles et aux ordonnances de l'Église.

Touchant la première raison, mes frères, je vous dirai que la simonie, comme tout le monde le sait, étant condamnée par le droit divin, on ne saurait douter à moins de vouloir fermer les yeux à une vérité toute claire et tout évidente, que ceux ou celles qui font des pactes, et qui exigent ou de l'argent ou des choses temporelles pour la réception des personnes qu'ils admettent à la profession religieuse, ne violent la loi de Dieu et ne tiennent en cela une conduite contraire à ses préceptes. Puisque la simonie n'étant rien qu'une volonté d'acheter ou de donner une chose temporelle pour acquérir une spirituelle, ils ne peuvent accorder la grâce de la religion, qui est tout spirituelle et toute sainte, avec pacte et sous condition de recevoir de l'argent ou quelque autre utilité temporelle, qu'ils ne commettent une action qui a toutes les qualités, les caractères, et la malignité de la simonie.

Sur la seconde, vous saurez, mes frères, que les saints ont toujours marché par des voies toutes pures et toutes dégagées. Et l'on remarque un parfait désintéressement dans toute leur conduite. À la vérité, ils n'ont pas voulu priver les fidèles de la consolation et de l'avantage de donner à Jésus Christ de leurs possessions et de leurs biens; mais ils ont cru que leurs offrandes

Chapitre XXI Question IX

devaient être volontaires. Ils ont accepté les marques de leur piété, mais ils ne les ont jamais exigées.

Saint Augustin[618] veut, que les réceptions dans les monastères soient toutes saintes, qu'on ne regarde que la vertu dans les personnes; et que les pauvres y soient admis aussi bien que les riches. Il avertit les filles de qualité quand elles y apportent des biens du monde, de ne pas se glorifier de ce que par ce moyen elles ont contribué à la subsistance commune de la maison. Et il apprend à celles qui menaient dans le siècle une vie pauvre, de ne point s'élever de ce qu'elles ont embrassé une profession qui leur donne le vivre et le vêtement qu'elles n'avaient pas et qui les égale à tant de personnes qui étaient au-dessus d'elles par leurs biens et par leur naissance. Il veut que les unes aussi bien que les autres ne connaissent ni avantage, ni gloire que celle qu'elles trouvent dans la sainteté de leur état, et dans le bonheur qu'elles ont d'être consacrées à Jésus Christ. *Omnes ergo unanimiter et concorditer vivite, et honorate in vobis invicem Deum, cujus templa factæ estis.*

Saint Benoît montre[619] qu'on doit admettre dans les monastères les pauvres comme les riches. Il dit en réglant la manière en laquelle on y doit recevoir les enfants des gens de condition, que les pères et les mères promettront avec serment qu'ils ne lui donneront jamais rien de leurs biens ni par eux-mêmes ni par personnes interposées, ni même aucune occasion, ni moyen d'en posséder.

---

[618] Ep. 109 = Ep. 211,6 AOO Tome II – 2 col.1188 B... (latin) OCSA Tome III p. 25... (français)
[619] RB c. 59 / Text wörtlich in: *Eugippii Regula*, ed. E. Villegas und. A. de Vogue, CSEL, 87, Wien 1976, Cap. 1,35-47 und in : *Expositio in Regulam S. Augustini* von Hugo von St. Viktor, PL. Bd. 126, S. 889

Mais que s'ils désirent, au lieu de cela, faire quelque aumône au monastère par esprit de reconnaissance, ils peuvent lui en faire une donation et s'en retenir la jouissance pendant leur vie. Il veut que les choses se passent de sorte qu'il ne reste à cet enfant aucun sujet de tentation, par où il puisse se perdre, comme il est quelquefois arrivé. Il ajoute que ceux qui ont moins de bien peuvent faire la même chose; et que pour ceux qui n'ont rien du tout, ils se contenteront de faire leur demande, et leur offrande et présenteront seulement leur fils en présence de témoins.

Saint Isidore de Séville ordonne dans sa Règle[620], que ceux qui quittent le monde pour s'engager par une humilité sainte et salutaire dans la milice de Jésus Christ, commencent par distribuer tous leurs biens aux pauvres, ou qu'ils les donnent au monastère... Il recommande à ceux qui ont donné de leurs biens au monastère, de ne s'en point élever, mais plutôt de craindre que ce ne leur soit un sujet de se perdre, s'ils en devenaient superbes... Et pour les pauvres, il les avertit qu'ils prennent garde de ne pas se glorifier de ce que leur condition les égale à des personnes qui étaient considérables dans le siècle. Et il n'y aurait rien de plus honteux que si dans les lieux où les gens riches s'abaissent en se dépouillant de la grandeur qu'ils avaient dans le monde, les pauvres s'y laissaient aller à la vanité et à l'orgueil au lieu de conserver un souvenir perpétuel de leur pauvreté et de leur bassesse. Le même saint dit dans un autre endroit[621], que ce ne sont pas seulement les personnes libres que l'on reçoit dans la religion, mais même des esclaves, des gens de la campagne, des laboureurs, des artisans, et que ce serait un grand péché de les en

---

[620] c. 4 / *Regula Benedicti, c. 59*
[621] Lib. de Offic. Eccles. c. 15 de monac. ... / *Regula monachorum*, c. 4

Chapitre XXI Question IX

exclure. *Ad cujus militiæ propositum veniunt non solum liberi, sed etiam plerumque ex conditione servili vel propter hoc potiùs liberandi. Veniunt quoque ex vita rustica,et ex opificum exercitatione,et ex plebeio labore,tantò utique fæliciùs, quantò fortiùs educati;qui si non admittatur, grave delictum est.*

Nous lisons dans une Règle donnée à des religieuses (qui se trouve entre les œuvres de st Jérôme[622]), un statut très remarquable sur ce sujet: Que votre Congrégation, dit l'auteur de cette Règle, ait de l'horreur lorsqu'elle entend parler de cette hérésie détestable de simonie, dans laquelle les religieuses poussées par la malignité du démon ont l'habitude de se laisser tomber. Que le châtiment de Giezi (Gehazi)[623] et l'impiété de Simon[624] vous donne de la crainte, et que vos oreilles soient incessamment frappées de ces paroles que saint Pierre, vicaire de Jésus Christ, prononça contre cet imposteur: „Que ton argent périsse avec toi, puisque tu as cru que l'on pouvait acquérir le don de Dieu à prix d'argent. *Pecunia tua tecum sit in perditionem, quoniam donum Dei existimasti pecunia possideri*". Pour vous, mes sœurs, admettez gratuitement celle qui se présenteront pour être épouses de Jésus Christ; préférez la piété aux richesses; cherchez la sainteté de la vie et non pas la noblesse du sang, ni aucune utilité temporelle.

Qu'il n'y ait en cela ni pacte ni pensée qui gâte la pureté de vos intentions. La Sagesse crie que celui-là est heureux qui a les mains nettes de tout présent, qui méprise le bien et qui ne met

---

[622] Reg. Mon. c.5 / De origine officiorum ecclesiasticarum, c. 15.
[623] 2 R 5, 20 ....
[624] Ac 8, 20...

point son espérance dans l'argent qui corrompt le jugement pour l'ordinaire.

Si quelque sœur désire suppléer par son abondance à la nécessité du monastère, qu'elle mette aux pieds de ses sœurs d'une manière apostolique ce qu'elle possédait de biens dans le monde, afin qu'en se dépouillant de toutes choses sans réserve, elle soit comme une des dernières de ses compagnes. Il défend aux riches qui ont donné des biens au monastère, de s'en élever, il leur déclare que si elles en sont plus superbes, les pauvres qui n'y ont rien apporté qu'un désir sincère de ne rien posséder, ont donné plus qu'elles. Il dit en même temps aux pauvres qu'elles doivent être d'autant plus humbles qu'elles n'ont pas eu le moyen de contribuer comme les autres à la subsistance du monastère, et qu'elles rendent grâces à Dieu de ce que n'ayant pas de quoi vivre lorsqu'elles étaient dans le monde, elles sont entretenues dans la religion du travail de leurs sœurs aussi bien que les riches.

Le cardinal de Vitry rapporte[625] que dans le temps auquel l'Ordre de Cîteaux commença de paraître et de s'établir dans l'Eglise, toutes les religions de filles étaient tombées dans un relâchement si grand et dans une corruption si générale, que les femmes qui voulaient quitter le monde n'osaient pas s'y réfugier, sachant quelles y seraient exposées à toutes sortes de désordres, et qu'elles n'y pourraient être en sécurité. Il compte entre les plus grands maux, la liberté que les religieuses s'étaient donnée d'exiger publiquement de l'argent pour les entrées et pour les réceptions dans les monastères, sans qu'elles eussent aucun scrupule de commettre ce crime détestable de la simonie, et de faire d'une maison d'oraison, un lieu de négociation et de trafic. Il

---

[625] Histor. Occid. c. 30

Chapitre XXI Question IX

dit aussi qu'elles étaient toutes propriétaires, qu'elles ne faisaient aucune difficulté de retenir quelque chose en particulier, et qu'ainsi elles attiraient sur leur tête ce châtiment terrible, duquel Dieu punit autrefois le péché d'Ananie et de Saphire[626]. Il ajoute que ce fut dans ce même temps que l'Ordre de Cîteaux se multiplia comme les étoiles du firmament; que les religieuses, les femmes mariées, les filles et les veuves y venaient en foule de tous côtés; que des Dames puissantes et qualifiées dans le siècle abandonnaient toutes choses pour s'y réfugier, et qu'elles aimaient mieux n'avoir que les dernières places dans la maison du Seigneur, que d'habiter sous les tentes et les pavillons des pécheurs[627].

Dans les anciennes Constitutions des Chartreux, il est défendu sous de grandes peines, aux Supérieurs et aux prieurs de leurs maisons de rien exiger des moines, ni pour leur vêture, ni pour aucune autre raison. Il est aussi ordonné aux Vicaires, aux prieures et aux communautés de filles, de n'en point recevoir au-delà de ce qu'elles en peuvent entretenir, et de prendre garde de n'en admettre aucune pour des présents, de crainte de tomber dans le péché de la simonie. Ce règlement est rapporté par Denis le Chartreux[628].

On lit dans la vie de saint Edme, archevêque de Cantorbéry, qu'il fit difficulté de mettre ses sœurs, de l'éducation desquelles sa mère l'avait chargé en mourant, dans un monastère de filles, parce qu'on ne voulait pas les y recevoir sans argent, et qu'il eut peur qu'il n'y eût de la simonie dans cette convention.

---

[626] Cf.: Ac 5
[627] Ps 83 (84), 11
[628] Dyon. Carth. l. 1 de Simon. Art. 10;c. 7. Denys le Chartreux: *Contra Simoniam*

Ce grand saint s'adressa à Dieu par de ferventes prières, et ayant su qu'il y avait un monastère de pauvres filles qui vivaient dans une grande perfection et dans une exacte pratique de leur Règle, il y alla et ses sœurs y furent reçues avec des circonstances extraordinaires, qui marquent à quel point Dieu avait approuvé sa conduite.

Voici le sentiment de saint Thomas[629]. Il n'est pas permis, dit ce saint docteur, de rien exiger ni de rien prendre, comme prix, pour les réceptions dans les monastères.

Mais s'il était si pauvre qu'il ne put entretenir tant de personnes, on peut en offrir gratuitement l'entrée à ceux qui s'y présentent; et néanmoins recevoir d'eux quelque chose pour leur subsistance, la communauté étant dans l'impuissance de leur fournir ce qui leur est nécessaire. Il est aussi permis d'avoir plus de facilité pour admettre ceux qui témoignent plus de dévotion en faisant de plus grandes aumônes. On peut même en exciter d'autres à la piété par quelques biens temporels, afin qu'ils soient plus portés à embrasser la vie religieuse. Mais il n'est jamais permis de donner ou de recevoir quelque chose par manière de pacte ou de convention, pour entrer dans un monastère.

Saint Bonaventure est à peu près de l'avis de saint Thomas. Voilà ce qu'il dit dans le livre qu'il a fait pour la défense de son Ordre[630]. Il y a quatre manières d'admettre à la profession religieuse ceux qui s'y présentent. La première est quand ce n'est ni pour de l'argent, ni avec de l'argent que l'on reçoit, mais seulement dans la vue de Dieu. Cette manière est très pure devant Dieu et devant les hommes.

---

[629] II- 1. quæst. 100. art. 3. resp. ad 4. object.
[630] Libellus Apologeticus Quæst. 18.

Chapitre XXI Question IX

La seconde, quand on reçoit avec de l'argent, mais non pas pour l'amour de l'argent; en sorte que quand même on ne donnerait rien, on ne laisserait pas de recevoir pour l'amour de Dieu; cela est pur devant Dieu. Mais il faut se conduire avec précaution à l'égard des hommes afin de ne pas leur être un sujet de scandale, et de crainte que l'espérance du gain n'excite en nous des sentiments d'avarice.

La troisième, quand on reçoit une personne non pas à la vérité à cause de l'argent, mais néanmoins que l'on ne recevrait pas si elle n'en donnait parce que ceux qui la reçoivent ne sauraient subvenir à ses nécessités corporelles; les biens du monastère pouvant suffire à peine à celles qui sont déjà reçues. Ce qui fait qu'on n'ose pas en recevoir davantage, de crainte d'être à charge aux premières, et de les priver ainsi des choses qui leur sont nécessaires. Pourvu qu'on soit dans la disposition de recevoir cette personne sans argent, si le monastère était riche[631], et qu'il en eût le pouvoir, ce n'est pas encore une conduite impure.

La quatrième, quand on reçoit quelqu'un pour de l'argent, en sorte que si on pouvait recevoir l'argent sans la personne, on ne se soucierait pas de recevoir la personne. C'est-à-dire quand on reçoit afin d'avoir de l'argent, ce qui est une manière d'agir impure et simoniaque, parce que c'est l'argent qui est cause qu'on reçoit la personne, et non pas la personne qui est cause qu'on reçoit l'argent. Donc lorsqu'on reçoit une personne pour de l'argent, c'est une simonie puisque, en ce cas, on vend une chose spirituelle, qui est l'association à une Congrégation spirituelle, pour avoir de l'argent, qui est une chose temporelle. C'est ce que

---

[631] Ce qui se doit entendre d'une indigence, d'une pauvreté, et d'une impuissance réelle, et qui n'est causée par aucun dérèglement ni aucun excès. (Noté en marge dans Rancé)

font souvent ceux qui se trouvent dans la pauvreté, souhaitant qu'il se présente des personnes qui leur apportent de l'argent, afin de les soulager dans leur misères, et de pouvoir pas ce moyen ou acquitter leurs dettes, ou acquérir des biens, ou faire des bâtiments. C'est de ceux-là que parle l'Ecclésiastique[632] quand il dit: „la pauvreté a été cause que plusieurs sont tombés dans le péché". Mais pour ceux qui reçoivent de l'argent seulement à cause des personnes, et qui sont d'ailleurs dans une véritable disposition de les recevoir, s'ils avaient le moyen de leur donner leur subsistance, il semble qu'il n'y ait point en cela de simonie, pourvu que la conduite extérieure soit d'accord avec les intentions.

On voit dans les ouvrages de sainte Thérèse quel était en ce point son désintéressement et la pureté de sa conduite[633]. N'appréhendez point, dit-elle à ses sœurs, que rien ne vous manque, et pourvu que vous soyez contentes des dispositions de celles qui se présenteront pour être religieuses, et qu'elles soient riches en vertu, ne craignez point de les recevoir, encore qu'elles soient pauvres des biens du monde. Il suffit qu'elles viennent dans le dessein de servir Dieu le plus parfaitement qu'elles pourront. Il pourvoira à vos besoins par quelque autre voie qui vous sera beaucoup plus avantageuse. J'en parle par expérience, et il m'est témoin que je n'ai jamais refusé aucune fille faute de bien, quand j'étais contente du reste.

Le grand nombre que vous savez que j'ai reçu purement pour l'amour de Dieu, en est une preuve. Et je puis vous assurer avec vérité que je n'étais pas si aise d'en recevoir de riches que de

---

[632] Si 27, 1
[633] Livre des fondations, chap. 26

Chapitre XXI Question X

pauvres parce que les premières me donnaient quelque crainte au lieu que les autres touchaient si sensiblement mon cœur, que souvent j'en pleurais de joie.

Que si en tenant cette conduite lorsque nous n'avions ni maison ni argent pour en acheter, Dieu nous a tant assistées, serions-nous excusables de ne pas tenir la même conduite, maintenant que nous avons de quoi vivre? Croyez-moi, mes filles, vous perdriez en pensant gagner. Si celles qui se présenteront ont du bien qu'elles ne soient point obligées de donner à d'autres qui en auraient besoin, je trouve bon que vous le receviez en aumône parce qu'il me semble qu'autrement, elles vous témoigneraient peu d'affection. Mais prenez garde que celles qui seront reçues ne disposent de leur bien que par l'avis de personnes doctes, et pour la plus grande gloire de Dieu. Nous ne saurions qu'avec ces conditions prétendre d'en recevoir d'elles; et il nous importe beaucoup davantage qu'elles servent Dieu le plus parfaitement qu'elles pourront, puisque ce doit être notre seul désir.

Elle dit dans un autre endroit[634]. Croyez-moi, mon Père, ce sont des délices pour moi, lorsque je reçois quelque fille qui n'apporte rien puisque c'est pour le seul amour de Dieu qu'on la reçoit... Ma plus grande joie serait de n'en recevoir jamais d'autres. Mais au moins je ne me souviens point d'en avoir jamais renvoyé aucune de celles qui m'ont contentée lorsqu'il ne leur manquait que du bien.

Question X

Il nous reste à savoir pour la troisième raison de quelle

---

[634] Lettre de sainte Thérèse d'Avila au P. dominique Bañez.

sorte l'Église s'est expliquée sur cette matière.

Réponse

L'Église n'a jamais manqué de témoigner son indignation contre ces réceptions intéressées toutes les fois qu'elle a eu occasion de le faire. Elle les a considérées comme des conduites détestables et elle n'a rien oublié soit dans les décisions des Conciles, soit dans les Décrets des papes, de ce qui pouvait faire connaître aux fidèles l'éloignement et l'horreur qu'elle en avait. Le second Concile de Nicée, tenu sous le pape Adrien I, les condamna en ces termes:

Le crime d'avarice est venu dans un tel excès parmi les Pasteurs de l'Église, que quelques-uns de ceux mêmes qui font profession de piété, soit hommes ou femmes, ayant perdu toute mémoire des commandements du Seigneur, se laissent tromper, en recevant pour de l'argent ceux qui se présentent aux Ordres sacrés ou à la Profession monastique. D'où il arrive que les commencements de ces engagements étant vicieux, toute la suite, comme dit le grand saint Basile, doit être rejetée parce qu'il n'est pas permis d'entrer dans le service de Dieu par la voie des richesses. Si donc il se trouve quelqu'un qui soit tombé dans ce désordre; soit un évêque, soit un abbé ou quelqu'autre personne du clergé, qu'il s'en corrige ou qu'il soit déposé selon les règles établies par le saint Concile de Chalcédoine.

Que si quelque abbesse a commis cette faute, elle doit être chassée du monastère et transférée dans un autre pour y vivre

Chapitre XXI Question X

dans l'obéissance. Un abbé doit aussi être traité de la même sorte s'il n'a pas reçu l'Ordre de la prêtrise.[635]

In tantum inolevit avaritiæ facinus in rectores Ecclesiarum, ut etiam quidam eorum qui dicuntur religiosi, viri atque mulieres, obliviscentes mandatorum Domini decipiantur, et per aurum introitus accedentium tam ad sacratum Ordinem quàm ad monasticum vitam efficiant. Unde fit, ut quorum initium improbabile est omnia sint projicienda, ut magnus ait Basilius. Neque enim Deum per mammona servire licet. Si quis ergo inventus fuerit hoc faciens, si quidem Episcopus vel Abbas extiterit, vel quilibet de sacrato Collegio, aut desinat aut deponatur juxta secundam regulam sancti Chalcedonensis Concilii. Abbatissa verò ejiciatur de monasterio, et tradatur in alio monasterio ad subjectionem;similiter et Abbas qui non habuerit manûs impositionem Presbyteri.

Le Concile de Francfort sous Adrien I condamne aussi cet abus[636]. Ayant appris, dit-il, que quelques Abbés se laissant aller à l'avarice, exigent des présents de ceux qu'ils reçoivent dans leurs monastères, nous ordonnons, nous et le saint Concile, que désormais l'on n'exigera plus d'argent pour la réception des Frères dans les Congrégations saintes. Mais qu'on leur en accordera l'entrée selon qu'il est prescrit dans la Règle de saint Benoît. *Audivimus quòd quidam Abbates cupiditate ducti, præmia pro intreuntibus requirant. Ideo placuit nobis, et sanctæ Synodo, ut pro suscipiendis in sancto Ordine Fratribus nequaquam*

---

[635] Concil. Nican. Act. 3 Can. Eccles. 19. an. 787. = Concile de Nicée II, 24 septembre – 23 octobre 787; Article 3, canon 19
[636] Concile Frankf. Sub Adrian I. can. 160; an. 794

pecunia requiratur, sed secundùm regulam sancti Benedicti suscipiantur.

Le Concile de Melphe[637] sous le pape Urbain II défend que nul Abbé sous quelque prétexte que ce puisse être, n'exige de l'argent de ceux qui se présentent pour être reçus dans le monastère. *Nullus Abbas pretium sumere vel exigere ab eis qui ad conversionem veniunt, aliqua pacti occasione præsumat.*

Le troisième Concile de Latran, sous Alexandre III[638], ordonne qu'on ne recevra point les religieux dans les monastères pour de l'argent... et s'il se trouve qu'on en ait exigé de quelqu'un, celui qui l'aura donné ne sera point élevé aux Ordres sacrés, et celui qui l'aura reçu sera puni par la privation de sa Charge. *Monachi non pretio recipiantur in Monasterio ... Si quis autem exactus pro sua receptione aliquid dederit, ad sacros Ordines non ascendat: is autem qui acceperit, officii sui privatione mulctetur.*

Le Concile de Londres sous Innocent II et le quatrième Concile de Latran, sous le même pape, renouvellent les mêmes défenses. Voici ce que dit celui de Londres sur cet abus: La simonie ayant tellement infecté les communautés de religieuses, qu'à peine s'en trouve-t-il qui reçoivent des filles sans argent, et qui n'essayent de couvrir ce crime du prétexte de la pauvreté. Nous défendons d'en user désormais de cette manière. Et nous ordonnons que s'il y a quelqu'une qui tombe dans cette iniquité, celle qui aura reçu aussi bien que celle qui aura été reçue, soit qu'elle soit supérieure, ou simple religieuse, sera chassée de son monastère sans espérance d'aucun retour, et renfermée dans un lieu d'une observance plus

---

[637] Conci. Melph. sub Urb. II Can. 7. ann 1090 (Amalfi)
[638] Concil. Later. 3. sub Alex.III c. 10. an. 1179. = Concile de Latran III , an 1179, sous Alexandre III, canon 10

Chapitre XXI Question X

étroite et plus rigoureuse, afin d'y faire une perpétuelle pénitence de son péché. Et pour les filles qui peuvent avoir été reçues de la sorte avant le Statut de ce présent Concile, nous voulons qu'elles sortent des monastères dans lesquels elles se sont témérairement engagées, et qu'elles soient placées en d'autres du même Ordre. Que si on ne les y peut mettre commodément à cause du grand nombre des Sœurs, elles seront reçues de nouveau par dispense, et demeureront dans leur premier monastère, et n'y auront que des places inférieures à celles qu'elles y tenaient, de crainte qu'elles ne soient vagabondes dans le siècle, à leur propre condamnation.

Nous ordonnons, dit le Concile de Latran[639], qu'on observera le même Statut à l'égard des moines et des autres réguliers. Et afin qu'ils ne prétendent pas que leur simplicité ou leur ignorance leur serve d'excuse, nous commandons aux Evêques de le faire publier toutes les années dans leurs Diocèses.

Quoniam simoniaca labes adeo plerasque Moniales infecit, ut vix aliquas sine pretio recipiant in sorores, paupertatis pretextu volentes hujusmodi vitium palliare; ne id de cætero fiat, penitus prohibemus: statuentes ut quæ cumque de cætero talem pravitatem commiserit, tam recipiens quam recepta, sive sit subdita, sive prælata, sine spe restitutionis de suo Monasterio expellatur, in locum arctioris regulæ ad agendum perpetuam pœnitentiam retrudenda. De his autem quæ ante hoc synodale statutum taliter sunt receptæ, ita duximus providendum, ut remotæ de Monasteriis quæ perperam sunt ingressæ in aliis locis ejusdem ordinis collocentur.

---

[639] Concil. Later. 4. sub Inno. III cap. 64. an. 1215 = Concile de Latran, an 1215, sous Innocent III, cap. 64

Quod si propter nimiam multitudinem alibi forte nequiverint commode collocari, ne forte damnabiliter in sæcula evagentur, recipiantur in monasterio dispensative de novo, mutatis prioribus locis et inferioribus assignatis... hoc etiam circa monachos et alios regulares decernimus observandum. Verum ne per simplicitatem aut ignorantiam se valeant excusare, præcipimus ut Diœcesani Episcopi, singulis annis hoc faciant, per suas diœceses publicari.

Ce que dit le Concile d'Oxford est très remarquable[640] : Nous ordonnons, le Concile l'approuvant, que désormais on n'ait pas la hardiesse d'exiger de l'argent pour l'entrée de ceux qu'on admettra dans les monastères. Et que si la pauvreté de la maison est telle qu'ils soient obligés de s'habiller eux-mêmes, on ne recevra rien de leur main au-delà du juste prix de leurs vêtements. *Statuimus præsenti Concilio approbante, ut de cætero pro receptione alicujus in domum religionis, pecuniam aut quidquid aliud extorquere non præsumant adeo ut si præ paupertate domus debeat vestire seipsum, prætextu vestium, ultra justum pretium earum, ab eo nihil penitus recipiatur.*

Le Concile de Sens[641], sous Clément VII, parle de cette sorte sur ce même sujet: Nous ordonnons, le sacré Concile l'approuvant, que toutes choses se fassent dans la maison du Seigneur avec tant de pureté et de sincérité, qu'on évite tout soupçon et toute apparence de mal. Et pour cela, les Prélats, les Abbés, les Abbesses et toutes autres personnes ecclésiastiques s'appliqueront avec tout le soin et la diligence possible, pour exercer et pour

---

[640] Concile Oxniense Can. 39. an. 1222 sub Honorio PP. Concile d'Oxford, sous Honorius III, an 1222; canon 39.
[641] Concil. Senon. sub Clemente VII. Decreta 2. morum. ann. 1527. Concile de Sens, sous Clément VII, Décret. 2. sur les mœurs ; an 1527

Chapitre XXI Question X

s'acquitter du ministère et de la charge que Dieu leur a commise, sans aucune vue d'intérêt d'argent ou d'utilité temporelle, de crainte que Dieu ne recherche dans leurs mains le sang des âmes dont ils sont chargés. C'est pourquoi nous statuons et nous ordonnons conformément aux décrets des sacrés Conciles et des saints Pères, qu'ils conservent leurs mains nettes, pures, et sans aucune tache, selon la disposition du droit commun en s'abstenant de toute exaction, nonobstant les engagements, les statuts et les coutumes contraires déjà introduites, ou qu'on pourrait introduire à l'avenir. *Sacro hoc approbante Concilio statuimus, et ordinamus ut omnia sincere; pure et munde fiant in domo Domini sine labe labisve suspicione aut specie mali: Ad quod Prælati Ecclesiarum Cathedralium, et Collegiatarum Capitula, Archidiaconi, Abbates, Abbatissæ et aliæ quæcumque personæ ecclesiasticæ; diligentem, gerant curam, et studium exercendi, administrandi, et exequendi onus ei à Domino concessum, ne sanguis subditorum de manibus eorum requiratur, non quæstus causa aut pecuniæ. Ideo statuimus, inquam, et ordinamus conformiter ad sacrororum Conciliorum sanctorumque Patrum Decreta ut manus suas illibatas, integras, et intactas servent, juxta juris communis dispositionem et ordinationem, ab omni exactione abstinentes, non obstantibus quibuscumque juramentis, statutis, et consuetudinibus introductis, et in futurum introducendis.*

Le même Concile ordonne dans le Décret 28[642], que dans les monastères de filles on recevra autant de religieuses qu'on pourra commodément et sans se mettre dans la nécessité en entretenir des biens du monastère, déduction faite de ce qui peut être nécessaire

---

[642] Idem Concil. Decret. 28

pour les réparations de l'église, de la clôture des lieux réguliers, et des autres affaires de la maison, desquelles religieuses on n'exigera rien pour l'entrée, ni pour la profession, sous quelque prétexte de coutume, ou pour quelqu'autre raison que ce puisse être. Si néanmoins il se trouve quelque personne qui désire y être reçue au-delà du nombre, nous ne l'empêchons pas, dit le Concile, pourvu qu'elle apporte avec elle une pension raisonnable qui puisse la faire subsister avec le reste des sœurs. Et si quelqu'une de celles qui sont entretenues des biens de la maison vient à mourir, on recevra en sa place quelque autre pauvre et sans pension.

Constituimus ut in monasteriis monialum, tot instituantur moniales quot de facultatibus eorumdem monasteriorum, reparationibus Ecclesiæ, clausuræ et aliarum regularium domorum, nec non et processuum expensis deductis, commode et sine penuria sustentari possint. A quibus pro ingressu aut receptione, nihil prorsus pretaextu consuetudinis, aut quovis alio quaesito colore exigatur. Si qua tamen ultra eas in ejusmodi monastériis se recipi petat, id non interdicimus, dummodo congruam secum afferat pensionem qua cum cæteris religiosis numerariis alatur, non tamen in locum numerariarum succedat. Sed decedentibus numerariis, aliæ novæ et pauperes subrogentur.

Le Concile de Trèves[643] sous Paul III ordonne qu'on reçoive gratuitement les religieux à la profession sans aucun prix et sans aucune convention, et défend expressément qu'on se serve du prétexte de pauvreté pour courir et pour pallier une telle conduite. *Quodque gratis singuli ad professionem recipiantur, nullo*

---

[643] Concil. Trevire. Sub Paulo III – Decret. II an. 1545

Chapitre XXI Question X

accepto pretio nec aliqua facta conventione;et ne hæc sub paupertatis prætextu pallientur, districte inhibemus.

Le pape Urbain II défend[644] qu'aucun Abbé reçoive ou exige avec pacte de l'argent de ceux qui viennent dans la religion. *Nullus Abbas pretium sumere vel exigere ab eis qui ad conversionm veniunt, aliqua pacti occasione præsumat.*

Le pape Alexandre III témoigne qu'il était dans ce sentiment, par cette Ordonnance[645]: Un prêtre nous étant venu trouver, nous a déclaré que l'Abbé et les religieux du monastère de N. n'ont point voulu le recevoir à la profession religieuse jusqu'à ce qu'il leur eut promis de leur donner la somme de trente écus, et que les leur ayant accordés, le lendemain, après avoir reçu l'habit, les même religieux lui demandèrent encore trente écus, l'Abbé dix et toute la maison encore douze autres pour un festin, assurant que c'était la coutume du monastère. Et parce que, dit ce pape, cette action nous paraît pernicieuse, nous vous ordonnons qu'au cas que le fait soit tel qu'on nous l'a exposé, que vous obligiez l'Abbé et les moines à restituer au Frère N. l'argent qu'ils ont reçu de lui d'une manière si indigne. Que vous suspendiez de l'exercice de leurs charges l'Abbé et les anciens pour avoir commis un crime si détestable, et que vous commandiez au dit Frère de se retirer dans un autre monastère pour y servir Dieu dans l'habit de religieux. *Veniens ad nos frater N. presbyter, proposuit quod Abbas et fratres sancti R. noluerunt eum in monasterium recipere quousque triginta solidos dare convenit: conventione autem facta sequenti die eum Monasticum habitum induerunt, et iidem Monachi triginta solidos, Abbas vero decem, et familia duodecim*

---

[644] In Decr. Gratiani 2 parte causa 5. quæst. 2. cap. 30.
[645] Decretal. Lib. 5 de Simonia, titulo 3. c. 19

pro pastu, afferentes hoc esse de consuetudine Monasterii, postularunt:quoniam ergo factum hujusmodi pernitiosum videtur. Mandamus quotenus si ita esse inveneris, et Abbatem et monachos ad restituendam pecuniam præfato fratri tam indigne acceptam compellas. Et Abbatem et majores personas monasterii pro tantae pravitatis excessu ab officii executione suspendens, præcipias dicto fratri N. ut in alio monasterio in habitu monastico studeat Domino deservire.

Nous voyons une Ordonnance pareille du pape Clément III[646].

Vous avez voulu, dit-il, nous consulter touchant les Chanoines Réguliers ou les Moines qui ont été reçus avec simonie, en connaissance de cause. Mais comme il se trouve quantité de définitions sur ce même sujet, nous ne vous y répondrons rien que ce qui a été déjà déterminé, savoir qu'il faut qu'ils sortent du lieu dans lequel ils ont fait profession et qu'ils se retirent en d'autres monastères ou solitudes, où l'on mène une vie plus étroite, afin d'y déplorer sans relâche le détestable excès qu'ils ont commis.

De regularibus Canonicis seu Monachis nos consulere voluisti, qui per simoniam ingressum ipsis scientibus habuerunt. Unde cum super hoc autoritates multæ reperiantur expressæ, non aliud quam quod statutum est respondemus, ut locum quem taliter adepti sunt, omnino dimittant et solitudines seu alia monasteria districtiora adeant, in quibus tam execrabilem excessum sine intermissione deplorent.

Le pape Innocent III condamne le même abus. Voici ce que contient une de ses Ordonnances[647] adressée à l'Archevêque de Cantorbéry.

---

[646] Decretal. Lib. 5 de Simonia, titulo 3. c. 25.
[647] Inn. III. Decretal. Lib. 5 de Simonia, titulo 3. c. 30.

Chapitre XXI Question X

Vous avez trouvé que le crime de simonie s'était tellement répandu dans les monastères et dans les communautés religieuses, que quantité de personnes qu'on aurait dû recevoir gratuitement, ou même exciter à embrasser la vie régulière, y auraient été admises à prix d'argent; et que vous doutiez si, à cause du grand nombre de ceux qui étaient tombés dans ce désordre, on ne devait pas relâcher de la sévérité de la discipline.

Pour répondre à votre demande, nous vous déclarons que s'il arrive qu'on porte devant vous selon les formes canoniques, les accusations de ceux qui ont commis ce péché, après que le crime aura été prouvé dans l'ordre de la justice, vous ne manquiez pas de punir avec une sévérité canonique ceux qui auront donné de l'argent, aussi bien que ceux qui l'auront reçu. Que si vous n'avez connaissance et certitude de ce fait que par des enquêtes particulières, vous ôterez des monastères ceux qui y auront été reçus avec simonie, et vous les transférerez dans une maison d'une vie plus rigoureuse pour y faire pénitence. Et pour ce qui est des Abbés, Abbesses, Prieurs, Supérieurs, et autres officiers, vous leur imposerez une pénitence convenable, et vous les suspendrez des fonctions de leurs charges jusqu'à ce qu'ils l'aient accomplie. Vous enjoindrez aussi à tous vos Evêques de faire observer cette forme dans vos diocèses. Il sera néanmoins permis de recevoir ce qu'on offrira gratuitement sans convention et sans taxe.

Dilectus filius A. nuntius tuus pro parte tua proposuit, quod cum Cantuariensem diœcesim visitans in monasteriis et religiosis locis pullulasse repereris simoniacam pravitatem, ita quod in eis multi pretio sunt recepti, qui potius gratis recipi debuissent; immo etiam ad religionis observantiam invitari. Dubitas igitur, an quia multitudo reperitur in causa, severitati sit aliquid detrahendum?

Nos inquisitioni tuæ taliter respondemus,quid si adversus eos qui labe hujusmodi fuerint maculati, accusatio coram te fuerit canoncice instituta postquam crimen ordine fuerit judiciario comprobatum, tam in dantes quam in reicpientes canonicæ severitatis exerceas ultionem.

Quod si hoc tibi per solam inquisitionem constiterit; eos qui per simoniacam pravitatem in locis talibus sunt recepti,ab illis amotos,as agendam pœnitentiam ad Monasteria dirigas arctiora. Abbatibus autem,et Abbatissis, prioribus Prælatis,quibuslibet, et officialibus eorumdem, injungas pœnitentiam competentem et donec illam peregerint, eos à sacrorum Ordinum executione suspendas; injungens Episcopis tuis,ut hanc formam per suas Diœceses studeant observare. Illud tamen gratanter recipi poterit,quod fuerit sine taxatione gratis oblatum.

Ce que vous apprenez, mes frères, de toutes ces raisons, et de ces témoignages, c'est premièrement que les Saints n'ont jamais exigé ni désiré, mais seulement qu'ils ont reçu ce que leur a offert la charité de ceux qui leur ont demandé la grâce de la Religion.

Secondement, que les monastères riches, c'est-à-dire ceux qui peuvent entretenir plus de personnes qu'il n'y en a dans la communauté, ne peuvent sans péché ni exiger avec pacte et convention, ni même demander des choses temporelles pour l'entrée de la Religion; que les Conciles et les Pères de l'Église ont toujours eu de l'horreur pour cette conduite, et qu'ils l'ont regardée comme une simonie.

Troisièmement, que pour les monastères pauvres qui sont dans une impuissance réelle d'admettre personne au-delà de leur nombre, il leur est permis d'en recevoir et d'en demander, pourvu que cela se fasse sans pacte et sans convention et avec des circonstances pures, et qui ne retiennent rien de ce trafic et de

Chapitre XXI Question XI

cette négociation honteuse que l'Église a toujours condamnée d'une manière si sainte, si rigoureuse et si constante.

Question XI

Quels sont donc les monastères qu'on peut considérer comme pauvres, et les circonstances qu'ils doivent observer ?

Réponse

Un monastère pour être estimé pauvre doit être dans l'impuissance de nourrir et de faire subsister plus de sujets qu'il n'en a, et que cette impuissance ne soit pas causée ni entretenue par des dépenses inutiles, comme celles de la bonne chère, de tenir table aux étrangers, de faire des bâtiments, et des acquisitions, d'enrichir les Églises, d'acheter des meubles et des ornements précieux, et d'autres choses semblables. Cela suppose qu'il s'empêche, autant qu'il lui sera possible, de se charger de sujets, et de recevoir personne au-delà de ce qu'il en peut entretenir: cependant il peut arriver quelque rencontre extraordinaire qui l'oblige de sortir de cette règle; comme, par exemple, si par quelque accident il s'était perdu des biens du monastère, et que le nombre des personnes se trouvait tout ensemble tellement diminué qu'on ne puisse plus s'acquitter du service que l'on doit à Dieu et des autres observance régulières. Ou bien s'il se présentait quelque personne qui parut appelée de Dieu, et en qui on verrait toutes les marques d'une véritable vocation, et en ces cas-là, mes frères, il faudrait que le monastère expose simplement son impuissance à cette personne, la volonté qu'on aurait de la recevoir si on était en état de le faire. Et qu'on lui dise, que si elle pouvait apporter avec elle quelque pension pour sa subsistance, on l'admettrait. Si ensuite, elle s'obligeait de paroles, ou même par écrit, de donner ce qu'on lui a dit être nécessaire pour son entretien, il n'y a rien en cela contre la conscience. Mais il faut être dans la disposition de la recevoir à la profession, si elle en est jugée digne après les épreuves du noviciat, quand même il se rencontrerait par hasard qu'elle soit alors dans l'impuissance de tenir la parole qu'elle avait donnée.

En ce cas, le monastère doit regarder la privation de ce secours, comme on la regarderait si elle arrivait après la profession de cette personne, et comme on regarde les autres pertes qui arrivent au monastère. Autrement, outre l'inhumanité qu'il y aurait à refuser même après le noviciat, un sujet jugé capable, à qui on ferait manquer sa vocation, cette manière rigoureuse de faire dépendre la profession de l'exécution actuelle de cette promesse tiendrait visiblement de la simonie, en ressentirait l'esprit, et en causerait le scandale, mais avec les conditions que nous avons exprimées, on est sans péril, parce qu'elles marquent un sincère désintéressement et une conduite tout-à-fait éloignée de ces pactes et de ces conventions sordides, dont l'usage jusqu'à présent n'a été que trop commun dans l'Église.

Chapitre XXI Question XII

Question XII

Une des premières raisons qu'on oppose à votre sentiment, c'est que dans ces conventions que vous condamnez, on n'a pas dessein d'exiger de l'argent comme le prix d'une chose spirituelle; mais qu'on le considère seulement dans le secret de l'intention, comme une simple condition, ou comme un motif.

Réponse

Il est bien aisé de juger, mes frères, que cette raison n'est rien qu'une fuite et une méchante excuse qui ne mérite pas d'être écoutée. Car si elle avait lieu, il n'y aurait plus de coupables dans le monde. Tous les hommes seraient innocents si on en était quitte pour alléguer des vues cachées. Il n'y aurait point de crimes dont on ne se justifierait, s'il suffisait de les couvrir des intentions secrètes. Mais ce n'est point par les pensées qu'on juge des hommes, c'est par les œuvres et par les actions. Et comme celle-ci a toutes les marques de la simonie, on ne peut pas la qualifier d'un autre nom. Il n'est pas nécessaire pour être simoniaque, et pour être réputé tel, qu'on croie que l'argent est le prix véritable d'une chose spirituelle, ni qu'il puisse égaler le don du Saint Esprit; mais il suffit de se conduire comme feraient ceux qui seraient dans cette erreur.

C'est précisément ce que font tous les religieux qui ne reçoivent personne à la profession si on ne leur donne de l'argent; qui font pour cela des conventions et des pactes, et qui jugent cette condition si nécessaire qu'ils n'ont point de honte d'exclure ceux et celles qui ne sont pas en état de l'accomplir.

Car à proprement parler, on est simoniaque et l'on vend les choses spirituelles, quand on ne les veut accorder, que pour en recevoir de temporelles.

Question XIII

On dit pour une seconde raison, que dans ces sortes de réceptions, ce n'est pas le spirituel de la religion que l'on accorde pour l'argent que l'on exige, mais ce qui est purement temporel, comme la nourriture de la personne qui y est admise.

Réponse

Cette raison n'a aucune solidité; elle n'a été imaginée que pour pallier l'abus, pour couvrir l'iniquité et pour apaiser le trouble des consciences par une sécurité trompeuse. Car la simonie n'est pas seulement vendre ou acheter une chose spirituelle, mais encore une chose temporelle quand elle est attachée à une spirituelle. Or, il n'y a rien de plus annexé à la réception d'un religieux dans un monastère riche que sa nourriture et sa subsistance; il devient un membre de la communauté aussitôt qu'il y est admis. Elle est chargée de lui, elle lui doit ses soins, et elle est obligée de lui donner tout ce que lui est nécessaire pour son entretien et la conservation de sa vie. Ainsi par une conséquence indubitable et que nulle subtilité ne saurait détruire, les personnes qui prennent de l'argent de ceux et de celles qu'ils reçoivent à la profession religieuse dans la vue de l'entretien et de la subsistance qu'ils s'obligent de leur donner, commettent une simonie réelle et une action condamnable au jugement de Dieu, quelque soin qu'ils puissent prendre de la déguiser devant les hommes.

Chapitre XXI Question XIV

La simonie, selon l'opinion de tous les théologiens, étant une volonté effective de donner, ou de recevoir quelque chose de spirituel, ou annexé à une spirituelle pour un intérêt temporel. *Studiosa voluntas emendi vel vendendi aliquid spirituale, vel spirituali annexum.*

Question XIV

En troisième lieu, on prétend que si les communautés pauvres peuvent exiger de l'argent pour les réceptions sans commettre de simonie, celles qui sont riches le peuvent aussi, et qu'en cela la conduite des unes n'est pas moins innocente que celle des autres.

Réponse

C'est une prétention qui n'est pas meilleure que la précédente, car quoi qu'il soit vrai que les monastères qui sont pauvres puissent demander quelque chose pour les réceptions, cela ne fait aucune conséquence pour ceux qui sont riches. Une communauté pauvre, c'est-à-dire qui ne saurait entretenir plus de personnes qu'elle en a, peut, comme nous l'avons déjà montré, s'il s'en présente quelqu'une pour être admise à la profession religieuse, déclarer sa pauvreté et son impuissance, et le désir qu'elle aurait de la recevoir si elle en avait le moyen, elle peut lui témoigner que si elle apportait quelque chose pour sa propre subsistance, que le monastère ne saurait lui donner, elle le mettrait en état de la pouvoir admettre. On peut traiter et convenir avec la personne, pourvu qu'on n'exige rien au-delà de ce qui est nécessaire pour son entretien: mais avec tout cela, il faut que cette communauté, après s'être assurée par les épreuves ordinaires de la vocation du sujet, soit dans une volonté sincère de le recevoir à la profession, quand même par quelque accident extraordinaire il ne pouvait lui tenir sa parole, et lui donner la pension qu'il lui aurait promise; car si la réception dépendait du pacte ou de la convention, le monastère quelque pauvre qu'il soit n'éviterait pas le péché que nous venons de marquer.

Secondement, ce n'est point à proprement parler le bien temporel que cette communauté recherche, ni qu'elle désire, et l'on peut dire que ce qu'elle a en vue, n'est que la sanctification de la personne qui se présente, et l'accomplissement du dessein de Dieu sur elle.

Troisièmement, il est évident qu'en ce cas, la réception ne dépend point du pacte et qu'ainsi on ne peut la regarder comme simoniaque.

Quatrièmement, cette pension viagère que l'on demande est par les circonstances plutôt une charité et une aumône, qu'une exaction ou un traité de rigueur. Non seulement on ne trouve aucune de ces conditions dans la conduite des monastères riches, mais on y en voit de toutes opposées.

Premièrement, ils sont dans le pouvoir de recevoir ceux qui le demandent.

Secondement, le fondement sur lequel ils exigent de l'argent est injuste: c'est une tromperie[648] de leur avarice; car la subsistance d'un religieux; comme nous l'avons déjà remarqué, est inséparable de sa profession. Elle lui est due au moment qu'il est admis. Elle lui appartient en qualité de partie de la communauté à laquelle on l'incorpore; tellement que demander pour son

---

[648] *Palliation* est un mot ancien qui ne s'emploie plus. Signifie: présenter une chose blâmable sous un jour favorable.

entretien, c'est demander ce qu'il a déjà et dont il ne doit plus avoir de besoin.

Troisièmement, ce n'est point la réception du religieux qu'on a devant les yeux dans ces sortes de monastères, mais le bien et l'utilité temporelle; puisque la vérité est qu'on ne veut point la personne sans argent, comme dit saint Bonaventure, et qu'on voudrait bien l'argent sans la personne.

Quatrièmement, on ne peut considérer de telles conventions, que comme des contrats de vente. On y observe une rigueur exacte; chacun y prend ses sûretés et ses précautions; chacun y cherche son compte et son utilité. Quelques marques que la personne ait pu donner de sa vocation, elle ne se sera point reçue, à moins que toutes les conditions du pacte ne soient exécutées.

Vous voyez clairement, mes frères, qu'il n'y a nulle apparence de vouloir justifier des communautés riches par la conduite de celles qui sont pauvres, puisque toutes leurs dispositions, leurs sentiments et leurs démarches sont entièrement opposées et que les unes font innocemment et sans blesser ni la loi de Dieu, ni l'honneur de leur profession, ce que les autres ne font point sans péché et sans scandale.

Question XV

Quatrièmement, les religieux qui sont nouvellement établis prétendent qu'ils peuvent exiger des personnes qu'ils reçoivent, sous le prétexte de bâtir de grands logements, et de construire des églises magnifiques.

Réponse

Cette pensée ne viendra pas à des religieux pourvu qu'ils se conduisent par l'esprit de Jésus Christ, et que leur piété soit éclairée. Ils sauront que Dieu ne veut pas qu'on lui érige des autels ni qu'on lui bâtisse des temples avec des mains impures; que sa maison qui est toute sainte ne doit être construite que par des voies et des moyens de bénédiction; qu'il rejette les offrandes du pécheur; qu'il regarde avec horreur les holocaustes de rapine et d'injustice. S'imaginer qu'il souffrira qu'on viole sa loi, qu'on méprise les ordonnances de son Église, et qu'on foule aux pieds les décrets de ses Souverains Pontifes, pourvu qu'on lui offre le prix de ses infractions. C'est déshonorer sa sainteté, et s'attirer ce reproche terrible qu'il fait aux méchants par la bouche de son Prophète[649]: *As-tu osé croire, injuste, que je puisse être complice de ton iniquité, et partager avec toi ton injustice? Je punirai ton péché, et ton crime retournera contre ta tête. Existimasti, inique, quod ero tui similis? arguam te, et statuam contra faciem tuam.*

Question XVI

Enfin, on se persuade que cet usage est présentement approuvé de l'Église, puisqu'en étant connu, elle ne le défend point.

Réponse

On peut répondre à cela, que l'Église l'a défendu dans tous les temps, et en toutes les manières qu'elle a été capable de le faire. Elle l'a condamné par les Canons des Conciles, par la bouche des Papes, par les instructions des saints et bien loin que ses décisions, qui ne sont en cela que des confirmations du droit divin, aient été ou n'aient pu être affaiblies par aucune

---

[649] Ps 49, 21

Chapitre XXI Question XVI

détermination contraire, on peut dire qu'elles ont été renouvelées dans ces derniers siècles, comme nous le voyons, non seulement dans le Concile de Sens, mais encore dans celui de Trente, qui ordonne dans la Session 25[650] qu'on rétablisse les Congrégations régulières sur les Institutions primitives, et que l'ancienne discipline y soit observée, *ut omnes Regulares tam viri, quam mulieres ad Regula quam professi sunt præscriptum, vitam instituant, et componant*, puisqu'il n'y a rien de plus opposé à ces saintes Règles qu'une négociation si sordide et si scandaleuse.

D'ailleurs, y a-t-il rien de moins soutenable que de vouloir qu'une chose soit approuvée de l'Église parce qu'elle ne la punit point? Ne sait-on pas qu'elle craint en y touchant de les rendre encore plus grands qu'ils ne sont? Qu'elle attend les conjonctures et les temps où elle puisse le faire avec succès? Et que souvent elle ordonne et elle défend sans aucun effet: parce que l'exécution de ses ordonnances n'est pas dans ses mains, et que quand elle voit des désordres qu'elle ne peut pas corriger, elle se contente de se plaindre et d'en gémir.

Mais de dire que ce que l'Église tolère, elle l'approuve, c'est un faux principe dont on tirerait des inductions monstrueuses contre la créance que l'on doit avoir de la sainteté de sa conduite, n'y ayant point d'excès qu'on ne puisse pendant cet intervalle d'impunité autoriser de son approbation. Et tous les moines qui vivent par le monde dans un dérèglement connu, et dans une licence publique, pourraient selon cette belle maxime, justifier leurs désordres par le silence de l'Église.

---

[650] Concil. Senonense decreta morum 2. et 28. Concil. Trident. Sess. 25. cap. 1. de regularibus. / Concile de Sens, décrets sur les mœurs: 2 et 28. Concile de Trente : Session 25, c.1 ; des Religieux /

Question XVII

Est-ce un mal d'exiger ou des présents pour l'Église, ou de l'argent pour faire des festins ?

Réponse

Il ne faut point douter, mes frères, par les raisons que nous avons rapportées que ces sortes d'exactions ne soient défendues. Comme elles n'entrent point dans ce qui est nécessaire pour la subsistance de la personne qu'on reçoit, qui est l'unique fondement sur lequel on peut demander et recevoir quelque chose, il est certain que c'est une conduite illicite, vicieuse, qu'on ne saurait justifier; et que d'en faire dépendre la réception d'une personne qui désire se donner à Jésus Christ par l'engagement des vœux, c'est tomber précisément dans les cas que l'Église a condamnés.

Le pape Urbain IV ou cinquième[651], a donné une Décrétale sur ce sujet, par laquelle il déclare que sur le rapport qui lui a été fait, que dans plusieurs maisons religieuses d'hommes, de femmes, d'Ordres et de pays différents, on commettait cet abus détestable, et condamné par les Canons, savoir, d'exiger des personnes qu'on y recevait à la profession, des repas et des festins pour les communautés et de les obliger de donner à leurs églises, ou à leurs supérieurs, de l'argent, des joyaux, ou des ornements, sous prétexte de quelque règlement ou de quelque coutume. Ce qui est une corruption qui ruine la sainteté des Religions, qui en ferme les entrées aux personnes de vertu, etc. ... Que pour remédier à un si grand excès, et punir ceux qui auront la témérité de le commettre,

---

[651] Urban. V. extravag. Cōmun. Lib 5. cap. 1. de Simonia in sexto decretal.

Chapitre XXI Question XVII

il défend avec plus de sévérité qu'il n'a point encore été défendu, à toutes sortes de Supérieurs, Abbés, Prieurs, Abbesses, etc. de quelque Ordre qu'ils puissent être, d'avoir la hardiesse de demander directement ou indirectement à nulle personne de l'un ou l'autre sexe qui se présentent pour être reçue à la profession religieuse, soit avant soit après leur réception, des repas, des festins, de l'argent, des joyaux, ou autres choses, quand même ce serait pour servir aux églises et aux lieux de piété... Il ordonne ensuite, que les réceptions seront gratuites, et qu'elles se feront avec une entière pureté; que l'on se contentera de recevoir avec actions de grâces de la charité des personnes qui sont admises dans les monastères, ce qu'il leur plaira de donner sans pacte et sans convention. Et que ceux qui contreviendront à cette ordonnance, encourent l'excommunication, si ce sont des personnes séculières aussi bien celles qui auront donné l'argent que celles qui l'auront reçu. Et que si ce sont des communautés religieuses, elles seront punies par la suspension; desquelles peines d'excommunication et de suspension, on ne pourra recevoir l'absolution qu'à l'article de la mort, sans une permission expresse du Saint Siège, etc. ...

Le pape Grégoire XI a confirmé cette Décrétale par une autre toute semblable, de sorte qu'après des déclarations et des défenses si expresses, et si authentiques, il n'est pas possible de ne pas voir, que ces sortes de pactes et de conventions pour des dîners, des festins, ou des ornements d'églises, sont abusives, injurieuses à la sainteté de la religion, contraires aux Constitutions ecclésiastiques, et qu'il n'y a point de raison qui puisse en justifier la pratique, et les rendre innocentes.

Je ne vous ai point parlé de l'opinion de quantité de grands Docteurs qui soutiennent notre sentiment parce que je sais que cela serait inutile, et que rien n'a plus de pouvoir sur vos esprits que l'autorité de l'Église et les enseignements des saints.

Question XVIII

Vous appuyez votre sentiment de tant de raisons qu'il est malaisé de ne pas se laisser convaincre.

Réponse

Il est certain, frères, que nous vous proposons une vérité claire et constante. Mais quand nos raisons n'auraient pas toute la force, l'évidence et la certitude qu'elles ont en effet, il faut au moins demeurer d'accord, qu'elles en ont assez pour balancer l'opinion contraire, pour la rendre incertaine, et pour donner à ceux qui la suivent de justes sujets de crainte et de défiance. Cela étant, mes frères, comment est-il possible que des personnes qui ne doivent plus avoir de désir en ce monde, que celui de plaire à Jésus Christ, puissent dans une matière de cette importance prendre le mauvais parti, c'est-à-dire s'exposer à commettre une action que Jésus Christ a toujours regardée avec horreur, et que son Église a tant de fois condamnée? Est-ce l'aimer véritablement? Est-ce en donner des marques que de se mettre volontairement dans le risque de lui faire des outrages; et ne se rend-on pas indigne de son amitié, dès là que l'on veut bien courir fortune de la perdre pour jamais?

On dira peut-être qu'on est en une entière assurance, et qu'on agit en cela sans scrupule et sans crainte. Mais il est question de savoir si cette assurance est bien fondée ou si elle ne l'est pas. Car la sécurité quand elle est fausse ne sert de rien pour la justification d'un pécheur, et celui qui fait le mal sans scrupule, lorsqu'il y a raison d'en avoir, n'est guère moins coupable que celui qui le fait contre le sentiment de sa conscience.

Chapitre XXI Question XVIII

Or ne suffit-il pas, pour se défier d'une conduite, et la tenir pour suspecte, d'entendre dire que les saints l'ont condamnée, et que l'Église l'a proscrite comme une pratique détestable?

Et n'est-il pas vrai, mes frères, que si ces âmes qui ont l'honneur d'être unies à Jésus Christ en qualité de ses épouses, n'avaient rien que sa gloire et leur sanctification devant les yeux, cette seule pensée les remplirait de crainte et de frayeur; et qu'elles aimeraient mieux souffrir mille morts que de s'exposer en prenant des voies incertaines, au danger de commettre des crimes, et d'être séparées pour jamais du bonheur de sa présence?

Que si vous joignez à toutes ces considérations les inconvénients qui naissent de ces conventions impures, vous en connaîtrez mieux encore la corruption de la difformité. Pensez qu'elles sont le sujet d'un nombre presqu'infini de murmures et de scandales; qu'elles déshonorent la profession monastique auprès de ceux dont elle devrait s'attirer l'estime et l'approbation. Pensez qu'elles font passer les religieux pour des intéressés et des avares; qu'elles donnent lieu de croire que l'esprit de Dieu n'est plus parmi eux, et que c'est la cupidité qui gouverne les cloîtres aussi bien que le reste du monde. Pensez, dis-je, que par le moyen de ces négociations infâmes, c'est l'intérêt seul qui décide des vocations, qui ouvre et qui ferme les portes des monastères; que les personnes de vertu ayant horreur, comme dit un pape[652], de ces coutumes détestables et n'osant s'y engager, on en reçoit qui n'y sont point appelées; que bien loin d'offrir à Jésus Christ des épouses toutes chastes et toutes pures, on lui en donne qui sont également indignes de sa sainteté et de son amour: et qu'ainsi par une suite inévitable, son sanctuaire devient un lieu de désordre et

---

[652] Urbain V.

de profanation. Ce fut pour remédier à de si grands maux que l'Église a fait tant d'ordonnances et de constitutions différentes. Elle a fait ce qu'elle a pu pour bannir l'amour de l'argent, des maisons consacrées à Jésus Christ. Mais cette passion s'est irritée, ce feu s'est allumé malgré ses soins, et l'embrasement est devenu si grand et si général, que toute son autorité n'a pas été capable de l'éteindre.

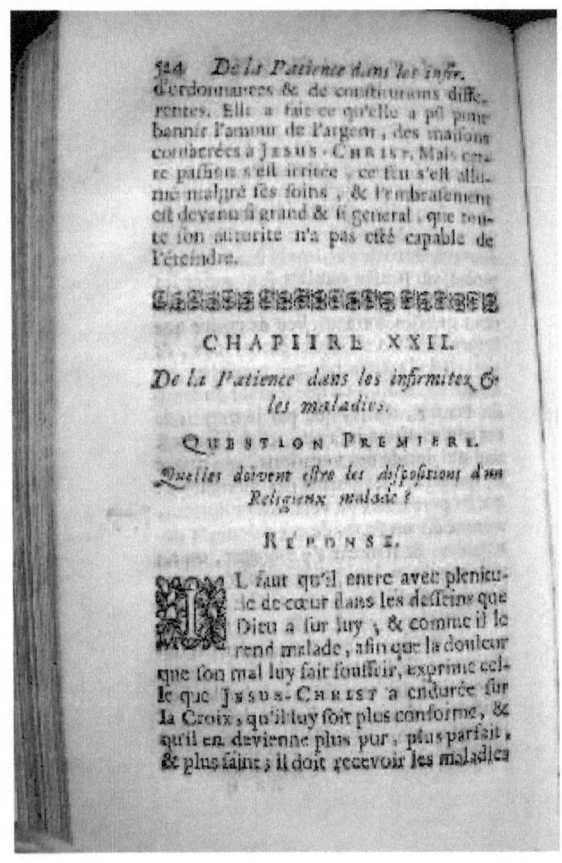

Chapitre XXII
De la patience dans les infirmités et les maladies

Question première

Quelles doivent être les dispositions d'un religieux malade ?

Réponse

Il faut qu'il entre avec plénitude de cœur dans les desseins que Dieu a sur lui. Et comme il le rend malade afin que la douleur que son mal lui fait souffrir exprime celle que Jésus Christ a endurée sur la Croix; qu'il lui soit plus conforme et qu'il en devienne plus pur, plus parfait, et plus saint, il doit recevoir les maladies qui lui arrivent, non seulement avec résignation, mais encore avec actions de grâces. Il faut qu'il considère les douleurs qui l'affligent comme des remèdes que Dieu lui applique pour la guérison de son âme, et qu'il se dise avec le prophète du fond de sa reconnaissance: "J'accepte, Seigneur, le calice qui doit opérer mon salut, et je bénirai pour jamais votre saint nom. *Calicem salutaris accipiam, et, nomen Domini invocabo*[653],,. C'est par ce moyen qu'il arrêtera les désirs, les immortifications, les inquiétudes et les chagrins, qui font qu'au lieu de retirer le fruit et l'utilité que l'on devrait trouver dans les maladies, on en sort plus sujet à ses passions et plus misérable qu'on ne l'était auparavant.

---

[653] Ps 115, 4

Question II

Est-il convenable à un religieux de chercher les médecins et de se servir de remèdes dans ses maladies ?

Réponse

Je vous dirai, mes frères, pour répondre à votre demande, que les premiers solitaires vivaient dans une si grande indépendance des créatures, et dans un si grand abandon entre les mains de Dieu, que la plupart, lorsqu'ils étaient malades, attendaient leur guérison purement de sa Providence. La vivacité de leur foi, le mépris des choses de la terre et le désir d'être unis à Jésus Christ faisaient qu'ils rejetaient toutes assistances humaines et qu'ils laissaient uniquement à Dieu la décision de leur vie et de leur mort.

C'est ce que les actions et les instructions des saints nous ont appris[654] ... Saint Théodore, solitaire de Tabenne, étant travaillé d'une douleur de tête très violente, supplia saint Pacôme son supérieur, de le soulager par ses prières. Mais ce grand saint qui savait combien il lui était avantageux de souffrir, lui répondit ces paroles si remarquables: "Croyez, mon fils, qu'il ne nous arrive point de douleurs ou d'autres peines sans la permission de Dieu. Supportez cette douleur avec une humble patience, et il vous guérira quand il lui plaira. Que s'il daigne vous éprouver plus longtemps, rendez-lui en grâces à l'imitation du très parfait et très patient Job qui, au milieu de tant de tourments, bénissait toujours le Seigneur, afin que de même qu'à lui, en récompense de ces douleurs, Jésus Christ augmente vos consolations. Car bien qu'il

---

[654] Vit. Pat. / Kirchenväter

Chapitre XXII Question première

soit vrai que l'abstinence et la persévérance en l'oraison soient très louables, un malade mérite bien davantage lorsqu'il souffre son mal avec patience.

Le même saint allant voir un de ses frères qui était malade, et qui, à force de travailler s'était mis les mains tout en sang, et se servait d'un peu d'huile pour les guérir; mais qui au lieu de recevoir du soulagement de ce remède en ressentait au contraire des douleurs qu'il ne pouvait plus endurer, il lui fit ce reproche: "Pensez-vous mon frère, que cette huile vous puisse soulager ? et qui vous a contraint de travailler de telle sorte, que ce travail ait été cause que vous ayez eu plus de confiance en ce remède visible qu'en Dieu ? N'est-il pas en son pouvoir de vous guérir ? Ignore-t-il nos maladies ou a-t-il besoin que nous les lui fassions connaître ? Nullement; mais considérant ce qui est utile à nos âmes, il souffre pour un temps que nous soyons affligés afin de nous accorder en suite de notre patience, des récompenses éternelles. Mettons donc en lui toutes nos espérances et il fera cesser toutes nos douleurs."

Saint Jean Chrysostome en parlant des solitaires de son temps, dit[655] que si quelqu'un d'entre eux tombait malade, on ne voyait ni larmes ni pleurs, et qu'on ne faisait rien d'autre que d'avoir recours à de nouvelles prières. Que c'était la foi seule qui guérissait souvent les maladies et non pas le secours des médecins. Et que si quelquefois on était obligé de se servir de leur ministère, on trouvait dans la conduite des frères une patience et une sagesse extraordinaire…

---

[655] Hom II. In 1. ad Tm / im ersten Brief an Timotheus

Saint Diadoque dit[656] que les solitaires qui vivent dans les déserts et dans les solitudes éloignées de la vue des hommes, ou seuls ou dans la compagnie de deux ou trois frères seulement, et sous un même Institut, quelque maladie qui leur arrive, ne doivent faire autre chose que de s'adresser à Dieu dans une vive foi, lequel guérit toutes sortes de maux et de langueurs. Et il ajoute, qu'après Dieu leur solitude doit leur tenir lieu d'un grand soulagement.

Saint Macaire dit[657] qu'il est indigne d'un solitaire d'user de remèdes. Et sur ce que l'on oppose à ce sentiment – que Dieu a créé la médecine et a donné la vertu aux remèdes et aux plantes pour la guérison des maladies – il répond que depuis que l'homme est devenu sujet à la mort et aux maladies par la désobéissance du premier père, Dieu, ému par son infinie bonté; ne voulant pas que la race pécheresse des hommes fut consumée tout d'un coup par les maladies, a accordé les remèdes de la médecine aux faibles et aux incrédules, à ceux qui sont attachés au monde et étrangers de sa loi et de son alliance. Et qu'il a permis aussi aux fidèles qui n'ont pas assez de courage pour s'abandonner entièrement à sa providence d'user de ces mêmes remèdes qui peuvent adoucir et même guérir quelquefois les infirmités corporelles. Mais vous, ô Solitaires, dit-il, qui vivez hors du commerce des hommes, qui vous êtes approchés de Jésus Christ, qui désirez être enfant de Dieu et de renaître par un esprit supérieur à la nature humaine; qui

---

[656] Cap 53. De perf. spirit.; Diadoque de Photicé, Œuvres Spirituelles, Chap. 53, p.115; Coll. S.C. 5 bis; Cerf, Paris 1966
[657] Hom 48. De perfecta fide in Deum. / Vom vollkommenen Glauben an Gott Trad. Dans: Les Homélies Spirituelles de saint Macaire; Homélie 48,4-6, pp. 352-353. Coll. Spiritualité Orientale n° 40, Abb. Bellefontaine 1984.

Chapitre XXII Question première

attendez l'effet des promesses plus grandes et plus relevées que celles qui avaient été faites à Adam, lors même qu'il était encore immortel, qui vous préparez sans cesse à l'heureux avènement du Seigneur, qui êtes passagers et voyageurs en ce monde, vous devez avoir une foi plus vive, plus forte et plus généreuse que les autres, et votre vie doit être plus spirituelle et plus détachée du corps et des sens que celle du commun des chrétiens.

On lit[658] que saint Fulgence étant malade dans l'île de Circine, où il s'était retiré avec quelques religieux pour se préparer à la mort, et les médecins lui ayant proposé de prendre les bains pour soulager son mal, il leur demanda si les bains pouvaient empêcher un homme immortel de mourir après avoir achevé sa course. Et il leur dit ensuite: Pourquoi voulez-vous me persuader à la fin de ma vie, de relâcher de la sévérité dans laquelle j'ai vécu depuis si longtemps.

Mais rien n'est si digne d'être remarqué que ce qui se pratiquait dans un monastère de la basse Thébaïde où la grande sainte Euphrasie s'était retirée. L'austérité y était si extrême, que quand les religieuses tombaient malades, elles en rendaient grâces à Dieu comme d'une faveur, sans vouloir user d'aucun remèdes, parce qu'elles n'espéraient de guérison que de Dieu seul. Et la sainteté de leur vie rendait leurs prières si agréables que souvent elles recouvraient miraculeusement la santé.

Cette austérité n'a pas été générale parmi les solitaires. Les anciens cénobites n'ont pas tous observé cette grande rigueur. Et nous pouvons dire avec assurance, sur les exemples et les instructions que les saints nous ont données, que les moines peuvent user de remèdes pendant leurs maladies. Mais avec ces

---

[658] Ferrand. Vita s. Fulg. c. 30 / Leben des Hl Fulgentius

restrictions, savoir qu'ils n'y aient ni attachement ni confiance. Qu'ils regardent uniquement Dieu comme celui qui peut leur rendre la santé, que les remèdes soient courants, ordinaires, qu'on puisse les avoir sans recherche et sans dépense. Et que toute cette conduite soit tellement dans la disposition (sentiment favorable) du supérieur que les religieux ne le préviennent ni par leur désir, ni par leur inquiétude. Et qu'en cela, ils ne fassent rien qu'obéir et se soumettre.

Saint Basile dit[659] que l'usage de la médecine est permis, et que Dieu a donné des qualités naturelles aux racines, aux feuilles, aux fleurs, aux fruits, au suc des herbes et des plantes, aux métaux, et à d'autres choses qu'on trouve dans la mer pour le soulagement des corps. Que les hommes peuvent en user, mais que les chrétiens doivent entièrement renoncer aux remèdes qu'on ne peut avoir sans beaucoup de dépense, d'empressement, de rechercher et d'inquiétudes, qui nous jettent en des embarras, et que nous engagent à passer notre vie dans le soin de nos corps. Et que quand nous sommes obligés d'avoir recours à l'art de la médecine, il faut prendre garde de ne pas la considérer, comme devant être la cause entière de notre santé, ou de notre maladie; et ne pas croire que lorsque nous sommes privés de ce secours, nous ne puissions trouver ailleurs la guérison. Mais au contraire, nous devons savoir que Dieu ne permettra pas que nous soyons tentés au-delà de nos forces[660], et que comme Jésus Christ a quelquefois guéri des maladies par des remèdes sensibles, il en a aussi guéri d'une manière secrète et par l'opération de sa seule volonté.

---

[659] Regul. fus. disput. Quest. 55 = GR pp. 155 ...
[660] 1 Co 10, 13

Chapitre XXII Question première

Le même saint dit que les maladies sont quelquefois des châtiments des péchés, et qu'alors les malades doivent se passer de remèdes naturels et ordinaires, et souffrir leurs infirmités en paix et en silence, en imitant celui qui disait:'Je porterai la colère du Seigneur puisque je l'ai offensé[661]', et s'appliquer à corriger leur vie, à réformer leurs mœurs, à faire de dignes fruits de pénitence. Et le souvenir de ces paroles de Jésus Christ[662]: Vous voilà guéri, mais prenez garde à l'avenir de ne pas tomber dans le péché de crainte qu'il ne vous arrive encore pis.

Il dit aussi que Dieu permet au démon de tenter ses serviteurs pour confondre son orgueil par leur extrême patience, comme il arriva dans la personne de Job. Et que, parfois, il leur envoie des maladies, afin que la constance avec laquelle ils souffrent jusqu'à la mort de violentes douleurs, serve d'exemple à ceux qui ne peuvent pas endurer les moindres peines. C'est ce qu'on a vu dans Lazare[663] qui, étant couvert de tant d'ulcères, ne désira jamais rien de son prochain pour le soulagement de ses maux. Saint Basile veut que dans tous ces cas, un malade se passe des remèdes et des secours des hommes, de crainte de troubler l'ordre de Dieu, et de se soustraire à sa volonté.

Saint Diadoque, dit[664] que rien n'empêche qu'on se serve de la médecine lorsqu'on est malade; mais que c'est de Jésus Christ, le Sauveur et le véritable médecin, et non pas des remèdes qu'on doit attendre la guérison. Il parle seulement pour les religieux qui demeurent dans les villes ou dans les grandes communautés, parce qu'il leur survient quantité d'accidents qui les empêchent de

---

[661] Mi 7, 9
[662] Jn 5, 14 / Joh 5,14
[663] Lc 16, 20 / Lk 16,20
[664] Cap. 53 de perf. spirit. Cf.supra: note 4

se soutenir, et d'agir incessamment par une foi et par une charité vive; et que la singularité de leur conduite les exposerait à la vaine gloire et aux tentations du démon.

On voit[665] que les premiers Chartreux ne prenaient que très rarement des médecines, et que tous leurs remèdes se réduisaient au cautère et à la saignée: „*Medicinis autem excepto cauterio et sanguinis minutione perraro utimur* ".

Voici quels ont été sur cette matière les sentiments de saint Bernard[666], auxquels sans doute vous ne ferez point de difficulté de donner votre créance. Que dites-vous ici (ce sont les paroles de notre saint), vous qui observez les qualités des viandes[667], et négligez la pureté des mœurs. Hippocrate et ses sectateurs enseignent à conserver la vie en ce monde, Jésus Christ et ses disciples à la perdre. Duquel des deux voulez-vous plutôt suivre les règles et les ordres ? Celui-là déclare assez lequel il veut suivre, qui discourt sur les qualités naturelles des choses qu'on mange, et qui dit: celle-là nuit aux yeux, cette autres à la tête, celle-là à l'estomac. Avez-vous lu ces différences dans l'évangile et dans les prophètes ou dans les écrits des apôtres ?

C'est indubitablement la chair et le sang qui vous ont révélé cette sagesse et non pas l'esprit du Père; car c'est là la sagesse de la chair qui selon les médecins du christianisme, est pernicieuse, mortelle et ennemie de Dieu. Car dois-je vous proposer les sentiments d'Hippocrate et de Galien, ou ceux de l'école d'Épicure ? Je suis disciple de Jésus Christ et je parle à des

---

[665] Constit. Gui. C.39 / die Regeln des Hl. Guigo
[666] Serm.Ct. 30, V; SBO Tom I pp. 216... Trad. Française: Bernard de Clairvaux: Sermons sur le Cantique; tome 2 pp 419... Coll. S.C. 431; Cerf-Paris, 1986
[667] en latin: ciborum; également dans la suite du texte. / Speisen, ebenso im folgenden Text

Chapitre XXII Question première

disciples de Jésus Christ. Je serais coupable si je vous enseignais d'autres maximes que les siennes. Épicure travaille pour la volupté, Hippocrate pour la santé, et Jésus Christ, mon maître m'ordonne de mépriser l'un et l'autre. Hippocrate emploie tout son soin pour conserver la vie de l'âme dans le corps, Épicure recherche tout ce qui la peut entretenir dans les plaisirs et dans les délices, et le Sauveur nous avertit de la perdre lorsqu'il nous dit: 'Celui qui aime son âme la perdra[668]', savoir: en l'abandonnant comme martyr ou en l'affligeant comme pénitent. Quoique ce soit d'ailleurs une espèce de martyre de mortifier par l'esprit les passions de la chair.

Que sert-il de retrancher les délices et les voluptés, si l'on emploie son soin tous les jours *à remarquer la diversité des complexions et à examiner la différence des viandes*[669] ? Les légumes, dit-on, causent des vents; le fromage charge l'estomac; le lait fait mal à la tête; la poitrine ne peut souffrir l'eau toute pure; les racines de quelques herbes nourrissent la mélancolie; les poissons d'un étang ou d'une eau bourbeuse ne s'accommodent point à mon tempérament. Quoi ! Faut-il que dans les eaux, les champs et les jardins, on ait peine à trouver quelque chose que vous puisiez manger ? Considérez, je vous prie que vous êtes religieux et non médecin; et que vous ne serez pas jugés sur votre complexion mais sur votre profession et sur votre état.

Que si l'on dit que l'apôtre saint Paul[670] ordonne à saint Timothée d'user d'un peu de vin à cause de son estomac et de ses fréquentes maladies, on doit prendre garde, premièrement que

---

[668] Jn 12, 25
[669] Investigandis diversitatibus complexionem ciborumque varietatibus... / zu untersuchen die Verschiedenheiten und Unterschiede in den Speisen...
[670] 1Tm 6, 23

l'apôtre ne s'ordonne pas cela à soi-même, et que le disciple aussi ne le demande pas pour soi. En second lieu, que ce n'est pas à un religieux qu'on donne cet ordre, mais à un Evêque, dont la vie était très nécessaire à l'Église qui ne faisait que de naître. C'était un Timothée, et donnez-moi un Timothée, je le nourrirai d'or potable et d'ambre si vous voulez. Mais c'est vous-même qui vous ordonnez ceci, et qui vous accordez cette dispense. J'avoue qu'elle m'est suspecte, et que j'appréhende que la prudence de la chair ne se couvre du nom de discrétion; il semble que depuis que nous devenons religieux, nous commençons tous à avoir l'estomac faible.

Le même saint écrivant sur ce sujet[671] aux religieux de saint Anastase ou des trois Fontaines près de Rome, leur mande: Votre vénérable Abbé (c'était Bernard[672], qui depuis fut le pape Eugène III) m'a demandé une chose que je ne trouve pas bonne. Or, je crois qu'en cela j'ai l'Esprit de Dieu, et que le conseil que je vous donne vient de Dieu. Je sais que vous habitez dans un air malsain, et que plusieurs de vous sont infirmes; mais souvenez-vous de celui qui a dit[673]:'Je me glorifierai de mes infirmités, afin que la vertu de Jésus Christ habite en moi, et lorsque je suis faible, c'est alors que je suis plus fort'.

Je compatis certes, je compatis beaucoup à l'infirmité des corps; mais il faut encore plus craindre celle des âmes. C'est pourquoi il n'est pas expédient ni à votre profession, ni à votre salut de rechercher des remèdes pour conserver la santé. On peut

---

[671] Epist. 521. dans SBO: Tome VIII: Epistola 345,2; p. 287
[672] Bernard de Pise, moine de Clairvaux, Abbé de Trefontane / Bernhard von Pisa
[673] 2 Co 12, 9-10. Epistol. Fastr. Inter opera sancti Bern. =Lettre CDXL, 4:Trad. Charpentier; tome 2 p. 113.

Chapitre XXII Question première

tolérer qu'on se serve quelquefois d'herbes communes, et dont les pauvres peuvent user.

Mais il est indécent à la profession religieuse d'acheter des drogues, et de rechercher les médecins, et de prendre des breuvages de médecine. Cela est contraire à la pureté et surtout ne convient pas à l'honnêteté et à la simplicité de notre Ordre.

On voit quelque chose de semblable dans une lettre que le bienheureux Fastrède, abbé de Clairvaux, disciple de saint Bernard, et qui était rempli de l'esprit de ce grand saint, écrit à un abbé de son Ordre, qui sous prétexte de ses infirmités s'était relâché de l'austérité commune. Vous alléguez, lui dit ce saint homme, que vous êtes sujet à des maux de tête et d'estomac, et que les viandes communes ne vous sont pas saines. Mais vous êtes bien trompé si vous croyez qu'un religieux puisse suivre les régimes de santé que les médecins prescriraient aux personnes du siècle. Car nous sommes venus en religion pour faire souffrir des incommodités à notre corps, et non pas pour lui procurer de la satisfaction ou du plaisir. Croyez-moi, mon Père, j'ai vu souvent saint Bernard manger avec scrupule une liqueur composée de farine, d'huile et de miel, qu'on lui faisait prendre afin d'échauffer son estomac. Et lorsque je l'accusais d'être trop austère, il me répondit: „mon fils, si vous saviez quelle est l'obligation d'un religieux, vous arroseriez de larmes tout le pain et toute la nourriture que vous mangez. Car, nous entrons en religion pour pleurer nous péchés et ceux du peuple.

Et il ne suffit pas à un religieux d'alléguer qu'il est infirme, car nos saints Pères et nos bienheureux prédécesseurs choisissaient des vallées humides et basses pour y bâtir des monastères afin que les religieux étant souvent malades, et ayant la mort présente devant les yeux, y vivent toujours dans la crainte du Seigneur. Si donc les saints cherchent ce qui peut causer des maladies, comment cherchez-vous avec tant de soin ce qui peut contribuer à la santé ? Pierre de Blois reprend[674] dans le même sentiment la délicatesse des moines de son temps. S'il arrive, dit-il, qu'un religieux s'aperçoive que son pouls est plus rapide qu'à l'ordinaire, son urine plus échauffée ou qu'il ait moins d'appétit, il consulte les médecins, il recherche des drogues, il fait des électuaires[675], il ne mange plus rien qu'il n'accommode avec du clou de girofle, de la cannelle et de la muscade. Quelle honte à un homme qui doit s'élever sans cesse dans les choses du ciel, de s'abaisser de la sorte dans celles de la terre ! Il faut avouer qu'un tel religieux n'est pas disciple de Jésus Christ mais d'Épicure. Cela est mauvais pour les yeux, dit-il, cela est contraire à l'estomac, cela nuit au foie, le beurre se corrompt, la bière cause des vents, les choux sont mélancoliques, les poireaux échauffent la bile, les pois donnent la goutte, les fèves resserrent, les lentilles nuisent à la vue, le fromage ne vaut rien du tout. L'oraison quand elle est longue débilite les nerfs, les jeûnes troublent le cerveau, les veilles dessèchent. Enfin on ne trouve pas ces différences dans l'Evangile, ni dans les prophètes.

On ne les apprend pas non plus dans la Règle de saint Benoît, mais la chair et le sang les inspirent aux moines relâchés. *Si invenerit Religiosus circa se, aut pulsum velocem, aut urinam incensam, aut hebetem appetitum, consulit medicas, examinat species, electuaria facit, nullis utitur salsamentis qua non sunt condita ex cinnamomo et gariophilla et nuce muscata...*

---

[674] Compendium in Job, c.13
[675] En vieux français: préparation pharmaceutique de consistance molle composée de poudres incorporées à du miel ou à du sirop. / pharmaz. Mischung weicher Konsistenz aus Pulvern mit Honig oder Sirup

Chapitre XXII Question première

Religiosus talis discipulus potius est Epicuri quam Christi. Hoc capiti; inquit, hoc oculis, hoc stomacho, hoc epati nocet, butirum convertibilis est natura; cervisia ventos facit, caules melancholici sunt, porri colera accedunt; pisa guttam generant, faba constipat, lentes excæcant, caseus universaliter est pessimus. Diu ad orationem stare nervos debilitat, jejunare cerebrum turbat; vigilare dessicat, nunquid inveniuntur differentiæ ista in Evangelio,aut prophetis? Certe non habet hoc institutio sancti Benedicti, sed miseris hoc revelat caro et sanguis.

Saint Pierre, abbé de Cluny, écrit quelque chose sur cette matière qui ne doit pas être oublié[676]; il parle à ses nièces. Voici ce qu'il leur dit: „J'ai lu vos lettres, j'ai vu la part que vous prenez à mon incommodité, et comme quoi vous essayez de me soulager, non seulement par l'assistance de vos prières, mais encore par les secours des remèdes naturels. J'ai la reconnaissance possible de cette sollicitude si pieuse et de cette affection si cordiale que vous me témoignez. Mais je vous avoue que je suis surpris que des Vierges, disciples de Jésus Christ, pensent aux règles et aux maximes d'Hippocrate et que des filles de Jérusalem trafiquent des marchandises de Babylone.

Je ne condamne pas absolument les remèdes de la médecine qui guérissent souvent les maladies et les infirmités des corps, sachant qu'il est écrit[677] que la médecine a été donnée aux hommes par le Très-Haut et que Jésus Christ a dit[678] que ceux qui se portent bien n'ont pas besoin de médecin, mais seulement ceux qui sont malades. Cependant je trouve à redire, que des personnes qui

---

[676] Peter. venerabile Abb. Clun. Lib. 6. Epist 39
[677] Si 38, 1-13
[678] Mt 9, 12

doivent être ennemies de la nature, meurtrières de leur propre chair, crucifiées avec le crucifié, se mettent en peine de l'état et de la disposition des corps, s'occupent de la vie et des moyens de la conserver. Ne vous souvenez-vous plus de cette parole si remarquable de sainte Agathe, vierge ? Je ne me suis jamais servie d'aucuns remèdes de la médecine, *medicinam carnalem corpori meo numquam adhibui.* Est-ce qu'elle était seule servante, et seule épouse de Jésus Christ ? Ne l'êtes-vous pas aussi bien qu'elle ?

Car quoi qu'elle fût Vierge et Martyre d'une manière plus noble et plus élevée, cependant votre condition n'a rien de contraire à la sienne puisque vous servez Jésus Christ par une espèce de martyre et que vous embellissez le champ de son Église par la gloire et par l'éclat de votre virginité ".

Sainte Thérèse, parlant dans ce même esprit à ses filles leur dit[679]: „Il semble que quelques unes d'entre nous ne soient venues pour un autre sujet en religion que pour faire en sorte de ne point mourir. Chacune travaille à ceci comme elle peut. Mais faites état, mes sœurs, que vous venez afin de mourir pour Jésus Christ; car le diable nous met cela en l'esprit, nous persuadant que c'est pour bien supporter et garder fidèlement la Règle et l'Observance de l'Ordre.

Et enfin on veut tant garder l'Ordre, en prenant soin de la santé, qu'on meurt sans l'accomplir entièrement un mois, ni possible un jour. Ces deux choses ne s'accordent pas bien ensemble: d'être pauvres et d'être bien traitées. On doit pratiquer la patience touchant certains maux légers qu'on peut endurer sans se mettre

---

[679] Chemin de perfection, ch. 10. Œuvres complètes: Edit. Fayard 1963: pp. 291... Edit. du Seuil 1949: pp. 632...

Chapitre XXII Question première

au lit et sans tuer tout le monde à son sujet. Souvenons-nous des saints. Pères ermites nos ancêtres, dont nous prétendons imiter la vie; combien doivent-ils avoir enduré de douleurs, et cela dans la solitude ? Combien de froid, de faim, de soleil et de chaleur, sans avoir à qui se plaindre sinon à Dieu ? Pensez-vous qu'ils étaient de fer ? Non, non, ils étaient revêtus d'une chair sensible et mortelle comme la nôtre. Et croyez, mes filles, qu'en commençant à dompter ces corps, ils ne vous importunent plus tant. Que si nous ne nous déterminons d'engloutir tout d'un coup la mort et le manque de santé, jamais nous ne ferons rien. Tâchez de n'avoir point d'appréhension de cela, et livrez-vous avec résignation entre les mains de Dieu. Qu'importe-t-il que nous mourions ? Combien de fois ce corps s'est-il moqué de nous ?

Ne nous moquerons-nous point de lui une fois ? Croyez-moi, cette résolution est de plus grande conséquence que nous ne pouvons penser, car, faisant cela peu-à-peu, nous en deviendrons les maîtres ".

Vous voyez, mes frères, avec quel tempérament et à quelles conditions les saints ont toléré dans les religieux l'usage des remèdes. Vous voyez l'éloignement qu'ils ont eu de leur permettre des soulagements qui ne seraient pas dans la simplicité de leur état et que leur indulgence n'a été qu'à souffrir qu'ils usent dans leurs infimités de ceux qui sont vils, communs et qui peuvent convenir à des personnes qui doivent vivre dans une pauvreté exacte.

Vous voyez qu'ils ont condamné la rechercher des remèdes qu'on ne saurait avoir qu'avec peine et avec dépense, la confiance que l'on y met, les soins que les religieux prennent d'eux-mêmes, leur empressement à tout ce qui les tient occupés à la nourriture et au traitement de leurs corps; qu'ils ont voulu que dans tous les temps, ils soient également détachés de la vie et que dans la maladie aussi bien que dans la santé, ils conservent un même esprit de rigueur et de pénitence. Et qu'ils ont estimé qu'il y avait des maux dans lesquels on ne devait point user des secours de la médecine.

Si l'on s'en tient à ces maximes, si ces règles sont exactement observées, la discipline des monastères ne souffrira point de dommage; la régularité n'en sera point affaiblie par l'usage des remèdes, et particulièrement si les religieux malades n'entrent point dans l'occupation de ce qui les regarde; et si tout se conduit sans leur participation et par l'ordre, la prudence et la charité des supérieurs.

Question III

N'est-il donc pas permis à des religieux quand ils sont malades de demander des remèdes et de prendre soin eux-mêmes de ce qui peut contribuer au rétablissement de leur santé ?

Réponse

Les religieux peuvent bien recevoir les remèdes que le supérieur leur présente, mais non pas en désirer. Il faut qu'ils les acceptent, mais non pas qu'ils les demandent. Comme ils ont renoncé par leurs vœux aux droits qu'ils avaient sur leurs personnes, et que leur propre corps n'est plus dans leur pouvoir[680]: *Quippe quibus nec corpora sua, nec voluntates licet habere in*

---

[680] RB 33

Chapitre XXII Question III

propria potestate, ce n'est plus à eux à disposer d'eux-mêmes. Ils doivent en toutes choses attendre les volontés de celui auquel l'ordre de Dieu les a soumis, et particulièrement dans les maladies. Car c'est pour lors que les tentations sont plus à craindre, et qu'ils ont plus besoin de direction et de conduite. La nature est ébranlée, l'amour propre plus excité, l'âme plus amollie par la présence sentie (ressentiment) du mal. Et à moins qu'un religieux n'ait une piété solide et une vertu constante, il est uniquement appliqué à lui-même, il ne se voit que comme malade. Il oublie qu'il est pénitent, il ne considère que ce que la maladie et la douleur lui demandent, et non pas ce que la sainteté de sa profession lui défend. De sorte que si dans cet état, il a la liberté de se conduire, il ne se rassasiera jamais de médecins ni de remèdes. Il passera toutes les règles de sa profession, il abandonnera sans scrupule son âme pour le soulagement de son corps, au scandale, et peut-être à la perte, de tous ses frères.

Secondement, si un religieux pense de lui-même ce qu'il est obligé d'en penser; s'il se juge avec autant de sévérité qu'il doit faire, s'il est dans la disposition dans laquelle était saint Bernard lorsqu'il se considérait comme un homme charnel et esclave du péché: c'est-à-dire s'il est véritablement religieux (car il ne l'est qu'en imagination s'il ne se regarde comme un pécheur de profession et d'effet), bien loin de désirer des remèdes lorsque Dieu lui enverra des maladies, et de penser à sa guérison, il les recevra comme des punitions qu'il a méritées, comme des châtiments des offenses qu'il a commises. Il demeurera dans le silence comme un Lazare à l'égard des hommes. Mais, en même temps il ne manquera pas d'adresser à Dieu comme un autre Job, et de lui dire dans la plénitude de son cœur: *Qui cœpit, ipse me conterat, solvat manum suam, et succidat me, et hæc mihi sit consolatio, ut affligens me dolore non parcat, nec contradicam sermonibus sancti*[681]. Que s'il lui plait d'achever ce qu'il a commencé, s'il veut le frapper de toute la force de son bras et le réduire en poussière, il ne lui arrivera jamais de contredire à ses volontés. Ainsi se croyant indigne de toute assistance humaine, il ne préviendra point sa guérison ni par ses désirs, ni par ses inquiétudes. Et il n'aura point d'autre pensée que celle de se tenir dans la dépendance de Dieu, de suivre tous les mouvements de sa providence, et d'attendre purement de sa main le changement de son état.

Troisièmement, le Fils de Dieu qui est descendu sur la terre pour nous ouvrir les portes du ciel, n'a point trouvé d'autre voie plus propre pour accomplir ses desseins éternels, que celle des croix et des souffrances. Il s'y est volontairement engagé, afin de nous mettre devant les yeux un modèle qui nous puissions suivre. Afin de nous exciter par son exemple et afin d'obtenir de son Père qu'il reçoive et qu'il agrée nos souffrances par le mérite des siennes, comme un sacrifice de bénédiction pour l'expiation de nos péchés, il s'est livré dans cette vue à des tourments et des confusions infinies.

Il a préféré une mort pleine de douleur et de honte à toutes les joies et les félicités d'ici-bas: *Proposito sibi gaudio sustinuit crucem, confusione contempta*[682]. Il nous a ouvert l'entrée de son royaume par la grandeur et la violence de son martyre et présentement, il a soin de nous donner les moyens pour nous acquitter de l'obligation dans laquelle nous sommes d'imiter sa vie laborieuse et pénitente, par les peines, les afflictions, les

---

[681] Jb 6,9-10 / Ijob 6,9-10
[682] He 12, 2 / Hebr 12, 2

Chapitre XXII Question III

maladies, et les douleur et les maux différents qu'il permet qui nous arrivent.

Quelle honte, dit saint Cyprien[683], à un chrétien qui, n'étant qu'un serviteur refuse de souffrir, voyant que son Maître et son Seigneur voulu souffrir le premier, et que nous ne puissions nous résoudre à souffrir pour nos propres péchés, après que celui qui n'en a jamais commis, a bien voulu souffrir pour les nôtres. Le Fils de Dieu s'est soumis aux souffrances afin de nous rendre enfants de Dieu; et le fils d'un homme ne veut rien souffrir afin de ne pas perdre cette qualité d'enfant de Dieu qui lui a été donnée: *quam vero gravis sit causa hominis christiani, servum pati nolle, cum passus sit prior Dominus. Et pro peccatis nostris nos pati nolle, cum peccatum non habens, passus sit pro nobis. Filius Dei passus est, ut nos filios Dei faceret, et filius hominis pati non vult, ut esse Dei filius perseveret.*

Que ceux qui manquent de foi ou de lumières regardent les maladies comme des malheurs, et comme des coups d'une mauvaise fortune; qu'ils s'en fâchent et qu'ils s'en affligent; qu'ils fassent ce qu'ils pourront pour les éviter. Mais pour vous, mes frères, qui vivez de la foi, que Dieu nourrit de sa parole, qu'il a instruits des vérités saintes qu'il a apprises de son Père; qui par un privilège spécial attaché à votre profession, êtes consacrés à sa croix; qui pouvez dire avec le saint apôtre[684]: *Stigmata Domini Jesu in corpore mei porto.* „Je porte dans mon corps les caractères de la passion de Jésus Christ ", pourriez-vous ne pas considérer ces accidents comme des occasions précieuses des effets de cette

---

[683] Cyprien: Ep. 6. c.4 / Nach der Zählung einer lateinischen Ausgabe und der Zählung in der „Bibliothek der Kirchenväter", ist es Brief 58, Kap. 6.
[684] Ga 6, 17 / Gal 6,17

vigilance et de cette application paternelle qu'il a sur les élus ? Pourriez-vous, dis-je, ne pas les souffrir, non seulement avec résignation et sans murmure, mais même dans le sentiment d'une joie vive et d'une reconnaissance sincère ?

La gloire de tous les chrétiens est celle de Jésus Christ, et comme il n'en a point connu dans ce monde que celle de s'offrir incessamment comme une victime à Dieu son Père pour l'exaltation de son saint nom, il n'y en a point aussi d'autre pour nous, que de nous offrir comme lui dans la même fin et dans le même esprit.

Il a fait dépendre le bonheur qu'il prépare à ceux qui vivront et mourront dans son amour et dans son service, de la fidélité de leur pénitence. Il a voulu qu'ils partagent ses peines et ses travaux avant que de partager son repos et sa béatitude et qu'ils commencent dans le temps cette conformité bienheureuse qu'ils devaient avoir avec lui dans toute l'éternité. Ainsi nos infirmités, nos maladies et nos douleurs sont tout ensemble les remèdes de nos péchés, des effets des jugements de Dieu, des marques de notre réconciliation avec lui, et des assurances de nos couronnes.

Jugez de tout cela quelle doit être la disposition d'un vrai solitaire quand Dieu le visite par les maladies et par les douleurs. Il se tient à son égard d'une manière toute passive; il veut être malade puisque sa volonté est qu'il le soit, il reçoit de sa main avec bénédiction cette conduite de bonté et de justice. Il craindrait de se tirer de son ordres s'il faisait un pas de lui-même pour sa guérison.

Il reçoit ce qui lui vient de la part de son supérieur comme de Dieu même, et ainsi l'on ne voit dans les soulagements dont il use que des actes de son obéissance, et jamais de ses inclinations.

Chapitre XXII Question III

Il est certain qu'il n'y a rien de moins supportable que de voir un religieux qui ne doit plus être mis au nombre des vivants, se donner des soins et de l'inquiétude pour s'empêcher de mourir. Il n'est plus du monde, et néanmoins il a tout autant de peine à le quitter, que s'il était abîmé dans ses affaires et dans ses plaisirs. Il ne vit que pour se préparer à la mort, et il est troublé de crainte lorsqu'elle se montre, et fait tout ce qui lui est possible pour en éloigner les moments. Il ne doit rien aimer des choses d'ici-bas, et Dieu doit être l'unique objet de son amour, cependant il ne peut se résoudre d'aller à lui lorsqu'il l'appelle. Il n'y a point de moyens dont il ne se serve pour différer: il fuit de devant sa face comme un criminel devant son juge. Il n'y paraît qu'à regret parce qu'il y est contraint et qu'il n'est pas dans son pouvoir de l'éviter. Quel amour est celui que nous portons à Jésus Christ ? dit saint Augustin[685] nous ne rougissons point, mes frères, de craindre qu'il vienne, nous l'aimons à ce que nous disons, et nous appréhendons de le voir; *Qualis est amor Christi, timere ne veniat ? fratres, non erubescimus, amamus ? et timemus ne veniat.*

Tous les chrétiens, dans le sentiment des saints, ceux qui sont dans les engagements du monde comme ceux qui n'y sont pas, doivent aller avec joie au devant de la mort et regarder les maladies comme des voies nécessaires et des dispositions qui précèdent la venue de leur Créateur. Néanmoins, s'il arrive en cela quelque faiblesse à ceux qui vivent dans le siècle, ils sont assurément plus excusables. Car ils peuvent dire[686]: *villam emi..., Juga boum emi; uxorem duxi, et ideo non possum venire.* Ce sont des prétextes qui on quelque couleur et quelque apparence. Mais

---
[685] In Ps. 95. In: Enarratio; SAAOO Tom.IV 2; Col. 1484 A; Paris 1836
[686] Lc 14, 18-20 / Lk 14, 18-20

pour les moines que Jésus Christ a affranchis de cette servitude, dont il a rompu toutes les chaînes, et qu'il a mis dans la liberté des enfants, il n'y a plus ni bonnes ni mauvaises raisons qu'ils puissent alléguer.

L'envie qu'ils ont de vivre, ce désir de remèdes, cette application inquiète à chercher ce qui peut prolonger leurs jours, sont des effets du désordre de leurs consciences et de la corruption de leur cœur. Ce sont des marques que leur foi et leur charité est toute morte, et qu'ainsi la couronne destinée, selon l'apôtre[687], à ceux qui aiment l'avènement de Jésus Christ n'est point pour eux.

Question IV

La charité n'oblige-t-elle pas un supérieur d'user de toutes sortes de moyens et de remèdes pour la guérison de ses religieux ?

Réponse

La charité veut qu'un supérieur emploie pour la guérison des religieux lorsqu'ils sont malades, les moyens et les remèdes qui conviennent à leur profession. Elle veut qu'il mesure toutes choses non seulement à leurs besoins, mais à leur propre salut et à l'édification des Frères. Il faut qu'il se souvienne qu'il gouverne des hommes qui ont renoncé aux délicatesses du monde pour vivre dans une pénitence exacte et sous une discipline sévère, et qu'il prenne garde de ne leur accorder aucun soulagement qui puissent blesser l'intégrité et la perfection de leur état. Toutes les

---

[687] 2 Tm 4, 8

Chapitre XXII Question IV

règles monastiques demandent dans un supérieur une vigilance, une application et une charité toute particulière envers les malades. Mais il n'y en a point qui puisse l'obliger d'adoucir et de tempérer de telle sorte sa conduite, qu'il cesse aussi d'être utile et de contribuer au salut et à l'avancement des âmes. Et comme il ferait mal s'il ne se rendait facile dans les choses que les Règles lui permettent de donner aux infirmités des Frères, il doit aussi se montrer inflexible dans celles qu'elles lui ordonnent de leur refuser.

En un mot, il faut qu'il agisse avec beaucoup de prudence et de discernement, de crainte qu'une trop grande sévérité n'effarouche les esprits, ou qu'une condescendance molle ne les porte dans le relâchement.

Cependant, comme on sait par expérience que la mollesse des supérieurs et l'immortification des moines a rempli les cloîtres de dérèglements et d'abus, et qu'aussitôt qu'un religieux est malade, il croit qu'il est dispensé de toutes règles, qu'il peut demander des médecines et des remèdes selon sa fantaisie et vivre dans une entière licence, il est nécessaire que ceux qui ont la charge des communautés monastiques, reprennent autant qu'ils le peuvent l'exactitude première. Qu'ils retranchent toutes les libertés abusives, qu'ils soient fermes dans le maintien de la discipline, qu'ils rétablissent dans les infirmeries toute la régularité que l'on y peut observer et qu'ils aient devant les yeux cette instruction si remarquable du bienheureux Guigues[688], savoir qu'un solitaire ne doit pas être moins différent des gens du monde dans les maladies que dans la santé; et qu'il ne lui est pas permis de désirer dans le

---

[688] Guig. Stat. cap. 38. edit. Bas. an. 1510 / Guigo......

désert, ce qu'on aurait peine de rencontrer dans les villes: *Ut sanos à sanis, ita aegrotos ab aegrotis saecularibus debere cogitent discrepare: nec illa in eremis quæ vix in urbibus inveniantur exposcere.* Souvenez-vous aussi, mes frères, de cette instruction si sainte et si véritable que saint Ambroise donne à tous les chrétiens quand il dit[689] que les préceptes de la médecine sont contraires à la science céleste, qu'ils retirent du jeûne, qu'ils ne permettent pas de veiller pendant les nuits, qu'ils détournent de la contention de l'esprit et des travaux de la méditation et que quiconque s'abandonne aux médecins s'ôte à soi-même. *Itaque qui se medicis dederit, seipsum sibi abnegat.*

Pensez que nos vies sont mesurées, que Dieu en a compté tous les instants, et que s'il est écrit que nous ne pouvons ajouter par tous nos soins à notre grandeur naturelle, ni changer la couleur d'un seul de nos cheveux[690], nous pouvons beaucoup moins prolonger nos jours au-delà des bornes qui leur ont été prescrites, que tous les hommes mourront comme Moïse[691] par le commandement du Seigneur, *jubente Domino*[692]; parce qu'il ne lui plaît pas qu'ils vivent davantage. Que les remèdes dont il leur a permis de se servir dans l'incertitude et dans l'ignorance de ses moments n'ont que la force et la vertu qu'il lui plait de leur donner. Et qu'ils doivent dans l'usage et dans l'application qu'ils en font, attendre avec une soumission profonde et tranquille l'accomplissement de ses volontés. Pensez qu'il n'y a rien qui soit plus digne d'un solitaire, dont la foi doit être toute apostolique, que de s'abandonner à Dieu dans ses maladies et de se tirer de la

---

[689] St Ambroise, Serm. 22 in Psal. 118 / Anbrosius Predigten....
[690] Cf. Mt 6, 27; 5, 36
[691] Dt 34, 5
[692] jubente Domnio – par le commandement du Seigneur / auf Befehl des Herrn

Chapitre XXII Question IV

main des hommes pour se mettre uniquement dans la sienne, afin que ce soit lui seul qui décide de sa vie et de sa mort. Pensez, mes frères, que les infirmités qui vous arrivent sont comme les instruments du supplice qui vous est dû. Que ce sont des croix véritables auxquelles la justice et la miséricorde de Dieu vous attachent; qu'il faut que vous y soyez autant de temps qu'il lui plaira et que vous attendiez son ordre pour en descendre. Laissez aux gens qui suivent le monde la médecine et laissez-les s'appuyer sur le secours des hommes parce que, outre le peu de foi qui est en eux, l'amour passionné qu'ils ont pour la vie présente les porte à rechercher tout ce qu'ils s'imaginent capables de les guérir, sans considérer s'ils en sont dignes ou s'ils ne le sont pas.

Mais vous qui vous êtes retirés dans les monastères, non point pour y vivre, mais pour y mourir; qui vous êtes offerts à Jésus Christ comme des victimes, et de qui toute l'ambition est de l'imiter dans ses travaux et dans ses souffrances, soyez toujours prêt de vous passer des médecins de la terre et des assistances humaines, qui blessent si aisément la confiance que l'on doit avoir dans la providence de Dieu, l'abnégation et la pauvreté de notre Institut, aussi bien que le respect que nous devons aux préceptes de l'Évangile[693], qui nous ordonne de haïr la vie et de mépriser notre propre chair. Et si l'autorité de vos supérieurs et la crainte de trop vous distinguer du reste des hommes, vous oblige extérieurement de vous éloigner de cette conduite en quelque chose, et de condescendre à leurs désirs, gardez au moins la pureté de votre cœur. Ne souffrez pas qu'il vous échappe aucun désir qui la ternisse, préservez-le de tout affaiblissement.

---

[693] Lc 14, 26-27

Conservez la volonté de souffrir lors même qu'on accordera quelque soulagement à vos maux et à vos peines. Ainsi, cet adoucissement extérieur qui n'aura rien en vous de volontaire, ne donnera nulle atteinte à votre première résolution; votre fidélité aura tout son mérite devant Dieu, et ne manquera pas d'y trouver sa récompense.

Question V

Ne doit-on relâcher de la discipline et de la pénitence des monastères lorsqu'on voit que les religieux meurent fréquemment, et diminuer l'austérité des observances, dans la crainte qu'elles ne puissent pas durer dans leur première ferveur?

Réponse

Premièrement, les solitaires, qui comme nous vous l'avons dit bien des fois, sont venus dans les monastères non pour vivre, mais pour y mourir, ne doivent pas s'étonner, ni se laisser effrayer des morts fréquentes. C'est le salut de leurs âmes qu'ils y ont cherché, et non pas la conservation de leur santé et de leur vie. Ainsi, quand ils la finissent dans la crainte et dans la charité de Dieu (ce qui suppose toujours l'observation exacte de leur Règle), il se peut dire qu'ils sont à la fin de leurs souhaits et de leurs travaux, aussi bien qu'à la fin de leur course. *Consummatus in brevi, explevit tempora multa*[694].

---

[694] Sg 4, 13 / Weish 4, 13

Chapitre XXII Question V

Secondement, si les rois de la terre prenaient autant de villes, et gagnaient autant de batailles qu'ils perdent de soldats, songerait-on à épargner ou à plaindre ceux qui périraient dans une telle guerre ? Quelle apparence y a-t-il donc de ménager la vie de ceux qui se consument au service et pour la gloire de Jésus Christ par les armes de la pénitence ? Puisque, dans le sentiment des saints, et selon la vérité, Jésus Christ remporte autant de victoires sur l'enfer qu'il sauve d'hommes, et que délivrer une âme de la rage des démons (ce qui arrive toutes les fois que ses élus se consument par les travaux de la pénitence), c'est à son égard conquérir un véritable Royaume.

Troisièmement, il en est des souffrances des solitaires comme de celles des martyrs. Les larmes et les sueurs des uns, aussi bien que le sang des autres, ont donné la fécondité au champ de l'Église; et comme le nombre des chrétiens ne s'est jamais plus augmenté que par la violence des persécutions, aussi le nombre des moines ne s'est jamais multiplié davantage que par la grandeur de leurs austérités. Et il est aisé de remarquer que les observances monastiques ne se sont jamais étendues que par la réputation que leur ont donnée la sainteté, la pénitence, et la discipline exacte qui s'y sont observées. La prudence de la chair dit qu'il faut que les religieux se relâchent et s'abaissent pour se conserver et pour s'accroître. La Sagesse de Dieu dit au contraire qu'il faut qu'ils se resserrent et qu'ils marchent par les voies les plus étroites. L'esprit de Jésus Christ appelle dans les Congrégations qui sont exactes; et l'esprit de l'homme, dans celles qui sont relâchées.

Quatrièmement, ces morts fréquentes qui font tant de peur aux hommes, sont de la part de Dieu ou des visites d'indignation, ou des visites de miséricorde. S'il afflige parce qu'il est irrité, n'est-ce pas par la pénitence qu'on doit apaiser sa colère ? Et, a-t-on jamais vu dans les exemples ou les enseignements que les saints nous ont donnés, que ce soit un moyen pour satisfaire à sa justice, que de rendre sa vie plus molle, plus douce, et plus sensuelle ?

Ninive se couvre d'un sac, et fait jeûner jusqu'aux enfants et aux bêtes pour détourner le châtiment dont elle était menacée[695].

Y a-t-il donc de l'apparence que des religieux quittent la rigueur de leur Institut et qu'ils abandonnent leurs austérités accoutumées lorsque Dieu est en colère et qu'il appesantit sur eux la main de sa vengeance ? Que si Dieu diminue le nombre des frères et s'il les retire de ce monde par une disposition de sa bonté pour finir et pour récompenser leurs travaux ? Est-ce là reconnaître les bénédictions dont il lui plaît de favoriser ses serviteurs, et le moyen de l'engager à leur continuer les mêmes grâces, que de laisser les exercices de pénitence et de mortification, par lesquels on s'en est rendu digne, et d'adoucir l'austérité de sa vie au lieu de l'augmenter s'il était possible ou au moins de demeurer persévérant et fidèle dans l'accomplissement de ses premières obligations ?

Enfin, si les saints moines s'étaient arrêtés pour la raison des changements, ils ne se seraient pas appliqués, comme ils ont fait, à former toutes ces observances si pénitentes et si saintes, qui ont été de temps en temps la gloire de Jésus Christ, l'ornement de son Église et l'édification des peuples. Ils savaient que tout ce qui est ici-bas n'a point de consistance assurée, et que les œuvres qui se font par le ministère des hommes, quelques saintes qu'elles puissent être, sont sujettes à l'inconstance, qu'il n'y a rien de permanent sous le soleil; et que ce mouvement perpétuel des

---

[695] Jon 3, 5-6 / Joh 3, 5-6

Chapitre XXII Question V

créatures qui prennent la place les unes des autres, rend comme un continuel hommage à l'immutabilité de Dieu[696], qui est seul toujours lui-même et qui ne connaît ni vicissitude ni changement: *Ego Deus et non mutor, apud quem non est transmutatio, nec vicissitudinis obumbratio.* Mais ils n'avaient garde d'écouter une raison si faible, et de croire qu'il fallait quitter un bien et l'interrompre, parce qu'il ne devait pas être éternel ou que la durée en devait être courte.

Nous voyons dans l'Histoire sainte qu'il n'y a presque point eu d'Ordre, de monastère et de Congrégation religieuse qui ne soit tombée dans l'affaiblissement, ou dans une défaillance entière, peu de temps après son institution.

Saint Pacôme[697] vit en esprit la ruine de Tabenne, qui arriva bientôt après sa mort. Et de son vivant un grand nombre de ses religieux se révoltèrent contre lui.

Scété qui commença durant les combats de saint Antoine, avait tellement changé du temps de saint Arsène, que ce grand saint disait en gémissant que Scété s'était perdu par la multitude de ses solitaires et Rome par celle de ses habitants.

La sainteté du Sinaï ne fut pas de longue durée. Et quoique dans le siècle de saint Jean Climaque, il y eut encore quelques solitaires d'une vertu éminente, ce saint témoigne[698] que de son temps, on pouvait bien y conserver quelque pratique de la pénitence et de l'austérité des saints Pères, mais que tout y était plein d'orgueil et d'hypocrisie. Et que ni la pureté du cœur, ni la simplicité des anciens ne s'y trouvaient plus.

---

[696] Ml 3, 6; Jc 1, 17 / Mal 3,6 ; Jak 1,17
[697] Vit. Pat.
[698] Grad. 26 art. 51 = Echelle sainte, 26e degré; Art. 35; p. 240. Collection Spiritualité Orientale et Vie monastique, n° 24; Bellefontaine, 1978

Cette laure si célèbre du grand Euthyme se dérégla dès qu'il fut mort, et saint Sabas fut contraint de la quitter. Peu de temps après, il en rétablit une autre, et aussitôt il s'y forma une si grande conspiration que soixante de ses frères se révoltèrent contre lui, et se séparèrent de sa conduite.

Ce grand Ordre de saint Benoît se relâcha dès le deuxième siècle de son institution. Et quoi que Dieu y ait toujours conservé des hommes de miséricorde et des gens selon son cœur qui ont fait tous leurs efforts pour en arrêter ou pour en réparer les ruines, comme le rapporte un abbé célèbre du même Ordre[699], la corruption n'a pas laissé de s'étendre et de devenir presque générale.

L'Ordre des Chartreux, quoi qu'il se soit maintenu plus que les autres, n'a pas laissé d'éprouver presque dès son origine les effets de l'inconstance. C'est ce que l'on voit par le soulèvement qui arriva dans la grande Chartreuse du temps de saint Bernard[700], par les relâchements qui s'introduisirent après la mort du bienheureux Guigues, et qu'on remarque encore davantage dans la vie de saint Anthelme[701], lequel étant établi Prieur dans la Chartreuse de Portes, et y trouvant une abondance d'argent, de grains et d'autres choses semblables qui ne devaient point se rencontrer parmi les solitaires d'un détachement et d'une sainteté consommée, donna mil écus d'or à des monastères de son Ordre et à d'autres maisons religieuses qui en avaient besoin, ouvrit les greniers, distribua les grains aux pauvres, se défit des ornements d'Église qui n'étaient pas nécessaires.

---

[699] Trithem. Abb.
[700] Ep. 270; SBO Tome VIII, p.178
[701] Vita S. Anth.

Chapitre XXII Question V

L'Ordre de Grandmont tomba quarante ans après la mort de son fondateur. Saint Robert assembla ses disciples dans la forêt de Molesmes pour y vivre selon les pratiques de la Règle de saint Benoît. Il y forma un monastère, qui dans son commencement fut le prodige et l'édification de son temps. Ces hommes, pleins de l'esprit des premiers Pères, se firent un oratoire et une habitation avec des branches d'arbres qu'ils lièrent et entrelacèrent les unes dans les autres. Le reste de leur vie répondait à cette pauvreté si extrême. Mais véritablement, peu d'années après leur Institution, leur ferveur diminua, et leur religion s'affaiblit de telle sorte qu'à la vue de leur fondateur et de leur Père, nonobstant ses instructions, ses avertissements, et malgré toute sa résistance, ils perdirent tellement toute mémoire de l'œuvre qu'ils avaient commencée. Ils tombèrent dans un si grand relâchement, que ce saint homme accablé de douleur, fut contraint de les quitter avec quelques uns de ses frères et de chercher d'autres lieux où ils pussent servir Dieu dans le repos, et sans être troublés dans l'observation de la Règle qu'ils avaient embrassée. L'Esprit de Dieu les jeta dans le désert de Cîteaux, où ce grand Ordre si saint et si célèbre, comme nous l'avons déjà dit, pris sa naissance. Saint Bernard en fut la gloire et l'ornement principal, mais à peine fut-il mort, que l'on y vit des affaiblissements qui furent des signes et des avant-coureurs de sa désolation générale. Car bien qu'il conservait encore de la discipline et de l'austérité dans le commencement du second siècle de sa fondation, néanmoins on ne saurait douter qu'il n'eût beaucoup perdu de sa sainteté et de sa perfection dès le premier. Et les reproches que le pape Alexandre III fait aux religieux de Cîteaux peu d'années après la mort de ce grand saint, qui en sont des preuves convaincantes, sont si dignes d'être remarqués que nous avons jugé à propos d'en rapporter[702]. quelques paroles. „C'est avec regret, dit ce grand pape, que nous vous avertissons, qu'encore que vous ne soyez pas éloignés de tous points de la sainteté de votre Institut; néanmoins il y en a beaucoup parmi vous qui s'en sont séparés en quantité de choses, en sorte qu'ayant perdu toute la mémoire de la sainteté de leur origine, ils possèdent contre la Règle de votre Ordre, des villages, des paroisses, des fiefs, des hommages, des justices... C'est ce qui fait que nous vous exhortons de vous contenir dans les bornes de votre fondation. Car si vous prétendez abandonner votre institution primitive et vivre comme on vit dans les autres Observances, il faut aussi que vous vous résolviez désormais d'être traités comme les autres. N'étant pas juste que vous conduisant d'une manière toute commune, vous ayez des privilèges et des distinctions particulières."

La facilité avec laquelle ils souffrirent que saint Thomas de Cantorbéry quitte le monastère de Pontigny sur les menaces que leur fit le roi d'Angleterre, fait voir que leur désintéressement et leur charité n'était plus telle qu'elle avait été du temps de saint Bernard. Lequel n'aurait pas manqué de s'opposer comme un mur d'airain à la violence de ce roi. Mais ce que dit Louis VII, roi de France, lorsqu'il eut appris cette retraite ne doit pas être passé sous silence: „O Religion ! o Religion ! s'écria ce prince, où es-tu maintenant puisque ceux que nous croyions être morts au siècle, craignent encore les menaces du siècle. Et que pour conserver des biens périssables qu'ils font profession d'avoir méprisés pour l'amour de Jésus Christ, ils abandonnent l'œuvre de Dieu qu'ils avaient commencée en chassant de leur maison un saint exilé pour

---

[702] Decret. Lib (?).3 de Stat. monas. c. 3

Chapitre XXII Question V

la justice". Il dit ensuite à celui qui lui avait apporté cette nouvelle: „J'ai bien de la douleur de voir que des personnes qui semblaient n'aimer et ne craindre que Dieu seul, ont eu peur de choquer le roi d'Angleterre en assistant l'Evêque de Cantorbéry... Assurez-le bien qu'encore que le monde, et ceux mêmes qui semblent n'être plus de monde, l'abandonnent, je ne l'abandonnerai jamais". Baronius[703] dit que cette expulsion causa un grand scandale dans l'Église.

Les divisions que l'ambition des premiers abbés excita dans cet Ordre, cent ans environ après son institution, font voir qu'il avait reçu dès ce temps-là de profondes blessures, et qu'il s'était bien éloigné de la pureté et de la simplicité de son origine. Ces contestations furent si grandes qu'elles obligèrent le pape Innocent III[704] de leur écrire: qu'il avait appris par des bruits funestes, qu'enfin cet or si pur et si excelle avait perdu sa couleur et s'était changé en écume, puisqu'ils disputaient de leur autorité. Et qu'en cherchant leurs propres intérêts, et non pas ceux de Jésus Christ, ils montraient qu'ils avaient quitté leur véritable chemin, et abandonné leur première simplicité... Après les avoir exhorté à persévérer dans la pureté primitive de leur Institut, et à retrancher toute occasion de scandale, il les avertit qu'ils prennent garde de ne pas devenir la raillerie et la fable du monde, comme les moines de Grandmont.

L'Ordre de saint François déchut aussitôt après sa fondation par l'inquiétude et l'ambition de frère Elie. Ce célèbre monastère des carmélites de saint Joseph d'Avila[705], dans lequel sainte Thérèse

---
[703] Anno 1167
[704] Inn. III. Ep. Ad Abb. Cister. Anno 1202. c.4 ad 4. prim. Abbat.
[705] Hist.des Carmes Refor. p. ? o. seconde partie. Liv.5. chap. 21

avait établi par ses soins une pratique de la Règle et une perfection éminente, tomba en peu d'années dans un si grand relâchement par la négligence d'une supérieure, que la transgression de la Règle y était regardée comme une chose licite et nécessaire. Le mal était incurable si la sainte n'y eût remédié par sa présence, par ses prières, et par son application.

Et si l'on voulait faire l'histoire de toutes les observances qui se sont formées dans l'Église, on verrait qu'il n'y en a presque point qui n'ait dégénéré peu de temps après sa naissance, de l'esprit, de la vertu et de la sainteté de ses fondateurs.

Je vous ai mis ces exemples devant les yeux, mes frères, afin de vous montrer avec plus d'évidence que si ces grands Saints inspirés de Dieu, et conduits par son saint Esprit, ont fondé des Congrégations, des Ordres et des Monastères dans une perfection élevée, et dans une pénitence exacte et rigoureuse, quoiqu'ils devaient bientôt perdre la vérité de leur Institut, et tomber dans un état si différent de leur première ferveur, et si le Seigneur n'a pas laissé d'envoyer ses ouvriers évangéliques dans sa vigne pour y travailler, quoiqu'il n'ignorait pas qu'elle devait être bientôt ravagée, on ne doit jamais s'empêcher de faire l'œuvre de Dieu. Et que bien loin de l'abandonner ou de l'affaiblir après l'avoir fait, dans la crainte qu'on a qu'il ne soit pas de durée et qu'il ne puisse se maintenir dans sa première perfection. Au contraire, si l'on avait une connaissance assurée que sa destruction est proche, ce serait pour lors qu'il faudrait ranimer son zèle, sa religion et sa ferveur afin de rendre à Dieu, par le moyen de ce même œuvre, d'autant plus d'honneur et de gloire, qu'on saurait avec certitude qu'il serait tout prêt d'être détruit et d'être pour jamais inutile à son service.

Chapitre XXII Question V

Il en est des monastères et des Observances comme de la vie des hommes. Dieu a réglé leur durée et a donné des limites aux uns et aux autres, au-delà desquelles elles ne sauraient s'étendre. Un homme cesse de vivre; on se tourmente pour trouver les causes et les raisons de sa mort. Mais au fond, à reprendre les choses jusque dans leur source, la vérité est qu'il meurt parce que, comme je l'ai déjà dit, la volonté de Dieu n'est pas qu'il vivre davantage.

De même une Observance périt quand elle a atteint les bornes que la Sagesse divine lui avait prescrites. En un mot, mes frères, un monastère est une arche de salut dans laquelle Dieu renferme un petit nombre de ses élus, pour les préserver de ce déluge qui cause dans le monde une désolation si générale. Il la conduit, il la protège tandis qu'elle sert à l'exécution de son dessein. Mais quand son œuvre est faite, que ses élus ont gagné le port, et que ses déterminations éternelles sont accomplies, il se retire d'avec ceux qui le négligent. Et pour lors, par un juste châtiment, ce vaisseau fragile, abandonné à lui-même au milieu de la tempête, sans gouvernail, est jeté de çà et de là par la violence des vices et des passions, comme par autant de vents et de vagues impétueuses. Il se brise et il est enfin submergé par le naufrage.

Ajoutons à cela, mes frères, que Dieu qui n'ignorait pas la révolte de l'Ange, et la chute de l'homme, créa néanmoins l'un et l'autre dans la charité et dans la justice. Et si les hommes ont trouvé quelque ressource dans la miséricorde de Dieu par Jésus Christ, il n'y en a eu aucune pour les Anges rebelles, dont la création n'en est pas moins l'effet d'une bonté infinie.

Combien donc faut-il louer cette même bonté dans l'institution des Ordres qui ne sont tombés qu'après avoir donné tant d'élus à Dieu et à qui peut-être il réserve encore dans les temps connus par sa providence, un renouvellement des premières grâces, semblable à celui qu'il prépare à son peuple, lorsqu'enfin selon sa promesse il le rassemblera de toutes les parties du monde après une dispersion si longue et si générale.

Question VI

Que faut-il répondre à ceux qui regardent comme une chose blâmable d'embrasser des austérités qui abrègent la vie ? Ont-ils pour cela quelque fondement légitime ?

Réponse

Quoi que vous puissiez trouver aisément dans ce que nous vous avons déjà dit, de quoi répondre à cette demande, je ne laisserai pas de vous dire encore, que si cette pensée avait lieu, il faudrait condamner une multitude innombrable de grands saints qui ont éclaté presque dans tous les temps comme des astres dans le ciel de l'Église. Ceux que Dieu a donnés au monde pour être un objet continuel de son admiration, deviendraient le sujet de sa censure. Et les conduites si saintes des Pauls, des Antoines, des Palémons, des Pacômes, des Hilarions, des Siméons, des Macaires, et de tant d'autres qui ont marché comme eux par des voies dures et rigoureuses, seraient considérées comme des excès et des entreprises téméraires. Car bien qu'ils n'aient pas eu précisément le dessein de se procurer la mort par les austérités qu'ils ont pratiquées, elles ne laissaient pas d'elles-mêmes d'en pouvoir avancer les moments. Et on ne saurait douter qu'ils n'aient en cela préféré la pureté de leurs corps et la sainteté de leurs âmes à la durée de leurs vies. Ces hommes incomparables qui avaient appris de Jésus Christ qu'il fallait haïr son âme pour la conserver, étaient

Chapitre XXII Question VI

persuadés qu'ils ne pouvaient faire un meilleur usage de la vie qu'ils avaient reçue de Dieu que de la perdre pour sa gloire par le martyre de la pénitence, afin de s'affranchir pour jamais de la nécessité de la mort.

Si ceux qui se figurent qu'on ne peut avec conscience entreprendre des austérités capables d'affaiblir la santé et d'abréger les jours, faisaient quelque attention sur tant de diverses conditions sujettes à ce même inconvénient, et cependant qu'on ne saurait condamner sans extravagance, ils changeraient de sentiment et de maximes. Ces gens, par exemple dont le métier est de travailler dans les mines, d'en tirer les minéraux et les métaux, de les fondre; et sans aller plus loin, ceux que nous avons parmi nous, qui sont occupés à forger le fer, à le préparer et qui, vivant comme dans le milieu du feu, sont perpétuellement dévorés par les flammes: elles ne cessent de consumer en eux cet humide radical qui est le principe de la vie. Il n'y a qui que ce soit qui ne convienne qu'ils ne peuvent la conserver longtemps dans un emploi qui lui est si contraire; et néanmoins personne ne les condamne.

Un homme de lettres qui s'adonne à la lecture ou pour acquérir les sciences, qui bien que profanes, ne laissent pas d'être nécessaires à la vie humaine, ou pour se rendre utile au public par des compositions laborieuse; un zélé missionnaire qui se consume dans l'étude de la parole de Dieu et dans la prédication; un avocat qui se signale dans un barreau pas ses éloquents discours et tant d'autres travaux, s'aperçoit bien que son tempérament s'altère et qu'il se dessèche, par la pâleur de son visage, par la faiblesse de sa poitrine, par les insomnies, et par les autres incommodités qui sont les effets et les suites d'une vie sédentaire, et d'une forte application. Cependant il n'en a pas la moindre peine, et personne ne s'avise de lui en faire un scrupule de conscience.

Les autres embrassent la profession des armes, et s'engagent en même temps dans un nombre presque infini de dangers inévitables, tant sur mer que sur terre, non seulement par les accidents du fer et du feu, dont ils sont continuellement menacés, mais par les assujettissements et les travaux excessifs qui sont inséparables de cet état. Ils sont exposés à toutes les injures de l'air; ils y sont brûlés par l'ardeur des étés, transis et pénétrés par les humidités et les froidures de l'hiver; ils y souffrent les extrémités de la faim et de la soif; ils passent des nuits entières au vent, à la pluie, à la neige; ils couchent indifféremment sur la terre, dans l'eau, dans la boue. Enfin, ils endurent des fatigues si prodigieuses, qu'ils y périssent par milliers. Et ceux qui les connaissent, ne peuvent comprendre qu'on puisse en échapper sans une espèce de miracle.

Quoique cette peinture soit fidèle et que tous ces maux et ces inconvénients soient inséparablement attachés à cette condition, on la loue, on l'exalte, on en fait sa gloire et son honneur; et jamais on n'a dit ni pensé qu'il n'était pas permis de porter les armes et de faire la guerre.

Cela étant, mes frères, ne pouvons-nous pas soutenir, que si on peut, sans blesser sa conscience, entrer dans les emplois du monde, dont les devoirs, les fonctions et les exercices conduisent à la mort par des nécessités presque certaines, à plus forte raison il sera permis à des chrétiens, qui sont plus touchés que les autres de l'obligation qu'ils ont de porter la croix de Jésus Christ, d'embrasser des austérités volontaires pour retracer ses souffrances, pour honorer son martyre, et tout ensemble pour dompter leur chair, assujettir leurs corps, réprimer leurs sens et

Chapitre XXII Question VI

leurs passions, afin de se rendre plus dignes par ces pratiques de sainteté, de celui au service duquel ils se sont uniquement consacrés. Et ne serait-ce pas une extrême injustice de traiter d'imprudence, d'indiscrétion et de témérité, ce qui n'est que l'effet d'un discernement plein de foi, de piété et de religion? C'est aussi ce qui paraît évidemment par toutes les grâces dont il a plu à Dieu de combler ces hommes de bénédiction et par le soin particulier qu'il a pris de justifier ce que ceux qui regarderont avec des yeux charnels ne pourront ni souffrir, ni comprendre. Il y en avait entre ces saints pénitents[706], qui pour affliger leurs corps et pour en dompter les sentiments, passaient plusieurs jours et même des carêmes entiers sans manger. D'autres pour ne pas mourir tout d'un coup, usaient de quelques herbes sauvages. D'autres vivaient de lentilles trempées dans de l'eau; d'autres un peu d'orge écrasé. Quelques-uns se refusaient l'usage de l'eau, et n'en prenaient que pour ne pas se laisser consumer tout d'un coup par l'ardeur de la soif. On en voyait entre eux qui se macéraient par des veilles presque continuelles, qui étaient debout toutes les nuits et qui pour se donner quelques moments de repos s'appuyaient contre la muraille. D'autre étaient en plein air sur la cime des rochers, les nuits comme les jours, l'hiver et l'été, souffrant toutes les incommodités des saisons, sans couverture et sans abri d'autres par ce crucifier par de nouveaux genres de pénitences, se mettaient dans des roues, s'enfermaient dans des globes et des cavernes si resserrées, qu'ils ne pouvaient demeurer que tout pliés et contraints d'y endurer toutes les peines qui

---

[706] Saint Macaire, saint Jacques de Nisibe, sainte Marie d'Egypte, etc.; S. Acepsime, S. Macedonien, s. Eusèbe, etc. saint Dorothée Thébain.

peuvent accompagner une posture si violente[707]. En un mot, il y en a eu des millions qui se sont traités avec des rigueurs toutes pareilles. Et quoique ces voies si dures semblaient les porter avec rapidité à la fin de leur course, et que vivre et pratiquer ces austérités paraissent des choses incompatibles, Dieu n'a pas laissé de se déclarer en leur faveur, et de faire connaître par des témoignages publics, qu'il était touché de l'affliction de ses serviteurs, et qu'il recevait le sacrifice de leurs pénitences, soit en prolongeant leurs jours au-delà des bornes accoutumées et les faisant arriver à une extrême vieillesse, comme nous voyons dans saint Paul, premier anachorète; dans saint Antoine, saint Arsène, saint Euthyme, saint Théodose, saint Jean le silencieux, saint Quiriace, Zozyme, et tant d'autres qui ont vécu plus d'un siècle. Soit en exaltant leur nom en les rendant célèbres dans le monde entier, et en leur donnant une réputation immortelle. Il a accordé toutes choses à leurs prières, il a comme mis sa toute-puissance entre leurs mains et il a fait tant de merveilles et de prodiges par leur ministère qu'ils ont paru sur la terre comme les maîtres souverains de la nature.

D'où l'on peut inférer avec certitude qu'il est permis, sans blesser sa conscience, d'entreprendre des austérités qui attaquent la santé et abrègent la vie, puisque Dieu ne peut approuver ni autoriser le péché. Cette vérité si constante se remarque presque dans toutes les observances monastiques puisque les plus saintes et les plus renommées contiennent dans leur institution, c'est-à-dire, selon qu'elles ont été écrites et formées du doigt de Dieu, des rigueurs, des assujettissements et des pratiques de pénitence si

---

[707] S. Thalele (Thècle?), S. Auxent. S. Marcion.

Chapitre XXII Question VI

sévères, qu'il n'est guère possible de les observer avec exactitude, et de conserver longtemps la vie et la santé.

Il suffit pour en avoir une preuve assurée, de considérer de près la Règle de saint Benoît[708], qui a toujours été estimée remplie de discrétion et de sagesse. Elle ordonne qu'un religieux ait incessamment devant les yeux l'image de la mort, et qu'il n'en perde jamais la mémoire. Qu'il conserve la présence des commandements de Dieu, de ses jugements, et des récompenses qu'il promet à ceux qui se rendent exacts à l'observation de sa loi. Elle veut qu'en tout temps il donne des marques extérieures d'une humilité qu'il conserve dans le fond de son cœur. Que dans tous les lieux, soit dans le travail, dans le monastère, dans l'église, dans le jardin, dans les voyages, dans la campagne, et qu'en quelque situation qu'il puisse être, debout, assis ou en marchant, il ait sans cesse la tête et les yeux baissés vers la terre ; que se reconnaissant coupable des péchés qu'il a commis, il se croie toujours prêt d'être présenté au Tribunal terrible de Jésus Christ, et qu'il dise en gémissant comme le publicain de l'Évangile: *Non sum dignus levare oculos*. Elle prescrit un perpétuel silence; elle défend les paroles inutiles, celles qui sont capables de porter à rire, ou les railleries, avec autant de sévérité que si elle défendait des blasphèmes: *Scurrilitates, vel verba otiosa, et risum moventia, æterna clausura in omnibus locis damnamus, et ad tale eloquium, discipulum, aperire os non permittimus.*

Et afin d'ôter le prétexte de transgresser un Statut si important, elle veut qu'on ne permette aux religieux d'une vertu consommée de ne parler que très rarement, même des choses qui pourraient

---

[708] Dans les deux paragraphes suivants, références à RB. aux chapitres: 4, 7, 42, 6, 33, 58, 48, 8, 41.

contribuer à leur édification et à leur salut. Elle les met dans une dépendance si étroite de celui qui les conduit, qu'ils ne puissent disposer ni de leur personne ni de leur volonté. Elle joint à tout cela une stabilité fixe et constante dans le monastère, des travaux pénibles, de longues veilles, de grands jeûnes et de grandes abstinences. Car dans ce temps-là, lorsqu'on jeûnait, on ne faisait qu'un repas à l'heure de None, dans les jeûnes de l'Ordre, c'est-à-dire à trois heures après midi; et sur le soir dans les jeûnes ecclésiastiques. Et il faut remarquer qu'en toute cette Règle, le temps y est tellement rempli d'exercices et d'occupations régulières, qu'on n'y voit pas un seul moment pour aucune récréation ni aucun délassement d'esprit.

Il n'y a personne que ne demeure d'accord qu'une vie si pénible et si laborieuse ne peut guère être de longue durée, et que la nature accablée par cet enchaînement de mortifications intérieures et extérieures, ne soit contrainte en peu de temps de succomber. On résiste aux grandes fatigues, et on se remet des grands travaux du corps et de l'esprit quand ils ne sont pas continuels, et qu'on se donne ensuite le repos et les soulagements nécessaires. Mais c'est ici un état qui n'en connaît point; c'est un engagement qui ne souffre aucun relâchement.

Et il faut qu'un homme qui veut s'acquitter avec une religion exacte des obligations que cette Règle lui impose, vive dans une perpétuelle contention, qu'il n'interrompe jamais sa vigilance, qu'il passe de la prière à la lecture, et de la lecture au travail, du travail au chant des psaumes. Qu'il s'observe incessamment avec soin; qu'il ne sorte jamais hors de lui-même. Enfin, joignant à cela les jeûnes et les veilles, sa vie n'est qu'un véritable crucifiement qui lui montre la mort, qui l'y conduit, et qui la lui fait désirer. Non point par aucun ennui que lui causeraient ses

Chapitre XXII Question VI

peines, parce que l'amour qu'il porte à Jésus Christ fait qu'il les souffre avec plaisir, mais dans cet esprit dont le Prophète était rempli lorsqu'il disait[709] : Nous vivons dans les perpétuelles souffrances, et on ne peut plus nous considérer que comme des victimes destinées à la mort. *Propter te mortificamur tota die, æsstimati sumus sicut oves occisionis.* Et il n'a de rafraîchissement et de consolation que celle qu'il reçoit de la part de Dieu, lequel se plaît toujours d'adoucir par l'onction de sa grâce, les croix de ceux qui le servent.

Cette Règle, nonobstant toute sa rigueur et son exactitude, n'a pas laissé d'avoir l'approbation de Dieu et des hommes, et de se répandre dans tout l'Occident avec une fécondité et une bénédiction qu'on ne peut exprimer.

Il ne faut point dire que ce sont des excès des siècles passés qui ne doivent plus se trouver dans celui-ci, puisque nous voyons encore aujourd'hui que les Chartreux, qui forment dans l'Ordre monastique une des plus saintes et des plus célèbres Observances, gardent une abstinence si rigide et si inviolable, qu'ils ne quittent jamais, en quelque danger de mort et en quelque extrémité qu'ils se rencontrent.

Toute l'Église approuve leur conduite, et les théologiens qui la justifient, disent qu'ils doivent être plus attachés à la loi qui les oblige d'observer l'abstinence que non pas à la loi naturelle qui les oblige de conserver leur vie, parce que le public tire plus d'édification, d'utilité et d'avantage de cette austérité rigoureuse qu'il n'en recevrait de la conservation de la vie d'un particulier; que, bien que cette inflexibilité puisse procurer la mort,

---

[709] Ps. 43, 24

néanmoins la mort n'en est pas un effet infaillible et nécessaire, et qu'absolument il est possible de vivre sans user de viande.

C'est ainsi, disent-ils que l'on s'expose au danger de la peste, qu'un malade peut sans blesser sa conscience demeurer dans le lieu où il est, quoi que les médecins l'assurent que l'air en est mortel, et qu'il ne saurait vivre s'il ne le quitte; qu'il peut refuser de se servir de médicaments exquis et recherchés, de viandes trop délicates, et même de prendre une couche plus douce ou plus molle, lorsque l'esprit de pénitence et le sentiment de sa piété le portent à vouloir une situation plus dure, plus incommode et plus pénible. Que ce fut par un semblable motif que le grand saint Martin se trouvant à l'extrémité de sa vie, et ses disciples le conjurant de se mettre dans une posture plus supportable que celle dans laquelle il était, leur répondit ces parole si remarquables: "Il est honteux à un chrétien de mourir autrement que sur la cendre. Laissez-moi, mes frères, je ferai contre mon devoir si je vous donnais un autre exemple "; *Non decet Christianum nisi in cinere mori. Si aliud vobis relinquo exemplum, ipse peccavi.*

Ils concluent enfin[710], que ces sortes d'actions, quand elles sont persévérantes jusqu'à la mort, causent dans l'Église des biens incomparablement plus grands que non pas les soins que l'on prend de ménager quelques instants de vie et qu'il n'y a pas lieu de douter[711] qu'on ne puisse s'y obliger légitimement, et les promettre.

Vous pouvez joindre à cela, mes frères, l'exemple de saint Charles, lequel ayant entrepris de vivre dans une pénitence qui ruinait sa santé, et abrégeait ses jours par des effets et des

---

[710] Navar. Lib de Consil. regul. Consil. 5
[711] Sylv. Tom. 1 questi. 96. concl. 2.

Chapitre XXII Question VII

impressions sensibles, résista aux sentiments de tous ses amis, qui voulaient l'obliger d'y apporter de la modération, et cependant se rendit pour quelque temps au commandement qui lui fut fait en cela de la part du souverain Pontife, témoignant que l'obéissance pouvait bien le porter à relâcher de sa rigueur ordinaire, mais non pas la crainte de déplaire à Dieu, ni de rien faire contre son devoir en persévérant, même aux dépens de sa vie, dans l'austérité qu'il avait embrassée.

Question VII

Saint Basile ne recommande-t-il pas une grande modération dans les austérités, et dans les exercices de pénitence ?

Réponse

Il est vrai que saint Basile déclare en quantité d'endroits, qu'il ne faut point accabler le corps, le mettre dans l'impuissance et dans un état qui le rende incapable de s'acquitter des fonctions et des exercices auxquels les solitaires se trouvent obligés. Il condamne les austérités indiscrètes, et montre longuement que si elles sont excessives, elles sont accompagnées de grands inconvénients. Cependant, saint Basile n'a jamais voulu condamner un genre de vie qui laissant assez de forces pour satisfaire aux obligations des Règles, a néanmoins assez d'austérité, de discipline et de rigueur pour faire sur les corps des impressions nuisibles, attaquer la santé, en altérer les fondements, en causer la perte par des indispositions et des suites qui quelquefois sont promptes, et quelquefois insensibles. On ne peut pas croire qu'il ait eu une autre intention lorsqu'on sait[712] qu'il a enseigné que les véritables solitaires devaient se nourrir d'aliments secs qui n'aient que très peu de suc et de force, afin seulement de soutenir leur faiblesse, qu'il fallait qu'ils se réduisent à ne manger qu'une fois par jour pour demeurer dans l'ordre et dans l'observation de leur Règle. Et que quand l'heure du repas était arrivée, ils devaient être si modérés à contenter leurs besoins, que jamais leur conscience ne leur fit aucun reproche.

Il dit ailleurs[713] que le pain et l'eau suffisent pour la nourriture d'un solitaire, d'une santé robuste et des légumes pour les faibles. Qu'il faut à peine prendre une seule heure dans tout le jour pour le repas et pour les nécessités du corps, et que toutes les autres doivent être employées à des exercices qui regardent l'esprit.

Qu'il ne doit dormir que d'un sommeil très léger proportionné à son abstinence, et même s'efforcer de l'interrompre quelque court qu'il soit, par le soin des grandes choses qui remplissent son cœur et son esprit.

Quoiqu'on puisse soutenir cette exactitude, toute étroite et toute serrée qu'elle est, néanmoins on laisse à juger s'il est possible selon le cours ordinaire de conserver une santé vigoureuse, et de vivre longtemps en vivant de cette manière. Ainsi, on peut assurer que saint Basile n'a voulu désapprouver que ces austérités violentes, ces macérations extraordinaires, ces jeûnes de plusieurs jours, ces abstinences excessives, soit dans la quantité, soit dans la qualité de la nourriture ou dans les temps de la prendre. Enfin,

---

[712] Const. Monast. c.6
[713] Epist. 1 ad Gre. Naz.

Chapitre XXII Question VII

l'indiscrétion de ceux qui, poussés de leur propre esprit et non pas de celui de Dieu, refusaient à la nature les aliments sans lesquels elle ne pouvait subsister. Son dessein étant de proposer une vie qui eût de la modération et qui pourrait être embrassée de plusieurs.

En un mot, il y a grande différence entre se donner le coup de la mort, et s'engager dans des actions et dans des états comme nous l'avons dit, qui soient capables d'y conduire et de l'avancer. L'un n'a jamais été permis, l'autre n'a jamais été défendu. Un prince, par exemple, commande à ses soldats de se précipiter du haut d'une tour dans le fond d'un fossé, ils ne lui doivent point d'obéissance. Mais s'il leur ordonne de passer à la nage un fleuve rapide pour attaquer et surprendre ses ennemis, de monter à une brèche bordée de soldats et toute en feu, il faut qu'ils exécutent ses ordres. Et la différence qu'il y a entre ces deux commandements, c'est que dans le premier, la mort est présente et inévitable, et dans le second, quoi que le péril soit grand, elle n'est pas tout-à-fait certaine, et il est possible d'en revenir.

Ceux qui veulent dispenser les solitaires de vivre dans une austérité rigoureuse, s'imaginent qu'ils les déchargent d'un joug qu'ils ne portent que malgré eux, et avec regret, et ils ne s'aperçoivent pas qu'ils leur arrachent de la main la planche qui leur reste pour se sauver du naufrage. Que l'unique consolation qu'ils ont en ce monde, est de venger sur leurs personnes, par le sacrifice de leurs vies, l'injure qu'ils ont faite à la Majesté de Dieu, et de lui témoigner, par la grandeur de ce renoncement, l'excès de leur douleur. La seule vue du malheur qu'ils ont eu de lui déplaire, fait qu'ils désirent la mort avec ardeur, non seulement pour punir leurs péchés, mais encore afin de n'en plus commettre. Et ils considèrent avec joie toutes les actions de pénitence qui composent l'état de leur vie, comme les instruments du supplice auquel ils se sont volontairement condamnés.

Saint Bernard n'avait garde de vouloir que les moines diminuent de l'austérité de leur vie par le désir de la rendre plus longue, et d'éloigner le moment de la mort. Il parle à ses frères des rigueurs extraordinaires de leur pénitence et il avoue qu'il est touché de compassion de ce qu'ils souffrent, mais il ne lui entre pas dans la pensée d'adoucir leurs peines, si ce n'est en les soutenant par la parole de Dieu, par l'espérance des biens à venir, et en leur représentant que c'est l'amour de Jésus Christ qui est la cause de leurs souffrances. Voici ses paroles[714]: „Ce n'est pas, mes frères, sans être touché d'une compassion vive et piquante, que je considère la grandeur de vos travaux. Je cherche à vous donner toutes les consolations que je puis. Il se présente assez de moyens de vous consoler et de soulager vos corps abattus par des peines excessives. Mais ces moyens ne vous sont pas avantageux, et vous en recevriez beaucoup plus de dommages que d'utilité. On ne saurait diminuer la mesure de la semence qu'on doit répandre dans une terre fertile, sans en rendre la récolte et la moisson moins abondante.

Et si par une pensée cruelle, j'ôtais quelque chose à votre pénitence, j'arracherais peu à peu de votre couronne les pierres précieuses, qui en doivent faire la beauté, l'ornement et la valeur. Mais à quoi pensons-nous ? Où est cette farine miraculeuse du Prophète[715]. Nous sommes dans le même besoin, et nous ressentons la même amertume.

---

[714] Prf. in Ps. 90 « *Qui habitat* »: SBO Tom IV, pp. 383-384
[715] 2 R 4, 40-41

Chapitre XXII Question VII

Car vous passez vos jours dans des mortifications continuelles, dans des jeûnes rigoureux, dans des travaux pénibles, dans des veilles extraordinaires, sans parler de vos peines intérieures et secrètes, de la contrition dont vos cœurs sont pénétrés, et de la multitude des tentations qui vous affligent. Toutefois, mes frères, si vous êtes dans un état de mort et de destruction, c'est pour celui qui est mort pour vous. Si c'est pour lui plaire que vous êtes plongés dans la tribulation, sa bonté vous remplira de consolations abondantes, en sorte que cette âme qui a refusé des satisfactions sensibles et passagères, trouve en lui des contentements solides et de véritables joies, parce que souffrir pour l'amour de Dieu, c'est une grande consolation. Il est certain que les maux que vous endurez sont au-delà des puissances humaines, et des forces de la nature, et ils sont extraordinaires.

Voilà, mes frères, de quelle manière les saints se sont efforcés d'apporter quelque soulagement aux peines et aux travaux des moines, qui se sont consacrés à la pénitence. Les âmes qui ont conservé l'innocence peuvent bien avoir des sentiments et de pensée plus modérées, mais pour celles qui n'ont pas été assez heureuses pour la garder, ou qui tiennent de l'Église de Jésus Christ en qualité de solitaires et de pénitents la place de ceux qui l'ont violée, il n'y a point d'austérité qu'elles n'embrassent avec plaisir. Et quand elles considèrent combien les hommes se mécomptent[716] pour l'ordinaire dans leurs jugements et dans leurs mesure, elles ne craignent rien davantage, sinon que leurs œuvres se trouvent tellement au-dessous de leurs obligations, qu'elles ne soient pas dignes d'être regardées dans ce jour terrible où il s'en doit faire une discussion si exacte et si rigoureuse.

---

[716] se trompent

Mais quand il arrive qu'elles mettent les peines qu'elles endurent auprès de celles qu'elles ont méritées, cette effroyable disproportion qui se rencontre entre les unes et les autres, fait qu'elles ne sauraient se lasser d'adorer les bontés du Dieu qui pardonne et remet des punitions infinies pour une réparation si légère.

Ce qui doit fortifier davantage un solitaire dans l'amour des souffrances, c'est qu'il sait qu'il a contracté une double obligation d'imiter celles de Jésus Christ par le vœu de son baptême, et par le vœu de sa profession ; et que le choix que le Père Eternel a fait de ses élus avant tous les temps, ne peut s'accomplir dans le ciel qu'autant qu'ils se sont rendus conformes à son Fils sur la terre.

Et comme il se voit dans une entière impuissance d'exprimer dans sa vie cette persécution si cruelle, cette flagellation sanglante, ce couronnement d'épines, ce crucifiement si plein de douleur et de confusion, et les autres horreurs qui ont accompagné sa passion, ce qu'il peut faire est de s'abandonner sans réserve à toutes les mortifications du corps et de l'esprit, aux veilles, aux jeûnes, aux travaux, autant que l'ordre de Dieu et la Règle le lui peut permettre, dans la crainte qu'il doit avoir que si jamais, par un amour déréglé de lui-même, ou par une compassion naturelle, il venait à diminuer de la pesanteur de la croix dont il est chargé, il n'en perde le mérite et la récompense.

Si ceux qui osent arrêter les pénitents dans leur course, et prescrire des bornes si resserrées à leurs austérités, pensaient aux désordres qu'ils peuvent causer par un mauvais conseil, ils seraient en cela plus réservés qu'ils ne le sont. S'ils pensaient, dis-je, qu'ils s'opposent à l'honneur que Dieu reçoit[717] de la pénitence

---

[717] Lc 15, 7.10

Chapitre XXII Question VII

d'un pécheur quand elle est véritable et sincère, qu'ils empêchent Jésus Christ de triompher des puissances de l'enfer, qu'ils contristent le saint Esprit, qu'ils privent l'Église de l'édification qu'elle en retire, et le pécheur du fruit de l'avantage et de la consolation qu'elle lui procure.

S'il est écrit que la pénitence d'un pécheur remplit le ciel de réjouissance, peut-on douter que celui qui est cause qu'elle n'a pas toute l'étendue et l'intégrité qu'elle doit avoir, ne porte la douleur et la tristesse dans le séjour de la consolation et de la joie ?

En vérité, si l'on connaissait la grandeur et le nombre des péchés, les secrètes dispositions de ceux qui en sont coupables, si on pénétrait la profondeur des jugements de Dieu, et la sévérité de sa justice, on pourrait parler avec plus de lumière de ceux qui vivent dans la pénitence, et dire qu'ils se tiennent dans de justes bornes, ou qu'ils excèdent et qu'ils en font trop. Mais comme ce sont des choses cachées, desquelles Dieu s'est réservé la connaissance, un pécheur aura toujours sujet de craindre (quoi qu'on lui dise et quoi qu'il fasse) que quand ses iniquités seront mises dans la balance auprès des œuvres qu'il aura faites pour les expier, ces paroles ne lui soient appliquées[718], *Appensus est in statera, et inventus es minus habens*. Ainsi il ne doit pas donner aisément sa créance à ceux qui lui disent qu'il en fait trop, et qui traitent sa pénitence comme un excès qui mérite qu'on le condamne. Et particulièrement dans la décadence de nos temps où l'usage de la pénitence est si rare et si peu connu même de ceux qui prétendent penser avec plus d'application que les autres à leur salut. Car on peut dire qu'on a pris tant de soin d'aplanir les

---

[718] Dn 5, 27 / Dan. 5,27

chemins, d'en arracher les peines et les ronces, que de quelque pays qu'on veuille revenir à Jésus Christ, on ne marche que par des plaines et par des campagnes. On n'a pas osé combattre la nécessité de porter la croix, la parole de Jésus Christ y est trop expresse, mais on ne fait point de scrupule d'en affaiblir, ou d'en éluder l'obligation par l'explication qu'on lui donne et par la manière dont on s'en acquitte. Et comme on a trouvé dans presque tous les états et les professions, le secret de l'allier et de la rendre compatible avec l'affaiblissement et la mollesse d'une vie douce, commode et relâchée, il ne faut pas s'étonner si on regarde comme une espèce d'emportement, et comme une singularité vicieuse, ce qui sort des pratiques communes, et des voies ordinaires.

Il est vrai que Jésus Christ s'est offert à son Père en qualité de victime pour la réconciliation du monde, et que la grâce qu'il lui à demandée a été accordée à l'instance de ses prières, à la dignité de sa mort, et au mérite de son sang. Cependant il faut que les hommes s'en fassent l'application par leurs propres souffrances. L'arrêt que Dieu prononça contre eux en suite du péché, n'a point été révoqué; il subsiste encore. Jésus Christ a seulement changé la nature des peines, il les a sanctifiées, et au lieu qu'elles étaient des caractères de la malédiction et des monuments de la colère de Dieu, elles sont devenues comme des degrés par lesquels ils peuvent s'élever à la félicité qu'il leur a méritée par les siennes.

Enfin, Jésus Christ a pris tellement sur lui la punition du péché, qu'il n'a point dispensé les hommes de la souffrir; il a bu le calice afin de nous rendre dignes de le boire après lui. Et il a voulu qu'il passe de sa bouche à celle de tous les pécheurs, selon ces paroles

Chapitre XXII Question VII

du Prophète: tous les pécheurs sans exception en boiront; *Bibent omnes peccatores terræ*[719] en réservant ce qu'il a de plus amer à ceux qui sont davantage selon son cœur, et qui lui sont plus particulièrement consacrés. Ainsi, prétendre à la gloire sans y aller par la participation de ses souffrances, c'est se tromper, c'est renverser cet ordre si nécessaire, si saint et si adorable, qu'il a établi dans le monde par son propre exemple, c'est détruire cette correspondance toute divine qui doit se rencontrer entre le chef et les membres; au lieu de porter dans notre corps, comme le dit le saint apôtre[720] la mortification de Jésus Christ: *Mortificationem Jesu in corpore nostre cicumferentes*, c'est-à-dire au lieu d'attacher à la croix nos cupidités, nos passions, et toutes les inclinations de la nature, avec les clous de la mortification et de la pénitence. C'est là votre sort, mes frères, quoi qu'on en dise, c'est votre partage, c'est votre dignité. C'est là la marque de la distinction avec laquelle il a plu à Dieu de vous traiter en vous destinant à sa gloire, et vous appelant à l'héritage de ses saints. *In partem sortis sanctorum*.

Ce sont des vérités, mes frères, que Jésus Christ nous a enseignées, qu'il a autorisées par son exemple, scellées de son sang, qui se sont conservées dans la tradition de son Église, par la fidélité et la religion avec laquelle ses serviteurs les ont observées. Et si on remonte dans la suite des siècles, et qu'on aille depuis nos temps jusqu'aux origines et aux sources, on trouvera par ces monuments qui sont gardés de la vie et des actions des saints qu'il n'y a rien qui se soit fait remarquer, ni qui ait dominé

---

[719] Ps 74, 9
[720] 2 Co 4, 10

davantage dans leur conduite, que l'amour de la croix, de la mortification et de la souffrance.

Voilà, mes frères, les véritables principes sur lesquels vous devez résoudre le doute et la difficulté que vous nous avez proposée. Et pour vous en votre particulier, s'il arrivait jamais qu'on veuille attaquer la vie que vous menez, toute commune et modérée qu'elle est, et lui attribuer des excès et des extrémités qu'elle n'a point, répondez avec liberté que quoi que vous puissiez faire, vous n'êtes que des images fort imparfaites de tant de saints et de solitaires qui vous ont précédés, et qui ont servi Jésus Christ dans la faim, dans la soif, dans la nudité, dans le travail et dans les fatigues, dans les veilles, dans les jeûnes, dans les prières et dans les méditations, et dans une infinité d'afflictions longues et pénibles. Qu'il faut supprimer ces histoires si édifiantes de leurs vies, ou vous en interdire la lecture, si on ne veut pas souffrir que vous en exprimiez au moins quelques traits dans les vôtres. Pourquoi les lire seulement pour votre confusion et jamais pour la consolation de les imiter ?

Dites, pour vous resserrer dans votre état, que vous avez des Instituteurs qui sont des saints, qu'ils vous ont donné des Règles et que bien que vous essayiez de les suivre avec exactitude, vous êtes néanmoins fort éloignés de pratiquer les instructions qu'ils vous ont laissées. Que les jeûnes qui s'observaient du temps de saint Benoît et de saint Bernard, dont vous avez embrassé l'Institut, sont beaucoup au-dessus des vôtres; qu'ils ne faisaient qu'un repas chaque jour, à l'heure de None: c'est-à-dire à trois heures de l'après midi; que vous rompez le jeûne à l'heure de midi, et qu'on vous permet de prendre quelque chose le soir. Dites

Chapitre XXII Question VII

qu'ils vous surpassent aussi dans le travail des mains, puisqu'ils sciaient les blés et qu'ils faisaient la moisson[721]. Dites que du temps de saint Bernard, que vous regardez comme votre Père, les religieux de Cîteaux, auxquels vous succédez, étaient occupés à de semblables travaux, et gardaient la même abstinence. Que leur nourriture ordinaire était de légumes, d'herbes et de racines, qu'on n'assaisonnait qu'avec du sel et de l'eau; qu'on ne leur servait qu'une livre de gros pain par jour, et au cas qu'ils n'en eussent pas assez pour le souper, on en ajoutait d'une nature, dont la farine n'avait point été sassée[722]. Que les infirmes se levaient la nuit à l'heure de la communauté; que le jour du Vendredi saint, ils observaient la nudité des pieds comme le reste de leurs frères. Enfin, dites que votre vie ne tient en rien de cette rigueur et que l'austérité qu'on prétend que vous gardez étant fort inférieure à celle de vos Fondateurs, et de vos Pères, on devrait vous accuser plutôt de relâchement que d'excès.

Pour ce qui est du scrupule qu'on voudrait vous donner sur le nombre de vos Frères que la divine Providence a retirés de ce monde en si peu de temps, vous devez être dans un grand repos, quand vous considérerez qu'ils ont fini leurs jours dans un état, dans une pénitence, et sous des Règles approuvées de l'Église; qu'ils ont trouvé dans le monastère ce qu'ils y avaient cherché, savoir d'y vivre et d'y mourir dans une paix sainte. Que ceux qui quittent le monde et qui se renferment dans les cloîtres par le mouvement de l'Esprit de Dieu, y viennent non pas pour conserver leurs vies, mais pour se préparer à la mort et que bannissant de leur cœur tout amour de ce qui passe, et de ce qui

---

[721] Saint Bernard: Epist. 1, ad nep. SBO Tom. VII,p. 1.
[722] Fastred.: Ep. 386 intra opera Bern.; Instil. Cap. Gén. 1324

est périssable, ils ne doivent plus être occupés que des choses éternelles.

Saint Bernard était rempli de ce sentiment, quand il refusa aux religieux de saint Anastase[723], comme nous l'avons déjà remarqué, la permission qu'ils lui demandaient d'user de remèdes et de médecines, parce que le méchant air du lieu dans lequel ils vivaient les rendait malades, et qu'il leur accorda seulement l'usage de quelques plantes communes, en leur disant qu'il croyait qu'il avait l'esprit de Dieu, et qu'il leur parlait par son mouvement quand il les avertissait: "Que ceux qui vivaient selon les maximes de la chair, ne pouvaient plaire à Dieu; qu'il fallait acheter les choses spirituelles par les spirituelles. Qu'ils feraient beaucoup mieux de désirer des potions qui leur servent à acquérir l'humilité, et de dire à Dieu avec des cris véhéments: *Sana animam meam quia peccavi tibi*[724]; que c'est cette santé-là qu'ils doivent rechercher et conserver de tous leurs soins, parce que celle qui nous vient de la part des hommes, n'est que vanité: *Quia vana salus hominis*[725].

Il fait connaître partout à quel point il était confirmé dans cette pensée; mais nous le voyons encore particulièrement dans le témoignage du Bienheureux Fastrède, que nous venons de citer; lequel rapporte qu'il lui avait ouï dire ces paroles, qu'on ne saurait trop répéter: Il ne suffit pas à un religieux d'alléguer qu'il est infirme, car nos saints Pères et nos saints Prédécesseurs choisissaient des vallées basses et humides, pour y bâtir des monastères, afin que les religieux étant toujours malades, et ayant

---

[723] Ep. 321; in SBO: Ep. 345; Tom. VIII, p.286.
[724] Ps 40, 5
[725] Ps 107, 13

Chapitre XXII Question VII

présente l'image de la mort, ils vivent incessamment dans la crainte du Seigneur.

Croyez donc, mes frères, que l'opinion de ceux qui s'imaginent qu'il n'est pas permis d'entreprendre des austérités quand elles sont capables d'abréger les jours, n'est point l'opinion des saints; qu'ils ont pu vouloir qu'on garde quelque ménagement dans la pénitence, mais qu'ils n'y ont point mis de limites si étroites, que leur vie leur a été beaucoup moins précieuse que leur salut, et qu'ils ont marché dans le chemin de la Croix d'un cœur et d'une volonté plus étendue.

Que si votre vie n'est ni approuvée ni goûtée de la plupart des hommes, qu'il vous suffise pour votre consolation, qu'elle possède tous les caractères et toutes les marques qui peuvent vous faire croire qu'elle est selon l'Esprit de Dieu. Elle n'est ni nouvelle, ni singulière, et on n'a point de fondement légitime pour condamner votre conduite puisque vous ne faites que suivre les maximes de ceux que Jésus Christ vous a donnés pour Instituteurs et pour Pères.

PRIVILEGE DU ROY.

LOUIS par la grace de Dieu, Roy de France & de Navarre ; A nos amez & feaux les gens tenans nos Cours de Parlement, Grand Conseil, Requestes ordinaires de nostre Hôtel & du Palais, Baillifs, Seneschaux, Prevosts ou leurs Lieutenans, & à tous autres nos Justiciers & Officiers qu'il appartiendra, Salut. Nostre bien Amé François Muguet, nostre Imprimeur ordinaire, nous à fait remonstrer qu'il a un Manuscrit qui a pour titre, *De la Sainteté & des Devoirs de la Vie Monastique*, lequel il desireroit imprimer, s'il nous plaisoit luy accorder nos Lettres de permission à ce necessaires. Pour ces causes ; voulant favorablement traiter l'Exposant, Nous luy avons de nostre grace speciale, pleine puissance & autorité Royale, permis & permettons par ces Presentes, d'imprimer ledit Manuscrit, en tel caractere, & autant de fois qu'il voudra, & ce durant le temps & espace de vingt années, à commencer du jour & datte de l'impression dudit Manuscrit ; pendant lequel temps, Nous faisons tres-expresses défenses à tous Libraires, Imprimeurs ou autres de quelque condition qu'ils soient, d'imprimer ledit Ma-

Des Mitigations. Ch. XXIII.
de fundement legitime pour condamner
vostre conduite, puisque vous ne faites
que suivre les maximes de ceux que
JESUS-CHRIST vous a donnez pour
Instructeurs & pour Peres.

CHAPITRE XXIII.

Des Mitigations.

QUESTION PREMIERE.

La vie Religieuse estant un estat d'une si grande pureté & d'une perfection si consommée, comment peut-on demeurer en seureté de conscience dans une observance mitigée ?

RÉPONSE.

POUR répondre à vostre question, mes Freres, je vous diray que la mitigation d'un Ordre n'estant qu'un adoucissement, une modification, ou un changement de Statuts, ce changement se fait ou dans des choses legeres, ou en des points principaux & des articles importans (car pour les Reglemens essentiels ils sont immuables.) L'alteration dans les

Chapitre XXIII

Mitigations

Question première

La vie religieuse étant un état d'une si grande pénitence et d'une perfection si consommée, comment peut-on demeurer en sûreté de conscience dans une observance mitigée ?

Réponse

Pour répondre à votre question, mes frères, je vous dirai que la mitigation d'un Ordre n'étant qu'un adoucissement, une modification ou un changement de Statuts, ce changement se fait ou dans des choses légères, ou en des points principaux et des articles importants (car pour les Règlements essentiels, ils sont immuables). L'altération dans les matières, même peu considérables, n'est jamais exempte de quelque péché, quand elle arrive de la part de ceux qui n'ont pas le pouvoir de la faire; parce que, comme dit très bien saint Bernard[726], on ne saurait négliger le moindre point de sa Règle avec attention et détermination, que l'on ne pèche. Et pour ceux qui ont l'autorité, lorsqu'ils se portent à ces sortes de changements sans avoir des fondements justes et des raisons légitimes, ils pèchent plus que les autres, parce que les supérieurs sont plus étroitement obligés à la transmission[727] et à la

---

[726] De Præc. et disp.; c. 12.13.14.15. SBO Vol. III p. 273...
[727] Rancé emploie le mot du XVIIe siècle: « manutention ».

Chapitre XXIII Question II

conservation des Règles, que ceux qui leur sont soumis. Cependant dans l'un et dans l'autre cas, un religieux peut être en sûreté de conscience dans une Observance mitigée; ce qui s'y trouve de changé étant peu de chose et n'empêchant pas qu'il n'y ait tous les secours et les moyens nécessaires pour se sanctifier, et pour arriver au but et à la fin de son état.

Question II

Le supérieur d'un monastère n'est-il pas une règle vivante ? Et ne peut-il pas modifier la Règle quand il lui plaît ?

Réponse

Non; c'est un abus de l'entreprendre[728]; il est soumis à la Règle comme les autres et même plus que les autres. Saint Benoît ordonne[729] que sa Règle soit gardée de tous, sans distinction, et avec une exactitude égale. Je prends celle-là pour exemple: *In omnibus omnes magistram sequantur regulam, neque ab ea temerè devietur à quoquam.* Le supérieur n'a de l'autorité que pour faire qu'elle s'observe, pour la conserver dans son intégrité; et il doit y contribuer de sa parole, de son exemple et de tous ses soins. Et on ne l'appelle (le supérieur) la Règle vivante, que parce qu'elle doit être et se faire voir plus vive, plus animée et plus entière dans sa conduite que dans celle de ses frères.

Saint Benoît veut[730] que le supérieur conduise beaucoup plus par la sainteté et par l'exemple de sa vie que par ses instructions.

---

[728] De Præc. et disp.; c.4; SBO vol.III, p. 259.
[729] RB c.3
[730] Id. c. 2

Saint Basile nous apprend[731] que sa conversation[732] doit être si exacte, ses mœurs si graves et si dignes de son état, qu'elles puissent servir de loi et de règles à toute la communauté. Le même saint dit ailleurs qu'il faut qu'un supérieur soit au-dessus de ceux qui sont sous sa charge, par la prudence, la gravité, l'exactitude et par le règlement de sa vie, afin que les vertus qui éclatent en sa personne rejaillissent sur ceux qui l'ont choisi pour leur modèle, et qui tâchent de l'imiter.

C'est donc quand le supérieur a ces qualités qu'il doit être regardé comme une Règle vivante, et non pas quand il en a de contraires. C'est quand il maintient sa Règle parmi ses frères et non pas quand il la détruite. Enfin, c'est quand sa conduite est si exemplaire et si réglée que, comme dit saint Benoît, il fait dans le monastère ce que Jésus Christ y ferait lui-même s'il y était733. Christi enim agere vices in monasterio creditur.

Cela suffit pour faire voir que cette maxime qui met les communautés religieuses dans une fausse sécurité, est mal entendue; que le sens qu'on lui donne n'est qu'une imagination trompeuse et grossière, qui ne sert qu'à autoriser le mauvais usage que les supérieurs font de leur pouvoir et la licence de ceux qui leur sont soumis.

Pour ce qui est des mitigations en des points considérables et dans les pratiques importantes, elles ont été introduites ou par le libertinage et l'impénitence des moines; ou par l'inapplication, la négligence, la malignité ou la fausse prudence des supérieurs réguliers; ou par l'autorité de l'Église. Dans ces premiers cas,

---

[731] Serm. 1 de Instit. Mon. c.2
[732] Cf. note 20 p. 11
[733] RB c.2

Chapitre XXIII Question II

elles ne doivent être regardées que comme une violation de la Règle et comme une transgression de la loi. Et l'antiquité, l'approbation de ces supérieurs, et le consentement des particuliers, ne les rend ni plus légitimes, ni moins criminelles. C'est à proprement parler, une corruption d'état, comme nous l'avons déjà dit; c'est une destruction, colorée de prétextes apparents. C'est une prévarication honteuse, de laquelle on ne rougit plus parce qu'elle n'est plus nouvelle et que l'on y est accoutumé. Et comme la vérité subsiste toujours en elle-même, qu'elle ne peut être détruite par les coutumes contraires; que les crimes pour être devenus publics n'abrogent point la loi et qu'il n'y aurait rien de plus extravagant que de prétendre qu'elle aurait perdu sa force parce que les infractions se sont multipliées et qu'elles ne sont plus punies, et de vouloir faire passer les coupables pour innocents à cause du grand nombre de complices.

La Règle est toujours en elle-même ce qu'elle a été dans son commencement; elle n'est point révoquée par l'inobservation. Les contraventions n'empêchent pas que ceux qui l'ont professée ne soient obligés de la garder. Il faut convenir que ces sortes de mitigations sont abusives, que ceux qui les embrassent les premiers et ceux qui les suivent, sont dans l'erreur et dans le péché; qu'ils vivent dans une prévarication constante et que c'est sans fondement et par une illusion déplorable qu'ils se persuadent être dans le port, lorsqu'en fait, ils sont dans le milieu du naufrage.

C'est une vérité constante, mes frères, que les religieux sont obligés de garder leurs Règles, à moins qu'elles ne soient changées par des mitigations légitimes. Et on ne peut en transgresser les statuts et les pratiques, comme nous venons de l'avancer, sans un péché considérable, et sans une offense qui, selon saint Bernard[734], mérite le nom de crime et donne la mort: *Reliqua universa non profitentibus quidem monita tantum, seu consilia censenda sunt, nec gravant non observata, cum tamen profitentibus, in præcepta, prævaricantibus, incrimina fiant.*

Afin que la chose soit plus claire, prenons pour exemple la Règle de saint Benoît, qui est présentement la plus étendue et de laquelle il s'est formé dans l'Église plus d'observances régulières. On y a quitté l'abstinence de la viande, l'austérité des jeûnes, les veilles, les couches dures, le travail des mains, la solitude, le silence dans comme hors des monastères, la rareté des conférences entre les frères, l'éloignement des affaires et des communications avec le monde, que saint Benoît exprime par ces paroles[735]: *A sæculi actibus se facere alienum*; la pauvreté, la simplicité si recommandée, les humiliations, les mortifications du corps et de l'esprit, la conduite du supérieur, la stabilité dans le monastère, et quantité de pratiques semblables.

Si ce changement est arrivé par la décadence des temps et par le libertinage des frères, c'est une corruption toute évidente qui n'empêche point que la Règle ne subsiste en elle-même. Si c'est par le ministère des supérieurs monastiques, ils n'ont point eu d'autorité pour cela, et leur conduite ne peut être regardée que comme une présomption et une entreprise injuste. Car quoique le supérieurs, par de justes raisons et des considérations saintes puissent dispenser de quelques observances, il faut que ce soit seulement en quelques cas, pour quelques personnes, et pour quelque temps.

---

[734] De præc. Et disp. c. 1-2; SBO Vol. III pp. 255-256
[735] RB c.4

Chapitre XXIII Question II

À moins que la nécessité qui les a portés à accorder cette dispense ne cessant point, les oblige de la continuer. Mais de changer toutes ces différentes pratiques que nous venons de nommer, cela passe leur pouvoir, c'est abolir une observance régulière, c'est lui ôter ce qui la forme et ce qui la conserve. Et cependant, elle ne peut être légitimement détruite que par la même autorité qui l'a établie, je veux dire celle du Pape et de l'Église. Mais quand cela n'excèderait pas la puissance des supérieurs monastiques, ils ne le peuvent faire que par une véritable nécessité et par une dispensation charitable et pour l'utilité de l'Église, comme nous l'apprenons de saint Bernard[736]:*Nonne justissimum esse liquet, ut quæ pro charitate inventa fuerunt, pro charitate quoque, ubi expedire videbitur, vel omittandur, vel intermittantur, vel in aliud forte commodiùs demutentur... Ubi ergo necessitas fuerit, ad utilitatim Ecclesiæ, qui potestatem habet, ea dispenset; ex necessitatite enim sit mutatio legis.* Et c'est ce que ne se rencontre point dans la plupart des mitigations dont nous avons quelque connaissance. Car si c'est la charité qui les a fait agir, il faut qu'ils aient eu devant les yeux la gloire de Dieu, la sanctification de leurs frères, l'édification de l'Église et leur propre salut.

Mais bien loin que l'on y remarque aucun de ces motifs, l'on n'y voit rien qui ne persuade qu'on a eu des vues toutes contraires, puisque dans tous les lieux où ces mitigations ont été introduites, les dérèglements qui s'y commettent donnent des armes aux ennemis de Dieu pour attaquer la gloire de son nom, remplissent son Église de scandales et condamnent à son

---

[736] De Præc. Et disp. c. 2; SBO Vol. III; p. 257.

jugement les religieux qui se laissent conduire dans cette inobservance, comme les supérieurs qui les y conduisent.

Secondement, tous les religieux qui s'engagent au service de Jésus Christ sous la règle de saint Benoît, lui promettent par leur profession de changer leurs mœurs selon cette Règle[737] : *Promitto conversionem morum meorum secundum regulam sancti Benedicti.* C'est-à-dire d'instituer leur vie, de la régler et de la former sur les maximes, les instructions et les pratiques qui s'y trouvent établies, et de tendre à la perfection, qui est le but et la fin de toutes les Observances religieuses par les moyens qu'elle leur prescrit. C'est une vérité si évidente qu'il n'y aurait rien de moins raisonnable que de la contester, ni rien de plus inutile que de vouloir en faire la preuve. Cela étant ainsi, peut-il y avoir une violation de la Règle plus positive, une transgression plus littérale que d'abandonner ses règlements, ces moyens et toutes ces différentes pratiques, selon lesquelles on a promis à Dieu de travailler à la conversion de sa vie ? Et peut-on regarder une telle conduite, quand elle est fixe, autrement que comme une transgression d'état, et ceux qui la suivent comme des prévaricateurs de profession ?

Troisièmement, tout homme qui s'est consacré à Dieu par les vœux de la religion, est dans l'obligation de tendre à ce qu'il y a de plus saint dans la vie chrétienne, et de s'élever, comme nous l'avons dit, à ce que l'Évangile de Jésus Christ a de plus pur, de plus excellent et de plus parfait.

C'est ce que nous ont appris non seulement les saints des premiers siècles comme saint Ephrem, saint Basile, Cassien, saint Jean Climaque, et ceux qui sont venus longtemps après eux,

---

[737] RB 58

Chapitre XXIII Question II

comme saint Bernard et saint Thomas, mais encore ceux qui dans notre temps ont écrit des devoirs des religieux avec plus de piété et de lumière, comme sainte Thérèse, Rodriguez, le Père Saint Jure. Et il n'y en a pas un dont le sentiment ne soit que tout religieux qui ne se trouve pas dans cette disposition n'est point en voie de salut. Or, cette perfection est un but auquel on n'arrive que par les moyens et les voies que les Saints ont établies. Tous ceux dont la Providence s'est servie pour instituer dans son Église des Ordres et des Congrégations monastiques, n'ont jamais manqué de faire des lois et des Règles pour parvenir à cette fin.

Et dans la Règle de saint Benoît que nous avons prise pour exemple, les moyens et les exercices que ce grand saint a donnés à tous ceux desquels il devait être le Père, sont ceux que nous avons nommés et dont nous ne voyons presque plus de marques ni de vestiges dans les monastères ni les communautés relâchées. Et rien ce me semble, n'est plus contre la raison et contre le bon sens que de se figurer que des personnes se proposent une fin, et travaillent pour l'acquérir, quand non seulement elle rejettent les moyens et les voies établies par ceux que Dieu a préposés pour leur donner en cela lumière, direction et conduite; mais encore quand ils en prennent qui leur sont toutes contraires.

Si un homme marchait du côté de l'Occident et que lui ayant demandé où il prétend aller, il me répondait qu'il s'est va en Chine ou dans le Japon, je ne conclurais autre chose de sa réponse, sinon qu'il aurait perdu la raison, ou qu'il se serait égaré sans le savoir; ou bien qu'il me parlerait contre ce qu'il pense. C'est à ces gens-là que s'adresse saint Augustin quand il dit[738]:

---

[738] Cf.: 2e discours sur le Ps 31, n° 4; Discours sur les Psaumes, vol. I, p. 333. Cerf; Coll. Sagesses chrétiennes, Paris, 2007.

„Tendis ad portum ? ad saxa properas ". Vous prétendez arriver au port par la route que vous tenez; mais vous êtes bien trompé, car vous allez, à pleines voiles, donner contre les rochers.

Que dirait-on d'un homme qui étant commis à la garde d'une place importante dans le milieu d'un pays ennemi, en démolirait tous les fortifications et toutes les défenses, sinon que son dessein serait d'en faciliter la prise, et de la mettre hors d'état de pouvoir se défendre lorsqu'elle serait attaquée. Ainsi n'a-t-on pas sujet de penser que ceux qui s'imaginent en faire assez, en disant qu'ils veulent garder la pauvreté, la chasteté, l'obéissance, comme des choses essentielles à l'état religieux, et qui néanmoins abolissent sans honte et sans crainte les régularités, les observances et les pratiques que les saints ont établies pour les conserver, ont envie de livrer la place, et qu'ils ne se soucient dans le fond ni de la pauvreté, ni de la chasteté, ni de l'obéissance.

C'est précisément ce quoi se passe dans le fait présent. Saint Benoît a institué des jeûnes, des veilles, des abstinences, des travaux corporels, et la mortification, pour détruire l'impureté de la chair, pour acquérir et pour conserver cette pureté qui est si rare, et si opposée à toutes les pensées et les inclinations de la nature. N'est-ce pas se tromper et tromper les autres que de vouloir parvenir à ce que ce grand saint se propose, en menant une vie molle et relâchée, et la voulant passer dans la bonne chère, l'oisiveté, l'inutilité, et dans la recherche de ses satisfactions et de ses plaisirs ?

Pour acquérir et pour conserver le calme des passions, la tranquillité de l'âme, l'application à Dieu, la pureté du cœur et de l'esprit, enfin ce dégagement parfait dans lequel il n'y a point de religieux qui ne soit obligé de vivre, saint Benoît a établi la solitude, la séparation des gens du siècle, l'éloignement des

Chapitre XXIII Question II

commerces du monde, le silence perpétuel entre les frères, cette rareté de conférences et d'entretiens, même de ceux qui pourraient contribuer à l'édification. Et on veut qu'en communiquant avec les personnes du monde, en rendant et recevant des visites, en parlant indifféremment de tout ce qui se passe dans le siècle, dont on devrait avoir perdu toute mémoire, remplissant incessamment son cœur et son esprit de tout ce qui n'y devrait pas avoir la moindre place, et qu'ayant avec ses frères des communications aussi libres, aussi familières et aussi fréquentes, que si l'on avait nulle obligation d'observer le silence, on obtienne de Dieu ce repos sacré, cette présence de ses jugements, cette continuelle occupation des choses éternelles, et toutes ces dispositions intérieures qui sanctifient les hommes dans les cloîtres, et qui les rendent dignes de lui.

Le même saint Benoît, pour former des religieux dans la pauvreté évangélique, et dans une obéissance parfaite, les prive de toutes les choses superflues; ne leur laisse que le seul usage de celles qui leur sont absolument nécessaires, et encore; en dépendance de la permission des supérieurs; et accompagne cela d'une simplicité qui puisse les faire ressouvenir sans cesse de l'obligation qu'ils ont d'imiter la pauvreté de Jésus Christ.

Il règle d'une manière si exacte tous les moments et les circonstances de leur vie qu'il n'y en a pas une qui ne doive se passer dans la dépendance. Et l'on s'imagine pouvoir acquérir la vertu et le mérite de la pauvreté et de l'obéissance en vivant dans la recherche des commodités, des biens, de l'abondance, de l'ornement, de l'ajustement, du luxe et de la vanité du monde; dans le libertinage, dans l'exemption de toute assujettissement de toute discipline, et réduisant la religion et la faisant consister au nom, à l'habit, à quelques comportements et à quelques cérémonies extérieures.

En quatrième lieu, la religion à la bien prendre, est un contrat que la créature passe avec Dieu. Elle lui donne son temps, ses biens, sa liberté, sa vie, sa personne toute entière, et ne se réserve que l'espérance des biens que Jésus Christ a promis de donner à ceux qui quittent et qui renoncent à tout pour le suivre. Elle s'engage à le servir selon tous les préceptes, les instructions et les pratiques contenues dans la Règle dont elle fait profession. Et Dieu lui promet en échange de recevoir ses services, de la rendre heureuse, et d'être lui-même son bonheur, sa gloire et sa récompense. Cette obligation est réciproque, et Dieu ne s'engage à rien envers la créature, qu'à condition qu'elle sera constante et fidèle dans l'exécution et dans l'accomplissement de ses vœux. C'est ce que saint Benoît nous enseigne, lorsque dans le dénombrement qu'il nous a fait des moyens par lesquels les religieux doivent se sanctifier, il nous déclare que Dieu a attaché leur récompense à leur fidélité, et qu'ils ne doivent se la promettre qu'après s'être acquittés incessamment, et le jour et la nuit, de toutes les obligations et les pratiques établies dans la Règle[739] : *Hæc sunt instrumenta artis spiritualis quæ cum fuerint à nobis die noctuque incessabiliter adimpleta, et in die judicii reconsignata, illa merces nobis à Domino recompensabitur quam ipse promisit.* Il dit ailleurs[740] qu'un religieux doit savoir qu'il se moque de Dieu qui le condamnera, s'il manque de s'acquitter de ce qu'il lui a promis : *Ut si aliquando aliter fecerit, ab eo se damnandum sciat quem irridet.*

---

[739] RB c. 4
[740] Id. c. 58

Chapitre XXIII Question II

On voit par là que les religieux qui sont dispensés de toutes ces diverses observances que nous avons marquées, du jeûne : des veilles, de l'abstinence, du travail, des mortifications des sens et de l'esprit, de la pauvreté, de la simplicité, de l'éloignement des affaires, du commerce et des manières du monde, et qui vivent dans les usages opposés à toutes ces saintes pratiques, ne sont point dans le droit d'espérer de Dieu ce qu'il n'a promis qu'à ceux qui les observeraient, et que faute de satisfaire à leurs engagements, et d'en exécuter les conditions et les clauses, ils n'ont ni qualité, ni titres pour en rien prétendre.

Vous avez renoncé une fois pour toutes, dit saint Ephrem[741], à Satan, et à ses anges; vous avez fait un accord avec Jésus Christ en présence de plusieurs témoins. Considérez avec qui vous avez traité, et faites-en le cas que vous devez. Sachez que dans ce moment même les anges ont écrit vos vœux, vos promesses, et la protestation que vous avez de renoncer aux choses du monde, et qu'ils la conservent dans le ciel jusqu'au jour de ce jugement redoutable.

N'êtes vous pas frappé de crainte ? N'êtes-vous pas saisis d'horreur ? Les anges produiront alors devant ce tribunal si terrible, la cédule de votre engagement, et les paroles que votre bouche aura prononcées devant ce tribunal, dis-je, devant lequel les anges ne paraîtront qu'avec tremblement. *Semel abrenuntiasti Satane et Angelis ejus; pactus autem es Christo coram multis testibus. At vide, cuinam pactus fis et ne parvipendas. Id porro noveris quod Angeli in hora illa, voces tuas, et pacta tua, abrenuntiationemque tuam descripserint, et in cœlis usque ad horribilem illum judicii diem conservant. Non pertimescis? Non*

---

[741] Serm. 1 De Compunctorius

exhorrescis ? In die judicii proferent Angeli chorigraphum tuum, et verba oris tui coram formidabili Tribunali, ubi etiam Angeli cum tremore assistent.

Cela suffit pour prouver que ces sortes de mitigations dont nous parlons, ne sont qu'une violation de la loi de Dieu, un mépris de ses ordres, une résistance fixe et toute publique à ses volontés; enfin un ministère d'iniquité, et par conséquent un état de mort.

Question III

Peut-on apporter quelques raisons pour combattre les vérités dont vous venez de nous parler, qui nous paraissent si solides et si convaincantes ?

Réponse

Oui, on se sert d'ordinaire de trois raisons pour tâcher de les éluder. Car on dit premièrement, que le devoir et la principale obligation d'un religieux est celle d'obéir, et que les mitigations ayant été établies et de l'autorité et par la dispensation des supérieurs, elles sont légitimes; et qu'ainsi les inférieurs peuvent les embrasser en sûreté de conscience.

On dit en second lieu que les coutumes anciennes et autorisées par un grand nombre de personnes, et une longue suite de temps, prescrivent contre la loi.

Enfin on soutient qu'on n'est obligé qu'à ce qu'on a promis, et que comme on n'a eu devant les yeux que les pratiques présentes, on satisfait à son obligation quand on les garde.

Mais toutes ces raisons n'ont aucune solidité. Et pour commencer par la première, il est vrai et il faut demeurer d'accord que l'obligation principale d'un religieux est celle d'obéir et de se soumettre. Mais il ne le doit faire qu'en la manière qu'il l'a

Chapitre XXIII Question III

promis; et comme un religieux ne s'est pas obligé à une obéissance simple et sans limites, mais à une obéissance qui est selon la Règle, il ne doit pas aussi la rendre lorsqu'elle lui est contraire et qu'elle la détruit. Et le supérieur n'a aucun droit de l'exiger.

Saint Bernard nous a déclaré[742] qu'il ne faut pas que le supérieur lâche la bride à son imagination dans les commandements qu'ils fait à ceux qui lui sont soumis, mais qu'il doit savoir que la Règle lui a prescrit des bornes et des mesures. Et qu'il ne suffit pas qu'il ordonne ce qui semble avoir de la rectitude, mais qu'il est nécessaire que ce soit la rectitude même établie par la Règle, ou au moins, qu'elle soit dans son esprit et conforme à ce qui a été institué par saint Benoît. Le religieux ne promet qu'une obéissance selon la Règle de saint Benoît, et ainsi il ne s'est pas soumis à toutes les volontés de son supérieur, mais seulement à celles qui se trouveraient selon la Règle. En sorte qu'il n'est point obligé de lui obéir au cas qu'il lui commande quelque chose qui manifestement ne lui soit pas conforme. *Opportet eum qui præest, non fræna suæ laxare voluntati super subditos, sed præfixam ex regula sibi scire mensuram et sic demum sua imperia moderari, circa id solum quod esse rectum constiterit; nec quodlibet rectum, sed hoc tantum quod prædictus Pater instituit, aut certè quod sit secundum quod instituit.* Et il est clair que saint Benoît n'a jamais eu l'intention que le supérieur puisse disposer de la Règle comme il lui plairait, puisqu'il ne lui a donné d'autorité et de puissance qu'afin de la faire observer.

---

[742] De præcept. et disp. c.4, n° 10. OSB Vol. III, p. 260.

Secondement, saint Basile qui a porté l'obéissance des religieux plus loin que personne, puisqu'il leur ordonne[743] d'imiter celle de Jésus Christ et d'obéir jusqu'à la mort, veut qu'ils se servent de leur discernement et que dans de certaines rencontres, ils examinent les ordres qu'un supérieur leur donne, sur la parole de Jésus Christ ou sur les instructions et les exemples des saints, et prononce qu'ils ne sont point obligés d'obéir, lorsque leurs commandements se trouvent contraires à l'une ou à l'autre de ces Règles.

Troisièmement, saint Paul veut que l'obéissance des inférieurs soit raisonnable: *rationabile obsequium*[744]. Cependant il n'y a rien qui le soit moins que d'obéir aux hommes lorsque nous ne le pouvons sans violer la loi de Dieu, et sans renverser les ordonnances de ses saints, contre nos engagements et les protestations solennelles que nous lui avons faites de les observer inviolablement.

Il faut respecter les supérieurs, et leur obéir comme à Jésus Christ même, dont ils sont les ministres et les vicaires, quand même nous verrions du dérèglement dans leurs mœurs et dans leur conduite; mais s'il arrive qu'au lieu de vous soutenir dans l'observation exacte des choses que vous leur avez promises; et de vous élever, comme ils y sont obligés, à la perfection d'une vie sainte, ils vous portent à l'infraction de vos Règles, à la violation de vos vœux, s'ils vous abaissent et vous terrent dans l'abîme d'une conversation[745] molle, licencieuse, relâchée, indigne de la pureté de votre état, regardez-les comme ces pasteurs mercenaires

---

[743] G.R. quæst. 119 p. 236 + id. quæst. 303 p. 339.
[744] Rm 12, 1
[745] En français médiéval = genre de vie; comportement

Chapitre XXIII Question III

dont parle Jérémie, qui ont démoli la vigne du Seigneur, qui ont foulé aux pieds son héritage, et fait un désert sec et stérile d'une terre délicieuse qu'il s'était réservée[746]: *Pastores multi demoliti sunt vineam meam,conculcaverunt partem meam, dederunt portionem meam desiderabilem in desertum solitudinis.* Et ne doutez pas que vous ne soyez dans le cas auquel vous devez dire avec le saint apôtre[747]: *Obedire oportet Deo, magis quam hominibus.*

Pour la seconde raison qu'on prend du côté de la coutume, elle est nulle et il n'y a pas plus d'assurance de s'y arrêter qu'à la première. Une loi sainte ne peut être détruite par une coutume qui ne l'est pas. Elle subsiste nonobstant les abus qui la combattent. Et si la force qu'elle conserve n'opère pas la sanctification des hommes, il ne faut point douter qu'elle ne fasse leur condamnation. Si elle est peu considérable, et qu'il n'arrive rien de fâcheux de ce qu'elle n'est pas gardée, on peut suivre la coutume qui aura pris sa place.

Si elle est importante, et qu'elle se trouve détruite par une coutume louable, et qui cause un bien égal à celui qu'elle pouvait produire, on peut encore avec sûreté déférer à la coutume. Mais si de l'extinction de la loi, il naît des maux, des dérèglements publics, et des inconvénients importants, il est certain que la coutume dans ce cas ne doit être regardée que comme un abus et une corruption, et qu'encore qu'elle soit favorisée par le temps, par le nombre et par la qualité des personnes qui la suivent et qui la soutiennent, elle ne peut rien contre l'autorité de la loi. Autrement il s'ensuivrait que les maux mêmes deviendraient

---

[746] Jr 12,10 / Jer. 12, 10
[747] Ac 5,29 / Apg 5,29

permis lorsqu'ils se rencontreront dans l'usage commun; parce que la plupart ne sont des maux que parce que la loi les défend, et que la loi se trouverait détruite par toutes sortes d'usages, ce qui serait la plus grande et la plus énorme de toutes les confusions.

Les saints et tous ceux qui se sont conduits par leur esprit, ont eu des maximes bien contraires à ces faux principes. Ils n'ont eu que la vérité pour leur Règle, et l'ont suivie dans toute leur conduite avec un attachement inviolable.

C'est ce que pensait saint Cyprien, quand il dit[748] que les coutumes qui se sont établies ne doivent point empêcher que la vérité ne soit toujours la maîtresse et ne prévale. Et que la coutume sans la vérité n'est qu'une erreur invétérée. C'est pourquoi, dit ce saint, laissons l'erreur et suivons la vérité, sachant que c'est elle qui l'emporte, qu'elle est toujours victorieuse, et qu'elle conservera sa force et sa vigueur jusque dans l'éternité. *Consuetudo quæ apud quosdam irrepsit, impedire non debet quominus veritas prævaleat et vincat: nam consuetudo sine veritate, vetustas erroris est; propter quod relicto errore sequamur veritatem; scientes quod veritas, vincit, veritas manet et invalescit in æternum*[749].Et dans un autre endroit: Si c'est Jésus Christ seul que nous devons écouter, il ne faut point prendre garde à ce que ceux qui ont été avant nous ont estimé qu'on devait faire; mais il le faut consulter tout seul, lui qui précède tous les hommes, car c'est la vérité de Dieu, et non point la coutume que l'on doit suivre. *Si solus Christus audiendus est , non debemus attendere quid alius ante nos faciendum putaverit, sed quid, qui ante omnes est prior Christus fecerit, neque enim hominis*

---

[748] Ep. 74
[749] Ep. 63

Chapitre XXIII Question III

consuetudinem sequi oportet; sed Dei veritatem. Quoique ce grand saint se soit servi de cette maxime dans une occasion et dans une cause qui n'était pas selon la vérité, elle n'en est pas moins sainte ni moins constante.

Un des plus grands hommes de ce même siècle avait enseigné[750] avant lui, que rien ne pouvait prescrire contre la vérité: ni la suite des siècles, ni l'autorité des personnes, ni le privilège des nations. Et qu'il n'y a presque point de coutume qui n'ait tiré son origine ou de l'ignorance ou de la simplicité, et qui s'étant fortifiée par la succession des temps, ne trouve des gens qui la soutiennent contre la vérité: *Veritati nemo præscribere potest, non spatium temporum, non patrocinia personarum, non privilegium regionum; ex his enim fere consuetudo initium ab aliqua ignorantia vel simplicitate sortita, in usum per successionem corroboratur, et ita adversus veritatem vindicatur.*

Saint Basile n'était pas d'un autre sentiment, quand il a dit[751] que nous nous laissons tromper par les méchantes coutumes, et que les traditions erronées et corrompues causent de grands maux, et qu'elles viennent en partie de nos égarements et de nos péchés, et du défaut de discernement et de lumière.

C'est cela même que nous apprenons de Jésus Christ lorsqu'il reproche aux Juifs dans son Évangile, qu'ils ne font point de difficulté d'abandonner les commandements de Dieu pour suivre leurs traditions et leurs coutumes[752]: *Relinquentes mandatum Dei, tenetis traditiones hominum, bene irritum facitis præceptum Dei, ut traditionem vestram servetis.*

---

[750] Tertullien; De Virginibus. Velandis.
[751] Pref. In Lib. de Moral.
[752] Mc 7, 8-9

Mais ce qui est le plus étrange, c'est qu'il se trouve des chrétiens qui attaquent une vérité si claire dans une affaire aussi importante qu'est celle du salut, et que les païens même n'ayant rien devant les yeux qu'un bien, qu'un avantage, et qu'une utilité purement humaine, se plaignent et reconnaissent que la cause de tous nos maux est que les hommes se laissent conduire par les exemples, et non par la raison, qu'ils se laissent entraîner par les coutumes. Véritablement, ils ne voudraient pas imiter ce qu'ils voient faire à peu de gens, mais que pour la multitude ils ne font point de scrupule de la suivre; comme si le plus grand nombre pouvait donner à une chose la rectitude qu'elle n'a point et qu'ainsi l'erreur passe parmi eux pour une vérité lorsqu'elle est devenue publique. *Inter causas nostrorum malorum est, quod vivimus ad exempla, nec ratione componimur, sed consuetudine abducimur; quod si pauci facerent, nollemus imitari, cum plures facere cœperunt, quasi honestius sit, quia frequentius sequimur: et recti apud nos locum tenet error, ubi publicus factus est.*

La troisième raison dont on se sert pour soutenir les mitigations, ne doit pas être plus écoutée que les deux autres car y a-t-il de l'apparence de se faire une obligation sainte d'un genre de vie qui n'est rien, comme nous l'avons dit tant de fois, qu'une violation de la loi de Dieu, qu'une transgression de ses ordres, et qu'un mépris tout formel et tout public des ordonnances de ses saints ? Et peut-on considérer comme un engagement de religion une prévarication si manifeste, et s'imaginer que Dieu reçoive une offrande si impure comme un sacrifice de bonne odeur ? ou plutôt, ceux qui se trouvent dans un état si opposé à tous ses desseins et si éloigné de ce qu'il demande des personnes qui sont consacrées à son service, n'ont-ils pas sujet de craindre, que c'est à eux que sa parole s'adresse, quand il dit par la bouche de son

Chapitre XXIII Question III

prophète[753]: Vos sacrifices sont des meurtres, ce sont des actes d'irréligion dans la disposition criminelle avec laquelle vous me les offrez, plutôt que des marques du culte sincère que vous prétendez me rendre ? *Qui immolat bovem, quasi qui interficiat virum:qui pecus mactat, quasi qui excerebret canem:qui offert oblationem, quasi qui sanguinem suillum offerat:qui recordatur thuris, quasi qui benedicat idolo. Hæc omnia elegerunt in viis suis, et in abominationibus suis anima eorum delectata est.*

C'est ce qui fait dire à un docteur très célèbre du siècle précédent[754], que les religieux qui font des vœux en des observances relâchées, qui ne se proposent que de vivre conformément à ce qu'ils voient devant leurs yeux, et de garder leur Règle en la manière que les autres l'observent, c'est-à-dire de la violer comme eux, se moquent de Dieu dans les vœux mêmes qu'ils lui font. Et cependant qu'ils ne sont pas obligés à moins par leur engagement tel qu'il est que s'ils l'avaient contracté dans une Congrégation sainte et exacte. *Si quod vovet, implere non statuat dum vovet, ut faciunt illi qui vovent vitam instituere secundum regulam sancti Benedicti vel Augustini: sed quoniam eam à cæteris qui eamdem ipsam voverunt negligi vident, cogitant atque proponunt eam servare, sicut eam servari vident, hoc est, proponunt eam violare. Hi vovendo Deum irrident; non minus tamen voto suo obligati sunt, quam si inter recte eam observantes illud emisissent.*

Et véritablement il faut avoir fermé les yeux à toutes lumières pour ne pas voir qu'on ne peut servir Dieu, ni lui plaire, dans une

---

[753] Is 66, 3
[754] Hessel. Catech. in Explic. Decalog. v. 81
(Hesselius (1522-1566): *Catechismus latinus*, Ed. Gravius, 1570).

profession qui n'est que la corruption d'un état saint. Et pour ne pas s'apercevoir que lorsqu'on est assez malheureux pour se rencontrer dans un état si déplorable, il n'y a qu'une chose à faire, qui est de travailler de tous ses efforts à rectifier ses voies, à se remettre dans l'ordre de Dieu, à rentrer dans la vérité de sa Règle et à en reprendre l'esprit, les maximes et les pratiques, à moins que de vouloir être semblable à cet insensé dont parle l'Ecriture, lequel vivait content dans son indigence, dans sa pauvreté, et dans son extrême misère, pendant que Dieu prononçait contre lui ces paroles terribles: Parce que tu te vantes que tu es riche, que tu es dans l'abondance, et que tu n'as besoin de rien, tu ignores que tu es malheureux, misérable, pauvre, aveugle et nu[755]. *Quia dicis quod dives sum, et locupletatus, et nullius eges: et nescis quia tu es miser, et miserabilis, et pauper, et cæcus, et nudus.*

Ceux donc qui sont dans ce malheur ont beau faire, ils peuvent se tromper et mettre leur conscience dans un faux repos, mais ils ne lui donneront jamais une véritable sûreté. Il faut pour cela qu'ils renoncent aux mitigations qu'ils ont embrassées et qu'ils commencent par se persuader qu'elles sont illicites; qu'elles déshonorent la Majesté de Dieu, l'excellence et la dignité de leur profession.

Il ne sert de rien de dire que les Règles ont de la latitude; qu'il n'est pas nécessaire de les garder en tous les points et qu'on ne peut exiger des personnes au-delà de ce qu'elles ont promis. Il est vrai que saint Bernard tombe d'accord, et tout le monde avec lui, que les règles n'obligent pas à une observation si littérale, que l'on ne puisse sans les violer et sans engager sa conscience en omettre un article.

---

[755] Ap 3, 17

Chapitre XXIII Question III

Et que l'on peut, à l'exception des seuls religieux de l'Ordre de Cîteaux, y changer ou y retrancher quelque chose, selon les différents usages des Observances. Mais ce grand Docteur ajoute, et veut qu'on suive des coutumes et des pratiques qui soient saintes, et que l'on garde la tempérance, la justice et la piété. *Et si non ad unguem totam custodiunt, et si qua pro sui claustri ritu, vel mutant vel prætermittunt, à regulari tamen omnino professione non discedunt; dum tamen sobrie, et juste, et pie, pro suorum moribus vivere non desistunt*[756].

Jugez, mes frères, combien ces conditions si saintes et si raisonnables, conviennent peu aux mitigations dont il s'agit; et comme quoi saint Bernard était éloigné d'approuver une manière de vivre toute remplie de l'esprit du monde, de licence, de liberté, d'oisiveté, d'inutilité, de dérèglement, de plaisirs, de vanités et d'indépendance.

Je m'arrête là et ne veux point passer à des choses plus extrêmes, cela suffit pour votre instruction. D'ailleurs on n'est que trop informé des désordres qui règnent aujourd'hui parmi les moines et dans les cloîtres où les réformes n'ont point été introduites.

Je vous ai déjà dit bien des fois, mes frères, et je vous le répète encore comme un des plus importants avis que je puisse vous donner. N'ayez jamais aucune créance[757] en ceux qui ne vous parleront pas comme les saints, en quelque nombre qu'ils puissent être, et quelque rang et quelque autorité qu'ils aient auprès de vous. Dieu vous a déclaré ses volontés par la bouche de ses saints, de vos Instituteurs, et de vos Pères qui étaient des hommes pleins

---

[756] Bern. De prec. et disp. c.16, 48: SBO Vol. III; p. 286
[757] Créance: croyance ou foi

de son esprit et selon son cœur. Vous devez considérer toutes les instructions qu'ils vous ont données comme si vous les teniez immédiatement de lui. Car qu'importe, dit saint Bernard[758], que Dieu s'explique par lui-même, ou par ses ministres, par les hommes ou par les anges ? *Quamobrem quidquid vice Dei præcipit homo, quod non sit tamen certum displicere Deo, haud secus omnino accipiendum est quam si præcipiat Deus. Quid enim interest, utrum per se, on per suos ministros; sive homines, sive Angelos hominibus innotescat suum placitum Deus ?*

Souvenez-vous donc, mes frères, de n'écouter jamais ceux qui vous aborderont avec des paroles de séduction et de mensonge, de quelque prétexte de piété qu'ils les couvrent; *Nolite confidere in verbis mendacii dicentes; templum Domini, templum Domini, templum Domini est*[759].

Et ne manquez point dans ces sortes de rencontres, de faire ce qu'ordonne le même prophète lorsqu'après s'être plaint de ce que ceux qui sont établis pour donner la lumière et la conduite, sont remplis de fraude, et répandent l'erreur. Prenez garde, dit-il, examinez les chemins et informez-vous quelles sont les voies anciennes, et que rien ne vous empêche d'y marcher, quand vous les aurez trouvées. Et assurez-vous que c'est à cela seulement que Dieu a attaché votre salut, votre consolation, et votre repos. *State super vias, et videte, et interrogate de semitis antiquis, quæ sit via bona, et ambulate in ea; et invenietis refrigerium animabus vestris*[760].

---

[758] Id.:c. 9; n° 21; SBO id. p. 268
[759] Jr 7, 4
[760] Jr 6, 16

Chapitre XXIII Question IV

C'est une conduite pleine de présomption, dit saint Basile[761], de ne pas s'attacher aux traces des saints Pères, et de préférer ses propres imaginations à leurs sentiments.

Question IV

Peut-on en sûreté de conscience suivre l'exemple et se conformer à ce grand nombre de religieux qui vivent selon des maximes si contraires aux Règles primitives ?

Réponse

Dieu nous a défendu par son prophète[762], mes frères, dans l'Ancien Testament, de suivre la multitude lorsqu'elle abandonne la vérité, et il nous déclare dans le nouveau, par la bouche de son Fils[763], que la voie qui conduit à la vie est étroite; que peu de personnes la trouvent, mais que celle qui mène à la mort est large et spacieuse, et qu'elle est suivie du grand nombre.

Saint Basile, suivant cette grande vérité, donne pour instruction aux solitaires[764], d'imiter la conduite de ceux qui vivent saintement, d'en graver les actions dans le fond de leurs cœurs et de demander à Dieu la grâce d'être du petit nombre. Car, dit-il, tout ce qui est excellent est rare, et c'est pour cela qu'il y aura peu de personnes qui entreront dans le Royaume de Jésus Christ.

Le saint abbé Paphnuce nous apprend la même chose dans les Conférences de Cassien lorsqu'il dit, parlant à des solitaires: Je crains fort, mes enfants, qu'il ne se trouve aujourd'hui une

---

[761] Epist. 300
[762] Ex 23, 2
[763] Mt 7, 13-14
[764] Tract. De renunc.

multitude de personnes, aussi grande que pouvait être celle des Juifs qui violèrent la loi de Dieu du temps de Moïse, car de six cent mille hommes armés qui sortirent de l'Egypte[765], il n'y en eut que deux qui entrèrent dans la terre promise.

Il faut donc nous hâter de nous former sur les exemples de ceux qui sont très rares et en un très petit nombre, parce que cette figure du vieux Testament est encore confirmée par cet oracle de l'Évangile: Il y a beaucoup d'appelés et peu d'élus[766].

Nous apprenons quelque chose de semblable dans l'Imitation de Jésus Christ[767] lorsqu'après y avoir vu quelle a été la perfection éminente et le souverain détachement des premiers solitaires, nous lisons qu'ils ont été donnés pour modèle à tous les moines, et qu'ils doivent avoir plus de puissance et d'efficacité pour nous porter à nous avancer dans le bien, que non pas le grand nombre des religieux négligents à nous induire à mener une vie relâchée.

Ainsi, mes frères, il faut suivre et imiter ceux qui gardent la vérité dans leur conduite, quelque petit que le nombre en puisse être; fuir et s'éloigner de ceux qui marchent dans l'erreur, quand ils surpasseraient en nombre le sable de la mer. La multitude donne une fausse autorité au dérèglement des méchants et elle en impose aux ignorants et aux faibles; mais elle ne justifie point ni les uns ni les autres. L'erreur pour être devenue universelle ne change point de nature. Et ceux qui ont des vices et des excès qui leur sont communs avec le grand nombre des hommes, recevront avec eux des châtiments et des peines communes.

---

[765] Ex 12, 37
[766] Mt 20, 16
[767] In lib 1 c. 18; v.17

Question V

Est-il donc possible de se sauver dans ces sortes de mitigations ?

Réponse

Les élus de Dieu sont répandus par le monde entier, il n'y a point de lieu, ni d'état où il ne se rencontre quelqu'un qui lui appartienne, et qu'il ne regarde comme un vase de miséricorde. Ainsi, dans les Congrégations les plus relâchées et les plus irrégulières, il se trouve toujours quelques âmes choisies qui, se servant des lumières qu'elles ont reçues de Dieu, et connaissant la vérité, se retirent des dérèglements communs. Et par des efforts, par des prières, par des aspirations continuelles, par le soin qu'elles ont de garder dans leur vie et dans leur conduite, toute l'exactitude et la régularité qui est dans leur pouvoir, elles font devant Dieu par la disposition de leur cœur tout ce que le mauvais ordre des monastères et la violence des personnes auxquelles elles sont soumises, les empêchent de pratiquer. Elles sont comme ces olives de l'Écriture qui sont demeurées sur les arbres après la récolte, comme cette grappe de raisin qui a échappé à la main et à la recherche des vendangeurs; comme Lot, qui conserva la crainte de Dieu au milieu d'un peuple qui l'avait entièrement perdue, et comme Noé qui garda l'innocence dans la corruption générale du monde[768].

Question VI

Quelles sont donc ces mitigations que vous appelez

---

[768] Cf. 2 P 2, 5-6

légitimes ?

Réponse

Les mitigations que nous croyons légitimes sont celles que nous voyons établies par l'autorité des Souverains Pontifes, et par les Constitutions de l'Église. Et personne ne saurait disconvenir qu'elles ne soient légitimes; qu'on ne doive les regarder d'une manière bien différentes de ces relâchements dont nous venons de parler; et qu'on ne puisse les embrasser avec sûreté de conscience, pourvu qu'on les prenne précisément comme l'Église les a faites; qu'on se tienne au tempérament et aux modifications qu'il lui a plu d'établir, sans y en ajouter de nouvelles. Et qu'on ne corrompe pas la rectitude d'un adoucissement qu'elle a rendu licite, par d'autres adoucissements qui ne le soient point. Car autrement, on se trouverait dans un état qui serait à l'égard de la mitigation légitime, ce que sont les fausses mitigations à l'égard de la vérité de la Règle.

Mais en cela, il y a trois choses à considérer. L'une que jamais l'Église n'a adouci les Règles, que lorsqu'elle y a été obligée par la grandeur ou par une longue suite de relâchements, et que l'excès des maux a fait qu'on n'a pu rétablir les choses selon la règle et l'intuition primitive. L'Église comme une Mère charitable, touchée du malheur de ses enfants, et affligée de leur chute, s'est abaissée pour les relever, pour les soutenir, et pour empêcher qu'ils ne tombent encore plus bas. Elle a mieux aimé pour compatir à leurs faiblesses, les décharger des observances les plus rudes, des pratiques les plus pénibles, et les plus laborieuses; et de les mettre dans un état d'une austérité médiocre qu'ils fussent capables de porter, que de les laisser accablés de devoirs et dans une contravention publique et scandaleuse, à ce grand

Chapitre XXIII Question VI

nombre d'obligations qu'ils ne connaissaient plus, et dont ils n'avaient pas seulement la pensée de s'acquitter.

Secondement, toutes les fois que l'Église a été obligée de faire de ces sortes d'établissements, ce n'a été qu'en gémissant, et en témoignant sa douleur de voir ternir la beauté et l'éclat de ces grands Ordres, qui sont partis de la main de Dieu comme autant de chefs-d'œuvre de sa puissance et de sa grâce; que ses saints ont consacrés par leurs larmes, par leurs travaux et par leur pénitence; et qui ont été - pendant que la sainteté s'y est conservée - la gloire, l'ornement, et le soutien du monde. Elle a même donné des marques en toutes occasions du désir qu'elle avait de faire revivre cette perfection première, en exhortant les fidèles d'embrasser les Règles dans leur pureté; et en ordonnant, comme elle a fait encore depuis peu dans le Concile de Trente[769], qu'on réforme toutes les Observances régulières selon l'esprit des Saints et les premières institutions.

De sorte que ce serait se tromper que de considérer comme des effets de son inclination particulière ce qui lui a été comme ravi par la compassion qu'elle a eue pour des personnes imparfaites et misérables et ce qu'elle n'a donné qu'à leurs besoins et à leurs nécessités pressantes. Tellement qu'on pourrait dire à ceux qui au lieu de s'humilier d'un état qui n'étant qu'une pure condescendance, leur doit mettre incessamment leurs faiblesses devant les yeux, voudraient s'en prévaloir et en tirer des conséquences au préjudice de la vérité et de la Règle, dont ils n'ont pu porter ni la régularité ni la discipline; *Attendite ad Petram unde excisi estis*[770]. Pensez combien vous êtes au-dessous

---

[769] Sess. 25. de refor. Cap. 1
[770] Is 51, 1 / Jes. 51,1

de votre naissance, et de votre origine. Ou bien ce que notre Seigneur disait autrefois aux Pharisiens[771] : *Quoniam Moyses ad duritiam cordis vestri permisit vobis dimittere uxores vestras ab initio autem non fuit sic.* Ce n'est que la dureté de votre cœur qui l'a emporté, car les choses n'étaient pas ainsi dans les commencements.

Troisièmement, il faut considérer que quand l'Église a établi des mitigations, elle a seulement tempéré l'austérité de la vie, elle a dispensé de quelques pratiques et de quelques exercices sensibles, pour rendre l'état plus proportionné à l'infirmité de ceux que l'on ne pouvait pas élever à une conversation[772] plus parfaite. Mais elle n'a jamais touché à ce qui est essentiel à la profession monastique; elle n'a point déchargé les religieux de l'obligation que Jésus Christ leur a imposée de tendre sans cesse à la pureté évangélique et à la perfection d'une vie sainte. Elle est trop jalouse de sa gloire pour vouloir diminuer en rien le culte et les hommages du cœur que les hommes sont obligés de lui rendre. Outre que c'est un devoir que saint Bernard appelle[773] immuable, et qui ne reçoit de la part des hommes, ni changements, ni modifications. Tellement qu'il est vrai de dire qu'un religieux, dans la mitigation comme dans l'étroite observance de la Règle, est indispensablement obligé de travailler à acquérir une vertu éminente, qu'une piété commune ne lui convient plus, et qu'il doit servir Jésus Christ dans un accomplissement exact de tous ses conseils[774]. *Nihil congruentius quam quod divina ita constat et æterna ratione firmatum, ut nulla ex causa possit vel ab ipso Deo*

---

[771] Mt 19, 8
[772] Cf. note 20 p. 11
[773] De Præc. et disp. c. 3;7; SBO Vol. III p. 258
[774] Id.

Chapitre XXIII Question VI

aliquatenus immutari. Sub hoc genere est omnis illa sermonis dominici in monte habiti spiritualis traditio; et quidquid de dilectione, humilitate, mansuetudine, cæterisque virtutibus, tam in novo quam in veteri testamento spiritualiter observandum traditur
Cependant quoique cette obligation subsiste dans son entier, il faut demeurer d'accord, qu'il perd par la mitigation la plus grande partie des moyens par lesquels il y peut satisfaire.

Car nous apprenons par la raison, par l'expérience, comme par les instructions des saints, que les jeûnes, l'abstinence, les veilles, les travaux corporels, le silence et les autres observances ascétiques, sont les secours les plus puissants et les plus efficaces que nos Pères nous aient laissés pour arriver à cette fin. Et par conséquent, les mitigations quoique saintes et charitables dans l'intention et dans la conduite de l'Église, sont néanmoins des états d'affaiblissement et de privations. Elles nous laissent les dettes, les obligations, et les charges, et diminuent des avantages et des facilités que la Règle nous a donnés pour nous en acquitter.

Et si vous voulez, mes frères, vous faire une idée juste et véritable d'un religieux vivant dans la mitigation, imaginez-vous un homme à qui on aurait imposé une tâche dure et pénible, et prescrit tout ensemble des voies et des moyens pour y satisfaire, comme serait de veiller, de travailler au soleil pendant la grande chaleur des journées, de se servir de certains instruments pesants et difficiles à manier, mais très propres pour avancer son ouvrage; et auquel dans la suite par la considération de sa délicatesse et de la faiblesse de sa volonté plutôt que de celle de son corps, on aurait permis de prendre des instruments plus aisés, et plus maniables, de travailler à des temps et à des heures plus commodes, sans lui rien diminuer néanmoins de la grandeur de la tâche qu'on lui aurait donnée. Comme l'obligation de cet artisan est toujours la même, aussi celle de ce religieux n'est point changée. Comme on désire de l'un les mêmes ouvrages, encore qu'on l'ait soulagé dans la manière, ainsi on demande de l'autre la même perfection quoique, pour s'accommoder à son infirmité, on tolère qu'il se serve de voies et de conduites plus aisées.

Inférez de tout ce que je viens de dire, mes frères, que les mitigations sont pleines d'inconvénients et de dangers, et que l'Église ne les a faites et ne les a approuvées que lorsque la nécessité l'y a contrainte, et qu'elle n'a point trouvé d'autres remèdes ni d'autres expédients pour guérir les maux, arrêter les désordres et pourvoir au salut de ses enfants.

Si après cela vous êtes en peine de savoir ce que doit faire un religieux dans une observance mitigée pour assurer son salut, je vous dirai qu'il faut qu'il entre dans l'intention de l'Église; qu'il se mette en état de recevoir les grâces et les bénédictions que Dieu attache à toutes les choses qui ont son approbation, qu'il embrasse et qu'il se tienne avec un attachement inflexible à tout ce qu'elle lui ordonne dans l'établissement de la mitigation, qu'il rende son exactitude si littérale dans tous ses points, qu'il n'ait jamais la moindre pensée de rien diminuer du joug qui lui est imposé; qu'il s'humilie incessamment dans la vue de sa faiblesse et dans le sentiment de son impuissance; qu'il se confonde et qu'il gémisse de se voir dans une conversation[775] si éloignée de l'austérité de la pénitence et de la mortification que les saints Pères ont pratiquée; que le souvenir de toutes ces différences le fasse rentrer en lui-même et le porte à travailler sans relâche pour remplir par les dispositions de son cœur ces grands vides qui se rencontrent dans l'état extérieur de sa vie. Qu'il s'emploie par une

---

[775] Cf. note 20 p. 11

Chapitre XXIII Question VII

application fidèle et principale à faire renaître en lui l'esprit de sa Règle, dont il a perdu presque toute la lettre et la rigueur. Enfin, qu'il se rende digne par une conversion sincère, par toutes les pratiques de piété, d'abnégation, d'humiliation, de prières d'assujettissement, d'obéissance, desquelles l'Église ne l'a point dispensé et ne dispensera jamais personne d'obtenir de Dieu ce dégagement intérieur, cette pureté du cœur, cette perfection évangélique que Jésus Christ demandera jusqu'à la fin des siècles de tous ceux qui ont reçu de lui la grâce de se consacrer à son service par les vœux de la religion.

Question VII

Que peut-on dire d'une conduite qui se trouve dans les Observances qui font profession d'être réformées, et qui peut être regardée comme une espèce de mitigation spirituelle ?

Réponse

Cette mitigation, mes frères, dont je vous ai parlé quelquefois, n'est guère moins dangereuse que celles qui sont plus scandaleuses et plus grossières. Les plaies qu'elle fait ne laissent pas d'être profondes, quoiqu'elles ne soient pas si sensibles. C'est un mal couvert; c'est une maladie de l'âme toute intérieure; on la porte sans s'en apercevoir, et ce qui la rend incurable, c'est qu'elle n'est point connue du monde et que souvent en cela même, il applaudit à ceux qu'il devrait plaindre.

Ce mal donc se rencontre dans les Congrégations lorsqu'ayant été réformées, après avoir repris les jeûnes, les veilles, et d'autres régularités extérieures, on ne s'attache pas à l'intérieur. On néglige la piété et la réformation du cœur; on quitte l'esprit et la simplicité des saints; on se contente d'une certaine édification qu'on donne au public, et de la différence qu'on remarque entre l'état où l'on se trouve, et celui des religieux qui vivent dans le dérèglement et dans la licence.

Cependant comme la religion est tout intérieure et toute sainte, à moins qu'elle ne soit animée du véritable esprit, qui est celui des saints; à moins qu'il n'en forme les mouvements et les exercices, et qu'il n'en règle toute la conduite, bien loin qu'elle soit ce qu'elle devrait être, elle n'est rien qu'un masque, qu'une illusion, qu'une police toute humaine; et les religieux qui sont ainsi réformés n'ont pas plus d'avantage sur ceux qui ne le sont pas, que le pharisien de l'Évangile[776], qui se vantait d'être un fidèle observateur de la loi, en avait sur le publicain, qui faisait avant sa conversion une profession publique de ne pas la connaître.

Saint Augustin nous fait une peinture de ces sortes de religieux lorsque parlant en la personne des chrétiens qui ne le sont que de nom et de profession, et non pas en vérité, il dit[777]: "Je me lève chaque jour de bonne heure, je vais à l'église, j'y chante une hymne dès le matin, j'en chante une autre le soir, j'en dis une troisième et une quatrième dans ma maison. Je ne manque point d'offrir à Dieu un sacrifice de louanges; je dis même ou j'entends la messe tous les jours. Vous faites bien, dit cet admirable Père, mais voyez si pour cela vous êtes en sûreté, et si Dieu n'est point déshonoré par vos œuvres, pendant que vous prétendez l'honorer par vos louanges: prenez garde en un mot, que vous ne chantiez mieux que vous ne vivez. *Surgam quotidie, pergam ad Ecclesiam, dicam unum hymnum matutinum, alium vespertinum, tertium aut*

---

[776] Lc 18, 12
[777] In Ps 49

Chapitre XXIII Question VII

quartum in domo mea, quotidie offero sacrificium laudis, et immolo Deo meo. Bene facis quidem, si hoc facis; sed vide si jam securus sis, quia jam hoc facis; et forte lingua tua Deum benedicat, et vita tua Deo maledicat; vide ne vivas male, et cantes bene.

Cet esprit qui manque à ces religieux et dont la privation rend toute leur vie si inutile et si misérable, est celui de Jésus Christ même, qui donne par l'impression de sa grâce à tous ceux dans lesquels il se répand, les qualités, les maximes, les dispositions saintes que leur conviennent, et qui leur sont nécessaires pour les sanctifier dans les différents états auxquels sa vocation les engage. Celles qu'il donne à tous les moines, et qui sont essentielles à leur profession, sont le désir de la retraite, et d'une vie toute intérieure, l'amour des humiliations, de la mortification des sens, et de la pénitence; la componction du cœur, la présence des jugements de Dieu, la méditation de la mort. Enfin, c'est cette pauvreté d'esprit, et cette simplicité dont Jésus Christ nous a donné tant d'instructions dans l'Évangile.

Quoique ces sentiments nous soient comme autant de devoirs indispensables, et qu'ils se trouvent partout où la religion se rencontre dans sa pureté, nous voulons être plus sages et plus éclairés que les saints; nous nous imaginons que les règles ont une latitude qu'ils ont ignorée. Nous regardons cette conduite extérieure comme excessive, et nous croyons qu'il est nécessaire d'en modérer la sévérité et la rigueur. On s'est figuré que la retraite et ce repos sacré, qui fait toute la consolation et la douceur des solitaires, jetait les âmes dans l'abattement et dans la langueur; que le silence détruisait la vigueur de l'esprit, et privait les frères des moyens innocents qu'ils pouvaient avoir de se donner des marques d'une charité mutuelle; que la présence des jugements de Dieu, et la méditation de la mort causait des troubles et des impressions d'une mélancolie noire ; que les humiliations rebutaient les esprits bien faits ; qu'elles n'étaient bonnes que pour les novices, et non pas pour les personnes d'une vertu avancée ; que cette grande séparation du monde était regardée comme une rusticité grossière dont les hommes n'étaient pas capables ; que cette pauvreté et cette simplicité évangélique - qui dans tous les temps a été le caractère véritable des saints - passe pour une folie et une stupidité, qui fait tort à la profession monastique, et qui rend les religieux méprisables.

Toutes ces considérations ont été cause qu'on a quitté les voies des saints, et qu'on s'en est fait de nouvelles. L'on a rendu la solitude moins exacte, et par conséquent la vie moins intérieure ; l'on a eu plus de commerce avec les hommes, et moins avec Dieu. Sous prétexte d'une récréation et d'un délassement qu'on estime nécessaire, on a donné une liberté aux frères de s'entretenir, de disputer des questions de doctrine, de parler d'affaires, d'histoires, de contes, de nouvelles du monde, et de railleries, quoiqu'il n'y ait rien qui leur soit plus défendu par la Règle[778] puisqu'elle leur interdit pour jamais et pour quelque raison que ce puisse être, de s'entretenir de matières capables de les tirer de ce recueillement et de cette disposition intérieure, dans laquelle elle leur ordonne de passer leur vie ; et qu'elle ne permet de parler ensemble - même de celles dont ils pourraient recevoir de l'édification - qu'aux religieux d'une vertu consommée et très rarement. *Ergo quamvis de bonis et sanctis ad ædificationem eloquiis perfectis discipulis propter taciturnitatis gravitatem, rara loquendi concedatur licentia...Scurrilitates vero vel verba otiosa,*

---

[778] RB c. 6

Chapitre XXIII Question VII

et risum moventia, æterna clausura in omnibus locis damnamus. Et ad tale eloquium discipulum aperire os non permittimus. On leur a permis de recevoir des visites, et d'en rendre; on les a engagés dans la curiosité des sciences; on a dispensé ceux qui ont plus d'années de religion, des emplois, des pratiques et des occupations humiliantes. Les supérieurs qui doivent l'exemple, et qui sont obligés d'instruire par leurs actions aussi bien que par leurs paroles, ne font point de difficulté de quitter leurs monastères, et de se trouver indifféremment parmi les hommes, sous le prétexte de vaquer aux affaires temporelles. Ils jugent à propos, pour la conservation des moindres intérêts de leurs maisons, d'entreprendre des procès, de paraître devant toutes sortes de tribunaux, de passer dans les villes des temps considérables, et de s'embarrasser en des difficultés fâcheuses, dont souvent les suites scandalisent le public, déshonorent leur état, troublent la paix de leurs maisons, et y causent des pertes et des dommages qu'ils ne sauraient réparer.

Enfin, de toutes ces belles maximes on a composé sans y prendre garde un nouveau corps de religion qui, n'ayant que quelques traits ou quelques apparences de celui qui avait été formé par les saints, quelque opinion que les hommes en conçoivent, n'en aura jamais devant Dieu le mérite ni la récompense. On s'est trouvé dans le malheureux état duquel parle le prophète quand il dit[779]: *Me derelinquerunt fontem aquæ vivæ, et foderunt sibi cisternas; cisternas dissipatas, quæ continere non valent aquas.* Ils ont abandonné les sources vives, et ils se sont creusé des citernes entrouvertes qui sont incapables de contenir l'eau.

---

[779] Jr 2, 13

Ce qui trompe la plupart des gens, c'est qu'ils ne s'aperçoivent que des vices et des habitudes grossières; qu'ils n'ont des yeux que pour voir les grands maux, et qu'ils comptent pour rien ceux qui n'ont point une laideur et une difformité scandaleuse, quoiqu'ils offensent la Majesté de Dieu, et qu'ils soient incompatibles avec la pureté qu'il demande des personnes qui lui sont consacrées. Ils mettent leurs devoirs et leurs œuvres, comme nous l'avons déjà dit, auprès des coutumes et des pratiques communes, ou ils en jugent, en les comparant aux excès des observances tout-à-fait relâchées. Mais s'il leur plaisait de consulter les vérités, et d'examiner les choses par les Règles, ils auraient des sentiments bien contraires. Et il ne faut point douter qu'ils ne condamneraient comme des égarements insupportables, ce qu'ils ont coutume de tolérer comme des actions, ou licites ou indifférentes.

Les saints qui ont eu l'Esprit de Dieu et qui ont envisagé les choses dans des vues toutes pures et toutes saintes, n'ont eu garde d'autoriser ni d'approuver des dispositions et des conduites si opposées à la sainteté qui doit régner dans la solitude et dans les cloîtres. Ils ont voulu qu'on y demeure dans une religion vive et animée, et ont regardé comme des crimes et des excès énormes le dessein de ceux qui mettent le relâchement, qui troublent la paix et le bon ordre dans ces lieux de bénédiction, et dans ces demeures sacrées que Dieu s'est réservées de toute éternité, et dans lesquelles il veut qu'on l'adore et qu'on le serve dans une piété et dans une perfection éminente.

Saint Bernard, qui doit avoir tout seul auprès de vous plus d'autorité que mille autres, n'hésite point (en parlant à ses frères

Chapitre XXIII Question VII

et se plaignant de quelques uns d'entre eux qui se tiraient de l'ordre de Dieu, et de la voie de leur salut) de leur dire[780] que quiconque osera introduire le vice dans sa maison, et faire du Temple de Dieu la retraite des démons, doit se regarder comme un traître. *Omnino proditorem sese noverit, si quis fortè vitia quælibet in hanc domum conatur introducere, et Templum Dei facere speluncam dæmoniorum.* Vous croyez peut-être qu'il n'a usé d'un terme si injurieux que pour marquer des conspirations, des révoltes, des rebellions éclatantes, des impudicités, des apostasies et d'autres emportements semblables. Mais bien loin de cela, cet homme si modéré et si juste dans tous ses sentiments, ne fait tomber cette expression si forte, que sur des désordres et des dérèglements qui sont aujourd'hui devenus si ordinaires parmi les moines, que les uns les commettent sans aucun remord, et les autres les voient sans les voir, et sans en être touchés.

Sachez donc que ces religieux qu'il nomme des traîtres, sont ceux qui affaiblissent la discipline, qui diminuent la ferveur, qui troublent la paix et qui blessent la charité qui doit être inviolable entre les frères[781]. *Qui moliuntur imminuere ordinis disciplinam, intepescere fervorem, turbare pacem, lædere charitatem.*

Cet homme de Dieu dit qu'ils ont fait un pacte avec la mort; qu'ils démentent à la face du Ciel la sainteté de leur tonsure, qu'ils témoignent par leurs œuvres qu'ils conservent leur première mollesse et qu'ils gardent encore la foi à la dissolution et à la vanité du monde... Vous livrerez sans doute, s'écrie-t-il, aux ennemis de Jésus Christ, une forteresse importante, si vous venez à bout de leur mettre Clairvaux entre les mains. *Vanitati, et*

---

[780] Serm. 3; 3 in Dedic. SBO Vol V, p. 381
[781] Id.

tepiditati, aut cuilibet vitio fidem servas, et Deo per tonsuram mentiris... Optimum certè castrum tulisti Christo, si inimicis ejus tradideris Claramvallem. Cette infidélité lui paraît si noire et si atroce, qu'il ne trouve point de peine assez grande pour la punir. À quels supplices, ajoute-t-il, peut-on condamner celui qui aura commis une telle perfidie ?

Une mort commune ne suffit pas; il faut employer des tourments particuliers et des peines extraordinaires. *Quibus putas, inquam, exponendum esse suppliciis ? non utique communi morte damnabitur, sed exquisitis illum necesse est interire tormentis.*

Et afin de nous ôter tout sujet de douter de sa pensée; qu'importe, continue-t-il, de ne pas trahir la place, ou de ne pas l'abandonner comme un déserteur infâme, si étant chargé de la garder et d'en répondre, vous y demeurez dans l'oisiveté, dans la paresse, et dans la négligence ? *Quid prodest, si nec prodere castrum, nec relinquere velis, sed segnis et desidiosus in eo permaneas ?* C'est ce que penseront avec ce grand saint tous ceux qui auront une véritable idée de votre profession; qui entreront dans les desseins de Dieu, et qui regarderont une Congrégation de solitaires, comme une troupe de personnes engagées dans une sainte milice pour le service de Jésus Christ, et pour maintenir la gloire de son nom; qui étant environnés d'ennemis, sont obligés d'avoir incessamment les armes à la main et de veiller les jours et les nuits pour leur défense, sachant que tout est à craindre dans l'état où ils se trouvent, et qu'il n'y a point d'ouvertures et de brèches, quelque petites qu'elles soient par où l'on ne puisse les attaquer et les surprendre.

J'ai cru, mes frères, que je devais vous donner ce dernier éclaircissement, afin que Dieu vous ayant préservés par sa grâce des dérèglements grossiers et matériels, vous ne soyez pas assez

Chapitre XXIII Question VII

inconsidérés ou assez infidèles pour tomber dans une dissipation, qui pour être plus fine et plus spirituelle, n'en est pas moins à craindre; et que si jamais il vous venait dans la pensée de suivre des sentiments contraires à ceux que vous avez embrassés, ou qu'il se trouvait quelqu'un qui osait vous les proposer, vous vous souveniez que vous n'êtes pas obligés à moins qu'à vivre comme les saints. Il ne sert de rien de porter leur habit et d'avoir quelques unes de leurs pratiques extérieures, si l'on n'en a l'esprit et la piété; qu'ils sont les fidèles interprètes et les sacrés dépositaires des volontés de Dieu; et que c'est par leurs instructions et par leurs exemples que vous devez les apprendre.

Jamais on n'a eu plus de besoin de régler sa conduite par les lumières des saints, car jamais la vérité n'a été si rare qu'elle l'est présentement dans la bouche, aussi bien que dans les œuvres des hommes. Ceux même qui devraient être les conducteurs des autres, et dont on croit la vertu la plus éclairée, sont tellement éblouis de ce qui est incessamment devant leurs yeux, qu'ils ne peuvent s'imaginer qu'on doive reprendre ce qui est autorisé d'une pratique presque universelle. Et l'on peut dire, selon l'expression de l'Écriture[782], que leurs soins sont de mettre des coussins sous les coudes des pécheurs au lieu de couvrir leurs restes du sac et de la cendre. Mais tout cela, mes frères, ne doit ébranler ni votre foi ni votre religion. Vous savez qu'il a été prédit il y a longtemps, qu'il y aurait des jours de désolation et d'amertume, et que quand le Fils de Dieu paraîtrait dans le monde pour la seconde fois, à peine se trouverait-il de la foi parmi les hommes[783]. *Filius hominis veniens putas inveniet fidem in terra ?*

---

[782] Ez 13, 18
[783] Lc 18, 8

Saint Nil, ce grand anachorète[784], inspiré de Dieu, ouvrit un livre devant un archevêque et un grand nombre de gens qui étaient venus le chercher dans sa solitude, et lut un endroit dans lequel il y avait: Nous sommes venus dans un temps où à peine de dix mille personnes, il y en a une qui se sauve; et sur ce que plusieurs se récrièrent que c'était une erreur, il leur repartit[785] que c'était une vérité qu'il leur prouverait par le témoignage des saints Pères comme par celui des saintes Écritures.

La voie, dit saint Jean Chrysostome[786], qui mène à la vie est étroite, et il y en a peu qui la trouvent.

S'il y en a peu qui trouvent cette voie du ciel, il y en a encore bien moins qui arrivent jusqu'à la fin après l'avoir trouvée. Car il ne faut pas s'imaginer que tous ceux qui y entrent d'abord, y persévèrent jusqu'au bout. Mais il y en a qui tombent dès le commencement, d'autres au milieu de leur course, et plusieurs de ceux qui étaient tout près de trouver le port, périssent misérablement dans le naufrage.

Ainsi, mes frères, éloignez-vous dans les choses qui regardent votre profession, des opinions qu'on appelle communes et des maximes populaires. Faites et pensez comme peu. Essayez par tous vos soins et vos efforts, de vous rendre conformes au petit nombre: *Festinandum est, ut a paucis et rarissimis sumamus exempla virtutum*, puisque c'est le nombre des élus de Jésus Christ.

La multitude de ceux qui par un aveuglement déplorable, dit saint Eucher[787], négligent ce qui regarde leur salut, ne doit pas

---

[784] Baronius : Saint Nil; annal. an. 976.
[785] Repartir ou répartir, dans le sens de : répliquer, rétorquer, répondre.
[786] Lib 1 Adver. vituper. Vita mon. cap. 8.
[787] S. Euch. De cont. mundi. / Eucherius Bischof von Lyon (ca. 380 – 449)

Chapitre XXIII Question VII

nous porter à négliger le nôtre. Car quel secours tirerions-nous de cette multitude de coupables dans ce jugement si terrible, où Jésus Christ après une discussion exacte, nous jugera, selon le mérite de nos œuvres, dans sa colère ou dans sa clémence ?

Imitez les actions de saints, et gravez-les dans le fond de vos cœurs. Ne pensez pas, comme dit saint Basile[788], que tous ceux qui se renferment dans les cloîtres, s'ouvrent les portes du ciel.

Plusieurs embrassent cette vie sainte mais très peu en subissent le joug. Car le Royaume du ciel, selon les paroles de l'Écriture[789], se prend par violence, et il n'y a que les violents qui l'emportent. Baissez donc vos têtes pour recevoir le joug du Seigneur, serrez-vous de ces liens bienheureux; chargez ce fardeau sur vos épaules, rendez-le plus léger par l'exercice laborieux des vertus, par les jeûnes, par les veilles, par l'obéissance, par le repos sacré de la solitude, par le chant des psaumes, par la prière, par les larmes, par le travail des mains, par la souffrance de toute tribulation, soit qu'elle vous vienne de la part des démons, ou de celles des hommes. Et faites que jamais la vanité de vos pensées, et l'événement de votre cœur ne vous porte à relâcher quelque chose de vos travaux et de vos austérités accoutumées, de crainte que vous trouvant à la fin de votre course destitués d'œuvres et de vertus, Jésus Christ ne vous ferme l'entrée de son Royaume.

Dites souvent à Dieu, pour votre consolation, ce que lui disait son Prophète: Sauvez-nous, Seigneur, il n'y a plus de saints dans le monde; les enfants des hommes ont affaibli vos vérités; ils ne se disent les uns aux autres que des choses vaines; leurs lèvres

---

[788] Serm de abd.
[789] Mt 11, 12

sont trompeuses, et ils ne parlent que pour séduire ceux qui les écoutent : *Salvum me fac, Domine*[790] ...

Enfin, mes frères, louez Dieu de ce qu'il vous a donné de l'ouverture pour ses vérités saintes; bénissez-le de ce qu'il vous a donné tout ensemble le désir de les pratiquer; demandez-lui par les prières continuelles, la force de résister au torrent des maximes contraires : *Benedicite Deum cæli, et coram omnibus viventibus confitemini ei; quia fecit vobiscum misericordiam suam*[791]. Faites que votre fidélité soit votre action de grâces et que votre reconnaissance s'exprime dans vos œuvres.

Rendez, comme votre état vous y oblige, votre vie si pure et si sainte, qu'on y trouve, s'il est possible, dans tous les endroits, des marques de ses miséricordes; qu'elle fasse l'édification des hommes, la joie des Anges, la confusion des démons, et qu'elle puisse être pour jamais à Jésus Christ un sujet de gloire et de triomphe.

---

[790] Ps 11, 2-4
[791] Tb 12, 6 / Tob 12,6

INTRODUCTION A LA SPIRITUALITÉ DE RANCÉ

Père Lucien Aubry, du monastère de la Trappe décédé en 1999

C'est un peu un nouveau visage de Rancé qui apparaît maintenant avec la publication de ces lettres que des mains fidèles ont soustraites à l'injure du temps. Elles révèlent un épistolier de classe. Ce n'est sans doute pas sous cet aspect qu'on s'attend à voir présenter l'abbé de la Trappe. Pourtant, il importait de compléter, voire de corriger, par une édition aussi complète que possible de sa correspondance, l'image qu'on s'est faite de lui. Il fallait rendre ce témoignage à la vérité. Car, même si Rancé n'a consacré à écrire des lettres qu'un temps relativement restreint, il a laissé en elles beaucoup, et sans doute le meilleur de lui-même.

De ses missives, il ne reste malheureusement qu'une petite partie, la dixième, selon l'estimation la plus probable. Encore inédites pour la plupart et dispersées à travers la France et même à l'étranger, on n'y a guère jusqu'ici prêté attention. Il a fallu beaucoup de temps et de patience pour les découvrir toutes, en établir un texte sûr, en retrouver les dates et les destinataires. Les voici rassemblées en bon ordre pour la première fois. Leur nombre ne laisse pas d'être impressionnant. En fin de compte, Rancé ne nous a pas légué moins de lettres que François de Sales, Bérulle, Vincent de Paul, Mme de Sévigné, Mme de Maintenon. Il nous en laisse presque autant que Bossuet. Et, si l'on tient compte des lettres perdues, il faut certainement le mettre au rang des épistoliers les plus féconds du Grand Siècle.

On s'étonne, évidemment, qu'après avoir dit un éternel adieu au monde en se retirant à la Trappe, Rancé ait, par la plume, renoué tant de liens avec ses contemporains et l'on en vient à se demander si, ce faisant, il ne se serait pas octroyé un droit qu'il refusait aux moines dont il avait la charge. N'aurait-il pas donné ainsi un démenti à son propos de vie solitaire, un contre-témoignage à une existence par ailleurs exemplaire?

On peut répondre avec assurance qu'il n'en est rien. Rancé fut beaucoup trop épris de solitude et de silence pour chercher à y échapper par la correspondance. Nul doute qu'en s'engageant dans la voie cistercienne, il n'ait voulu rompre totalement avec le monde et pris le parti de se taire. Mais il avait été trop connu dans le siècle pour être oublié dans le cloître. Sa conversion et sa retraite avaient fait trop de bruit pour qu'on n'ait pas cherché à profiter d'une expérience aussi singulière que la sienne. En réalité, Rancé, qui n'était pas naturellement porté à s'occuper des affaires d'autrui, n'a guère fait que répondre aux sollicitations dont il était l'objet. Ce n'est d'ailleurs pas sans hésitation ni scrupule qu'il s'est mis à écrire des lettres. En homme prudent, il a consulté sur ce qu'il avait à faire. Les avis qu'il reçut lui firent comprendre qu'il était de son devoir de ne pas frustrer ses correspondants des conseils qu'ils réclamaient de lui. C'est donc la conscience d'une obligation à remplir qui lui a fait prendre la plume. Maintes fois, d'ailleurs, au cours de son abbatiat, il tentera, mais en vain, de s'affranchir de ce fardeau.

Que Rancé se soit livré à cette activité apparemment marginale, nous n'avons aucunement à le regretter. Loin d'avoir nui à l'unité de sa vie ou à l'exercice de sa charge, elle a élargi son champ d'action et étendu son rayonnement. Il a pu ainsi donner toute sa mesure.

INTRODUCTION A LA SPIRITUALITÉ DE RANCÉ

Que nous apportent ses lettres? Quel intérêt présentent-elles? Ce n'est pas bien sûr sur les événements du temps qu'elles nous renseignent. Quoi qu'il ne fût pas aussi ignorant qu'on le croit de ce qui se passait dans le monde, Rancé voyait les choses de trop loin pour en parler avec l'exactitude d'un témoin. Il ne saurait donc satisfaire notre curiosité sur ce point. Cependant - on doit le signaler -, quand il lui arrive de s'occuper de ce qui se déroule sur la scène du monde, la hauteur de vue compense l'imprécision du détail.

On en apprendra davantage sur les quelque deux cent cinquante correspondants de l'abbé. Ils appartiennent à toutes les classes sociales. S'il y en a de très humbles, d'anonymes même, qui n'ont eu qu'un rapport épisodique avec M. de la Trappe, il en est d'autres bien connus, des grands, qui sont en relation constante avec lui. Les lettres qu'il leur adresse laissent deviner le contenu de celles qu'il en reçoit. Nous pouvons ainsi nous faire une idée des tâches qui leur incombent, des difficultés qu'ils rencontrent. Cette contribution indirecte à l'histoire de ces personnages de la haute société est loin d'être négligeable.

Mais, en s'adressant à d'autres, c'est surtout Rancé lui-même qui se découvre à nous. A qui cherche à le connaître, ses lettres fournissent l'information essentielle qui permet de passer au crible les dires, pas toujours concordants, des biographes. S'échelonnant sur près de soixante ans, sa correspondance nous permet de le suivre d'étape en étape, tout au long de son existence. Elle est d'importance capitale pour en étudier les grands moments, en particulier celui de sa conversion, expliquer son comportement, déceler ses intentions. Au fil de ces pages, on le saisit sur le vif et en profondeur. On se trouve, il faut le dire, devant une nature riche, douée d'un tonus vital exceptionnel. Rancé est de la race de ceux qui doivent nécessairement sortir du rang et émerger, des chercheurs et novateurs incapables de suivre les sentiers battus. Sa personnalité, du type passionné, est dominée par un élan, un dynamisme qui ne se sont jamais démentis. Une force instinctive comme le feu d'un volcan le pousse toujours en avant. La mesure n'est pas naturellement son fort, mais il sait user de prudence, se modérer, se contrôler, s'adapter. Son intelligence est pénétrante, son esprit vif, rapide, pratique, son jugement clair et objectif, sa pensée vigoureuse, logique, déductive. Son énergie est puissante. Il met beaucoup d'application dans ce qu'il fait, s'engage à fond dans ce qu'il entreprend. Il n'a rien d'un intellectualiste, capable qu'il est de rendre efficaces et concrètes ses impulsions spirituelles. Sa ténacité, son endurance sont étonnantes. Il ne craint pas d'assumer des responsabilités et de prendre parti. D'une honnêteté foncière, d'une franchise totale, c'est un grand et noble cœur, incapable de bassesse. On le croit indifférent aux beautés de la littérature et de l'art mais, en cela, on se trompe, car sa sensibilité est vive et délicate. Très doué pour la vie de relation, Rancé n'a rien d'un misanthrope. Il sait aimer, il lie facilement amitié et reste extrêmement fidèle et reconnaissant à ses amis. Il a besoin de s'expliquer, de partager, de transmettre, de convaincre. Il exprime ses idées avec force et bonheur. Imaginatif, lyrique, il a le sens des mots, des images. Il entraîne plus qu'il ne commande. Il est heureux quand on partage ses vues, mais supporte mal qu'on le contredise. Il risque de ne pas écouter son interlocuteur, de devenir dur et intransigeant, mais il ne manque pas de diplomatie. Très distingué et plein de courtoisie, il a le respect de l'autre.

Rassemblant en lui d'éminentes qualités, Rancé avait tout ce qu'il faut pour devenir un maître dans les voies de Dieu. C'est surtout sous cet aspect qu'il nous apparaît dans ses lettres. C'est

INTRODUCTION A LA SPIRITUALITÉ DE RANCÉ

aussi ce qu'on n'a pas jusqu'ici assez remarqué en lui ou qu'on aurait tendance à oublier. Certes, Rancé est avant tout un réformateur, mais la réforme qu'il a accomplie dans la vie monastique ne saurait se réduire à une restauration de l'observance régulière. Celle-ci, si importante qu'elle soit, n'est qu'une forme extérieure, un revêtement. Il y a à la base de ce renouveau de l'observance une expérience spirituelle très riche. Il n'y aurait pas eu de réforme à la Trappe sans conversion préalable chez Rancé. Cette dernière a été longue et laborieuse, mais totale et définitive. Elle implique une recherche passionnée de Dieu et a conduit le converti à des ruptures radicales et à des choix exigeants. La réforme de la Trappe baigne de ce fait dans une atmosphère de ferveur héroïque et n'est qu'un des multiples exemples de ces entreprises généreuses au service de Dieu dont le Grand Siècle a été prodigue.

Rancé ne s'est d'ailleurs pas contenté de suivre le vigoureux élan de sa riche nature touchée par la grâce. La forme qu'a prise sa vie de converti et, par la suite, l'existence qu'ont menée à la Trappe ceux qu'il y a attirés, doivent beaucoup à une connaissance approfondie et une fréquentation assidue de la tradition monastique. Dès le début de son retour à Dieu, il a été « ravi » - c'est son expression - par l'exemple des premiers solitaires chrétiens. Il a voulu vivre de leur esprit et a rêvé de les imiter. Leur forme d'existence restera toujours pour lui la vie monastique idéale et il essaiera de les rejoindre en menant à la Trappe, dans toute sa rigueur, la vie du premier Cîteaux. La grande idée de Rancé a été de ramener le monachisme à ses glorieuses origines. Délaissant les coutumes et les usages qui, à ses yeux, n'étaient que les effets et les produits de la cupidité des hommes, il n'a voulu prendre le plus souvent comme règle que la vérité et les exemples des saints, c'est-à-dire se conformer aussi parfaitement que possible à ce qu'ont établi les fondateurs du monachisme, qui ont été les instruments dont Dieu s'est servi pour déclarer aux hommes ses volontés. Épris d'authenticité, Rancé est un puriste en matière d'esprit et d'observance monastiques. Les maîtres auxquels il se réfère le plus sont Cassien, saint Basile, saint Benoît, saint Bernard et surtout saint Jean Climaque.

Animé par un idéal si nettement défini et si rigoureusement vécu, on comprend qu'il ait attiré à lui et entraîné dans son sillage nombre d'âmes religieuses dévorées d'absolu et résolues à mener une vie monastique sans compromission avec le siècle. Pour gagner à la vie parfaite du cloître, Rancé avait tous les dons souhaitables: l'ardeur d'un converti, la sagesse d'un homme d'expérience, un charisme de direction, une éloquence persuasive, une grâce particulière pour inciter les pécheurs à la pénitence.

Ces talents assez exceptionnels ont été pour beaucoup dans la mise en œuvre de la réforme de la Trappe. Il ne faut pas en effet juger Rancé uniquement sur l'enseignement quelque peu abstrait qu'il a consigné dans ses livres ni même sur les normes pratiques qu'il a établies. Sa réforme est une réalité vivante où les relations interpersonnelles, essentiellement d'ordre spirituel, ont joué un rôle essentiel. Rancé, qui avait une très haute idée de sa charge d'abbé, avait par-dessus tout le souci de l'avancement spirituel de ses frères et s'y employait sans relâche en des entretiens particuliers.

Son charisme de directeur d'âmes était si bénéfique et si évident que beaucoup, hors de la Trappe - spécialement ceux qui revenaient à Dieu -, ont voulu en profiter. Ainsi s'explique en majeure partie son abondante correspondance, qu'il ne faut pas s'empresser de dissocier de sa tâche de réformateur. Elle est

INTRODUCTION A LA SPIRITUALITÉ DE RANCÉ

l'extension normale d'un don spirituel dont les religieux de la Trappe ont été les premiers, mais non les seuls bénéficiaires. La mission de Rancé n'a-t-elle pas consisté, en réformant les mœurs, à conduire à Dieu le plus grand nombre d'âmes possible?

Quel profit spirituel pouvons-nous aujourd'hui tirer de ces lettres écrites il y a plusieurs siècles à des particuliers ? N'auraient-elles qu'un intérêt rétrospectif ?

Il faut certainement voir en Rancé beaucoup plus qu'un moine pieux distribuant à chacun de ceux qui s'adressent à lui des conseils appropriés à une situation déterminée. A travers la variété des destinataires et des circonstances, il n'est pas difficile de discerner dans ce qu'il écrit une pensée structurée, claire et nette, pratique et exigeante, un ensemble doctrinal constitué très tôt à base d'expérience qui, pour n'être pas présenté d'une façon systématique, n'en est pas moins parfaitement cohérent et vigoureux.

Cette doctrine, bien sûr, n'est pas substantiellement différente de celle que Rancé a exposée dans ses livres. Elle se présente cependant ici sous une forme plus simple, plus nuancée, mieux adaptée, plus avenante et plus humaine. Livrée sur le ton de la compréhension, de la bienveillance ou de l'amitié, elle se fait plus facilement accepter et mettre en pratique.

Laissant à d'autres le soin d'étudier tel ou tel thème particulier, nous voudrions ici dégager dans ses éléments essentiels la pensée profonde qui fait l'unité de cette correspondance et en livrer ainsi une clé de lecture.

Rancé est surtout un croyant qui s'efforce de tout considérer à la lumière de la foi. Il a une conscience très vive de la souveraineté de Dieu. C'est là, peut-on dire, le principe premier de sa spiritualité. Dieu, qui dispose de tout à son gré, a sur ses créatures une domination absolue. Rien n'échappe à sa Providence. Il est d'abord un père qui ne consulte que sa bonté. Il ordonne tout à la sanctification de ses élus. Ce qui l'oblige à faire des lois, c'est l'amour qu'il nous porte. Les causes secondes ne sont que les instruments de sa toute-puissance. Les hommes, simples exécuteurs de ses ordres, ne font que ce qu'il veut qu'ils fassent. Ainsi, le monde est un grand livre incessamment ouvert, où chacun peut détecter les effets de la Providence et trouver de grandes leçons.

Il suffit de savoir que Dieu dispose tous les événements et que c'est sa Providence qui les règle pour les recevoir de sa main avec toute la soumission qui lui est due. Nous n'avons nul droit d'examiner ses conseils et nous sommes dans l'obligation de les adorer et de baisser la tête lorsqu'il lui plaît d'appesantir ses bras sur nous. Nous ne sommes rien moins, en ce monde, que pour faire notre volonté. La volonté divine doit être notre unique règle. Dieu ne veut rien de nous, sinon que nous fassions ce qu'il veut. Rien n'est si grand que l'homme quand il est dans la main de Dieu et qu'il se tient dans son ordre. Rien n'est si petit et si méprisable quand il est à lui-même et se donne aux créatures. Il faut que Dieu règne en ce monde sur les cœurs qui sont à lui, sur leurs affections, et qu'il soit le maître absolu de leurs conditions et des dispositions de leur vie. Cette soumission est tellement nécessaire que, sans elle, il n'y a rien qui plaise à Dieu et qui nous soit profitable. Il ne reçoit de nous que ce que sa volonté nous inspire de faire et, lorsque ce n'est pas lui qui meut notre cœur, notre bouche et nos mains, nos mouvements sont fort inutiles. Tout le bonheur d'une âme consiste dans une conformité parfaite aux volontés de Dieu. En dehors de là, il n'y a pour elle que trouble et confusion.

INTRODUCTION A LA SPIRITUALITÉ DE RANCÉ

Il s'en faut pourtant de beaucoup que l'homme soit naturellement disposé à entrer dans les desseins de Dieu et à se soumettre à sa volonté. Perdu par son orgueil, il cherche de toutes manières à échapper à cette sujétion. L'amour de soi s'est substitué chez lui à l'amour de Dieu. Sa nature, par toutes ses pentes et par toutes ses inclinations, le porte du côté du dérèglement et fait tout ce qu'elle peut pour conserver sa liberté. D'où le péché, qui n'est rien d'autre qu'une action ou une conduite qu'on tient contre la volonté de Dieu.

Désormais, l'homme ne peut rentrer dans l'ordre qu'au prix d'une ascèse rigoureuse qui a pour nom pénitence. Celle-ci est un ensemble assez complexe de vertus et d'actes, de dispositions et d'exercices. Elle comporte à la fois action et passion, humiliation et souffrance. C'est la voie du renoncement et des privations, mais aussi celle du véritable amour par laquelle Jésus-Christ a marché. Il faut que les élus de Dieu portent dans leur chair comme dans leur cœur le caractère de son Fils: la mortification. Ceux qui cherchent à échapper à cette loi s'égarent.

De la pénitence idéale, Rancé a tracé, à l'usage des religieux de la Trappe, le programme complet dans son traité: *De la Sainteté et des Devoirs de la vie monastique*. Sans être tenu à le suivre intégralement, tout religieux, tout chrétien doit s'en inspirer. Telle est du moins l'intention de Rancé, qui en a livré à ses correspondants la quintessence, insistant moins sur les pratiques extérieures que sur les dispositions intérieures.

Appliquons-nous à relever les points principaux de cet enseignement.

On ne saurait être pénitent tant qu'on n'a pas senti la vanité, le néant de tout le créé et qu'on cherche, au mépris de la loi de Dieu, à satisfaire ses passions en des créatures qui n'ont ni stabilité ni consistance. La plus grande des folies est de s'attacher à ce qu'on peut perdre d'un moment à l'autre. Aussi n'y a-t-il pas de réflexion plus utile que celle qui nous met devant les yeux le vide, le néant des choses d'ici-bas.

Le moyen le plus ordinaire dont Dieu se sert pour nous en déprendre et nous détourner du péché est de nous inspirer la crainte de ses jugements. Rancé, qui en a personnellement éprouvé les bienfaits, la recommande vivement et ne veut pas qu'on s'en affranchisse facilement. Cette crainte salutaire fait retrouver l'innocence, tue l'orgueil à sa racine, maintient dans l'humilité, suscite l'esprit de pénitence, entretient la patience, prépare la voie à la charité, la conserve et en assure le progrès.

Il ne faut cependant pas que la crainte soit excessive et porte préjudice à la confiance qu'on doit avoir en la miséricorde divine, car il n'y a rien qui empêche davantage notre retour à Dieu que le défaut d'espérance. Rien au contraire n'est plus capable de porter Dieu à nous accorder sa grâce et de nous faire trouver le repos que la confiance. Les textes de Rancé sur ce sujet sont innombrables. Il n'y a pas lieu de s'en étonner. La confiance en Dieu a joué dans la vie du réformateur un rôle capital. C'est elle, surtout, qui lui a permis de réaliser de grandes choses. Aussi est-elle devenue une ligne de force de sa spiritualité.

Rancé tient cependant à ce que cette confiance ne soit pas présomptueuse. Se confier sans rien faire, c'est témérité. Il faut joindre nos œuvres à notre espérance si nous ne voulons pas qu'elle soit vaine et infructueuse. Il faut remettre à Dieu le soin de nos affaires, mais sans rien négliger de ce qu'il demande de nous. De bonnes intentions ne suffisent pas pour notre salut, mais agir et faire ce que l'on peut en mettant son espérance en Dieu, c'est marcher dans ses voies et prendre le chemin qui conduit à la vie.

INTRODUCTION A LA SPIRITUALITÉ DE RANCÉ

La meilleure réponse que l'homme puisse donner à Dieu est d'entrer en religion, spécialement à la Trappe. C'est dans le cloître, en effet, qu'on trouve les meilleurs moyens de plaire à Dieu et d'arriver à la perfection. Tout y est ordonné à l'union la plus intime avec le Christ. C'est une grâce inestimable d'être appelé à cette forme de vie et d'y persévérer jusqu'à la fin. Mais la vie dans le cloître exige une rupture complète avec le monde, une entière renonciation à soi-même comme à ses biens, et une application continuelle à Dieu. Cela n'est pas à la portée de tous et il y a péril à embrasser sans vocation pareil genre de vie. Il faut se mesurer sur les grâces que Dieu nous a faites et ce qu'il demande de nous. D'autre part, celui qui fait profession religieuse s'astreint à observer fidèlement, dans son esprit comme dans sa lettre, la règle, qui est l'expression privilégiée de la volonté de Dieu sur lui. S'il ne peut remplir cette obligation dans la maison où il est entré parce que celle-ci a dégénéré, il est en droit de la quitter pour en gagner une autre plus observante.

Quoi qu'il ait fait le plus grand cas de la vie monastique, Rancé a toujours prétendu qu'on pouvait se sauver dans le siècle et s'y sanctifier. A cette fin, il donne à ses divers correspondants nombre de sages directives.

Au chrétien vivant dans le siècle, il importe avant tout de s'affranchir de l'esprit du monde. Ce dernier ne mérite pas un regard de complaisance. Il faut le mépriser. Incapable de procurer un instant de vrai bonheur, le monde ne peut que décevoir. On y vit en contradiction flagrante avec la loi de Dieu, on y est porté à faire tout ce qu'il défend. Sur ce théâtre d'une iniquité parfaite et consommée, il est bien difficile de conserver l'innocence. C'est une mer agitée où l'on risque fort de faire naufrage.

Il ne suffit pas de renoncer à ses plaisirs, on doit éviter de frayer avec lui, de s'engager dans ses affaires. Le propre des occupations du monde est en effet de distraire et de divertir de Dieu, l'objet principal que l'on devrait avoir incessamment devant les yeux.

Il vaut mieux fuir la ville et se retirer à la campagne où l'on peut plus facilement trouver le repos en Dieu et s'appliquer à observer sa loi. Le chrétien doit être dans une désoccupation entière de tout ce qui passe et ne se proposer d'autre fin que Dieu. Celui-ci ne se donne à nous que dans la mesure où nous nous donnons à lui.

Même s'il ne peut s'éloigner de la société des humains, le disciple du Christ devra se livrer le plus possible à la prière. C'est là que son cœur, sous l'emprise de l'Esprit-Saint, s'épanche librement en Dieu et s'exerce à l'aimer. La fidélité dans la prière obtient tout de Dieu et opère avec certitude la sanctification de nos âmes. Entre autres grâces précieuses, l'oraison nous obtient de Dieu celle d'accomplir généreusement sa volonté. Rancé attache à cette soumission beaucoup d'importance, car elle est le secret de la paix: les choses sont en repos lorsqu'elles sont dans leur place et dans leur situation naturelle; celle de notre cœur est le cœur de Dieu et, lorsque nous sommes dans sa main et que notre volonté est soumise à la sienne, il faut par nécessité que nos inquiétudes cessent, que ses agitations soient fixées et qu'elles se trouvent dans une paix entière et dans une tranquillité parfaite.

La volonté de Dieu s'exprime pour chacun dans le devoir d'état. Rancé a donné dans ses lettres d'utiles conseils pour le bon accomplissement de leurs tâches respectives à des gens de toutes conditions: grands, soldats, magistrats, ecclésiastiques, etc. Il a traité le même sujet dans son *Traité des obligations des chrétiens,* s'efforçant de montrer comment chaque catégorie sociale peut, dans son domaine propre, imiter le Christ. Nous ne pouvons ici

INTRODUCTION A LA SPIRITUALITÉ DE RANCÉ

entrer dans le détail des obligations de chacune; qu'il nous suffise d'avoir signalé que Rancé a esquissé dans ses écrits et, en particulier, dans sa correspondance, pour les chrétiens vivant dans le siècle, un programme analogue à celui qu'on trouve pour les solitaires dans son ouvrage. *De la Sainteté et des Devoirs de la vie monastique.*

Toute âme éprise de Dieu aura à cœur de s'appliquer à la lecture. Celle-ci ne devra pas être source de dissipation. Plutôt que des ouvrages qui remplissent d'idées ou nourrissent la curiosité, on devra choisir des livres qui inspirent de la piété, touchent le cœur et forment les mœurs.

Il y aura place aussi, dans toute vie chrétienne, pour un dévouement charitable. Il consistera surtout à secourir les pauvres et à visiter les malades.

D'où qu'elles viennent et sous quelque forme qu'elles se présentent: humiliations, disgrâces, indigence, les afflictions d'ici-bas ont beaucoup de prix pour notre avancement spirituel. Le chrétien devra les recevoir dans une soumission égale et les souffrir avec patience, car elles sont les moyens les plus ordinaires et les plus certains dont Dieu se sert pour retrancher ce qui peut lui déplaire et nous rendre tout à fait selon son cœur. C'est aussi la seule voie par laquelle on peut se rendre digne des biens que Dieu nous destine dans le temps comme dans l'éternité.

Les maladies, en particulier, sont les témoignages les plus évidents de l'application que Dieu met à notre salut. Sa miséricorde nous donne ainsi lieu de satisfaire à sa justice et de réparer nos dérèglements. Rendus par là plus conformes à son Fils, nous serons alors en état de paraître devant Dieu.

Très rigoureux pour les moines en matière de soins corporels, Rancé est beaucoup plus indulgent en ce domaine à l'égard des séculiers. Il va jusqu'à leur enjoindre des remèdes et leur permettre d'aller prendre les eaux. Dans son épreuve, le malade doit toutefois faire preuve d'entière soumission à la Providence et être toujours prêt à remettre son âme à Dieu. Le Seigneur, en effet, frappe à la porte quand il rend les hommes malades. Ceux-ci ne doivent pas tarder à lui ouvrir quand il se présente.

Depuis sa conversion, la pensée de la mort a été familière à Rancé. Il revient souvent sur ce sujet dans ses lettres. Il a grâce pour en parler. Un chrétien, dit-il, n'a pas à s'effrayer de devoir mourir. Cette perspective ne doit pas le quitter. Rien n'est plus capable de purifier notre vie et d'en bannir toutes les craintes. La mort n'en cause qu'à ceux qui n'ont pas pris soin de s'en occuper et qui ne pensent qu'à vivre. Pour ceux qui l'ont toujours devant les yeux et s'y préparent chaque jour, elle n'a que des consolations, car c'est le moment où Jésus-Christ doit finir toutes nos peines et nous rendre éternellement heureux. Puisque c'est par la mort que l'on va à Jésus-Christ, qu'on aborde au port après une navigation périlleuse et incertaine, et que Dieu accomplit sur nous ses déterminations éternelles, elle ne peut être pour le vrai chrétien qu'un passage de bénédiction. Il ne suffit pas de le franchir sans peine et avec résignation. Il faut s'y porter avec joie par les ardeurs de son cœur.

La correspondance de Rancé, que nous avons trop rapidement examinée, présente un triple intérêt: littéraire, historique, spirituel. Nous intéressant plutôt à son aspect spirituel, nous avons pu y découvrir les éléments d'un programme de vie chrétienne à l'usage de tous. L'esquisse que nous en avons tentée demanderait bien sûr des précisions et des compléments, elle laisse place à des études de thèmes particuliers. Ce que nous avons dit peut cependant suffire à faire entrevoir la richesse de cette correspondance et

INTRODUCTION A LA SPIRITUALITÉ DE RANCÉ

comprendre qu'elle ait eu grâce et onction spéciales pour éclairer et toucher les cœurs de ceux auxquels elle était destinée. Souhaitons que ces lettres, mises désormais à la portée de tous, révèlent leur auteur sous un jour plus vrai, plus attachant et lui ménagent une place méritée dans l'histoire de la spiritualité.

Il importe cependant de faire observer que les lettres qu'on va lire restent très marquées par une expérience personnelle et la mentalité d'une époque. Ce que Rancé a vécu au cours de sa conversion lui a fait sentir avec acuité la caducité du monde présent. En quête de valeurs stables, il s'est alors porté de tout l'élan de son être vers les biens éternels. Comme la plupart de ses contemporains, il a eu aussi le sentiment très vif de la déchéance de l'homme, la hantise de la corruption de la nature. L'ascèse, qu'en bonne logique il préconise, se ressent très fort de ces positions. Elle a surtout mis l'accent sur la mortification et le renoncement. C'est principalement une ascèse par refus. Elle ne fait guère confiance à l'homme, se méfie du créé qui, en raison de la chute originelle, constitue pour le spirituel un danger. Il en résulte une spiritualité rigoriste, très théocentrique, dévaluant quelque peu les biens terrestres et tendue vers l'au-delà. Nous sommes loin de la spiritualité d'incarnation, prévalant aujourd'hui, qui valorise la création, très spécialement la nature humaine, et favorise plutôt l'ascèse par assomption.

Ces quelques remarques, qui ne voudraient pas être dépréciatives, invitent cependant le lecteur à faire preuve de discernement et à mettre au point, à la lumière de la doctrine parfaitement équilibrée du dernier concile, l'enseignement pourtant substantiel du réformateur de la Trappe.

Abréviations et citations

dans les œuvres de Rancé: (francais – allemand)

AOO	*Augustini Opera Omnia*: Édité par les Bénédictins de saint Maur. 11 Tomes ; Paris – 1836-1839
	Alle Werke des hl. Augustinus, heruasgegeben von Benediktinern der Abtei vom Hl. Maurus. – 11 Bände; Paris 1836 bis 1839
Basile Hl.Basilius	*Les Règles Monastiques*: GR. + PR. Éditions de Maredsous, 1969 Die monastischen Regeln, Ausgabe Maredsous 1969

	Constitutions Monastiques = (Instituta monachorum: traduction latine de Rufin): 203 questions empruntées aux Grandes et aux Petites Règles de Basile.
	Die Ordensverfassungen : 203 Fragen, entnommen den Großen (GR) und den kleinen Regeln (PR) des hl. Basilius
	    Die vielen Werke des hl. Basilius finden heute noch in der orthodoxen Kirche hohen Anklang und führten zu der „Basileios-Liturgie". Die *313 Regulae brevis tractatae*, (*313 kurzgefasste Vorschriften*) sind eine Neubearbeitung und Ausweitung des ‚kleinen Asketikons'. Es sollte Antworten zu Fragen des Mönchlebens und der Askese ermöglichen.
	    Neben den *313 Regulae brevis tractate* gibt es noch die *55 Regulae fusius*, die dem verschollenen „großen Asketikon" entsprechen sollen. Sie werden in die Zeit nach 373 datiert, allerdings könnte man auch davon ausgehen, dass Basilius sie zwischen 358 und 361 zusammen mit der *Philocalia*

Abréviations et citations

	und der *Moralia* verfasst hat. Von diesen „Mönchsregeln", wie man sie nennen mag, sind ca. 155 Handschriften überliefert und es bestehen mehrere alte Übersetzungen in das Arabische, Armenische, Georgianische, Griechische, Lateinische, Altbulgarische und Slavische
INST. Cassien, Kassian	*Institutions Cénobitiques* - *Zönobitische Regeln*, - SC : Collection Sources Chrétiennes n° 109. Éditions du Cerf – Paris 1965 Sammlung Christlicher Quellen Nr. 109, Cerf, Paris 1965,
Citeaux Doc.primitifs	Älteste Dokumente in Latein, frz. Übersetzung erschien in Cîteaux – Commentarii Cistercienses - 1988
COCR	Collectionea Ordinis Cisterciensium Reformatorum (1934 – 1965) : (revue de l'Ordre devenue ensuite) : Collectanea Cisterciensia
Coll. Cassien, Kassian	*Conférences (Collationes)*- Konferenzen (Gebete) - SC n° 42 et 54
Conf, Rancé.	– Conférences ou Instructions sur les épitres et évangiles des dimanches et principales fêtes de l'année. 4 tomes 1698 – 1702
	- Ermahnungen und Instruktionen zu den Episteln und Evangelien für die Sonntage und Hauptfeste des Jahres, 4 Bände 1698 bis 1702
Corr., Krailsheimer	Abbé de Rancé – *Correspondance* 4 tomes; Éditions Cerf – Cîteaux 1993 (Les citations sont désignées par la date: l'année, le mois, le jour. Ex.: 960614 désigne la lettre du 14 juin 1696)
	Abbé de Rancé – Korrespondenz, 4 Bände ; Edition Cerf – Citeaux 1993. (Die Briefzitate folgen dem

	Muster Jahr-Monat-Tag, Beispiel: 960614 bedeutet den Brief vom 14. Juni 1696)
CSQ	Cistercian Studies Quaterly (– published by Order of the Strict Observance, US Region)
Gest. Reg. Anglic.	"Geste des rois d'Angleterre" – *De Gestis Regum Anglorum,* par Guillaume de Malmesbury. P. L. t. 179 col. 1286C-1290C Texte latin et français in : Cîteaux, Documents Primitifs, p. 169 ...
GR Basile Basilius	Grandes Règles : *Les Règles Monastiques* : Regulæ fusius tractatæ : 55 Règles Große Regeln : die Ordensregeln ; Reg. Fus. Tract. 55 Regeln
JCOC	Saint Jean Chrysostome : *Œuvres Complètes* Traduction : M. Jeannin. 11 Tomes. Bar-le-Duc – 1863-1867 Hl. Joh. Chrysostomus, Vollständige Werke, Übersetzung : M. Jeannin. 11 Bände, Bar-le-Duc 1863 bis 1867
OCSA	*Œuvres Complètes de saint Augustin.* Traduction sous la direction de M. Raulx. 17 Tomes. Bar-le-Duc. 1864-1873
	Vollständige Werke des hl Augustinus. Übersetzung unter Leitung von M. Raulx. 17 Bände; Bar-le-Duc, 1864 bis 1873
PR, Basile	*Petites Règles* : ... Regulæ brevius tractatæ : 313 Règles Kleine Regeln Reg. brev. Tract. 313 Regeln
RB Benoît	Règle de saint Benoît – Die Regel des hl. Benedikt
RMO	*Règles Monastiques d'Occident* – IVe – VIe siècles Collection Vie Monastique n° 9. Éditions Abbaye de Bellefontaine 1980. Mönchsregeln des Abendlandes – 4. bis 6. Jh., Samm-

Abréviations et citations

	lung Ordensleben Nr. 9. Ausgabe Abtei Bellefontaine 1980
Rohrbacher	Histoire universelle de l'Église catholique par l'abbé Rohrbacher. 29 Tomes - Paris : 1842 – 1849 Abt. Rohrbacher: Allgemeine kath. Kirchengeschichte, 29 Bände, Paris, 1842 bis 1849
RRB, Rancé	*La Règle de saint Benoît, nouvellement traduite et expliquée selon son véritable esprit par l'auteur de Devoirs de la vie monastique.* 2 tomes 1703
	Die Regel des hl. Benedikt, neu übersetzt und von ihrem wirklichen Geist her erläutert durch den Verfasser von „Pflichten des Ordenslebens" 2 Bände, 1703
RTE, Rancé	*Réponse au Traité des études monastiques* 1692
	Antwort zur Abhandlung der Studien zum Ordensleben 1692
SC	Sources Chrétiennes ; Éditions du Cerf –
SBO Bernard	*Sancti Bernardi Opera.* 9 Vol. Romae – Editiones Cistercienses – 1957-1998
	Die Werke des hl. Bernhard, 9 Bände, Rom – Zisterziensische Ausgabe – 1957 bis 1998
SDVM, Rancé	De la Sainteté et des Devoirs de la Vie Monastique, Tome I 1683, Tome II 1701
	Über die Heiligkeit und die Pflichten des Ordenslebens, zwei Bände: I von 1683 mit den Kapiteln I-XV, II von 1701 mit den Kapiteln XVI-XXIII
Usus Cist.	Livre des Us (cisterciens-

Oui, je veux morebooks!

I want morebooks!

Buy your books fast and straightforward online - at one of the world's fastest growing online book stores! Environmentally sound due to Print-on-Demand technologies.

Buy your books online at
www.get-morebooks.com

Achetez vos livres en ligne, vite et bien, sur l'une des librairies en ligne les plus performantes au monde! En protégeant nos ressources et notre environnement grâce à l'impression à la demande.

La librairie en ligne pour acheter plus vite
www.morebooks.fr

OmniScriptum Marketing DEU GmbH
Bahnhofstr. 28
D - 66111 Saarbrücken
Telefax: +49 681 93 81 567-9

info@omniscriptum.com
www.omniscriptum.com

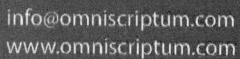

www.ingramcontent.com/pod-product-compliance
Lightning Source LLC
Chambersburg PA
CBHW021845300426
44115CB00005B/20